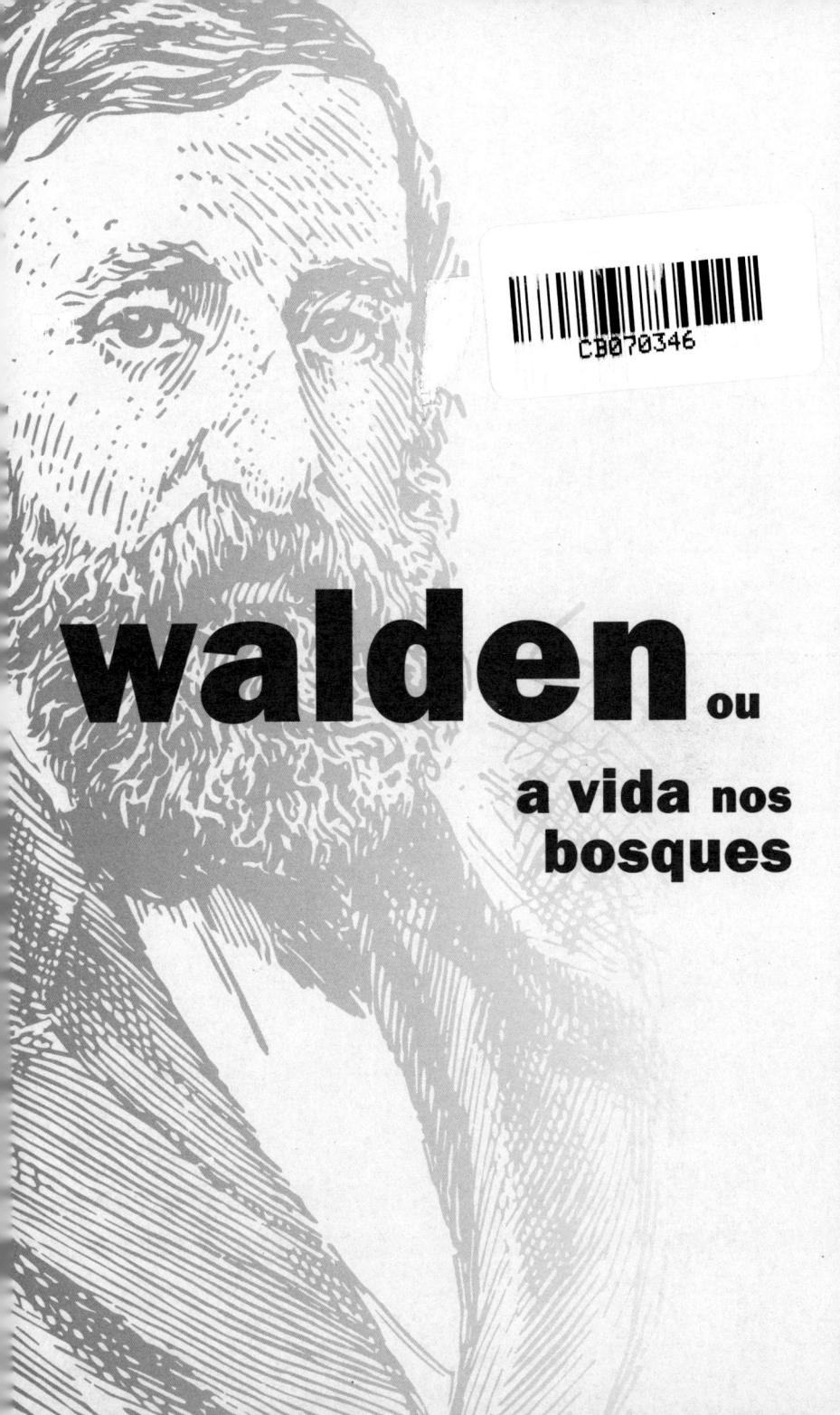

walden ou
a vida nos bosques

Henry David
Thoreau

walden ou
a vida nos bosques

primeira edição: 1854

tradução
HENRIQUE GUERRA

São Paulo, 2022

Walden ou a vida nos bosques
Walden (or, Life in the Woods)
Copyright © 2022 by Novo Século Editora Ltda.

Traduzido a partir da edição disponível no Project Gutenberg.

EDITOR: Luiz Vasconcelos
GERENTE EDITORIAL: Letícia Teófilo
COORDENAÇÃO EDITORIAL: Amanda Moura
TRADUÇÃO: Henrique Guerra
PREPARAÇÃO: Ariadne Silva
REVISÃO: Daniela Georgeto
CAPA: Marcius Cavalcanti
DIAGRAMAÇÃO: Equipe Novo Século

Texto de acordo com as normas do Novo Acordo Ortográfico da Língua Portuguesa (1990), em vigor desde 1º de janeiro de 2009.

Dados Internacionais de Catalogação na Publicação (CIP)
Angélica Ilacqua CRB-8/7057

Thoreau, Henry D. (1817-1862)
  Walden ou a vida nos bosques / Henry David Thoreau; tradução de Henrique Guerra. – Barueri, SP: Novo Século Editora, 2022.
  416 p.

Título original: *Walden (or, Life in the Woods)*

1. Regiões selvagens – Massachusetts – Walden Woods 2. História natural – Massachusetts – Walden Woods 3. Thoreau, Henry David -1817-1862 – Biografia 4. Resistência ao governo 5. Walden Woods – Vida social e costumes I. Título II. Guerra, Henrique

21-3662   CDD 818.31

Índice para catálogo sistemático:
1. Regiões selvagens – Massachusetts – Walden Woods 2. Thoreau, Henry David - 1817-1862 – Biografia 3. Resistência ao governo

uma marca do
Grupo Novo Século

Alameda Araguaia, 2190 – Bloco A – 11º andar – Conjunto 1111
CEP 06455-000 – Alphaville Industrial, Barueri – SP – Brasil
Tel.: (11) 3699-7107
www.gruponovoseculo.com.br
atendimento@gruponovoseculo.com.br

*Não me proponho a escrever uma ode ao desânimo,
mas a bufar tão energicamente quanto o galo na aurora,
todo altivo em seu poleiro,
nem que seja apenas para despertar os meus vizinhos.*

SUMÁRIO

Prefácio	**9**
Economia	**17**
Vestuário	40
Abrigo	46
Construindo a cabana	63
Arquitetura	69
Pão	89
Mobília	94
Filantropia	102
Onde vivi, e com quais metas de vida	**113**
Leituras	**135**
Sons	**149**
Solitude	**171**
Visitantes	**183**
O feijoal	**201**
A cidadezinha	**217**
Os lagos	**225**
A fazenda dos Baker	**257**
Leis superiores	**267**
Vizinhos bestiais	**283**
Uma recepção calorosa	**301**
Ex-moradores e visitas invernais	**321**
Bichos do inverno	**339**
O lago no inverno	**353**
Primavera	**373**
Conclusão	**397**

SUMÁRIO

Prefácio	9
Economia	17
Vestuário	39
Abrigos	104
Construindo a cabana	63
Aquecimento	49
Fim	80
Medida	94
Plantações	102
Onde vivi, e com quais metas de vida	113
Leituras	135
Sons	149
Solitude	171
Visitantes	183
O feijoal	201
A cidade; anhã	217
Os lagos	225
A fazenda de Baker	257
Leis superiores	267
Vizinhos bestiais	293
Uma recepção calorosa	301
Ex-moradores e visitas invernais	327
Bichos do inverno	339
O lago no inverno	355
Primavera	375
Conclusão	397

PREFÁCIO

7 MOTIVOS POR QUE HENRY DAVID THOREAU PERMANECE ATUAL[1]

LAURA DASSOW WALLS[2]

Thoreau, dizem por aí, foi um eremita nos bosques. Bom caminho para a irrelevância: em plena era do Facebook, quem é que aprovaria tanto egoísmo, tanta misantropia? Mas trabalhamos, como Thoreau advertiu,

---

1 Artigo publicado na *Publishers Weekly* em 21 de julho de 2017 pela biógrafa de Thoreau, Laura Dassow Walls. A Editora Novo Século agradece à dra. Laura e à revista por terem autorizado a tradução e a publicação deste enriquecedor artigo, que encaixou-se tão bem como prefácio desta nova tradução de *Walden*. Copyright (c) PWxyz LLC. Publishers Weekly. Usado com permissão.

2 Uma das maiores autoridades mundiais em se tratando da vida e da obra de Henry David Thoreau, Laura Dassow Walls é conhecida por ter escrito e publicado, em 2017, por ocasião do 200º aniversário de nascimento de Thoreau, a biografia *Henry David Thoreau: A Life*. Atualmente, Laura é professora emérita da University of Notre Dame, no estado de Indiana, EUA. Seu novo projeto é a biografia do escritor Barry Lopez (1945-2020), que, nas palavras de Laura, "viajou mundo afora em busca de entender as conexões recíprocas entre humanidade e Natureza – uma voz como a de Thoreau, confrontando os perigos da modernidade atual". Mais informações em https://english.nd.edu/people/faculty/walls/.

numa premissa equivocada. Conforme detalhei em minha biografia Henry David Thoreau: A Life, o Lago Walden ficava a poucos minutos a pé do centro da cidade, aonde ele ia seguidamente para ajudar nas tarefas e se reunir com a família para jantar. Seria isso hipocrisia? Só para os puristas superficiais; Thoreau conheceu alguns e caçoou deles, os quais, sendo frequentemente poderosos, não apoiaram a sua causa. Quanto a ele: foi um realista declarado. E teve de ser: Thoreau nasceu numa família de imigrantes franceses e comerciantes ianques que lutaram para sobreviver. Para conseguir pagar as contas, a mãe dele transformou a residência comunal da família em casa de pensão. Mesmo assim, a família se esforçou para enviá-lo a Harvard – o jovem bolsista, ridicularizado por não ter condições para adquirir sequer um casaco adequado. Os Thoreau só prosperaram depois que Henry aplicou seus conhecimentos obtidos em Harvard à fábrica de lápis de seu pai, inventando um lápis aprimorado e o equipamento para manufaturá-lo. Manter as contas em dia exigia trabalho árduo e frugalidade ianque.

Mas algo de estranho pulsava em Henry: um desejo inquieto e feroz de vislumbrar o âmago do cosmos. Mesmo apreciando uma boa conversa, ele cultivava a solidão necessária à vida criativa, uma tensão que impulsionava o seu processo criativo. Foi morar no Lago Walden com a vida em crise, após perambular de um beco sem saída a outro, até restar uma única opção, o sonho insano que acalentava desde criança: largar tudo, morar à beira do lago e registrar em seus escritos a mudança das estações. Ao longo de dois anos, de julho de 1845 a setembro de 1847, abraçou fielmente esse sonho. Pelo resto de sua vida, habitou em casas grandes e movimentadas, ganhando a vida como fabricante de lápis e agrimensor, fazendo caminhadas, viajando, dando palestras – e, não por acaso, tornando-se o autor de uma pilha de livros que o colocaram entre os maiores escritores do mundo. Portanto: será que ele tem algo a nos dizer?

1. POR QUE IR AO LAGO WALDEN?

Thoreau foi morar no Walden a fim de pensar profundamente sobre um mundo no qual, receava ele, o ato de pensar já não tinha mais espaço. Ele nos conta: "Vim morar na mata porque eu quero viver ponderadamente". A capacidade humana de ponderar – de sopesar nossas escolhas de vida conscientemente, em vez de seguir o fluxo de nossos hábitos e preconceitos – reafirma uma liberdade que já nem lembramos ter. A primeira etapa é identificar os fundamentos básicos. Quais itens sem os quais você simplesmente não consegue viver? A solução é "Simplificar, simplificar", defende ele. Manter a simplicidade facilita a percepção de nossos erros e nossos desejos. Thoreau identificou os nossos erros com muita precisão: nos rendemos a uma economia que nos atrai ao consumismo irracional. Também identificou seu autêntico desejo: tornar-se um escritor sério, com uma voz única e uma postura original. À beira do Walden, redigiu dois livros e três ensaios importantes, dando uma guinada em sua vida.

2. MAS POR QUE DEIXAR O WALDEN?

Não é o próprio Thoreau que nos revela a razão verdadeira: foi porque a mulher de Ralph Waldo Emerson lhe convidou para ajudá-la enquanto o grande Emerson dava palestras no exterior. Ou seja, ele saiu dos bosques para fazer um favor aos amigos. Mas ele admite que já estava pronto para ir embora: ironicamente, aquela vida de sair da rotina se tornou rotineira. Era hora de se libertar. Mudar-se para a cabana não mudou tanto seu relacionamento com amigos e familiares. Porém, voltar à cidade fez realmente uma grande diferença, pois colocou à prova tudo o que ele havia aprendido no Walden. Se o aprendizado fosse real, ele não deixaria o Walden para trás, mas o levaria junto com ele. Ou seja, a solução não estava em onde ele vivia, mas em como. Walden não é um lugar, mas uma filosofia: viver ponderadamente acaba sendo portátil.

3. AS VEZES, O WALDEN NÃO ESTÁ ONDE VOCÊ PRECISA QUE ELE ESTEJA.

Em 1854, Walden estava no prelo, e Thoreau ficou sabendo que Anthony Burns, um escravizado fugitivo que morava em Boston, havia sido capturado e reconduzido à escravidão. Os protestos se transformaram em violência, e o autor de A desobediência civil começou a questionar suas crenças mais profundas. "Vou a pé rumo a um de nossos lagos, mas o que significam as belezas da natureza se a humanidade é vil?" – questionou ele no púlpito de um comício, diante de centenas de pessoas, pisando nas cinzas da Constituição que William Lloyd Garrison tinha acabado de queimar em ato de protesto. Seu discurso, chamado A escravidão em Massachusetts, era uma abrasadora acusação da cumplicidade do Estado vizinho com a escravidão sulista. Às vezes, andamos não rumo ao Walden, mas a um palco público, para oferecer ao mundo, sem vacilar, as nossas mais perspicazes ponderações.

4. PORQUE A POLÍTICA É IMPORTANTE, MAS O COSMOS, AINDA MAIS.

Thoreau se preocupava com sua própria cumplicidade com a injustiça também. Ao ficar sabendo da captura de Burns, levantou a pergunta: "Será que a nossa vida é inocente o bastante? Vivemos desumanamente – em relação à humanidade ou aos animais – em pensamentos ou ações?". Thoreau teve uma boa companhia em seu pensamento antiescravagista, mas quando estendeu os direitos civis ao mundo natural, viu-se praticamente sozinho. "Quem ouve os peixes quando eles choram?", desafia-nos ele, enquanto especula o que um pé de cabra é capaz de fazer contra as represas que os destruíam. Após testemunhar o corte raso das florestas do Maine, declarou que as árvores têm alma, em um trecho considerado tão ultrajante que foi censurado por seu editor. Não há uma linha divisória nítida entre a justiça social e a justiça natural; às vezes, Walden é exatamente o local para onde você precisa ir, porque é onde você consegue enxergar como a injustiça política e a depredação ambiental compartilham causas comuns.

5. CUIDADO COM A PERDA DOS BENS COMUNS.

Emerson, transpirando desdém, chamou Thoreau de "o chefe da colheita de *huckleberries*" que deveria ter "arquitetado em prol dos Estados Unidos da América". Mas é justamente isso que Thoreau pensou estar fazendo ao acompanhar as crianças da vizinhança à colheita dos *huckleberries*, espécie de mirtilo. A gestão fundiária envolvia reconhecer a natureza como bem comum e, para onde quer que ele olhasse, enquanto as florestas eram derrubadas para obter lucro e os topos das colinas eram tragados por empreendimentos habitacionais, Thoreau via os bens comuns ameaçados. Enfureceu-se ao visitar suas áreas favoritas de *huckleberries* e se deparar com placas de "Proibido Invadir". Em resposta, solicitou que a cidade protegesse seus recursos naturais "como eternos bens comuns", por suas belezas, mas também por seu valor educacional. Ou seja, gerir também significava defender os espaços comunitários do conhecimento, da pesquisa e do debate – assembleias municipais, escolas públicas, bibliotecas, salas de leitura e o liceu onde ele costumava lecionar. "É hora de as cidadezinhas se transformarem em universidades", insiste ele, onde todos os homens e mulheres possam obter uma educação liberal ao longo da vida – escolas incomuns, dignas dos EUA.

6. ALGUNS LUGARES NÃO DEVERIAM SER COMUNS, E SIM, SELVAGENS.

O manifesto de Thoreau tem oito palavras: "A preservação do mundo está na vastidão selvagem". Ele encontrava a vastidão selvagem nos cumes de montanhas longínquas, mas também no coração de um pântano pertinho de casa, a poucos minutos de caminhada, e ainda nos bosques do Lago Walden, mesmo após terem sido derrubados, transformados em lavouras e abusados, geração após geração. A vastidão selvagem significava "determinação", vontade própria, livre do controle e da apropriação humanos. O conhecimento também é selvagem: não rachado e empilhado como lenha, mas na forma de um lampejo de compreensão, uma fagulha que conecta a mente com o mundo, "o acender da névoa pelo sol".

7. ISSO TAMBÉM VALE PARA AS PESSOAS.

Thoreau acreditava que a verdadeira democracia poderia tolerar algumas almas que, como ele, tivessem vidas independentes – "frutas silvestres" ou frutos selvagens da democracia. Ele tinha a dolorosa consciência do quanto era diferente: sua resistência às convenções, sua inabalável necessidade por solidão, seu profundo amor por todos os seres selvagens, sua timidez e inaptidão para a conversa fiada, sua confusão sexual e seus anseios inconfessáveis, sua compulsão por escrever. Os críticos o chamam de desajustado, mas os amigos amam-no profundamente. Thoreau é inconveniente e orgulhoso? Claro. Mas, como declarou Walt Whitman sobre Thoreau, ao reconhecer nele uma alma gêmea: certas pessoas conquistam esse direito.

ECONOMIA

Escrevi estas páginas, ou melhor, o grosso delas, morando sozinho, no meio da mata, sem vizinhos num raio de 1,6 km, numa cabana construída com as minhas próprias mãos, à beira do Lago Walden, em Concord, Massachusetts, ganhando a vida apenas com o suor de meu próprio trabalho. Ali morei por dois anos e dois meses. Hoje voltei a ser um peregrino da vida civilizada.

Não quero impor ao leitor os meus assuntos, mas o pessoal de minha cidadezinha fez indagações muito específicas sobre o meu modo de vida, as quais alguns chamariam de impertinentes. A mim não parecem nada impertinentes, ao contrário: naturalíssimas e muito pertinentes, levando em conta as circunstâncias. Como eu me virei para conseguir alimento? Eu me senti solitário? Fiquei com medo? Eles queriam saber tudo isso. Outros perguntaram curiosos: que parcela de minha renda eu dediquei à caridade? Gente com família grande quis saber: quantas crianças pobres eu sustentei? Por isso, eu peço desculpas a meus leitores que não sentem um interesse particular por mim se ao longo deste livro eu for respondendo uma a uma dessas perguntas. Na maior parte dos livros, a narrativa não é em primeira pessoa. Nesta obra o "eu" não será omitido, mas não é questão de egocentrismo, há uma diferença primordial. Afinal, é sempre a primeira pessoa que fala, embora nem sempre nos lembremos disso. Eu não falaria tanto sobre mim se houvesse no mundo outra pessoa que eu conhecesse melhor do que eu. É uma pena, mas estou limitado a esse tema pela estreiteza de minha experiência. Além do mais, eu, de minha parte, exijo de todo escritor, para começo ou fim de conversa, um relato singelo e espontâneo de sua própria vida, e não apenas sobre o que ele ouviu falar da vida de outras pessoas. Um relato que de terras longínquas ele enviaria a seus parentes – afinal, se ele viveu espontaneamente, deve ter sido em terras longínquas. Talvez o público-alvo destas páginas seja composto mais especificamente por estudantes pobres. Os demais leitores hão de aceitar as partes que se aplicam a eles. Espero que ninguém force as costuras ao experimentar o casaco, pois ele poderá ser útil para alguém em que ele sirva direitinho.

 Alegremente eu mencionaria algo relacionado menos a chineses e a havaianos, e mais a vocês que leem estas páginas, supostos habitantes da Nova Inglaterra. Algo sobre a condição de vocês; em especial, suas condições ou circunstâncias externas neste mundo, nesta cidade. Que condições são essas? É mesmo necessário que elas sejam tão precárias assim? Não podem ser melhoradas? Andei bastante por Concord.

Em todos os lugares – lojas, escritórios e lavouras – parecia que os habitantes estavam, de mil e uma maneiras notáveis, fazendo penitência. Já ouvi falar muito dos brâmanes. Ficam expostos a quatro fogos, de frente para o sol. Dependuram-se de cabeça para baixo sobre as chamas. Giram o pescoço por cima do ombro e ficam olhando para cima "até ser impossível voltar à posição normal e pelo pescoço retorcido nada passe ao estômago além de líquidos". Acorrentam-se ao tronco de uma árvore para o resto da vida. Rastejam como lagartas-mede-palmos para medir a amplitude de vastos impérios. Sobem num pilar e ali ficam sobre uma perna só. Mas até mesmo essas formas de penitência consciente dificilmente são mais incríveis e surpreendentes do que as cenas que eu testemunho em meu dia a dia. Comparados aos trabalhos de meus vizinhos, os doze trabalhos de Hércules foram insignificantes: eram apenas doze e tinham um fim. Mas nunca vi o monstro que eles mataram ou capturaram, e também nunca os vi levando a cabo qualquer trabalho. Não têm um amigo chamado Iolau para queimar a ferro quente a raiz da cabeça da Hidra de Lerna. Assim que esmagam uma cabeça, duas brotam.

Vejo moços, conterrâneos meus, cuja infelicidade é terem herdado fazendas, casas, celeiros, gado e equipamentos agrícolas; é mais fácil adquirir do que se ver livre dessas coisas. Para eles, teria sido melhor terem nascido na pradaria aberta e mamado nas tetas de uma loba: talvez assim enxergassem com mais clareza o campo em que têm vocação para trabalhar. Quem os tornou escravos do solo? Cada ser humano deve, ao longo de sua vida, comer um pouquinho de terra. Por que carregam o fardo de comer seus vinte e poucos hectares? Por que logo que nascem já começam a cavar suas sepulturas? Precisam viver a vida de um ser humano, tirando todas essas coisas da frente e evoluindo o melhor que puderem. Quantas almas pobres e imortais eu conheci quase esmagadas e sufocadas sob sua carga, rastejando na estrada da vida, empurrando diante de si um celeiro de vinte e dois metros por doze, suas cavalariças de Áugias nunca limpas e 40 hectares de glebas lavradas para grãos, forragens para feno, pastagens e um matinho para lenha! Os desprovidos, que não lutam com essas desnecessárias incumbências herdadas, acham trabalhoso o suficiente subjugar e cultivar alguns decímetros cúbicos de carne.

Mas a humanidade trabalha numa premissa equivocada. A melhor parte do ser humano é logo incorporada ao solo para compostagem. Movida por uma sina enganosa, corriqueiramente chamada de necessidade, ela se dedica, como diz um livro antigo, a acumular tesouros fadados a serem corroídos pelas traças e a ferrugem ou a serem violados e roubados por ladrões. É uma vida tola, como a pessoa descobre ao chegar ao fim dela, se não descobrir antes. Reza a lenda que Deucalião e Pirra criaram seres humanos jogando pedras para trás dos ombros:

Inde genus durum sumus, experiensque laborum,
Et documenta damus quâ simus origine nati.

Assim traduzido nos sonoros versos de Raleigh:

"Duro coração humano!
Suporta a experiência mais dolorosa
E prova que o nosso corpo
Tem natureza pedregosa."

Tão cega é a obediência a um oráculo desastrado: jogaram as pedras sobre suas cabeças, mas não cuidaram onde elas caíram.

A maioria das pessoas, até mesmo nesta nação comparativamente livre, por mera ignorância e equívoco, está tão ocupada com os cuidados artificiais e com os trabalhos de supérflua rusticidade que abdica de colher seus frutos mais requintados. O excesso de labuta torna seus dedos trêmulos e muito desajeitados para isso. Na verdade, o trabalhador, em seu cotidiano, não tem um lazer que lhe permita uma autêntica integridade; ele não pode se dar ao luxo de manter com a humanidade as relações mais humanas; o seu trabalho seria depreciado no mercado. Não tem tempo para ser nada além de uma máquina. O tempo inteiro está aplicando seus conhecimentos. Como pode recordar de sua ignorância, a ignorância necessária para evoluir? Às vezes, precisamos alimentá-lo e vesti-lo gratuitamente, e recrutá-lo com nossas bebidas alcoólicas, antes de julgá-lo. As mais requintadas qualidades de nossa natureza, como o viço dos frutos, só podem ser preservadas com o mais delicado manuseio. Entretanto não tratamos a nós mesmos nem uns aos outros com ternura.

Alguns de vocês, todos nós sabemos, são pobres, enfrentam dificuldades na vida e, às vezes, precisam, por assim dizer, tomar fôlego. Não tenho dúvidas de que alguns de vocês que estão lendo este livro são incapazes de pagar por todos os jantares que realmente comeram, ou pelos casacos e sapatos que rapidamente estão se desgastando ou já estão gastos, e chegaram até esta página gastando tempo emprestado ou roubado, ou seja, surrupiando uma hora de seus credores. Minha visão, aguçada pela experiência, faz saltar aos meus olhos: muitos de vocês estão vivendo vidas furtivas, sempre no limite, tentando se estabelecer no mercado e se livrar das dívidas, um pântano muito antigo, chamado pelos latinos de *æs alienum*, o latão dos outros, pois algumas das moedas deles eram feitas de latão. Continuam vivendo, morrendo e sendo enterrados com o latão dos outros. Prometem pagar sempre, prometem pagar amanhã e morrem hoje, na insolvência. De mil e uma maneiras buscam obter favores e fregueses, contanto que evitem as ofensas da penitenciária estadual. Mentem, adulam, votam, contraem-se numa casca de noz de civilidade ou se dilatam numa atmosfera de generosidade tênue e vaporosa, na ânsia de persuadir o vizinho a deixá-lo fabricar seus sapatos, seu chapéu, seu casaco, sua carruagem, ou importar mantimentos para ele. Adoecem na ânsia de guardar algo para um dia de enfermidade, guardar algo em um baú velho, ou em um pé de meia, atrás do reboco, ou, em mais segurança, em um cofre de tijolos. Seja lá onde for, seja muito ou pouco.

Às vezes eu fico me perguntando como é que podemos ser tão frívolos, quase posso dizer, a ponto de lidarmos com essa forma tosca e um tanto estrangeira de servidão, chamada de Escravidão Negra, em meio a tantos sutis e perspicazes senhores que escravizam de norte a sul. É difícil ter um capataz sulista, pior ainda é ter um nortista, mas o pior de tudo é ser escravocrata de si mesmo. E falar sobre a divindade humana! Olhe o carroceiro na estrada levando produtos ao mercado de dia ou de noite; alguma divindade se move no íntimo dele? O seu maior dever é fornecer alimento e água aos cavalos! De que vale para ele o seu próprio destino em comparação com o valor do frete? Não está levando mercadorias para o Exigente Consumidor? Quão divino ele é, quão imortal? Veja como ele se encolhe sorrateiro, como passa o dia todo sentindo vagos temores! Nele não há nada de imortal nem de divino. É um mero escravo e prisioneiro de sua própria opinião sobre si mesmo, fama conquistada por seus próprios atos. A tirania da opinião pública é fraca se comparada à da nossa opinião privada. O que uma pessoa pensa de si mesma: é isso que determina ou indica seu destino. A autoemancipação existe até mesmo no Caribe da fantasia e da imaginação – mas será que existe um William Wilberforce para evocá-la? Pense, também, nas senhoras da nação bordando almofadas de crochê para toaletes até seus últimos dias, para não trair um interesse muito ávido em seus destinos! Como se fosse possível matar tempo sem ferir a eternidade.

Leva a massa humana vidas de quieto desespero. O que classificam como resignação é desespero confirmado. Da urbe desesperançada você vai ao campo desesperançado e tem que se consolar com a bravura dos visons-americanos e dos ratos-almiscarados. Um desespero estereotipado, mas inconsciente, se oculta até mesmo nos chamados jogos e diversões da humanidade. Neles não há entretenimento, pois vêm depois do trabalho. Mas não fazer coisas desesperadas é uma característica da sabedoria.

Ao analisarmos o que, nas palavras do catecismo, é o principal objetivo humano, e quais são os verdadeiros meios e necessidades vitais, parece que as pessoas escolheram ponderadamente sua rotina de vida em detrimento de qualquer outra. Pensam mesmo que não há escolha. Mas naturezas alertas e saudáveis lembram-se de que o sol já raiou no céu limpo. Nunca é tarde para abrir mão de nossos preconceitos. Nenhum modo de pensar ou de agir, por mais antigo que seja, é confiável, até prova do contrário. O que hoje todos ecoam (ou em silêncio compartilham) como verdadeiro, amanhã pode se revelar uma falsidade, mera neblina confundida com a nuvem que esparge a fecunda chuva em suas lavouras. Os velhos afirmam que você não consegue fazer. Você vai lá, experimenta e descobre que consegue. Velhas ações para os velhos, novas ações para os novos. Gente antiga mal sabe como ir buscar combustível fresco para manter o fogo aceso; a juventude atual põe um pouco de lenha seca embaixo da panela e dá a volta ao mundo com a velocidade dos pássaros, deixando os velhos boquiabertos. Dificilmente a velhice é uma instrutora mais bem qualificada do que a juventude, pois ela já perdeu mais do que lucrou. É mesmo duvidoso se a pessoa mais sábia aprendeu algo de valor absoluto vivendo. Na prática, os velhos não têm conselhos muito relevantes a dar aos jovens; sua própria experiência tem sido muito parcial e suas vidas têm sido fracassos tão miseráveis, acreditam eles, por motivos particulares. Mas pode ser que ainda cultivem um resquício de fé que desminta essa experiência, pode ser que apenas se achem menos jovens do que eram. Já vivi uns trinta anos neste planeta e ainda não ouvi sequer a primeira sílaba de um conselho valioso ou mesmo sincero dos mais velhos. Nada me disseram e provavelmente nada têm de útil a me dizer. Eis a vida, uma experiência em grande parte ainda não experimentada por mim; mas de nada me adianta que outros a tenham experimentado. Se eu tiver uma experiência que eu considerar valiosa, com certeza hei de refletir que sobre isso nada disseram os meus Mentores.

Um agricultor me falou: "Você não sobrevive se comer só plantas, pois elas nada fornecem para constituir os ossos"; e assim devota religiosamente parte de seu dia para abastecer o sistema dele com a matéria-prima óssea. O tempo inteiro vai falando atrás de seus bois, que, com sua ossatura feita de grama, fazem balançar o dono e seu desajeitado arado, superando todos os obstáculos. Em certos círculos mais desamparados e enfermos, alguns itens são mesmo necessários à vida.

Em outros não passam de luxo, e em outros, ainda, são totalmente desconhecidos.

Alguns se comportam como se todo o terreno da vida humana já estivesse percorrido por seus predecessores, colinas e vales, tudinho mapeado. Conforme John Evelyn, "o sábio Sólon prescreveu normas até para o espaçamento entre as árvores; e os pretores romanos definiram quantas vezes você podia colher as bolotas dos carvalhos que caíam nas terras do vizinho sem que isso fosse considerado invasão, e qual parcela das bolotas pertencia a esse vizinho". Hipócrates deixou instruções até sobre como devemos cortar as unhas; isto é, seguindo o contorno da ponta dos dedos, nem mais curtas nem mais longas. Sem dúvida, o tédio e o fastio, que supostamente exaurem a variedade e os prazeres da vida, são tão antigos quanto Adão. Mas as nossas capacidades nunca foram medidas; nem devemos julgar do que somos capazes com base em algum precedente, pois o que a humanidade tentou fazer é muito pouco. Sejam lá quais forem teus fracassos até aqui: "Não te aflijas, meu filho, pois quem atribuirá a ti algo que deixaste de fazer?".

Podemos avaliar as nossas vidas com mil testes simples. Por exemplo, o mesmíssimo sol que amadurece meus feijões ilumina ao mesmo tempo o nosso sistema planetário. Se eu tivesse me lembrado disso, eu teria evitado alguns erros. Não foi sob essa luz que capinei a roça. Estrelas são vértices de maravilhosos triângulos! Por quais seres diferentes e distantes a mesma estrela é contemplada ao mesmo tempo, de várias mansões do universo! A Natureza e a vida humana são tão variadas quanto nossas constituições. Quem pode afirmar quais perspectivas a vida oferece a outra pessoa? Existe milagre maior do que enxergar com os olhos dos outros por um instante? Numa única hora vivemos todas as eras do mundo e em todos os mundos das eras. História, poesia, mitologia! Pelo que sei da experiência alheia, nunca existiu leitura tão surpreendente e informativa como esta.

Quase tudo que os meus vizinhos chamam de bom, eu acredito do fundo de minha alma que é ruim. Se um dia eu me arrepender de algo, muito provavelmente será de meu bom comportamento. Que demônio me possuiu para eu me comportar tão bem? Diga a coisa mais sábia possível, meu velho – você, que já viveu setenta anos, não sem certa honra –, escuto uma voz irresistível que me convida a me afastar disso tudo. Uma geração abandona os empreendimentos da outra como navios encalhados.

Acho que seguramente poderíamos ter mais confiança do que temos. Poderíamos abrir mão de prestar tanta atenção em nós mesmos e dedicar igual atenção ao que nos cerca. A natureza bem se adapta tanto à nossa fraqueza quanto à nossa força. Essa ansiedade e a tensão que algumas pessoas sempre carregam são uma forma incessante e quase incurável de doença. Somos levados a exagerar a importância do trabalho que fazemos; contudo, quanta coisa deixamos de fazer! E se por acaso tivéssemos adoecido? Como somos vigilantes! Decididos a não viver pela fé se pudermos evitá-la; o dia todo em alerta, à noite fazemos nossas orações a contragosto e nos comprometemos com as incertezas. Somos compelidos a viver de forma plena e sincera, reverenciando a nossa vida, mas negando a possibilidade de mudar. É o único caminho a ser traçado, dizemos; mas há tantos caminhos quantos os que irradiam do centro de uma circunferência. Todas as mudanças são milagres a serem contemplados, e a cada instante ocorre um milagre. Asseverou Confúcio: "O verdadeiro saber é saber o que você sabe e o que não sabe". Quando uma pessoa reduzir um fato da imaginação a um fato de seu entendimento, prevejo que todas as pessoas enfim estabelecerão suas vidas com base nisso.

*

Vamos analisar por um momento a causa das perturbações e da ansiedade a que me referi antes, e o quanto é necessário para ficarmos nesse estado de perturbação, ou, pelo menos, sobressalto. Seria vantajoso levar uma vida primitiva e fronteiriça, no meio de uma civilização exterior. Assim, aprenderíamos quais são as necessidades vitais básicas e que métodos foram usados para obtê-las. Uma estratégia é dar uma olhada nos antigos diários dos comerciantes e ver o que o povo mais comprava nas lojas, o que armazenava, ou seja, quais os mantimentos mais básicos. Afinal, o avanço dos tempos pouca influência exerceu nas leis essenciais da existência humana, da mesma forma que os nossos esqueletos, provavelmente, não podem ser distinguidos dos de nossos ancestrais.

Com a expressão *necessidades vitais básicas* eu me refiro a qualquer coisa que nós, seres humanos, obtemos por nosso próprio esforço. Todas as coisas que, desde os primórdios, entraram em uso e se tornaram tão importantes para a vida humana que pouca gente, ou ninguém, nem por selvageria, nem por pobreza, nem por filosofia, tenta sobreviver sem elas. Sob esse prisma, para muitas criaturas existe apenas uma necessidade vital básica: a comida. Para o bisonte-americano na pradaria, isso significa água limpa e um palmo de grama palatável; a menos que procure o abrigo da floresta ou a sombra da montanha. Nenhuma criatura bestial requer mais do que comida e abrigo. As necessidades vitais básicas humanas em nosso clima podem, com bastante acurácia, ser distribuídas em vários itens: comida, abrigo, roupa e combustível. Só depois de assegurar esses itens estaremos prontos para enfrentar os verdadeiros problemas da vida com liberdade e perspectiva de sucesso. A humanidade inventou não só casas, mas roupas e comida cozida. Descobriu o fogo acidentalmente e começou a aplicar o calor dele, coisa que nos primórdios era um luxo. Mas é possível que a descoberta da quentura do fogo tenha criado a necessidade contínua de nos sentarmos perto dele. Observamos que cães e gatos também adquirem essa segunda natureza. Com abrigos e roupas adequados, conseguimos manter, de modo legítimo, o nosso próprio calor interno. Mas se houver excesso destes, ou de combustível, isto é, se o calor externo for maior que o nosso interno, não podemos dizer que é justamente aí que começa a culinária? Darwin, o naturalista, comenta sobre os habitantes da Terra do Fogo. O grupo de Darwin, bem agasalhado, mesmo em torno da fogueira sentia um pouco de frio. Por sua vez, os nativos desnudos, ali nas imediações, para a surpresa do cientista, "suavam em bicas, como se estivessem sendo assados". Também nos contam que os aborígenes australianos andam impunemente nus, enquanto o europeu treme em suas roupas. É impossível combinar a resistência desses nativos com a intelectualidade das pessoas civilizadas? Segundo Liebig, o corpo humano é uma fornalha, e a comida é o combustível que mantém a combustão interna nos pulmões. Em temperaturas amenas comemos mais; no calor, menos. O calor animal resulta de uma combustão lenta, e a doença e a morte ocorrem quando esse processo é muito rápido; ou quando, por uma corrente de ar encanado ou falta de combustível, o fogo se apaga. Obviamente o calor vital não deve ser confundido com fogo; mas chega de analogias por hoje. Parece, portanto, com base na lista acima, que *vida animal* é praticamente sinônima de calor animal. A comida pode ser considerada o combustível que mantém acesa a nossa fornalha interna – e o combustível serve apenas para preparar essa comida ou aumentar a nossa quentura corporal por adição externa. O abrigo e as roupas também servem apenas para reter o *calor* assim gerado e absorvido.

    A necessidade suprema, portanto, para nossos corpos, é nos mantermos aquecidos, é manter o nosso calor vital. Quantos esforços nós despendemos, portanto, não só com a nossa alimentação, roupa e abrigo, mas com as nossas camas, que são as nossas roupas noturnas, roubando os ninhos e as plumas dos pássaros para forrar esse abrigo dentro do abrigo, assim como a toupeira no fundo da toca arruma o seu leito com folhas e gramas! A frágil humanidade sempre reclama que o mundo é frio; e ao frio, não menos físico que social, creditamos diretamente grande parte de nossas enfermidades. No verão, em alguns climas, a humanidade desfruta de uma espécie de vida elísia. O combustível, exceto para cozinhar sua comida, torna-se desnecessário; o fogo dela é o sol, e muitos frutos já cozinham o suficiente com os raios solares. A comida, por sua vez, em geral é mais variada e mais fácil de obter, e o vestuário e o abrigo são completa ou parcialmente desnecessários. Hoje em dia, aqui nos EUA, descobri por experiência própria que alguns instrumentos (faca, machado, pá, carrinho de mão etc.) e, para os estudiosos, lampião, material para escrever e acesso a uns poucos livros, são classificados quase como de primeira necessidade e podem todos ser obtidos a um custo insignificante. Apesar disso, pessoas pouco sábias viajam ao outro lado do globo, a regiões bárbaras e insalubres, se dedicam ao comércio por dez ou vinte anos para ganhar a vida – ou seja, se manterem aquecidas e confortáveis – e no fim voltam para morrer na Nova Inglaterra. Os muito opulentos e luxuosos vão além do conforto térmico: eles se esquentam até demais. Como já sugeri, eles são cozidos à la mode, é claro.

    Grande parte do luxo e do que chamamos de confortos da vida é dispensável e atrapalha a elevação da humanidade. No que tange a luxos e confortos, os mais sábios sempre viveram uma vida mais simples e módica do que os pobres. Os antigos filósofos, chineses, hindus, persas e gregos pertenciam a uma classe jamais superada, tanto na falta de riqueza exterior quanto na abundância de riqueza interior. Pouco sabemos sobre eles. Mas o fato de sabermos *algo* sobre eles é extraordinário. O mesmo vale para os mais modernos reformadores e benfeitores de suas estirpes. Ninguém pode se tornar um observador imparcial ou sábio da vida humana, a não ser de um ponto de vista: o da pobreza voluntária. De uma vida luxuosa, o fruto é o luxo, seja na agricultura, no comércio, na literatura ou na arte. Hoje em dia contamos com professores de filosofia, mas não com filósofos. Entretanto, é admirável ser professor porque outrora foi admirável viver. Ser filósofo não se resume a ter pensamentos sutis, nem mesmo a fundar uma escola, mas a amar a sabedoria a ponto de viver de acordo com seus ditames, uma vida de simplicidade, independência, magnanimidade e confiança. É ir além da teoria e resolver, na prática, alguns dos problemas da vida. Em geral, o sucesso de grandes acadêmicos e pensadores é um sucesso de cortesão, nem régio, nem viril. Fazem o melhor que podem para viver em conformidade, como seus pais fizeram, e de jeito nenhum serão os progenitores de uma estirpe humana mais nobre. Mas por que os humanos sempre se degeneram? O que provoca o esgotamento das famílias? Qual é a natureza do luxo que debilita e destrói as nações? Temos certeza de que nada desse luxo existe em nossas próprias vidas? O filósofo está à frente de seu tempo, mesmo no aspecto externo de sua vida: não se alimenta, se abriga, se veste ou se aquece como seus contemporâneos. Como alguém pode ser filósofo e não manter seu calor vital por métodos melhores do que os habituais?

Quando a pessoa está aquecida pelos vários modos que descrevi, o que mais ela quer? Com certeza não mais calor do mesmo tipo, nem comida mais abundante e mais requintada, casas maiores e mais suntuosas, roupas mais luxuosas e diversificadas, lareiras mais crepitantes e mais quentes, e assim por diante. Após garantir as coisas necessárias à vida, existe uma alternativa além de obter coisas supérfluas: tire umas férias do trabalho humilde e se aventure na vida agora. O solo, ao que parece, é adequado à semente, pois ela emitiu as radículas para baixo e agora pode enviar para cima a sua parte aérea com igual confiança. Por que o ser humano se enraizou tão firmemente na terra, impossibilitado de subir aos céus na mesma proporção? As mais nobres plantas são avaliadas pelos frutos que enfim produzem no ar e na luz, longe do solo. Recebem um tratamento diferente das humildes tuberosas, que, embora bienais, são cultivadas para desenvolver as partes subterrâneas, e muitas vezes têm o ápice cortado para esse fim, de modo que muita gente nem as reconhece na época da floração.

Não ambiciono prescrever regras para as naturezas fortes e valentes, capazes de cuidar de seus próprios assuntos, seja no céu ou no inferno, e talvez construir com mais magnificência e gastar mais generosamente do que os mais ricos, sem nunca se empobrecer, sem saber como vivem – se, de fato, houver algumas, como é sonhado. Nem para aquelas que encontram seu encorajamento e inspiração exatamente no presente estado das coisas, e as acalentam com o carinho e o entusiasmo dos amantes – e, em certa medida, eu me incluo nesse grupo. Não me dirijo àqueles que estão bem empregados, em quaisquer circunstâncias, e eles sabem se estão bem empregados ou não; mas em especial à massa humana que está descontente e se queixa indolentemente de como os tempos são árduos, de como seu destino é árduo, em vez de tentar melhorá-los. Uns se queixam de modo mais enérgico e inconsolável do que ninguém, porque estão, como dizem, cumprindo seu dever. Tenho em mente, também, a classe com a mais terrível pobreza, a que aparenta ser rica e acumulou entulho, mas não sabe como usá-lo ou se livrar dele, e assim forjou seus próprios grilhões de ouro ou prata.

*

Se eu tentasse contar como eu quis passar minha vida nesses últimos anos, esse relato é bem provável que fosse surpreender aqueles meus leitores razoavelmente familiarizados com a história real; com certeza deixaria espantado quem nada conhece dela. Só vou comentar rapidinho alguns dos ofícios que tenho empreendido.

Em qualquer clima, a qualquer hora, dia e noite, busco ansiosamente aprimorar a expressão "por um triz" e também marcá-la em meu bastão; alcançar o encontro de duas eternidades, o passado e o futuro, que é precisamente o agora; e seguir nessa linha. Peço desculpas por alguma obscuridade: há mais segredos em meu ofício do que na maioria dos ofícios humanos. Segredos inerentes à sua própria natureza, guardados involuntariamente. Posso contar com prazer tudo o que sei sobre o assunto, sem nunca pintar "Entrada Proibida" em meu portão.

Tempos atrás perdi um sabujo, um cavalo baio e uma rolinha-brava, e sigo no encalço deles. Descrevi a muitos viajantes os rastros que eles deixam no chão e os chamados que respondem. Um ou dois ouviram o sabujo e o andar pesadão do cavalo; até mesmo avistaram a pombinha sumindo atrás das nuvens, tão ansiosos para recuperá-los quanto eu.

Acordar antes do nascer do sol e da aurora e, se possível, antes da própria Natureza! Quantas manhãs, faça verão, faça inverno, antes de qualquer vizinho meu se mexer para tratar de seus negócios, eu já estava tratando dos meus! Sem dúvida, muitos de meus conterrâneos me encontraram voltando desse empreendimento, agricultores partindo a Boston na penumbra ou lenhadores indo ao trabalho. É verdade, nunca ajudei materialmente o sol a nascer, mas não duvide: apenas presenciar isso acontecendo já tem uma crucial importância.

Tantos dias de outono, sim, e de inverno, passei fora da cidade, tentando ouvir as mensagens trazidas pelo vento, para ouvir e repassar rápido! Nessa desabalada corrida quase perdi todo o meu capital e meu fôlego. Se fosse algo relativo a um partido político, pode apostar, teria aparecido na primeira página da *Gazette*. Escalei penhascos, subi em árvores. Desses pontos de observação, telegrafei boas-novas. No alto das colinas, no crepúsculo, esperei o céu cair, na expectativa de apanhar um pedaço, mas o pouco que eu colhia se dissolvia novamente, como um maná ao sol.

 Durante um bom tempo atuei como repórter de um periódico de pouca tiragem, cujo editor não achava por bem publicar a maioria de minhas reportagens e, como é muito comum entre os escritores, em troca de meu afinco só obtive a minha labuta. Entretanto, nesse caso o meu esforço já era recompensa suficiente.

 Por muitos anos me autonomeei inspetor das nevascas e tempestades. Cumpri o meu dever com rigor; se eu não inspecionei as estradas, ao menos desobstruí todas as trilhas na mata e todos os atalhos entre glebas, abri ravinas, deixando tudinho transitável em todas as estações, e as botinas do povo atestaram a utilidade de meus serviços.

 Cuidei dos rebeldes rebanhos da cidade, que causam ao honesto pecuarista muitos problemas pulando cercas; fiquei de olho nos cantos e recantos pouco frequentados das propriedades agrícolas; sem saber quem trabalhou na lavoura hoje, Jonas ou Salomão? Não é da minha conta. Reguei o *huckleberry*-vermelho, a cereja-da-areia e a ginjinha-do-rei, o pinheiro-vermelho e o freixo negro, a cataúba e a violeta-amarela, as quais, caso contrário, teriam murchado na estação seca.

 Em suma, continuei nisso por muito tempo, sem querer me gabar, honestamente cuidando de meus afazeres. Cada vez mais, uma coisa ficou clara. Meus conterrâneos não me admitiriam na lista de funcionários municipais nem transformariam o meu cargo numa sinecura com mesada moderada. Meus registros contábeis, e eu juro que os mantive fielmente, na verdade nunca foram auditados, muito menos aceitos, e que dirá pagos e liquidados. Mas não fiquei remoendo isso.

Não faz muito tempo, um índio andarilho ofereceu cestas na casa de um conhecido advogado de meu bairro.

– Gostariam de comprar uma cesta? – indagou o nativo.

– Não, obrigado.

O índio foi saindo e no portão disse:

– É assim então? Pretendem nos matar de fome?

Ao ver seus laboriosos vizinhos brancos tão bem de vida – o advogado só precisava tecer argumentos para, num passe de mágica, conquistar riqueza e status social, ele disse de si para si: "Vou me tornar um empreendedor, vou tecer cestos. É uma coisa que sei fazer". Pensou que a sua parte era fazer os cestos e que caberia aos caras-pálidas adquiri-los. Tardiamente descobriu que, para adquirir o seu produto, o comprador tem de ser persuadido ou achar que vale a pena comprá-lo, caso contrário o fabricante deve mudar o seu produto. Eu também teci uns cestinhos de urdidura delicada, mas sei que comprador algum ia querer comprá-los. Mesmo assim, no meu caso, achei que valia a pena tecê-los. Em vez de estudar como convencer o público de que valia a pena comprar meus cestos, preferi estudar como evitar a necessidade de vendê-los. A vida que os humanos louvam e consideram bem-sucedida é apenas um modo de vida. Por que exacerbar um modo de vida em detrimento dos outros?

Descobri que meus conterrâneos dificilmente me ofereceriam uma posição no tribunal, curadoria ou moradia em qualquer outro lugar, e que eu precisava me virar sozinho. Assim, o meu olhar se voltou mais exclusivamente do que nunca para a mata, onde eu era mais bem conhecido. Decidi abrir o negócio de imediato, sem conseguir o capital habitual, só investindo os parcos recursos de que eu já dispunha. Meu objetivo ao ir para o Lago Walden não era viver ali no luxo ou na carestia, e sim fazer negócios privados com o mínimo de obstáculos. Ser impedido de realizar isso, pela simples falta de um pouquinho de bom senso, um pouquinho de tino comercial e empresarial, me parecia, além de uma tristeza, uma tolice.

Sempre me esforcei para adquirir rígidos hábitos comerciais; isso é indispensável a todas as pessoas. Se o seu comércio for com o Império Celeste, então uma salinha contábil em algum porto de Salem é mais do que suficiente. Vai exportar os artigos que o país oferece, produtos puramente locais, muito gelo e madeira de pinho, um pouco de granito, sempre em navios de bandeira nacional. Uma bela empreitada: supervisionar pessoalmente todos os detalhes; ser ao mesmo tempo piloto e capitão, proprietário e corretor de seguros; comprar, vender e cuidar da contabilidade; ler todas as cartas recebidas e escrever ou ler todas as cartas enviadas; fiscalizar a descarga das importações dia e noite; estar em muitas partes da costa quase ao mesmo tempo (e, muitas vezes, a carga mais rica será descarregada na costa de Jersey); ser o seu próprio telégrafo, incansavelmente varrer o horizonte e se comunicar com todos os navios que passam rumo à costa; manter um despacho constante de mercadorias, para abastecer mercados tão distantes quanto exorbitantes; manter-se informado sobre a conjuntura dos mercados, as perspectivas de guerra e paz em todos os lugares, e antecipar as tendências do comércio e da civilização; aproveitar os resultados de todas as expedições exploratórias, usando novas rotas e todos os aprimoramentos na navegação; estudar mapas, a posição dos recifes, verificar novos faróis e boias, mas sempre, sempre, corrigir as tabelas logarítmicas (se houver um errinho de cálculo, o navio pode atingir, em vez do cais amigável, a ponta de um rochedo, e rachar-se ao meio – o destino não contado da expedição de La Perouse); manter-se atualizado com os avanços da ciência universal; estudar a biografia de todos os grandes descobridores e navegadores, grandes aventureiros e mercadores, desde Hanão, o navegador de Cartago, e os fenícios até os nossos dias. Em suma, coletar informações constantes para saber em que pé você está. Testar as faculdades humanas é um labor. Problemas como lucro e prejuízo, juros, tara e peso compensatório, aferição de todos os tipos, envolvem conhecimentos universais.

    Avaliei que o Lago Walden seria um bom local para os negócios, não só por estar perto da ferrovia e do comércio de gelo, mas também porque o lago oferece vantagens que talvez não seja uma boa política divulgar; é um bom porto e uma boa base operacional. Nenhuma várzea do rio Neva a ser aterrada; mas em todos os lugares você tem que construir sobre estacas que você mesmo bateu. Contam que uma enchente, com vento oeste e gelo no rio Neva, um dia iria varrer São Petersburgo da face da terra.

VESTUÁRIO

Como esse negócio começa sem o capital habitual, talvez não seja fácil conjeturar como serão obtidos os meios indispensáveis a todo e qualquer empreendimento dessa natureza. Quanto ao vestuário, para entrar logo na parte prática da questão, ao adquiri-lo, talvez sejamos guiados com mais frequência pelo amor à novidade e pelo respeito às opiniões humanas do que por verdadeira utilidade. A pessoa que tem um trabalho a fazer deve se lembrar de que o objetivo da roupa é: primeiro, reter o calor vital e, segundo, em nossa atual sociedade, cobrir a nudez. Cabe a ela julgar até que ponto seus trabalhos necessários ou importantes podem ser feitos sem a necessidade de aumentar o guarda-roupa. Reis e rainhas que usam um traje só uma vez, embora feito sob medida por algum alfaiate ou costureira para suas majestades, não sabem como é confortável usar um traje que nos serve. São como cavalos de pau onde roupas limpas são penduradas. A cada dia que a vestimos, a peça de roupa vai assimilando e recebendo a impressão de nosso caráter, até que chega ao ponto em que pensamos duas vezes para abrir mão delas, não sem antes lhes dedicar cuidados médicos e um pouco da solenidade que dedicamos a nossos próprios corpos. A meu ver, um remendo na roupa jamais torna alguém inferior. Mas uma coisa é certa: o povo em geral anseia mais por roupa da moda, em ordem e sem remendos, do que por uma consciência limpa. Mas, mesmo que o rasgo não seja cerzido, talvez o pior vício revelado seja a imprevidência. Às vezes, eu testo meus conhecidos com perguntas assim: quem é capaz de colocar joelheiras na calça ou ao menos aplicar um reforço na costura na parte dos joelhos? A maioria age como se acreditasse que isso arruinaria as suas perspectivas de vida. Para eles seria mais fácil ir mancando até a cidade com uma ruptura no osso da perna do que com rupturas na calça. Muitas vezes, se um cavalheiro machuca as pernas num acidente, elas podem ser consertadas; mas, se um acidente semelhante fere as pernas de sua pantalona, não tem conserto. Na visão dele só é respeitável o que é respeitado. Conhecemos mais casacos e calças do que gente. Vista um espantalho com sua camisa mais nova e fique descamisado e desocupado ao lado dele. Quem não ia preferir saudar o espantalho? Outro dia, eu passo por um milharal, penso ter visto uma estaca com chapéu e casaco, mas enfim reconheço o dono da propriedade. Está só um pouco mais castigado pelo tempo do que da última vez que o vi. Já ouvi falar de um cachorro que late a todos os estranhos que se aproximam da casa de seu dono com roupas, mas se cala se o ladrão estiver pelado. É uma questão interessante até que ponto as pessoas mantêm sua posição relativa se estiverem despojadas de suas roupas. Nesse caso, será que você conseguiria identificar quem, num grupo de pessoas ditas civilizadas, pertence à classe mais respeitada? Quando Madame Pfeiffer, em suas viagens de aventura mundo afora, do Oriente ao Ocidente, chegou bem pertinho de casa (a Rússia asiática), afirmou sentir necessidade de trocar o vestido de viagem quando foi ter com as autoridades, pois ela "agora estava num país civilizado, onde *as pessoas são julgadas por suas roupas*". Mesmo em nossas democráticas cidades da Nova Inglaterra, a posse acidental de riqueza, e sua mera manifestação em trajes e acessórios, evoca um respeito quase universal pelo possuidor. Mas as pessoas que mostram esse respeito, embora numerosas, se revelam até então pagãs e precisam da visita de um missionário. Além disso, o vestuário introduziu a costura, um tipo de trabalho que você pode chamar de infindável; um vestido feminino, pelo menos, nunca fica pronto.

 A pessoa que enfim encontrou algo para fazer não precisa de uma roupa nova para fazê-lo; o traje antigo, que jaz empoeirado no sótão por tempo indeterminado, vai servir. Um par de sapatos velhos serve a um herói mais tempo do que serviu a seu valete – se o herói um dia teve um valete. Os pés descalços são mais velhos do que os sapatos, e ele se contenta com os que tem. Só quem frequenta bailes sociais e repartições legislativas deve ter casacos novos, casacos para trocar com a mesma frequência que trocam de ideia. Mas, se meu paletó e minha calça, meu chapéu e meus sapatos são adequados para adorar a Deus, eles servem, não servem? Quem já viu sua roupa velha – seu casaco velho, todo puído, transformado em seus elementos primitivos, de modo a já não ser mais um ato de caridade concedê-lo a uma criança pobre, que por sua vez o concederá a outra ainda mais pobre, ou devemos dizer mais rica, que se contenta com menos? Faço um alerta: cuidado com todos os empreendimentos que exigem roupas novas e não um novo usuário de roupas. Se a pessoa não é nova, como lhe vai servir a roupa nova? Se você tem um empreendimento em vista, experimente-o fazer com suas roupas velhas. O pessoal não quer algo para *usar*, mas algo para *fazer*, ou melhor, para *ser*. Talvez o melhor seja nunca procurarmos um traje novo, por mais esfarrapado ou sujo que esteja o antigo, até nos sentirmos, em nossa nova rotina, empreitada ou travessia, uma pessoa nova dentro da roupa antiga, como um vinho novo em garrafa velha. Como a das aves, a nossa estação de muda deve ser uma crise em nossas vidas. Para trocar de plumagem, a mobelha-grande refugia-se em lagos ermos. Assim também a cobra descarta a pele, e a lagarta, o tegumento larval, por um processo interno de expansão. Afinal, a roupa é apenas a nossa cutícula mais externa e mortal prisão. Caso contrário, acabamos navegando com uma bandeira falsa e, por fim, inevitavelmente dispensados pelas opiniões – nossas e da humanidade.

Vestimos roupa após roupa como camadas de plantas exógenas. Nossa roupa externa, muitas vezes requintada e espalhafatosa, é a nossa epiderme, ou pele falsa: não participa da nossa vida, pode ser arrancada aqui e ali sem ferimentos fatais. Nossa vestimenta mais grossa, constantemente usada, é o nosso tegumento celular, ou córtex; mas nossas camisas são nosso líber ou a casca verdadeira, que não pode ser removida sem cingir e, por isso, destruir a pessoa. Acredito que todos os povos em alguma estação vestem algo equivalente a uma camisa. É desejável se vestir com tal simplicidade que mesmo no escuro a pessoa consiga colocar as mãos em si mesma. E viver em todos os aspectos de forma tão modesta e preparada que, se um inimigo tomar a cidade, ela consiga, como o velho filósofo, sair portal afora de mãos vazias e sem ansiedade. Para a maioria dos propósitos, uma peça de roupa grossa é tão boa quanto três de roupa leve; e tem roupa barata, com preços que cabem no bolso do cliente. Um casaco grosso sai por cinco dólares, e pode durar até cinco anos; calça grossa, dois dólares; um par de botas de couro, um dólar e meio; chapéu de verão, um quarto de dólar; e chapéu de inverno, sessenta e dois centavos e meio, ou quem sabe roupa feita em casa a custo nominal. Onde está a pobreza na pessoa que veste essas roupas compradas com seu próprio suor? Deve haver no mundo gente sábia capaz de reverenciá-la.

Quando eu peço uma roupa assim ou assado, a dona da alfaiataria me alerta: "Agora a moda é outra", sem enfatizar a palavra "moda", como se ela estivesse citando uma autoridade tão impessoal como o Destino. Penso em desistir de fazer como eu quero, simplesmente porque ela se recusa a acreditar que estou falando sério e pensa que estou sendo precipitado. Quando ouço frases como essa, fico por um momento absorto em pensamentos, enfatizando comigo mesmo cada palavra separadamente para que eu possa chegar ao seu significado, para descobrir em que grau de consanguinidade *"moda"* se relaciona *comigo*, e qual autoridade pode ter a moda em um caso que tanto me afeta. Penso enfim em responder à senhora alfaiate com igual mistério – e com a mesma falta de ênfase na "moda":

– Bem observado! Mas não quero andar na moda.

De que adianta tomar as minhas medidas se ela não mede o meu caráter, apenas a largura dos meus ombros, como se eu fosse um cabide para pendurar o casaco? Não adoramos as Cárites, nem as Parcas, mas a Moda. Ela rodopia, tece e corta com máxima autoridade. O macaco-mor em Paris usa um chapéu de pescador, e todos os macacos dos Estados Unidos da América fazem o mesmo. Às vezes, eu perco a esperança de que algo simples e honesto seja feito neste mundo com a ajuda humana. Primeiro o ser humano teria que passar por uma poderosa prensa, para espremer suas velhas ideias e se livrar delas, para que elas não se reerguessem, mas logo alguém no grupo ia aparecer com um berne no couro cabeludo, eclodido de um ovo ali depositado sabe-se lá quando, pois nem mesmo o fogo mata essas coisas, e o seu trabalho teria ido por água abaixo. Mas não vamos nos esquecer: o trigo egípcio foi trazido para nós pelas múmias.

De modo geral, é insustentável afirmar que o vestuário adquiriu, neste ou em qualquer outro país, a dignidade de uma arte. Hoje a humanidade tenta vestir o que pode. Como náufragos, vestem o que encontram na praia e, a pouca distância, seja no espaço ou no tempo, um ri da fantasia do outro. Cada geração caçoa das velhas modas, mas segue religiosamente as novas. Divertimo-nos ao contemplar o traje de Henrique VIII, ou da Rainha Elizabeth, como se fossem os do Rei e da Rainha das Ilhas Canibais. Fora de seu contexto, todo traje típico é patético ou grotesco. Somente o olhar grave do usuário e sua vida sincera restringem o riso e consagram o traje típico de qualquer povo. Se

Arlequim tiver um ataque de cólica, a sua indumentária há de servir também a esse estado de espírito. Os farrapos no soldado atingido pela bala de canhão são tão dignos quanto rubros.

O gosto infantil e selvagem de homens e mulheres por novos padrões leva muita gente a espiar no interior de caleidoscópios e a sacudi-los, na ânsia de vislumbrar a figura certa que a geração atual exige. Os fabricantes já aprenderam que esse gosto não passa de mera excentricidade. Dois tecidos estampados de cores só um pouco diferentes: um vende como água, o outro fica na prateleira. Muitas vezes, na estação seguinte, o que estava encalhado entra na moda. Se você for analisar, a tatuagem não é uma prática tão hedionda quanto falam. Não se torna bárbara só porque a impressão penetra superficial e indelevelmente na pele.

Não creio que o nosso sistema fabril seja o melhor meio para a humanidade obter roupas. A cada dia, a condição de nossas operárias se torna mais parecida com a das inglesas. E isso não é surpresa nenhuma. Afinal, pelo que observo e ouço, o objetivo primordial não é vestir a humanidade de modo correto e honesto, mas, inquestionavelmente, enriquecer as corporações. No longo prazo, os humanos só alcançam as metas que visam. Portanto, embora o fracasso possa ser imediato, é melhor visar metas altas.

ABRIGO

Quanto ao abrigo, não vou negar, hoje é uma necessidade vital. Se bem que há casos de gente que fica desabrigada por longos períodos, isso em países mais gelados que o nosso. Samuel Laing escreveu que "os lapões, em seus trajes de pele, colocam uma bolsa de pele sobre a cabeça e os ombros, e assim dormem, noite após noite, na neve – a temperaturas gélidas que extinguiriam a vida de alguém exposto a elas mesmo em roupas de lã". Ele viu como os lapões dormiam, mas acrescentou: "É um povo tão resistente quanto os outros". É provável, porém, que os humanos em sua saga na terra logo tenham descoberto as comodidades oferecidas por um lar. Por sinal, a expressão "confortos domésticos" originalmente pode ter significado satisfazer a casa mais do que a família. Claro, essa satisfação se torna muito parcial e ocasional em climas onde a casa está associada em nossos pensamentos essencialmente com o inverno ou a estação chuvosa e é desnecessária em dois terços do ano, exceto como guarda-sol. Em nosso clima temperado, no verão, antigamente uma casa não passava de simples cobertura noturna. Nos ideogramas indígenas, uma oca simboliza um dia de marcha, e uma fileira delas entalhada ou pintada na casca de uma árvore significava o número de vezes que a tribo acampou. A compleição humana não é tão robusta, nem temos braços e pernas tão grandes assim. Por isso, o ser humano teve que estreitar o seu mundo e emparedar um espaço em que ele coubesse. A princípio, vive nu e sem abrigo. Isso até pode ser muito agradável em climas amenos, à luz do dia, mas não funciona em invernos chuvosos e dias de sol tórrido. Esse povo teria morrido na casca se não se vestisse logo com o abrigo de uma casa. Consta que Adão e Eva usaram a pérgula antes de roupas. A humanidade quer um lar quentinho e aconchegante – primeiro o calor ambiental, depois o calor do carinho.

Podemos imaginar a época em que, na infância da espécie humana, algum mortal empreendedor se esgueirou para dentro de uma caverna em busca de abrigo. Todas as crianças recomeçam o mundo, até certo ponto, e adoram brincar ao ar livre, mesmo com chuva e frio. Brincam de casinha, e também de cavalo, é algo instintivo. Quem não se lembra do interesse com que na infância admirou as camadas expostas na rocha ou qualquer boca de caverna? O natural anseio daquela porção de nosso mais primevo ancestral ainda pulsa em nós. Das cavernas avançamos para telhados com folhas de palmeira, cascas e galhos, linho entretecido e esticado, grama e palha, tábuas e plaquinhas de madeira, pedras e telhas de cerâmica. Por fim, já não sabemos o que é viver ao ar livre, e as nossas vidas são domesticadas em mais sentidos do que pensamos. Da lareira ao campo a distância é grande. Seria bom se passássemos mais dias e noites sem obstáculos entre nós e os corpos celestes, se o poeta não falasse tanto sob um teto, ou se o santo não morasse ali tanto tempo. Passarinhos não cantam nas cavernas, nem as pombas acalentam sua inocência nos pombais.

Mas, se alguém pretende construir uma habitação, cabe-lhe exercer um pouco de astúcia ianque, para que, em vez disso, não acabe se encontrando em um asilo, um labirinto sem pistas, um museu, um albergue, uma prisão ou um esplêndido mausoléu. Primeiro considere como um abrigo pode cumprir sua finalidade e, ao mesmo tempo, ser leve. Eu vi índios Penobscot, nesta cidade, morando em tendas feitas de algodão fino, com uma camada de neve de uns 30 cm ao redor delas, e achei que ficariam felizes se a camada fosse mais espessa, para protegê-los do vento. Como ganhar a minha vida honestamente sem perder a liberdade para fazer as minhas atividades? Hoje essa pergunta já não me afeta muito, mas antigamente, quando essa pergunta me angustiava, eu via uma grande caixa ao lado da ferrovia, de 1,8 m de comprimento por 0,9 m de largura, na qual os operários guardavam as ferramentas à noite. Isso me sugeria que toda pessoa em apuros financeiros poderia ter uma caixa daquelas pela quantia de um dólar, fazer uns furos de broca nela para deixar o ar entrar, instalar-se nela quando chovesse e, à noite, baixar a tampa e, assim, manter a alma livre e liberdade para amar. Essa não parece a pior, nem a mais desprezível, alternativa. Você ficaria acordado até a hora que quisesse e, ao acordar, sempre sairia sem que nenhum senhorio ou proprietário fosse atrás de você cobrando o aluguel. Muita gente quase se mata de tormento para pagar o aluguel de uma caixa maior e mais luxuosa, mas não morreria de frio numa caixa como esta. E isso está longe de ser um gracejo. Podemos tratar a economia com leviandade, mas não a descartar. Uma casa confortável para uma raça rústica e resistente, que vive principalmente ao ar livre, já foi feita aqui, praticamente inteirinha com materiais que a Natureza fornecia prontos para suas mãos. Gookin, o superintendente dos povos indígenas da Colônia de Massachusetts, escreveu em 1674:

> As melhores casas dos índios são cobertas com muito cuidado, firmes e quentes, com cascas de árvores, arrancadas dos troncos nas estações em que a seiva está subindo, macerada em grandes flocos, sob a pressão de madeira pesada, quando ainda estão verdes. (...) As mais simples são cobertas por esteiras feitas de uma espécie de junco, e a seu modo também são firmes e quentes, mas não tão boas quanto as anteriores. (...) Vi algumas de 18 ou 30 metros de comprimento e 9 metros de largura. (...) Muitas vezes fui hospedado em suas ocas e as achei tão bem aquecidas quanto as melhores casas britânicas.

Acrescenta que era comum elas serem acarpetadas e forradas por dentro, com esteiras com bordados bem elaborados e equipadas com vários utensílios. Os índios sofisticaram a ponto de regular o efeito do vento por meio de uma esteira suspensa sobre o vão no teto que podia ser movimentada por um barbante. Esse tipo de alojamento era construído a primeira vez em um ou dois dias, no máximo, e desmontado e montado em poucas horas; e cada família tinha um só para si, ou seu compartimento em um deles.

Em estado agreste, cada família tem um abrigo tão bom quanto o melhor dos abrigos, suficiente para suas necessidades mais rústicas e singelas. Mas acho que não extrapolo os limites ao citar que, embora os pássaros tenham seus ninhos; as raposas, suas tocas; e os nativos, suas ocas; na moderna sociedade civilizada menos da metade das famílias é dona de um abrigo. Nas cidades grandes, onde a civilização em especial prevalece, o número dos que são donos de um abrigo é uma fração muito pequena do todo. O resto paga um aluguel por essa vestimenta externa de todos, que se torna indispensável no verão e no inverno, um valor que compraria uma aldeia de ocas indígenas, mas que agora ajuda a mantê-los pobres enquanto viverem. Não pretendo insistir aqui na desvantagem de pagar aluguel em comparação a ser proprietário do imóvel, mas é evidente que o nativo é dono de seu abrigo porque ele custa tão pouco, enquanto o homem civilizado aluga a sua geralmente porque não tem condições financeiras de comprar uma moradia, sem perspectiva de mudar essa situação no longo prazo. Mas, há de responder alguém, esse simples aluguel é o bastante para o pobre homem civilizado garantir uma residência que é um palacete em comparação com a do nativo. Um aluguel anual de vinte e cinco a cem dólares, são esses os preços em voga no mercado nacional, lhe dá o direito de se beneficiar dos aprimoramentos de séculos, apartamentos confortáveis, pintura nova, papel de parede, lareira Rumford, calafetagem, venezianas, bomba de cobre, fechaduras de mola, porão espaçoso e muitas outras comodidades. Mas como explicar que a pessoa que supostamente desfruta dessas coisas é tão comumente um *pobre* civilizado, enquanto o nativo, que não as possui, é um nativo tão rico? Se estiver correta a asserção de que a civilização é um avanço real na condição humana – e penso que é, embora só os sábios realcem suas vantagens –, deve ser demonstrado que ela produziu moradias melhores sem torná-las mais caras; e o custo de uma coisa é a quantia do que eu chamarei de vida que precisa ser trocada por ela, de imediato ou no longo prazo. Em média, uma casa neste bairro custa uns oitocentos dólares, e acumular essa soma consome dez a quinze anos da vida do trabalhador, mesmo aquele sem família para sustentar. (Isso estimando que o trabalhador receba em média um dólar por dia, uns recebem mais, outros menos.) Assim ele precisa gastar mais da metade de sua vida antes de adquirir a oca *dele*. Vamos supor que ele decida pagar aluguel, qual dos males seria o pior? Nesses termos, trocar a oca por um palacete seria uma medida sábia para o nativo?

Alguém há de supor que estou menosprezando a vantagem de manter esse bem supérfluo como ativo guardado para o futuro, no que tange ao indivíduo, principalmente para custear as despesas do funeral. Mas talvez uma pessoa não precise enterrar a si mesma. Isso mostra, porém, uma distinção importante entre civilizados e nativos. Sem dúvida, a civilização faz planos em nosso benefício, e a vida de um povo civilizado se torna uma *instituição*, na qual a vida do indivíduo é em grande parte absorvida, a fim de preservar e aperfeiçoar a vida da espécie. Mas quero mostrar com que sacrifícios essa vantagem é obtida hoje e fazer uma sugestão: podemos viver de modo a garantir todas as vantagens sem sofrer qualquer desvantagem.

Que história é essa de "Pai rico, filho nobre, neto pobre"? Que os pais comeram uvas verdes e os dentes dos filhos se embotaram?

Diz o senhor Deus:

"Enquanto eu viver, não tereis mais ocasião de usar este provérbio em Israel. Eis que todas as almas são minhas; como o é a alma do pai, assim também a alma do filho é minha: a alma que pecar, essa morrerá."

Quando analiso os meus vizinhos, os agricultores de Concord, que estão ao menos tão bem de vida quanto outras classes, eu verifico que em sua maioria trabalham há vinte, trinta ou quarenta anos antes de conseguirem se tornar os verdadeiros proprietários de suas áreas, que costumam herdar com hipotecas ou senão comprar com dinheiro emprestado – e podemos considerar que um terço dessa labuta representa o custo de suas casas –, mas em geral ainda não pagaram por elas. É verdade: as hipotecas às vezes superam o valor da fazenda, de modo que a própria fazenda se torna um grande estorvo, e ainda assim alguém a acaba herdando, estando bem familiarizado com ela, como se diz. Fico surpreso ao saber que os corretores são incapazes de citar de cabeça uma dúzia de agricultores locais cujas fazendas sejam livres e desimpedidas. Se quiser conhecer a história dessas propriedades, pergunte ao banco onde estão hipotecadas. O homem que efetivamente pagou por sua fazenda com mão de obra é tão raro que todos os vizinhos podem apontá-lo. Duvido que existam três homens assim em Concord. O que se costuma dizer dos comerciantes, de que até mesmo 97% estão fadados ao fracasso, é igualmente verdadeiro para os agricultores. Quanto aos comerciantes, porém, um deles explica com pertinência que muitos de seus fracassos não consistem em autênticas falências pecuniárias, mas apenas fracassos no cumprimento de seus compromissos, porque isso não lhes convém; ou seja, é o caráter moral que se desintegra. Isso revela uma faceta infinitamente mais sombria e sugere que talvez nem mesmo os outros três consigam salvar suas almas, pois estão falidos em um sentido pior do que os que fracassam honestamente. A bancarrota e o repúdio são os trampolins de onde grande parte de nossa civilização salta e dá suas cambalhotas, mas o nativo fica na inelástica prancha da fome. Ainda assim, com toda pompa, anualmente acontece a Exposição de Gado de Middlesex, como se todas as engrenagens da máquina agrícola estivessem azeitadas.

    O agricultor se esforça para resolver o problema do sustento com uma fórmula mais complicada do que o problema em si. Do couro sai a correia, e para conseguir seus cadarços, ele especula em rebanhos de gado. Com suprema habilidade monta sua armadilha para capturar conforto e independência, mas, ao se virar, pisa nela. É por isso que ele é pobre; e, por uma razão semelhante, todos nós sejamos, embora rodeados de luxos, pobres em relação a mil confortos selvagens. Como canta Chapman:

> "À sociedade humana falsa
> Terrena grandeza apraz.
> No ar, todo celestial
> Conforto se rarefaz."

E quando o agricultor conquista sua casa, ele não é mais rico nem mais pobre por ela, e é a casa que o conquista. Pelo que entendi, foi essa a objeção válida feita por Momo contra a casa construída por Minerva, de que ela "não a fizera móvel, de modo a conseguir evitar a má vizinhança". Objeção que ainda pode ser invocada, pois, muitas vezes, as nossas casas são propriedades que, de tão pesadas, nos fazem sentir aprisionados em vez de alojados; e a má vizinhança a ser evitada são nossos próprios e desprezíveis egos. Conheço no mínimo uma ou duas famílias que, há quase uma geração, tentam – sem sucesso – vender suas casas nas cercanias e se mudar para a cidadezinha. Só a morte as libertará.

Por sua vez, a *maioria* pode enfim ter ou alugar a casa moderna com todas as suas comodidades. A civilização aprimora as nossas casas, mas não aprimora as pessoas que as habitam. É mais fácil criar palacetes do que criar nobres e reis. E se *o homem civilizado tem objetivos tão nobres quanto os do nativo e se dedica a maior parte da vida só para obter os bens e confortos básicos, por que deve ter uma habitação melhor que a do nativo?*

Mas os pobres e as minorias, como é que ficam? Talvez se descubra que, na mesma proporção em que alguns se colocam em circunstâncias exteriores acima dos nativos, outros estão em condições mais degradantes. O luxo de uma classe é contrabalançado pela vulnerabilidade social da outra. De um lado está o palácio, do outro estão o asilo e os "pobres silenciosos". As miríades que construíram as pirâmides para serem os túmulos dos faraós foram alimentadas com alho e talvez não tenham tido um enterro decente. O pedreiro que faz o acabamento da cornija do palácio volta porventura à noite para uma cabana menos confortável que uma oca indígena. É um equívoco supor que, se existem num país as costumeiras evidências de civilização, as condições de grande parte da população não possam ser tão degradantes quanto as dos nativos. Não me refiro à degradação dos ricos, mas à dos pobres. Para constatar isso, não preciso olhar além dos barracos que em todos os lugares fazem fronteira com nossas ferrovias, esse mais recente aprimoramento da civilização. Em minhas caminhadas diárias vejo seres humanos vivendo em chiqueiros, ao longo de todo o inverno com a porta aberta, para a luz entrar, sem qualquer pilha de lenha visível, sequer imaginável. As compleições de idosos e jovens se encolhem permanentemente pelo longo hábito de tiritar de frio e de miséria, comprometendo o desenvolvimento de todos os seus membros e faculdades. Certamente é justo olhar para aquela classe cujas mãos realizam as obras que distinguem esta geração. Essa também é, em maior ou menor grau, a condição dos operários de todas as categorias na Inglaterra, a grande casa de máquinas do mundo. Também posso mencionar a Irlanda, marcada no mapa com um ponto branco ou clareado. Compare as condições físicas do irlandês com a do indígena norte-americano, ou com a do ilhéu dos Mares do Sul, ou de qualquer outra raça nativa antes de ser degradada pelo contato com o homem civilizado. Contudo, não tenho dúvidas de que os governantes do povo são tão sábios quanto a média dos governantes civilizados. A condição deles apenas prova que a esqualidez é compatível com a civilização. Agora nem preciso me referir aos trabalhadores em nossos estados sulistas que produzem as exportações básicas deste país e consistem, *eles próprios*, em um produto básico do sul. Mas vou me limitar aos trabalhadores cujas circunstâncias o pessoal considera *moderadas*.

Parece que o pessoal nunca parou para pensar em que consiste uma casa. Na verdade, a maioria passa desnecessariamente a vida inteira na pobreza, porque acha que deve ter uma casa como a de seus vizinhos. Como se alguém fosse usar qualquer casaco desde que fosse sob medida. Ou aos poucos abandonar o chapéu feito de palha ou de pele de marmota, para, em vez disso, reclamar dos tempos difíceis porque não tem dinheiro para comprar uma coroa! É possível inventar casas ainda mais confortáveis e luxuosas, mas, vamos admitir, a um custo proibitivo. Precisamos sempre estudar como obter mais bens ou começar a nos contentar com menos? Compenetrado, o cidadão respeitável deve ensinar, por preceitos e exemplos, os jovens de que eles precisam, antes de morrer, oferecer certo número de coisas supérfluas, como sapatos brilhosos, guarda-chuvas e quartos de hóspedes vazios, a hóspedes vazios? Por qual motivo nossos móveis não podem ser tão simples quanto os dos árabes ou indianos? Quando eu penso nos benfeitores da espécie, a quem deificamos como mensageiros do céu, apoteóticos transmissores de dons divinos ao ser humano, não vejo em minha mente nenhum séquito em seus calcanhares, nenhum carro lotado com mobília da moda. Ou se eu reconhecesse – não seria um singular reconhecimento? – que a nossa mobília deveria ser mais complexa que a dos árabes, na mesma proporção de nossa suposta superioridade moral e intelectual em relação a eles! Atualmente, as nossas casas estão entulhadas e profanadas com mobília, e uma boa dona de casa varreria a maior parte dela para a lata de lixo e não deixaria seu trabalho matinal por fazer. Trabalho matinal! Pelo rubor da Aurora e pela música de Mêmnon, em que consiste o *trabalho matinal* das pessoas neste mundo? Três pedras de calcário enfeitam minha escrivaninha, mas fico apavorado ao descobrir que elas precisam ser espanadas diariamente, isso quando a mobília de minha mente ainda está bem limpinha. Enojado eu as atiro janela afora. Como, então, posso ter uma casa mobiliada? Prefiro me sentar ao ar livre, pois na grama a poeira não se acumula, a não ser que o ser humano tenha aberto o terreno.

É o luxuoso e dissoluto que estabelece a moda que o rebanho segue com tanta diligência. O viajante que se hospeda nas melhores casas, assim chamadas, logo descobre isso, pois os publicanos supõem que ele seja um Sardanápalo e, caso se resigne às suas misericórdias, logo será totalmente emasculado. Acho que no vagão dos passageiros estamos inclinados a gastar mais em luxo do que em segurança e conveniência. Sem essas coisas, os vagões correm o risco de se tornar um moderno *living room*, com divãs, pufes, biombos e um sem-número de coisas orientais que trazemos conosco ao Ocidente, inventadas para as damas do harém e os nativos afeminados do Império Celeste, das quais o estadunidense se envergonharia de saber os nomes. Prefiro me sentar numa abóbora e tê-la só para mim do que dividir uma almofada de veludo com outrem. Prefiro passear na terra num carro de bois ao ar livre do que ir para o céu no luxuoso vagão de um trem de excursão e respirar *malária* o caminho todo.

    A própria simplicidade e a nudez da vida humana nas eras primitivas implicam, pelo menos, essa vantagem, a de ainda sermos meros peregrinos na natureza. Revigorados com comida e sono, contemplamos nossa viagem novamente. Por assim dizer, neste mundão moramos numa tenda e percorremos vales, cruzamos planícies e escalamos o topo das montanhas. Mas atenção! Humanos se tornaram as ferramentas das suas ferramentas. A pessoa que tomou a iniciativa de colher frutas quando estava com fome se tornou agricultora; e a que se abrigou embaixo da árvore, a responsável pela casa. Hoje não acampamos mais por uma só noite, mas nos acomodamos na terra e nos esquecemos do céu. Adotamos o cristianismo apenas como um método aprimorado de *agri*-cultura. Construímos para este mundo uma mansão familiar; para o próximo, uma tumba familiar. As melhores obras de arte expressam a luta humana para se libertar dessa condição, mas o efeito de nossa arte é apenas tornar confortável esse estado inferior e se esquecer daquele estado superior. Na realidade, nesta cidadezinha não há lugar para uma obra de arte *requintada*, se um dia alguma chegar até nós. Afinal, as nossas vidas, casas e ruas não serviriam de pedestal adequado a ela. Não há um prego para pendurar quadro, nem prateleira para receber o busto de um herói ou santo. Quando avalio como nossas casas são construídas e têm o pagamento quitado, ou não quitado, e sua economia interna administrada e sustentada, me pergunto como o assoalho não cede sob o visitante enquanto ele admira as quinquilharias sobre a cornija da lareira. Se ele caísse no porão, talvez encontrasse uma fundação sólida e honesta no chão batido. Percebo que essa tal de vida rica e requintada é uma oportunidade que se aceita num salto. Prefiro não desfrutar das *belas* artes que a adornam e concentrar minha atenção inteiramente no salto em si. Por sinal, eu me lembro de que o maior salto em distância genuíno, feito apenas com músculos humanos, até hoje registrado, é o de certos árabes errantes, que dizem ter alcançado 7,62 m em solo nivelado. Sem suporte artificial, o homem fatalmente volta ao solo após cobrir essa distância. A primeira pergunta que eu sou tentado a fazer ao proprietário de tão grandes impropriedades é: quem lhe dá suporte? Você é um dos 97 que fracassam ou um dos três que têm sucesso? Se me responder, talvez então eu possa olhar para suas bugigangas e considerá-las ornamentais. O carro na frente dos bois não é bonito nem útil. Para enfeitar as nossas casas com belos objetos, antes devemos desmantelar as paredes, depois desmantelar as nossas vidas. Como alicerces, uma bela governança doméstica e uma vida bela devem ser lançadas: hoje, o gosto pelo belo é mais cultivado ao ar livre, onde não há casa nem governanta.

O velho Edward Johnson, em sua história da Nova Inglaterra, intitulada "Wonder-Working Providence", fala dos primeiros colonos desta cidade, dos quais foi contemporâneo, e da frustração das safras:

> Como primeiro abrigo, se enfurnam na terra de uma encosta. Lançam o solo sobre a madeira no alto e fazem um fogo fumegante contra a terra, no lado mais alto. Não fabricaram casas até que a terra, pela bênção do Senhor, produzisse pão para alimentá-los. Foram forçados a cortar o pão bem fininho por uma longa temporada.

Em 1650, o secretário da Província dos Novos Países Baixos (a colônia neerlandesa nos EUA) escreveu, em original neerlandês, informações a quem desejasse ocupar aquelas terras:

> Os colonos dos Novos Países Baixos, em especial na Nova Inglaterra, inicialmente sem meios para construir a casa ideal no meio agreste, escavam no solo uma vala quadrada, espécie de porão, com uns dois metros de fundura, e largura e comprimento variáveis, revestem as paredes do buraco com madeira, depois forram a madeira com costaneiras ou outro material para evitar que o solo desabe. Pavimentam esse porão com tábuas e lambris. Fazem o madeiramento do teto e cobrem as

tesouras com cascas de árvore ou turfa verde. Assim moram secos e aquecidos, nessas casas com suas famílias inteiras por dois, três e quatro anos. Claro que esses porões recebem divisórias adaptadas ao tamanho da família. A gente rica e importante da Nova Inglaterra, no início das colônias, erigiu assim suas primeiras moradias por dois motivos: primeiro, para não perder tempo construindo e para não faltar comida na próxima estação; segundo, para não desencorajar os trabalhadores pobres que tinham vindo com eles em grande número dos Países Baixos. Em três ou quatro anos, à medida que a região foi se adaptando à agricultura, eles foram construindo belas casas, investindo nelas vários milhares de dólares.

Essa linha adotada por nossos ancestrais demonstrou no mínimo prudência, como se os seus princípios fossem primeiro satisfazer os desejos mais urgentes. Mas e agora, os desejos mais urgentes estão satisfeitos? Quando penso em adquirir para mim uma de nossas luxuosas habitações, me dá um desânimo, pois, por assim dizer, o país ainda não está adaptado à cultura *humana*, e ainda somos forçados a cortar nosso pão *espiritual* em fatias bem mais finas do que nossos antepassados cortavam seus pães de trigo. Isso não quer dizer que devemos negligenciar todo e qualquer ornamento arquitetônico, nem mesmo nos períodos mais rústicos. Quer dizer outra coisa: primeiro devemos forrar de beleza a parte de nossas casas que entra em contato com nossas vidas, como o marisco em sua concha, sem exageros decorativos. Mas, que tristeza! Já estive dentro de uma ou duas delas e sei como estão decoradas.

Hoje em dia, habitar uma caverna ou uma oca ou vestir uma pele seria uma prova de degeneração. Por isso, é melhor pagar o preço e aceitar as vantagens oferecidas pela invenção e indústria humanas. Aqui no meu bairro, tábuas e plaquinhas de madeira, tijolos e cal são mais baratos e mais facilmente obtidos do que cavernas adequadas, ou toras inteiras, ou casca em quantidade suficiente, ou mesmo argila bem temperada ou pedras achatadas. Eu toco no assunto com conhecimento de causa, pois me familiarizei com ele dos pontos de vista teórico e prático. Com um pouco mais de inteligência, podemos usar esses materiais de modo a nos tornarmos mais ricos do que os mais ricos de hoje e fazer de nossa civilização uma bênção. O humano civilizado é um selvagem mais experiente e sábio. Mas vamos ao que interessa: o meu próprio experimento.

CONSTRUINDO A CABANA

No finzinho de março de 1845, eu pego emprestado um machado e desço à mata perto do Lago Walden, perto do local onde pretendo construir minha casa, e começo a derrubar uns pinheiros-brancos altos e cônicos, ainda jovens, para madeira. É difícil começar sem pedir emprestado, mas talvez o procedimento mais generoso seja permitir que seus semelhantes tenham algum interesse em seu empreendimento. O dono, ao abrir mão dele, avisou-me que o machado era a menina de seus olhos, mas o devolvi com o fio mais aguçado do que recebi. Da aprazível encosta, coberta de pinhais, eu avisto o lago e uma clareirinha na mata, onde brotam pinheiros e nogueiras. O gelo escuro do lago ainda não está dissolvido, mas há alguns espaços abertos, todos saturados de água. Suaves rajadas de neve caem nos dias em que trabalho ali, mas, no geral, em meu caminho de volta para casa, o monte de areia amarela da ferrovia se estende cintilante na atmosfera enevoada. Os trilhos reluzem ao sol da primavera, e já escuto o pedro-ceroulo, o piuí e outros pássaros que chegam para começar mais um ano conosco. Os agradáveis dias de primavera derretem o inverno do descontentamento humano e também o solo, e a vida que andava entorpecida começa a se espreguiçar. Um dia, quando vou cortar uma nogueira verde para fazer uma cunha, a cabeça do machado se desprende do cabo. Com uma pedra recoloco a lâmina e mergulho o machado numa fresta do lago. Nisso uma cobra listrada desliza água adentro e se acomoda no fundo, tranquila, por uns quinze minutos ou mais, talvez por ainda não ter se livrado do estado de torpor. Parece-me que por motivo semelhante o ser humano perdura em sua atual condição inferior e primitiva, mas se sentisse a influência da primavera das primaveras que o desperta, sem dúvida ascenderia a uma vida superior e mais etérea. Nas gélidas manhãs vejo cobras em meu caminho com parte de seus corpos ainda dormente e inflexível, esperando o sol esquentá-las. A chuva no dia 1º de abril derrete o gelo. O dia começa enevoado, um ganso avulso patinha sobre o lago e grasna como se estivesse perdido ou fosse o próprio espírito do nevoeiro.

Por alguns dias continuo a cortar e talhar a madeira em colunas e caibros, tudo com meu machadinho, sem muitos pensamentos comunicáveis ou eruditos, cantando comigo mesmo:

> O homem se diz sabichão
> E que foi ele quem fez sair do chão
> A arte e a ciência,
> E todo e qualquer invento
> Mas só tem consciência
> De um sopro no vento.

Corto as vigas principais com 40 cm^2, com a maioria dos cravos em dois lados apenas, e os caibros e tábuas do assoalho de um lado, deixando a casca do outro lado, de modo que ficam tão retos quanto os serrados, só que bem mais resistentes. Cada peça é encaixada cuidadosamente no sistema de caixa e espiga, pois a essa altura eu já tinha pedido emprestado outras ferramentas. Meu dia na mata não é muito longo; em geral, eu levo meu almoço de pão com manteiga embrulhado numa folha de jornal e, ao meio-dia, leio o jornal, sentado entre os galhos verdes do pinheiro recém-cortado. O meu pão se impregna com um pouco de sua fragrância, pois minhas mãos estão cobertas com uma espessa camada de resina. Antes de chegar ao fim já estou mais amigo do que inimigo dos pinus, mesmo tendo cortado alguns troncos, já estou mais bem familiarizado com eles. Às vezes, um andarilho na floresta se atrai pelo som de meu machado e conversamos agradavelmente ao redor das lascas que eu fiz.

    Em meados de abril, pois não me apresso em meu trabalho, ao contrário, aproveito cada instante ao máximo, minha casa está estruturada e pronta para ser erguida. Compro o barraco do James Collins, irlandês que trabalha na Ferrovia de Fitchburg, para aproveitar as tábuas. De ótima qualidade, o tal barraco do James Collins. Quando passo lá para ver, ele não está em casa. Dou uma volta ao redor, a princípio sem ser notado, a janela é tão alta e profunda. Telhado pontudo de chalé, e afora isso não há muita coisa para ver no pequeno barraco, além da camada de um metro e meio de terra na volta, como se fosse um montículo de composto orgânico. O telhado é a parte mais sólida, apesar de bastante empenado e quebradiço pelo sol. Em vez da soleira na porta, uma brecha serve de passagem perene para as galinhas. A sra. Collins vem até a porta e me convida para conhecer o barraco por dentro. Eu me aproximo com as galinhas atrás de mim. Está escuro. A maior parte do assoalho apodreceu, mostrando o chão úmido, pegajoso e insalubre, à exceção de uma tábua aqui, outra ali, prestes a se esboroar quando removidas. Ela acende um lampião para me mostrar o telhado e as paredes, e também o piso de tábua sob a cama, não sem me avisar para cuidar para não cair no porão, uma espécie de buraco de 60 cm de profundidade feito no chão. Nas palavras dela: "boas tábuas em cima, boas tábuas em volta e uma boa janela" – originalmente de duas folhas, mas ultimamente só o gato passava por ali. Fogão, cama, um lugar para sentar, um neném na casa onde ele nasceu, uma sombrinha de seda, um espelho de moldura dourada, um moderno moedor de café fixado a pregos no toco de carvalho, e nada mais. Nesse meio-tempo, James chega e batemos o martelo. Negócio fechado: até a noitinha eu ganho a preferência de pagar quatro dólares e vinte e cinco centavos, caso em que ele se compromete em desocupar o local até as cinco da manhã. Posso tomar posse às seis. Ele avisa: é bom chegar cedo e evitar certas reivindicações vagas, mas totalmente injustas, relativas ao aluguel do terreno e ao uso da lenha. Ele me garante que esse é o único embaraço. Às seis, eu cruzo por ele e a família dele na estrada. Tudo em uma grande trouxa – cama, moedor de café, espelho, galinhas –, tudo, menos a gata: ela fugiu para o mato e se tornou uma gata selvagem, e, como fiquei sabendo mais tarde, pisou numa armadilha feita para marmotas, tornando-se enfim uma gata morta.

Ponho abaixo essa morada naquela mesma manhã, arranco os pregos e levo o material para as proximidades do lago em várias carroçadas. Vou espalhando as tábuas na grama para o sol branqueá-las e desempená-las outra vez. Um tordo madrugador canta para mim um ou dois floreios enquanto percorro a trilha na mata. Um jovem chamado Patrick me passa uma pérfida informação, segundo a qual meu vizinho Seeley, um irlandês, nos intervalos do transporte, escolhe os pregos reaproveitáveis e os enfia no bolso. Quando volto mais tarde, ele está ali, no desmanche, olhando para cima, ar despreocupado, com ideias primaveris; há escassez de trabalho, disse ele. Está ali para representar a classe dos espectadores e fazer esse evento, na prática insignificante, quase rivalizar com a remoção dos deuses de Troia.

Construo meu porão na encosta sul da colina, onde outrora uma marmota escavou sua toca, entre os sulcos radiculares do sumagre-de-veludo e da amora-preta, até o mais profundo sinal de vegetação, com 1,80 m de lado e 2,10 m de fundura, chegando numa areia fininha em que batatas não se congelariam em inverno algum. Forro as laterais com prateleiras, sem empedrá-las; mas, como o sol nunca bate ali, a areia se mantém no lugar. Duas horas de trabalho apenas. Sinto um prazer especial ao escavar o solo, pois em quase todas as latitudes o ser humano faz buracos no chão em busca de uma temperatura uniforme. Sob a casa mais esplêndida da cidade ainda se encontra o porão onde há décadas tubérculos e tuberosas são armazenados e, muito depois de a superestrutura ter desaparecido, a posteridade há de notar sua fenda na terra. A casa ainda não passa de uma espécie de alpendre à entrada de uma toca.

Por fim, no início de maio, com a ajuda de amigos, mais para aproveitar a ocasião de cultivar a boa vizinhança do que por alguma necessidade, ergo a moldura de minha casa. Nenhum homem jamais foi tão honrado pelo caráter de seus içadores do que eu. Creio que devem estar destinados a um dia içarem estruturas mais altivas. Começo a ocupar a minha casa no dia 4 de julho, após a instalação do telhado e da madeira nas laterais. As tábuas externas foram cuidadosamente chanfradas e ajustadas de modo a ficarem perfeitamente impermeáveis à chuva. Porém, antes de fazer o assoalho, lanço as fundações da chaminé numa extremidade, trazendo do lago, colina acima, o equivalente a duas carretadas de pedras em meus braços. Só vou erguer a chaminé após a capina outonal, um pouco antes de se tornar necessário um fogo para me aquecer. Nesse meio-tempo, eu cozinho ao ar livre, no chão, de manhãzinha: método que ainda acho, em alguns aspectos, mais conveniente e agradável do que o costumeiro. Quando cai uma tempestade antes de meu pão estar assado, eu fixo umas tábuas para cobrir o fogo, sento-me embaixo delas para observar o meu pão e assim passo umas horinhas agradáveis. Nesses dias em que minhas mãos estão muito ocupadas, leio quase nada, mas os papéis avulsos no chão, o meu castiçal e a toalha de mesa me proporcionam tanto entretenimento e, na verdade, cumprem igual função à da *Ilíada*.

ARQUITETURA

Valeria a pena construir ainda mais caprichadamente do que eu. Por exemplo, cogitando em que sentido uma porta, uma janela, um porão, um sótão alicerçam a natureza humana. E quiçá nunca levantar qualquer superestrutura até encontrarmos melhor razão para isso do que apenas as nossas necessidades temporais. Uma pessoa construir a própria casa é algo tão adequado quanto um pássaro construir o seu próprio ninho. Se construíssemos nossas moradas com as próprias mãos e providenciássemos alimento para nós mesmos e nossa família de modo simples e honesto, quem sabe se as faculdades poéticas não seriam universalmente desenvolvidas entre nós? Afinal, os passarinhos não cantam universalmente quando estão envolvidos nessa tarefa? Mas, ai de mim! Fazemos como os cucos e os chupins, que colocam seus ovos em ninhos construídos por outros pássaros, entre desafinados gorjeios e chilreios que não alegram os viajantes. Sempre devemos abrir mão do prazer de construir em prol do carpinteiro? O que significa ao povo em geral a experiência arquitetônica? Nunca, em todas as minhas andanças, me deparei com uma pessoa empenhada nessa ocupação tão simples e natural que é construir sua casa. Pertencemos à comunidade. Não só o alfaiate é a nona parte de um homem; o mesmo acontece com o evangelista, o comerciante e o agricultor. Quando essa divisão de trabalho vai acabar? E a que finalidade ela serve afinal? Sem dúvida, eu até *posso* deixar outra pessoa pensar por mim. Mas não é desejável que nesse processo eu deixe de pensar por conta própria.

É verdade: existem em nossa nação muitos ditos arquitetos. Ouvi falar que um deles é obcecado em imbuir os ornamentos arquitetônicos com um cerne de veracidade, algo necessário e, portanto, belo. Como se fosse uma revelação para ele. Sob o prisma dele, tudo certo, mas não muito melhor do que o reles diletantismo. Esse reformador sentimental na arquitetura começou pela cornija, não pelos alicerces. Tem a ver só com incutir nos ornamentos um cerne de veracidade; rechear cada bala com uma amêndoa ou uma semente de cominho-armênio. (Embora as amêndoas sejam mais saudáveis sem açúcar em minha opinião.) Não tem a ver com o fato de o habitante, o morador, construir verazmente o interior e o exterior, deixando que os ornamentos cuidem de si mesmos. Que pessoa sensata já supôs que os ornamentos são meros invólucros externos, superficiais – como as pintas na casca da tartaruga ou os tons de madrepérola do marisco? E que a tartaruga e o marisco receberam pintas e tons por meio de um contrato, assim como os habitantes da Broadway receberam sua Igreja da Trindade? Mas uma pessoa não precisa se preocupar com o estilo arquitetônico de sua casa mais do que a tartaruga com o de sua carapaça, tampouco o soldado ser tão ocioso a ponto de querer pintar a cor exata de sua virtude em seu estandarte. O inimigo há de descobrir. Talvez empalideça na hora da provação. Parece que o arquiteto se debruçou sobre a cornija e sussurrou timidamente sua meia-verdade para os rústicos ocupantes, que realmente a conheciam melhor do que ele. A beleza arquitetônica que percebo hoje, eu sei que ela brotou gradativamente, de dentro para fora, das necessidades e do caráter do morador, que é o único construtor. Brotou de uma veracidade e de uma nobreza inconscientes, sem nunca pensar na aparência. E quando essas belezas extras se produzem são precedidas por uma vital beleza também inconsciente. As moradias mais interessantes neste país, como o artista bem sabe, são as mais despretensiosas e humildes cabanas e chalés dos pobres. É a vida dos habitantes para os quais elas servem de conchas, e não meras peculiaridades em suas superfícies, que as torna *pitorescas*.

A morada do cidadão suburbano há de ser tão mais interessante quanto mais a vida de seus habitantes for singela e imaginativa, e quão menos esforço tenha sido dedicado a questões estilísticas em sua construção. Uma grande proporção dos ornamentos arquitetônicos é literalmente oca, e um vendaval de setembro os arrancaria, como plumagens emprestadas, sem causar danos aos materiais. Não precisa de *arquitetura* quem não tem azeitonas nem vinho na adega. O que aconteceria se na literatura houvesse tanto espalhafato nos ornamentos estilísticos? Se os arquitetos de nossas bíblias perdessem tanto tempo em suas cornijas quanto os arquitetos de nossas igrejas? Assim são feitas as *belas-letras* e as *beaux-arts* e seus professores. Como se fizesse alguma diferença para a pessoa como as madeiras são posicionadas sobre ela ou embaixo dela e com quais cores é pincelada a sua morada. Teria algum significado sério se a pessoa mesma as posicionasse e pintasse. Mas, se a alma partir do inquilino, isso vai parecer mais a construção de seu próprio caixão – a arquitetura do túmulo. "Carpinteiro" torna-se sinônimo de "fabricante de caixão". Em meio a seu desespero ou indiferença à vida, a pessoa diz: pegue um punhado de terra do chão e pinte a casa dessa cor. Estará pensando em sua última e estreitinha casa? Pode apostar que sim. Tempo livre é o que não falta a ela! Por que você apanha um punhado de argila? Melhor pintar a casa na cor da própria pele e deixar que a casa fique pálida ou corada por você. Que empreendimento é aprimorar o estilo arquitetônico dos chalés! Quando aprontar meus ornamentos, vou usá-los.

Antes do inverno construí uma chaminé e cobri as laterais da minha casa com plaquinhas de madeira, daquelas usadas para cobrir o telhado. Impermeáveis à chuva, são feitas com as costaneiras imperfeitas e pulposas da primeira fatia da tora, cujas rebarbas eu tive de endireitar com uma plaina.

Tenho, portanto, uma casa hermética, vedada com plaquinhas de madeira e rebocada, de 3 m de largura por 4,5 m de comprimento, pé direito de 2,4 m, com sótão e despensa, um janelão em cada lado, dois alçapões, porta numa ponta e lareira de tijolos na outra. O custo exato da minha casa, pagando o preço normal pelos materiais utilizados, mas sem contar a mão de obra, toda minha, é o seguinte; e dou os detalhes porque é raro alguém ser capaz de dizer exatamente quanto custa a sua casa, e mais raro ainda (se é que existe) ser capaz de listar o custo dos vários materiais que a compõem:

Tabela 1 – Meus custos para construir a cabana

ITEM	OBSERVAÇÃO	VALOR (US$)
Tábuas	A maioria veio do barraco	8,03½
Plaquinhas de madeira para telhado		4,00
Ripas		1,25
Duas janelas de segunda mão c/ vidro		2,43
Um milheiro de tijolos de demolição		4,00

Dois barris de cal	Esse preço foi salgado	2,40
Fibras para o reboco	Mais do que eu precisava	0,31
Ferro da cornija da lareira		0,15
Pregos		3,90
Dobradiças e parafusos		0,14
Ferrolho		0,10
Greda		0,01
Transporte	Carreguei boa parte nas costas	1,40
TOTAL		28,12½

Esses são todos os materiais, exceto madeira, pedras e areia que peguei por direito de ocupante. Também tenho um galpãozinho de madeira ao lado, feito basicamente com o material que sobrou da construção da casa.

Vou construir para mim uma casa mais grandiosa e luxuosa que todas as outras na avenida central de Concord, desde que me proporcione um prazer igual e não ultrapasse o custo desta.

Assim descubro que o estudante que deseja abrigo pode obtê-lo para o resto da vida a um custo não superior ao do aluguel que ele hoje paga anualmente. Se pareço estar me gabando mais do que convém, a minha desculpa é que me gabo pela humanidade e não por mim mesmo. A minha afirmação não se torna menos realista por culpa de meus defeitos e incoerências. Apesar de muita arrogância e hipocrisia (joio que eu acho difícil de separar do meu trigo, e peço desculpas por isso), vou respirar livremente e me estender a esse respeito, é um grande alívio tanto ao sistema moral quanto ao físico. Decido não deixar que a minha humildade me transforme em advogado do diabo. Vou me esforçar para falar boas palavras em favor da verdade. No Cambridge College, o mero aluguel de um quarto estudantil, só um pouco maior que a minha cabana, é de trinta dólares por ano, embora a instituição tivesse a vantagem de construir trinta e dois, lado a lado, sob o mesmo teto, e o inquilino sofresse a inconveniência de muitos vizinhos barulhentos e da localização no quarto andar. Fico pensando: se nesse quesito tivéssemos uma sabedoria mais verdadeira, precisaríamos não só de menos estudo, porque, sem dúvida, mais estudo já teria sido adquirido, mas também o gasto pecuniário para estudar em grande parte desapareceria. As comodidades de que o aluno necessita em Cambridge ou em outra universidade custam a ele, ou à família dele, um sacrifício de vida dez vezes maior do que custaria se a gestão fosse adequada em ambos os lados. Os itens que mais custam dinheiro nunca são aqueles de que o aluno mais precisa. Por exemplo, a mensalidade é um item relevante na conta semestral. Mas a educação bem mais valiosa, obtida ao se associar com seus mais cultos contemporâneos, é gratuita. Em geral, o modo de fundar uma faculdade é obter uma verba. Depois, seguindo cegamente os princípios de uma extremada divisão de trabalho – princípio que só deve ser seguido com muita cautela –, contratar um empreiteiro que transforma isso em objeto de especulação: ele emprega imigrantes irlandeses ou outros operários para efetivamente lançar os alicerces, enquanto os futuros alunos se qualificam para isso. Por esses lapsos, gerações sucessivas têm de pagar. *Melhor seria*, acho eu, se os alunos ou quem deseja se beneficiar do estudo lançassem eles próprios os alicerces. O aluno que assegura seu cobiçado lazer e isolamento, evitando sistematicamente qualquer trabalho necessário ao homem, obtém apenas um lazer ignóbil e não lucrativo, privando-se da experiência que, por si só, torna o lazer frutífero. "Mas", alguém há de indagar, "você está querendo dizer que os alunos devem trabalhar com as mãos e não com a cabeça?". Não é bem isso que eu quero dizer, mas quero dizer algo bem parecido com isso. Quero dizer que eles não devem *brincar* de viver, ou apenas *estudar* a vida, enquanto a comunidade os sustenta nessa dispendiosa brincadeira, mas *vivê-la* seriamente do começo ao fim. Há maneira melhor de os jovens aprenderem a viver do que tentarem logo a experiência de viver? Eu acho que isso exercitaria suas mentes tão bem quanto a matemática. Por exemplo, para um menino aprender algo sobre artes e ciências, o mais comum é mandá-lo à escola, onde tudo se declara e se pratica, exceto a arte da vida. Inspeciona-se o mundo através de telescópios ou microscópios, nunca a olho nu. Estuda-se química, mas não se aprende a fazer pão. Aprende-se a operar engenhocas mecânicas, mas não a ter engenho. A descobrir um novo satélite em Netuno, sem antes detectar um cisco no olho, ou ao redor de qual astro orbita o observador. A ser devorado por monstros que pululam ao seu redor, enquanto contempla os monstros numa gota de vinagre. Ao cabo de um mês, quem teria obtido mais progressos – o pirralho que constrói seu próprio canivete com o minério que ele mesmo escavou e fundiu, lendo o quanto fosse necessário para isso, ou o menino que frequenta palestras sobre metalurgia no Instituto e nesse meio-tempo ganha do pai um canivete Rodgers? Qual deles provavelmente ficará com cortes nos dedos? Para minha surpresa, ao deixar a faculdade, fui informado de que eu havia estudado navegação! Ora, se eu tivesse dado uma voltinha no porto, eu saberia mais a respeito. Até mesmo o *pobre* aluno estuda e só tem aulas de economia *política*, enquanto a economia da vida, que é sinônimo de filosofia, nem sequer é honestamente ensinada em nossas universidades. O resultado? Enquanto ele lia Adam Smith, Ricardo e Say, o pai dele ficou irremediavelmente endividado.

No ensino universitário acontece o mesmo que com uma centena de "aprimoramentos modernos"; há uma ilusão sobre eles; nem sempre o avanço é positivo. Até o fim, o diabo segue cobrando juros compostos pelo capital inicial e pelos vários investimentos posteriores. Nossas invenções costumam ser brinquedinhos bonitos, que desviam a nossa atenção de coisas sérias. São apenas meios aperfeiçoados para um fim não aperfeiçoado, um fim que já era fácil demais de se alcançar; como as ferrovias que nos levam a Boston ou a Nova York. Temos muita pressa em construir um telégrafo magnético do Maine ao Texas; mas o Maine e o Texas, talvez, nada tenham de importante a comunicar. Por situação igualmente difícil passou o homem ansioso para ser apresentado a uma distinta moça surda, mas, quando foi apresentado e a ponta da trombeta dela foi colocada na mão dele, nada teve a dizer. É como se o principal objetivo fosse falar rápido em vez de falar com lucidez. Estamos ávidos para construir um túnel sob o Atlântico e deixar o Velho Mundo algumas semanas mais perto do Novo. Qual será a primeira coisa a vazar para dentro das orelhas de abano americanas? Talvez a notícia de que a princesa Adelaide está com tosse convulsa. Afinal de contas, o homem cujo cavalo trota a 2 km/minuto não transporta as mensagens mais importantes; não é evangelista, nem anda por aí comendo gafanhotos e mel silvestre. Duvido que o grande cavalo de corrida Flying Childers alguma vez tenha levado um grão de milho ao moinho.

Um amigo me diz: "Por que é que você não economiza um dinheirinho; você ama viajar; pode embarcar no trem, visitar Fitchburg hoje mesmo, conhecer o país". Mas sou mais sábio do que isso. Aprendi que o viajante mais rápido é o que anda a pé. Respondo: "Vamos ver quem chega lá primeiro. A distância é de 48 km; a passagem de trem é de noventa centavos. É quase o valor da diária de um trabalhador. Eu me lembro de quando a diária era de 60 centavos por dia para os trabalhadores que abriram essa mesma estrada. Bem, se eu colocar o pé na estrada agora, eu chego lá antes do anoitecer; passei a semana inteira fazendo caminhadas nesse ritmo. Nesse ínterim, você terá trabalhado para pagar sua passagem e vai chegar lá ao longo do dia de amanhã, ou talvez esta noite, se tiver a sorte de conseguir trabalho a tempo. Em vez de ir a Fitchburg, você estará trabalhando aqui na maior parte do dia. Nesse ritmo, mesmo que a ferrovia desse a volta ao mundo, eu sempre chegaria antes de você. E quanto a conhecer o país e obter experiências desse tipo, esse seria o ponto final de nosso convívio".

Essa lei universal ninguém consegue contornar. E, com relação à ferrovia, até podemos dizer que tanto faz como tanto fez. Construir uma ferrovia ao redor do mundo para toda a humanidade equivale a nivelar toda a superfície do planeta. As pessoas têm a vaga noção de que vale a pena persistir nesse desconjuntado empreendimento conjunto, para que todos possam enfim passear, com rapidez, a qualquer lugar, mas sem motivo. A multidão corre ao terminal, o condutor grita "Todos a bordo!", a fumaça é expelida e o vapor se condensa. Só mais tarde se percebe: alguns estão passeando, mas os demais estão sendo atropelados. E isso vai ser chamado e se tornar "Um acidente melancólico". Sem dúvida, eles até podem enfim viajar após receber o salário, quer dizer, isso se sobreviverem por tempo suficiente, mas é provável que a essa altura já tenham perdido a elasticidade e a vontade de viajar. Esse negócio de gastar a melhor parte da vida ganhando dinheiro a fim de desfrutar de uma liberdade duvidosa durante a parte menos valiosa dela me lembra o inglês que primeiro foi à Índia para fazer fortuna, para depois retornar à Inglaterra e viver a vida de um poeta. Ele bem que podia ter subido logo ao sótão. "Como é que é?!", exclamam um milhão de irlandeses em todos os cortiços da nação. "Esta ferrovia que construímos não é uma coisa boa?". Respondo que sim, *comparativamente*. Isto é, vocês poderiam ter feito coisa pior. Mas eu gostaria que meus irmãos da

Irlanda tivessem investido melhor seu tempo do que escavando este chão.

*

Antes de acabar a minha casa, eu quis ganhar dez ou doze dólares por um método honesto e agradável, a fim de cobrir minhas despesas extras. Assim, fiz uma lavourinha de cerca de um hectare no solo leve e arenoso próximo à cabana. Na maior parte do eito eu plantei feijão, mas também fiz umas rocinhas de batata, milho, ervilha e nabo. A gleba toda soma 4,5 hectares, a maior parte coberta de jovens pinheiros e nogueiras, e foi vendida na temporada anterior a vinte dólares por hectare. Um agricultor me disse que essa terra "só serve para criar esquilos". Não adubo a terra com esterco, não sou o dono, mas apenas o ocupante, e não planejo um novo cultivo, e vou capinando aos poucos. Arranco vários metros cúbicos de tocos no preparo do solo, que me abastecem de combustível por muito tempo e deixam pequenos círculos de matéria orgânica, facilmente distinguíveis durante o verão, pois nessas ilhas os feijões crescem com maior exuberância. O restante de meu combustível eu obtenho da madeira morta (a maior parte, sem valor comercial) do matagal atrás de minha casa e das madeiras que flutuam no lago. Contrato uma parelha de bois com um condutor, mas eu mesmo opero o arado. O custo geral de minha lavoura na primeira safra, entre implementos, sementes, mão de obra etc., alcança 14,72½ dólares. As sementes de milho eu ganhei de presente. Isso nunca custa nada, a menos que você vá plantar mais do que para subsistência. Obtive 430 kg de feijão e uns 480 kg de batata, um pouquinho de ervilha e umas espigas de milho verde. O milho e o nabo não maduraram. A renda total obtida em um ano de lavoura foi:

Tabela 2 – Lucro anual que obtive na lavoura

ITEM	VALOR (US$)
Renda bruta com a venda de produtos	(+) 23,44
Despesas de um ano de lavoura	(–) 14,72½
Renda líquida	8,71½

Estimo o valor do produto consumido e disponível em 4,50 dólares, e que a quantidade disponível contrabalançou, com folga, o pouco de pasto que não cultivei. Tudo junto incluído, isto é, levando em conta a importância da alma humana e do tempo presente, apesar do tempo exíguo que durou o meu experimento, ou melhor, talvez justamente por conta de seu caráter transitório, acredito que os resultados foram melhores que os obtidos por qualquer outro agricultor em Concord naquele ano.

No ano seguinte, fui ainda melhor: eu mesmo preparei todo o solo de que eu precisava, cerca de um sétimo de um hectare, virando a terra com a pá de corte. Decidi não me impressionar muito com célebres obras sobre agricultura, como as de Arthur Young e, em vez disso, aprender com a minha própria experiência ao longo de duas safras. E aprendi o seguinte: para uma vida simples basta cultivar o que se vai comer e, para quem não pretende trocar seus produtos por uma quantidade insuficiente de itens mais luxuosos e caros, basta plantar uma área relativamente pequena. É mais barato virar esse terreno com a pá do que usar bois no preparo do solo, assim como é mais barato de vez em quando escolher um novo local do que adubar o antigo com esterco. Assim, a pessoa faz toda a lida agrícola necessária nos dias de verão, em horário flexível e com a mão esquerda, sem pôr na canga bois, cavalos, vacas ou porcos, como se faz hoje. Nesse ponto quero dar minha opinião imparcial, de alguém desinteressado no sucesso ou no fracasso da atual conjuntura socioeconômica. Sou mais independente do que qualquer agricultor em Concord, pois não estou ancorado a uma casa ou fazenda, mas posso seguir, em todos os momentos, as propensões de meu gênio, que é um gênio para lá de torto. Já estou mais bem de vida do que eles, mas não é só isso. Mesmo se um incêndio tivesse destruído a minha casa, ou a geada arruinado a minha safra, eu estaria tão bem de vida quanto no início da empreitada.

Tenho a tendência a pensar uma coisa. Não é o homem que cuida do gado e sim o gado que cuida do homem. O gado é muito mais livre. Humanos e bois intercambiam trabalho, mas se considerarmos apenas o trabalho necessário, os bois levam muita vantagem: a fazenda deles é bem maior. Humanos cumprem uma parte desse intercâmbio trabalhando seis semanas fazendo feno, e isso não é brincadeira de criança. Com certeza, nenhuma nação que vive na simplicidade em todos os aspectos (ou seja, nenhuma nação de filósofos) comete um erro tão crasso quanto o de usar tração animal. É verdade, nunca existiu – e é improvável que exista no curto prazo – uma nação de filósofos, e tenho lá minhas dúvidas se isso seria uma coisa desejável. Porém, *eu* nunca teria domado um cavalo ou boi e o atrelado para fazer qualquer trabalho em meu lugar, por medo de me tornar um cavaleiro ou um mero pastor. A sociedade parece lucrar com isso, mas temos certeza de que o lucro de uns não é o prejuízo de outros? O cavalariço tem tantos motivos para ficar satisfeito quanto o patrão dele? Vamos supor que algumas obras públicas não tivessem sido construídas sem esse auxílio, e que o povo compartilhasse as glórias dessas obras com bois e cavalos. Disso não se conclui que o ser humano poderia ter realizado obras ainda mais dignas de si mesmo? Quando ele começa a fazer trabalhos não só desnecessários ou artísticos, mas luxuosos e frívolos, com a ajuda da tração animal, é inevitável que uns poucos façam todo o intercâmbio de trabalho com os bois, ou, em outras palavras, se tornem escravos dos mais fortes. O ser humano, portanto, não trabalha só para o animal dentro dele, mas, como um símbolo disso, trabalha para o animal fora dele. Temos muitas casas sólidas, feitas de tijolos ou de pedras, mas a prosperidade do agricultor ainda é medida pelo grau com que o celeiro ofusca a casa. O pessoal diz que esta cidade tem as maiores casas para bois, vacas e cavalos das redondezas, e não fica para trás com seus prédios públicos; mas há raros salões para adoração ou liberdade de expressão nessa cidade. Se uma nação pode comemorar suas façanhas com base em sua arquitetura, por que não com base em seu poder de pensamento abstrato?

Quão mais admirável é o Bagavadeguitá do que todas as ruínas do Oriente! Torres e templos constituem o luxo dos príncipes. Uma mente simples e independente não labora sob as ordens de nenhum príncipe. O gênio não é servo de nenhum imperador, nem é feito de prata, ouro ou mármore, exceto em quantidades diminutas. Para que fim, diga-me, por favor, tanta pedra é martelada? Na Arcádia, quando estive lá, não vi nenhuma pedra sendo martelada. As nações são possuídas por uma ambição insana de perpetuar a memória de si mesmas pela quantidade de pedras marteladas que deixam. E se esforços iguais fossem dedicados a suavizar e polir suas maneiras? Um naco de bom senso seria mais memorável do que um monumento tão alto que alcançasse a lua. O que eu amo mesmo é ver as pedras em seu lugar. A grandeza de Tebas era uma grandeza vulgar. Mais sensata é a mureta de pedra que delimita a gleba de uma pessoa honesta do que a Tebas de cem portões que se afastou do verdadeiro propósito da vida. Religiões e civilizações bárbaras e pagãs constroem templos esplêndidos; mas o que você pode chamar de Cristianismo, não. A maior parte das pedras que uma nação martela vai apenas ao túmulo dessa mesma nação. Ela se enterra viva. Quanto às pirâmides, o que nos causa mais espanto é o fato de que tantos homens se degradaram o suficiente para passar suas vidas construindo uma tumba para um ambicioso metido a besta, que, se fosse mais sábio e másculo, teria se afogado no Nilo e dado seu corpo aos cães. Até posso inventar uma ou outra desculpa para os servos e o faraó, mas não tenho tempo para isso. Quanto à religião e ao amor pela arte dos construtores, são praticamente iguais mundo afora, não importa se a construção for um templo egípcio ou o Banco dos Estados Unidos. Os altos custos não se refletem no resultado. A mola mestra é a vaidade, auxiliada pelo amor ao alho e ao pão com manteiga. O sr. Balcom, jovem arquiteto promissor, com lápis e régua, faz o projeto nas costas de seu exemplar do Vitruvius, e a obra é comissionada à Dobson & Sons, cortadores de pedras. Quando os trinta séculos começam a desprezá-la, a humanidade começa a admirá-la. Quanto às suas altas torres e monumentos, certa vez houve um doido nesta cidade que se dispôs a cavar até a China, e tão fundo chegou que, nas palavras dele, escutou o chiado das panelas e chaleiras chinesas; mas acho que não vou mudar de trajeto para admirar o buraco que ele fez. Muitos se preocupam com os monumentos do Ocidente e do Oriente – em saber quem os construiu. Eu prefiro saber quem naqueles dias não os construiu – quem estava acima dessas trivialidades. Mas vamos em frente com as minhas estatísticas.

Fazendo levantamentos topográficos, carpintaria e trabalhos diários avulsos na cidadezinha, nesse meio-tempo, pois tenho tantos ofícios quanto tenho dedos, ganhei 13,34 dólares. Os gastos com alimentação durante oito meses, ou seja, de 4 de julho a 1º de março, época em que essas estimativas foram feitas, embora eu tenha vivido lá mais de dois anos – sem contar as batatas, um pouco de milho verde e algumas ervilhas, que eu cultivei, sem considerar o valor do que estava disponível na última data foram:

Tabela 3 – O quanto gastei com alimentação em um ano

ITEM	OBSERVAÇÃO	VALOR US$	
Arroz		1,73½	
Melaço	É o adoçante mais barato	1,73	
Farinha de centeio		1,04¾	
Farinha de milho	Mais em conta que a de centeio	0,99¾	
Carne de porco	…………	0,22	
Farinha de trigo	Mais cara e difícil de fazer que a de milho	0,88	TODOS ESTES EXPERIMENTOS FRACASSARAM
Açúcar		0,80	
Banha		0,65	
Maçãs		0,25	
Maçã desidratada		0,22	
Batatas-doces		0,10	
Uma abóbora		0,06	
Uma melancia		0,02	
Sal		0,03	
TOTAL		8,74	

Sim, ao todo, gastei 8,74 dólares com alimentação; mas eu não publicaria assim descaradamente a minha culpa se não soubesse que a maioria dos meus leitores é igualmente culpada como eu, e que seus atos não pareceriam melhores quando impressos. No ano seguinte, às vezes, eu pesco uma enfiada de peixes para o almoço, e uma vez cometo o exagero de abater uma marmota que devasta meu feijoal (efetuo sua transmigração, como diria um tártaro) e a devoro, em parte para fins experimentais. Ela me proporciona um prazer momentâneo, apesar do sabor almiscarado, mas noto que no longo prazo isso não se tornaria uma boa prática, por mais que você as consiga prontinhas para serem consumidas no açougue local.

Roupas e algumas despesas acessórias entre essas mesmas datas, embora isso não diga muita coisa, totalizaram 8,40¾ dólares, com o valor extra em termos de óleo e utensílios domésticos de 2 dólares. De modo que todas as despesas pecuniárias, à exceção da roupa lavada e costurada, que em sua maior parte foram feitas fora de casa, e ainda não recebi a conta – e é assim que o dinheiro circula nessa parte do mundo – totalizaram:

Tabela 4 – O quanto gastei no cômputo geral

ITEM	VALOR (US$)
Casa	28,12½
Um ano de cultivo	14,72½
Alimentação por oito meses	8,74
Roupas, etc., em oito meses	8,40¾
Óleo, etc., em oito meses	2,00
TOTAL	61,99¾

E agora eu me dirijo aos meus leitores que precisam ganhar a vida. Eis como eu ganhei a minha:

Tabela 5 – Como ganhei a vida enquanto estive na cabana

ITEM	VALOR (US$)
Venda de produtos agrícolas	23,44
Ganho em trabalhos avulsos	13,34
TOTAL	**36,78**

Subtraindo-se, resta um saldo de 25,21¾ dólares, aproximadamente o meu capital inicial e o valor das despesas incorridas. Por outro lado, além do lazer, da independência e da saúde, isso me proporcionou uma casa aconchegante, enquanto eu decidir ocupá-la.

Essas estatísticas, por mais acidentais e, portanto, pouco instrutivas que possam parecer, têm certa completude e, por isso mesmo, certo valor. Prestei contas de tudo. Com base na estimativa acima, parece que só de alimento gastei 27 centavos por semana. Durante quase dois anos resumiu-se a farinha de centeio e milho sem fermento, batata, arroz, um pouquinho de porco salgado, melaço, sal e água potável. Nada mais adequado que eu vivesse essencialmente de arroz, justo eu, que tanto amo a filosofia da Índia. Para enfrentar as objeções de alguns queixosos inveterados, também posso afirmar que, se eu jantava fora de vez em quando, como sempre fizera, e acredito que terei novas oportunidades de fazer, muitas vezes foi em detrimento de meus arranjos domésticos. Mas a prática de jantar fora, como eu já disse, é um elemento constante e em nada afeta esse relato comparativo.

Aprendi em meu experimento de dois anos que à custa de pouquíssimo incômodo se obtém o alimento necessário, mesmo nessa latitude. Um ser humano pode ter uma dieta tão simples como a dos animais e, mesmo assim, manter a saúde e a força. Faço uma refeição satisfatória – sob vários prismas – com uma simples saladinha de beldroega (*Portulaca oleracea*) que infesta o meu milharal, fervida e salgada. Dei o nome científico e o comum porque os dois são quase tão saborosos quanto a planta. E o que mais uma pessoa sensata há de querer, em tempos de paz, ao meio-dia, do que umas espigas de milho verde cozido, com umas pitadas de sal? E até mesmo a pouca variedade que usei foi para ceder às exigências do apetite e não da saúde. Contudo os humanos chegaram ao ponto em que passam fome, não do necessário, mas de luxo. Conheço uma boa senhora que pensa que o filho está desperdiçando a vida porque passou a beber apenas água.

O leitor há de perceber que estou abordando o assunto de um ponto de vista mais econômico do que dietético. Não pense em se aventurar a testar a minha abstinência a menos que tenha uma despensa bem abastecida.

PÃO

Pão eu faço a princípio de pura farinha de milho e sal, genuínos pães de fubá, daqueles feitos rapidinhos na enxada quente. Asso diante do fogo, ao ar livre, numa plaquinha de madeira ou na ponta de uma ripa que sobrou da construção de minha casa. Fica meio defumado e com aroma de pinheiro. Também experimento farinha de trigo, mas por fim constato que a mistura de centeio e milho é mais conveniente e saborosa. No tempo frio, é divertido assar uma fileira de vários pãezinhos, cuidando e os virando tão cautelosamente quanto um egípcio incuba seus ovos. Verdadeiro fruto de cereal que eu faço amadurecer, que para meus sentidos tem uma fragrância como a de outros frutos nobres, o qual eu preservo o maior tempo possível, embrulhando-os em panos. Fiz um estudo sobre a antiga e indispensável arte de fazer pães, consultando as ditas autoridades do ramo, remontando aos dias primitivos e à primeira invenção do tipo sem fermento, quando da selvageria das nozes e carnes os humanos alcançaram a suavidade e o requinte dessa dieta e – aprofundando gradualmente meus estudos – aquele acidental azedume da massa com o qual, supõe-se, aprenderam o processo de fermentação. Assim, por meio de várias fermentações posteriores, chegaram ao "pão bom, doce e saudável", o esteio da vida. O fermento é considerado por alguns a alma do pão, o *spiritus* que preenche seu tecido celular, religiosamente preservado como o fogo das vestais. Suponho que um frasco cheio e precioso tenha sido trazido a bordo do *Mayflower* e apresentado comercialmente ao Novo Mundo. A sua influência ainda está crescendo, inchando, espalhando-se em vagas cerealíferas país afora. Obtive dessa semente fiel e frequentemente na cidadezinha, até que um belo dia, enfim, me esqueci das regras e escaldei meu fermento. Por acidente constatei que até mesmo isso não era indispensável (pois minhas descobertas não aplicaram o processo sintético, mas analítico), e desde então eu o omiti de bom grado, embora a maioria das donas de casa me garanta que é impossível fazer um pão saudável e seguro sem fermento, e os idosos profetizam uma rápida decadência das forças vitais. Mesmo assim, constato que não é um ingrediente essencial. Passei um ano sem ele e ainda estou na terra dos vivos. Fico feliz em escapar da trivialidade de carregar um frasco cheio no bolso, que às vezes estoura e derrama seu conteúdo para meu desconforto. Omiti-lo é mais simples e mais respeitável. Mais do que qualquer outro animal, o ser humano se adapta a todos os climas e circunstâncias. Também não coloco nenhuma soda salgada, ou outro ácido ou álcali, no meu pão. Na prática sigo a receita de Marco Pórcio Catão, de dois séculos antes de Cristo:

Panem depsticium sic facito. Manus mortariumque bene lavato. Farinam in mortarium indito, aquæ paulatim addito, subigitoque pulchre. Ubi bene subegeris, defingito, coquitoque sub testu.

O que eu interpreto como: "Assim que se faz pão amassado. Lave bem as mãos e a cuba. Coloque a farinha na cuba, vá acrescentando água aos poucos e amassando bem. Depois de bem amassado, é só moldar e levar ao forno sob uma tampa". Ou seja, numa caçarola. Nem uma palavra sequer sobre fermento. Mas nem sempre uso esse esteio da vida. Certa vez, estando com os bolsos vazios, fico um mês sem ele.

Todo habitante da Nova Inglaterra pode facilmente cultivar as matérias-primas para fazer seus pães nessa terra de centeio e milho indígena, sem depender de mercados longínquos e flutuantes para obtê-las. Entretanto, estamos tão longe da simplicidade e da independência que, em Concord, raramente se vende farinha fresca e doce nas lojas, e quase ninguém mais usa canjica e milho em sua forma mais rústica. Na maior parte do tempo, o agricultor dá ao seu gado e porcos os grãos de sua própria produção e compra no armazém, a um custo maior, farinha que (para dizer o mínimo) não é mais saudável. Eu vi que posso facilmente produzir um ou dois sacos (de 25 kg) de centeio e milho indígena, pois o primeiro cresce nas terras mais fracas, e o último não exige as mais férteis, e os triturar num moinho manual, e assim me virar sem arroz e carne de porco. Se for para ter algum doce concentrado, descobri por experiência que posso fazer um excelente melaço, tanto de abóboras quanto de beterraba. Sei também que me basta plantar uns bordos para obtê-lo com mais facilidade ainda e, enquanto as árvores estiverem crescendo, eu posso usar vários substitutos além daqueles que mencionei. Afinal, como cantavam nossos antepassados:

"Vários licores adoçam nossas vidas,
De abóboras, nogueira em lasca e cherovias."

Por fim, o sal, o mais asqueroso dos mantimentos. Para obtê-lo, que tal uma visita à orla marítima? Se acabar o meu estoque, é bem provável que diminua o meu consumo de água. Ao que me consta os índios viviam muito bem sem se dar ao trabalho de ir atrás dele.

Assim, eu evito todo comércio e escambo no que tange à minha comida. Abrigo eu já tenho. Só falta agora conseguir roupas e combustível. A pantalona que estou vestindo agora foi tecida na família de um agricultor – graças aos céus, ainda há tanta virtude no ser humano, pois acho que a queda de agricultor a operário é tão grande e memorável quanto a de humano a agricultor – e, em um país novo, o combustível é um estorvo. Quanto ao habitat, se eu ainda não tivesse permissão para ocupar, poderia comprar meio hectare pelo mesmo preço pelo qual a terra que cultivei foi vendida – ou seja, oito dólares e oito centavos. Mas, nas circunstâncias atuais, avalio que ocupando a terra a estou valorizando.

Às vezes, certa categoria de incrédulos me questiona. Eu acho que consigo sobreviver comendo apenas alimentos de origem vegetal? Pois bem: vou arrancar esse mal pela raiz – pois a nossa fé está enraizada. Costumo responder que posso viver de pregos arrancados. Se não conseguem entender isso, não hão de entender o que tenho a dizer. De minha parte, fico feliz em saber que experiências desse tipo estão sendo feitas; como aquele jovem que tentou viver, durante quinze dias, comendo milho duro e cru na espiga, usando apenas seus dentes para temperar. A tribo dos esquilos tentou o mesmo com sucesso. A espécie humana se interessa por esses experimentos, embora algumas velhinhas incapacitadas para eles, ou que são sócias de moinhos, possam ficar alarmadas.

MOBÍLIA

Minha mobília, parte da qual eu mesmo fiz, e o resto não me custou nada que eu não tenha prestado conta, consistia em cama, mesa, escrivaninha, três cadeiras, espelhinho de 7,5 cm de diâmetro, pinça e cão de lareira, chaleira, caçarola, frigideira, concha, tigela, duas facas, dois garfos, três pratos, xícara, colher, jarro para óleo, pote para melaço e lampião envernizado. Ninguém é tão pobre que precise se sentar numa abóbora. Imutabilidade é isso. Nos sótãos da cidadezinha, tem um montão dessas cadeiras que eu mais gosto, prontinhas para serem carregadas embora. Mobília! Graças a Deus, posso me sentar e me levantar sem a ajuda de uma loja de móveis. Só um filósofo não teria vergonha de ver sua mobília embalada numa carroça e indo para o interior, exposta à luz do céu e aos olhos humanos, saldo miserável de caixotes vazios. É a mobília do Spaulding. Nunca sei dizer, ao inspecionar essa carga, se pertence a um homem rico ou pobre; o dono sempre parece pobre. Na verdade, quanto mais você acumula essas coisas, mais pobre fica. Cada carga parece conter o conteúdo de uma dúzia de barracos; e, se um barraco é pobre, isso é doze vezes mais pobre. Diga-me, para que serve a *mudança* se você não aproveita a oportunidade para livrar-se de sua mobília, de suas *exúvias*; e enfim, ir deste mundo a outro recém-mobiliado, destinando os móveis antigos à fornalha? É como se todas essas tralhas estivessem presas ao cinturão de um homem e ele não pudesse se mover pelos campos acidentados onde nossas linhas são lançadas sem arrastá-las – arrastando suas tralhas. Sorte da raposa que deixa sua cauda na armadilha. O rato-almiscarado rói a perna para se libertar, e sei de um que morreu após roer a terceira perna, pois não podia andar numa perna só. O ser humano perdeu sua elasticidade e não é de se admirar. E em quantas vezes fica empacado como uma mula! "Senhor, perdoe a minha ousadia, mas como assim, 'empacado como uma mula'?". Se você é um vidente, sempre que encontrar uma pessoa verá tudo o que ela possui, sim, e muita coisa que ela finge não possuir, atrás dela, até os móveis de sua cozinha e todas as bugigangas que ela acumula e não queima, e ela parece estar atrelada a isso e tentando avançar como pode. Acho que a pessoa acaba empacada se a estrada se afunila e o seu trenó cheio de mobília não passa no portão. Não posso deixar de sentir compaixão quando ouço um cidadão garboso, de compleição física harmoniosa, aparentemente livre, todo cingido e pronto, falar de sua "mobília", como se ela estivesse no seguro ou não. "Mas o que é que eu vou fazer com a minha mobília?". Eis que a minha alegre borboleta está enredada numa teia de aranha. Mesmo aquela pessoa que por muito tempo parecia não ter mobília velha, se você investigar a fundo, vai descobrir que ela pediu para o vizinho guardar no celeiro. Hoje eu encaro a Inglaterra como um velho nobre que viaja com um montão de bagagem, quinquilharias acumuladas em uma governança doméstica conservadora, cacarecos que ele não tem coragem de queimar: baú grande, baú pequeno, chapeleira e farnel. Livre-se dos três primeiros, ao menos. Seria algo além das forças de uma pessoa saudável hoje em dia erguer sua cama e sair andando com ela, e eu com certeza aconselho a pessoa doente a largar a cama no chão e correr. Quando me deparo com um imigrante cambaleando sob um embrulho com todos os seus pertences – que mais parece um gigantesco cisto na nuca – sinto pena dele, não porque só tem aquilo, mas porque tem que carregar *tudo* aquilo. Se eu tiver que arrastar a minha armadilha, vou cuidar para que ela seja leve e não me arranque alguma parte vital. Talvez o mais sensato seja não colocar a pata nela.

Falando nisso, eu não tenho cortinas. Ninguém fica me espiando, à exceção do sol e da lua, e gosto quando ficam olhando para dentro. A lua não azeda o leite nem contamina a minha carne, tampouco o sol danifica minha mobília ou desbota meu tapete, e se às vezes ele é um amigo caloroso demais, acho mais econômico me esconder atrás de uma cortina que a natureza forneceu do que adicionar um item sequer aos cuidados da governança doméstica. Certa vez, uma senhora me ofereceu um tapete, mas como eu não tinha espaço de sobra dentro de casa, nem tempo de sobra dentro ou fora dela para sacudi-lo, recusei. Prefiro limpar os pés na grama diante de minha porta. Antes cortar o mal pela raiz.

Não faz muito tempo, estive presente no leilão dos bens de um diácono, acumulados em uma vida profícua:

"O mal que os humanos praticam sobrevive a eles".

Como de costume, a maior parte é composta de trastes acumulados desde a época do pai dele. Um dos itens é uma tênia ressequida. E agora, após meio século em sótãos e porões cheios de pó, essas coisas escapam de ser incineradas; em vez de *fogueira* – a destruição purificadora dos objetos – há um *leilão*, ou a valorização deles. Ansiosamente os vizinhos se reúnem para ver os itens, compram tudinho e os transportam a seus sótãos empoeirados, onde ficarão até que seus próprios inventários sejam concluídos, e esse processo recomece. Bater as botas é chutar a poeira.

Os costumes de algumas tribos nativas podem, quiçá, ser proveitosamente imitados por nós, pois elas ao menos simulam trocar de pele anualmente; têm uma ideia do processo, quer tenham a realidade ou não. Não seria bom se celebrássemos essa "primícia" ou "festa dos primeiros frutos", como Bartram descreve a tradição da tribo Mucclasse?

> Quando uma cidade comemora a primícia, após se abastecer de roupas novas, além de potes, panelas e outros utensílios domésticos e móveis também novos, recolhem todas as roupas usadas e outras coisas desprezíveis, varrem e limpam suas casas e praças da aldeia. Juntam toda essa sujeira com a sobra de grãos e outras provisões antigas para fazer um monte só e ateiam fogo. Tomam infusões medicinais e jejuam por três dias, e todo o fogo na aldeia se apaga. Nesse jejum, eles se abstêm de satisfazer todos os apetites e paixões, sejam quais forem. Proclama-se uma anistia geral; todos os malfeitores podem voltar à sua

aldeia. Na quarta manhã, o sumo sacerdote esfrega lenha seca, acende um novo fogo na praça pública, e cada oca é nutrida com a nova e pura chama.

Então festejam com milho e frutos novos, dançam e cantam por três dias. "E nos quatro dias seguintes recebem visitas e se alegram com os amigos das tabas vizinhas que igualmente se purificaram e se prepararam."
Os mexicanos também praticavam uma purificação semelhante ao cabo de um ciclo de cinquenta e dois anos, na crença de que estava na hora de o mundo acabar. De um sacramento mais verdadeiro que esse, eu creio não ter ouvido ninguém falar. Conforme a definição do dicionário: "sinal externo e visível de uma graça interna e espiritual". Não tenho dúvidas de que se inspiraram diretamente nos céus para fazer assim, embora não tenham um registro bíblico da revelação.

*

Por mais de cinco anos, eu me sustento apenas com meu trabalho manual. Constato que seis semanas de trabalho por ano bastam para pagar todo o meu custo de vida. Todos os meus invernos, assim como a maior parte dos meus verões, fico livre e solto para estudar. Eu me dedico de corpo e alma a manter uma escola, e descubro que as minhas despesas estão equilibradas com a minha renda, ou melhor, *desequilibradas*, pois sou obrigado a me vestir e dar aulas, sem falar a pensar e acreditar, e assim acabo perdendo meu tempo no negócio. Como não ensino para o bem de meus semelhantes, mas simplesmente para ganhar a vida, eu acabo dando com os burros n'água. Tento o comércio; mas descubro que eu levaria dez anos para me estabelecer, e até lá seria provável que eu já estivesse com o pé no inferno. Na realidade, tenho medo de a essa altura fazer o que o pessoal chama de um bom negócio. Teve uma época em que eu procurava um modo de ganhar a vida, triste busca para entrar em conformidade com os desejos de amigos que insistiam em testar a minha engenhosidade, eu pensei muito e seriamente em colher *huckleberries*. Com certeza isso eu sabia fazer. O lucro potencial era pequeno, mas suficiente. Afinal de contas, a maior habilidade que eu tenho é a de querer pouco. Ínfimo capital necessário, ínfimo desvio de minha disposição habitual, pensei tolamente. Meus conhecidos ingressam sem hesitação no comércio ou em profissões liberais, mas considero essa ocupação muito parecida com a deles. Percorrer as colinas ao longo do verão para colher as frutinhas que surgem no meu caminho e depois me livrar delas ao meu bel-prazer; e assim, cuidar dos rebanhos de Admeto. Também sonhei em colher ervas silvestres ou levar sempre-vivas à gente da cidadezinha que adora se lembrar das matas, até mesmo à cidade grande, em carros de transportar feno. Mas, desde então, aprendi que o comércio amaldiçoa tudo o que toca; e embora você negocie mensagens do céu, toda a maldição do comércio fica ligada ao negócio.

 Prefiro algumas coisas a outras, e valorizo especialmente a minha liberdade. Posso ganhar mal e ao mesmo tempo ser bem-sucedido. Por isso, eu não desejo gastar meu tempo ganhando tapetes ricos ou outros móveis finos, ou uma culinária requintada, e ainda é muito cedo para uma casa em estilo grego ou gótico. Se existe uma pessoa para quem adquirir essas coisas não se configure uma interrupção, e essa pessoa souber como usá-las após adquiri-las, em prol dela eu abro mão de minha busca. Algumas são "esforçadas" e parecem amar o trabalho pelo trabalho em si, ou talvez porque isso as mantenha longe de males piores; a essas, por enquanto, nada tenho a dizer. Aquelas que não saberiam o que fazer com mais lazer do que hoje desfrutam, aconselho a trabalhar duas vezes mais arduamente do que trabalham – até conseguirem comprar sua liberdade e obter sua carta de alforria. Quanto a mim, descubro que a ocupação como trabalhador avulso é a mais independente de todas, especialmente porque me bastam trinta ou quarenta dias por ano para ganhar o meu sustento. O dia de quem é diarista termina com o pôr do sol, e diaristas ficam livres para se dedicar à busca escolhida, independentemente de seu trabalho; mas o empregador, que especula mês a mês, não tem trégua de um final de ano a outro.

Em suma, estou convencido, por meio da fé e da experiência, que ganhar o sustento nesta terra não é uma dificuldade, mas um passatempo: basta viver de modo singelo e sábio. O que para as nações mais simples é uma busca, para as mais artificiais ainda é um esporte. Não é necessário que uma pessoa ganhe a vida com o suor de sua testa, a menos que ela transpire mais fácil do que eu.

Um jovem conhecido meu, que herdou alguns hectares, me disse que viveria como eu, *se tivesse os meios*. Eu não gostaria que alguém, por qualquer motivo, adotasse o *meu* modo de vida. Afinal de contas, antes que a pessoa o tenha aprendido razoavelmente, talvez eu possa ter descoberto outro para mim mesmo. Desejo que no mundo possam existir tantas pessoas diferentes quanto possível, e prefiro que cada uma tenha muito cuidado para descobrir e seguir o *seu próprio* caminho, e não o do pai, da mãe ou do vizinho dela. Não importa se o jovem decida construir, plantar ou navegar, desde que ele não seja impedido de fazer o que está me dizendo que gostaria de fazer. Apenas do ponto de vista matemático somos sábios, como o marinheiro ou o escravo fugitivo que não perdem de vista a estrela polar; mas isso é orientação suficiente para toda a nossa vida. Talvez não seja possível calcular quanto tempo vamos demorar até alcançarmos o nosso porto, mas devemos nos manter no curso autêntico.

Sem dúvida, nesse caso, o que vale para um também vale para mil, pois uma casa grande não é proporcionalmente mais cara do que uma pequena. Um só telhado por cima, um só porão embaixo, e uma só parede separa vários apartamentos. Mas, de minha parte, eu prefiro a habitação solitária. Além do mais, geralmente é mais barato construir tudo sozinho do que convencer outra pessoa das vantagens da parede comum. Mesmo que a convença, a divisória comum, a fim de ser mais baratinha, deve ser fina. E, com o tempo, esse vizinho talvez se revele um mau vizinho e deixe de fazer a manutenção do lado dele. Em geral a única cooperação possível é excessivamente parcial e superficial; e essa pouca cooperação verdadeira, na prática quase inexistente, é uma harmonia inaudível aos ouvidos humanos. Se a pessoa tem fé, coopera com igual fé em todos os lugares; se não tiver fé, continua a viver como o restante do mundo, seja lá qual for a sua companhia. Cooperar significa – em ambos os sentidos, o mais elevado e o mais inferior – *cultivar a convivência*. Recentemente ouvi dizer que dois jovens foram viajar juntos pelo mundo; um sem dinheiro, ganhando a vida passo a passo, à frente dos mastros e atrás dos arados; o outro, portando no bolso uma letra de câmbio. Era fácil notar que não poderiam ser companheiros nem *cooperar* por muito tempo, já que um deles não ia *operar* nada. Em suas aventuras estavam fadados a se separar na primeira crise relevante. Acima de tudo, como sugeri, quem segue sozinho pode começar hoje; mas quem viaja acompanhado deve esperar até que o outro esteja pronto, e isso pode atrasar sua partida.

FILANTROPIA

Mas tudo isso é muito egoísta, criticaram alguns de meus conterrâneos. Confesso que até hoje pouco me dedico a iniciativas filantrópicas. Faço alguns sacrifícios por senso de dever e, entre outros, também sacrifico esse prazer. Algumas pessoas já lançaram mão de todo o seu engenho para me persuadir a garantir o sustento de alguma família pobre da cidade. Se um dia eu estiver sem fazer nada (afinal, a cabeça vazia é a oficina do diabo), talvez eu pudesse tentar a minha sorte num passatempo como esse. Entretanto, quando pensei em me permitir esse mimo, e deixar o Céu deles na obrigação, por meio de manter certas pessoas pobres em uma situação em todos os aspectos tão confortável quanto a minha, e até mesmo me aventurei a lhes fazer a oferta, todas, sem hesitação, preferiram permanecer pobres. Meus conterrâneos se dedicam de múltiplas maneiras ao bem de seus semelhantes. Por isso, acredito que uma pessoa ao menos pode ser poupada e se dedicar a buscas menos humanitárias. Você tem que ter gênio para a caridade, assim como para qualquer outra coisa. Quanto a fazer o bem, já tem muita gente nessa profissão. Além disso, tentei-a seriamente e, por mais estranho que possa parecer, estou convencido de que não combina com a minha constituição. É bem provável que eu não deva, de modo consciente e ponderado, abandonar a minha vocação particular para fazer o bem que a sociedade exige de mim, a fim de salvar o universo da aniquilação. Tudo o que nos preserva disso em qualquer parte, eu acredito, é uma obstinação similar, embora infinitamente maior. Mas eu não me interponho entre uma pessoa e seu gênio; e a quem se dedica de corpo e alma a esse trabalho que eu recuso, eu só digo uma coisa: "Persevere", mesmo que o mundo chame isso de fazer o mal, como é provável que aconteça.

 Estou longe de supor que o meu caso seja peculiar; sem dúvida, muitos de meus leitores fariam defesa semelhante. Ao executar um serviço (não garanto que meus vizinhos vão aprová-lo), não hesito em dizer que sou a pessoa certa, mas cabe ao meu contratante descobrir. O *bem* que eu faço, no sentido comum da palavra, deve estar à parte de meu caminho principal e, em essência, ser totalmente não intencional. Na prática, as pessoas dizem: "Comece onde você está e seja como você é, sem ter como meta principal tornar-se mais digno, e com bondade premeditada faça o bem por aí". Se eu fosse pregar nesse sentido, primeiro eu diria: "Empenhe-se em ser bom". Como se o sol parasse após acender fogueiras ao esplendor da lua ou de uma estrela de sexta magnitude, e andasse por aí como o diabinho Robin Goodfellow, espiando as janelas de cada chalé, inspirando lunáticos, putrefazendo carnes e tornando a escuridão visível, em vez de aumentar constantemente sua cordialidade e gentileza até estar com tal brilho que nenhum mortal pudesse fitá-lo. E, nesse meio-tempo, girando em sua própria órbita no universo, fazendo o bem. Ou melhor, como descobriu uma filosofia mais verdadeira: o universo girando em torno do bem que ele faz. Quando Faetonte, querendo provar sua origem celestial por suas gentilezas, teve as rédeas da carruagem do sol por um dia, desviou-se da rota, incendiou vários quarteirões de casas nas ruas inferiores do céu, chamuscou a superfície da terra, secou toda e qualquer nascente, fez o grande deserto do Saara, até que por fim Júpiter o fulminou com um raio, e o sol, triste com a morte dele, deixou de brilhar por um ano.

Não há cheiro tão ruim quanto o exalado pela bondade putrefata. É humana, é divina – mas é carniça. Se eu tivesse certeza de que um homem está vindo a minha casa com o propósito consciente de me fazer o bem, eu sairia correndo para salvar minha vida, e fugiria dele como alguém foge do samiel, aquele vento seco e cortante dos desertos africanos, que enche boca, nariz, orelhas e olhos de pó até nos sufocar. Isso para eu não correr o risco de ser contaminado pelo seu bem-fazer – o risco de uma parte de seu vírus se misturar com o meu sangue. Não: nesse caso eu simplesmente prefiro sofrer o mal. Uma *pessoa* não é boa comigo se me alimentar quando eu estiver morrendo de fome, ou me aquecer se eu estiver congelando, ou me resgatar se eu cair numa vala. Posso encontrar um cão Terra Nova capaz de fazer o mesmo. A filantropia não é amor pelo próximo no sentido mais amplo. A seu modo, Howard foi, sem dúvida, um homem extremamente gentil e digno, e teve sua recompensa; mas, em termos comparativos, de que valem cem Howards para *nós*, se a filantropia dele não *nos* ajuda em nossas melhores condições, quando somos mais dignos de ser ajudados? Nunca ouvi falar de uma reunião filantrópica em que fosse sinceramente proposto fazer algum bem para mim ou a alguém parecido comigo.

Os jesuítas ficaram bastante contrariados por aqueles índios que, ao serem queimados na fogueira, sugeriram novas formas de tortura a seus algozes. Sendo superiores ao sofrimento físico, às vezes acontecia de serem superiores a qualquer consolo que os missionários pudessem oferecer. E a lei de fazer ao próximo o que gostaria que fizessem a você era menos persuasiva aos ouvidos de quem, por sua vez, não se importava com as torturas que sofria e amava seus inimigos de um modo inovador, chegando bem perto de livremente perdoá-los por tudo o que fizeram.

    Tenha certeza de ofertar aos pobres a ajuda de que eles mais necessitam, embora você esteja dando um exemplo que os acabe deixando bem para trás. Se você der dinheiro, fiscalize os gastos e não deixe só por conta deles. Às vezes, cometemos erros curiosos. Muitas vezes, o pobre não tem frio nem fome, mas está sujo e esfarrapado. Para o gosto dele está bom assim; não é uma questão de infortúnio. Com o dinheiro que você der, talvez ele compre mais andrajos. Cortadores de gelo irlandeses trabalham no lago, malvestidos. Eles me inspiram pena. Em meu traje mais arrumado e até mais elegante, eu estremeço de frio. Num dia gélido, um deles cai na água e vem até a minha cabana se aquecer. Retira três calças e dois pares de meias sujas e esfarrapadas para só então ficar nu em pelo. Dá-se ao luxo de recusar o vestuário *extra* que lhe ofereço, pois tem tantas camadas *intra*. Esse mergulho é exatamente do que ele precisava. Então começo a sentir autocomiseração e percebo que seria mais caridoso doar a mim mesmo uma camisa de flanela do que a ele uma loja inteira de roupa barata. Para cada um que ataca o mal pela raiz existem milhares aparando os ramos. Quem investe mais tempo e dinheiro para ajudar os necessitados talvez esteja fazendo, com seu modo de vida, o máximo para produzir essa miséria que em vão se esforça para aliviar. O piedoso criador de escravos dedica os rendimentos de cada décimo escravo para comprar a liberdade de domingo para os demais. Alguns mostram sua bondade para com os pobres empregando-os em suas cozinhas. Não seriam mais gentis se empregassem a si próprios ali? Você se vangloria de gastar um décimo de sua renda em caridade; talvez devesse gastar nove décimos, e estamos conversados. Nesse caso, a sociedade só recupera uma décima parte da propriedade. Isso se deve à generosidade do dono ou à negligência do judiciário?

A filantropia é quase a única virtude apreciada o suficiente pela humanidade. Na verdade, é superestimada; e é o nosso egoísmo que a superestima. Um pobre robusto, num dia ensolarado aqui em Concord, elogiou um conterrâneo para mim, porque, segundo ele, era bom para os pobres; querendo dizer a gente como ele. Os bondosos tios e tias da espécie são mais estimados do que seus verdadeiros pais e mães espirituais. Certa vez, ouvi uma palestra sobre a Inglaterra de um reverendo, pessoa de erudição e inteligência. Primeiro, citou expoentes ingleses nos campos científicos, literários e políticos, como Shakespeare, Bacon, Cromwell, Milton, Newton e outros. Em seguida, mencionou os heróis cristãos ingleses, os quais, como se a profissão dele exigisse, ele alçava a um lugar bem acima de todos os outros, os maiores entre os maiores. Citou Penn, Howard e Mrs. Fry. Cada um de nós deve sentir a falsidade e a hipocrisia que há nisso. Esses não eram os melhores homens e mulheres da Inglaterra; apenas, talvez, seus melhores filantropos.

Não quero tirar os méritos da filantropia, mas só quero justiça a todos que por suas vidas e obras são uma bênção para a humanidade. Não valorizo primordialmente a retidão e a benevolência da pessoa, que são, por assim dizer, seu caule e folhas. Daquelas plantas cuja verdura secou fazemos chá de ervas para os enfermos; servem apenas para uso humilde e são mais utilizadas por charlatães. Quero a flor e o fruto de um ser humano; que uma fragrância seja soprada dele para mim, e um pouco de maturidade tempere nossa inter-relação. A bondade humana não deve ser um ato parcial e transitório, mas uma superfluidade constante, que nada nos custa e da qual não temos consciência. Essa caridade esconde uma infinidade de pecados. Muitas vezes, o filantropo envolve a humanidade com uma redoma da lembrança de suas próprias mágoas rejeitadas e chama isso de compaixão. Devemos transmitir nossa coragem, e não nosso desespero, nossa saúde e bem-estar, e não nossa doença, e cuidar para que isso não se espalhe por contágio. De que planícies do Sul vem a voz da lamentação? Em que latitudes moram os pagãos a quem enviaríamos luz? Quem é esse humano intempestivo e brutal que queremos redimir? Se algo o aflige a ponto de prejudicar o desempenho de suas funções, provocando-nos dores até nas entranhas – pois ali reside a compaixão –, logo começa a reformar o mundo. Sendo ele próprio um microcosmo, faz uma descoberta – uma autêntica descoberta que só ele é capaz de fazer. O mundo está comendo maçãs ainda verdes! A seus olhos, de fato, o próprio globo é uma grande maçã ainda verde, e ele não quer nem pensar no atroz perigo de crianças a mordiscarem antes de estar madura. De imediato, a sua radical filantropia busca o esquimó e o patagônio, e abraça populosas aldeias indianas e chinesas. E assim, após alguns anos de atividade filantrópica – tempo em que os poderosos, sem dúvida, a utilizam para seus próprios fins –, o globo se cura de sua dispepsia e adquire um leve rubor em uma ou nas duas bochechas, como se estivesse começando a amadurecer. A vida perde sua crueza e, de novo, viver se torna doce e saudável. Nunca sonhei com enormidades maiores do que as que eu cometi. Não conheço nem nunca vou conhecer alguém pior do que eu.

O que entristece o reformador não é a dó que sente de seus camaradas socialmente vulneráveis, mas – apesar de ele ser o mais sagrado filho de Deus – sua aflição pessoal. Tomara que isso se resolva, que a primavera venha até ele, a manhã se erga sobre o seu divã, e ele abandone seus generosos companheiros sem se desculpar. Meu pretexto para não passar um sermão contra o uso do fumo é que nunca o masquei; essa é uma penalidade que os mascadores de tabaco regenerados têm de pagar – embora eu já tenha mascado coisas suficientes contra as quais eu poderia passar um sermão. Se algum dia você se deixar envolver por qualquer uma dessas atividades filantrópicas, não deixe a sua mão esquerda saber o que a direita faz, pois nem valerá a pena saber. Resgate os afogados e amarre os cadarços. Não tenha pressa e se dedique a uma tarefa não remunerada.

Nossos hábitos se corromperam pela comunicação com os santos. Ressoam de nossos hinários melodiosas maldições ao Deus para sempre tolerado. Talvez alguém diga que os profetas e redentores preferem consolar os temores a confirmar as esperanças humanas. Em lugar algum se registra uma satisfação simples e irreprimível com o dom da vida, um louvor memorável a Deus. A saúde e o sucesso me fazem bem, por mais distantes e esquivos que pareçam; as doenças e os fracassos me entristecem e me fazem mal, por mais compaixão que elas tenham comigo ou eu com elas. Então, se quisermos mesmo restaurar a humanidade por meios verdadeiramente nativos, botânicos, magnéticos ou naturais, primeiro temos que ser tão simples e bons quanto a própria Natureza. Vamos dissipar as nuvens que pairam sobre nossas sobrancelhas e deixar um pouco de vida entrar em nossos poros. Não se contente em ser um supervisor dos pobres, mas se esforce para se tornar uma das pessoas dignas desse mundo.

Li no *Gulistão*, ou *Jardim das Rosas*, do xeique Saadi de Xiraz:

"Perguntaram a um sábio:

– Entre tantas árvores célebres que o Deus Altíssimo criou, frondosas e umbríferas, nenhuma se chama *azad*, ou livre, à exceção do cipreste, que não dá frutos. Que mistério há nisso?

O sábio ponderou:

– Cada árvore tem seu fruto apropriado na estação certa. Nesse período, ela floresce com vigor. Em sua ausência, seca e murcha. O cipreste está livre dessas condições e floresce sempre. Dessa natureza são os *azads*, ou religiosos independentes. Não fixe teu coração no que é transitório; pois o rio Tigre continuará correndo por Bagdá mesmo depois de extinta a raça dos califas:

se tua mão tiver bastante, seja liberal como a tamareira; mas se não houver nada para dar, seja um *azad*, uma pessoa livre, como o cipreste."

VERSOS COMPLEMENTARES
As pretensões da pobreza

Você pensa que é pobre e infeliz
Para pedir um lugar no firmamento
Pois sua humilde banheira ou cabana,
Acalenta indolente ou pedante virtude
O sol é para todos, e as sombreadas fontes,
Com hortaliças e tubérculos
Onde a sua mão direita rasga
Da mente essas paixões humanas,
Em cujos troncos florescem belas virtudes,
Degrada a natureza e entorpece os sentidos
E, como a Górgona, transforma
Humanos ativos em pedras.
Não precisamos da tediosa companhia
De sua angustiada moderação.
Tampouco dessa estupidez artificial
Que não conhece alegria e tristeza,
Nem da falsa energia que exalta
A coragem passiva em vez da ação
Estirpes abjetas e vis
Na mediocridade assentada
Convêm a suas mentes servis;
Mas estimulamos somente
Virtudes que toleram excessos,
Atos fortes e férteis, real magnificência,

Prudência onividente, magnanimidade
Ilimitada, e aquela heroica virtude
Nunca antes vista na antiguidade
Só em modelos como Hércules,
Aquiles e Teseu. Volte à sua odiada célula;
E quando avistar a nova esfera iluminada,
Estude e aprenda sobre esses nobres.

                T. CAREW

ONDE VIVI, E COM QUAIS METAS DE VIDA

    Chega um ponto em nossa vida que nos acostumamos a avaliar cada terreno como o possível local para uma residência. Assim, perscruto toda a região no raio de vinte quilômetros de onde eu moro. Na minha imaginação, compro todas as fazendas, uma após a outra, pois todas estão à venda, e sei o preço de cada uma. Ando nas terras de cada agricultor, provo suas maçãs silvestres, proseio com ele sobre as coisas do campo, compro a área pelo valor solicitado, seja qual for, em minha mente hipotecando-a para ele por um preço até mais alto. Tudo aceito, menos uma escritura. Aceito a palavra do dono em vez da escritura, pois adoro conversar. Cultivo a terra e, creio eu, também a amizade, em certa extensão. Afasto-me após desfrutá-las por tempo suficiente, deixando o resto a cargo do agricultor. Essa experiência me torna conhecido pelos meus amigos como uma espécie de corretor de imóveis.

Onde quer que eu assente poeira, ali eu posso viver, e assim a paisagem irradia de mim. O que é uma casa senão um sítio, do latim "sedes"? Melhor então uma sede campestre. Descubro muitos terrenos que provavelmente vão demorar a ser urbanizados, que alguns acham muito longe da cidadezinha, mas a meus olhos é a cidadezinha que fica muito longe desses locais. Bem, talvez eu more aqui, eu declaro; e ali habito, por uma hora, uma vida no verão e no inverno; imagino o passar dos anos, fustigo o inverno e assisto ao raiar da primavera. Os futuros habitantes da região, seja lá onde instalarem suas casas, podem ter a certeza de que foram antecipados. Basta uma tarde para dividir a gleba em pomar, mata e pastagem, e decidir quais carvalhos ou pinheiros bonitos devem ser poupados na fachada, e onde derrubar cada árvore a fim de aprimorar a paisagem. Em seguida deixo o terreno como ele está: agreste e em pousio, pois você é tão mais rico quanto maior o número de coisas de que consegue abrir mão.

Tão longe a minha imaginação me leva que até obtive recusa de várias fazendas – a recusa era tudo que eu queria –, mas nunca chego a queimar os meus dedos pela posse efetiva. O mais perto que eu chego disso é quando eu compro a granja dos Hollowell; começo a escolher minhas sementes e a coletar materiais para fabricar um carrinho de mão para transportá-las. Mas antes de o proprietário me passar a escritura, a mulher dele – todo homem tem uma esposa assim – muda de ideia e resolve ficar com a casa, e ele me oferece dez dólares para desistir do negócio. Ora, para ser sincero, eu só tinha dez centavos no mundo. Isso embaralha minha aritmética. Que homem eu era? Um homem com dez centavos no bolso, ou que tinha uma granja, ou dez dólares, ou tudo junto incluído? Seja como for, eu o deixo ficar com a granja e com os dez dólares de lambuja, pois eu já tinha levado aquilo longe demais. Em outras palavras, sou generoso e fecho o negócio só pelo valor que paguei a granja. Assim, como ele não é um homem rico, acaba ganhando dez dólares de presente. E o ponto positivo é que ainda me sobram os meus dez centavos, as sementes e os materiais para um carrinho de mão. Assim descubro que eu havia sido rico sem causar dano algum à minha pobreza. Mas a paisagem fica na minha retina e, desde então, transporto comigo anualmente o que ela produz – sem a ajuda de um carrinho de mão. A propósito de paisagens:

"Sou rei de tudo que eu meço,
é o meu direito inconteste".

Muitas vezes vejo um poeta se retirar do local após desfrutar da parte mais valiosa de uma fazenda, enquanto o rústico proprietário supõe que ele só colheu maçãs silvestres. Ora, o dono não sabe que há anos o poeta canta a fazenda dele em versos (e a poesia é o mais admirável tipo de cerca invisível). Honestamente o poeta a leva ao estábulo, a ordenha e a desnata; recolhe todo o creme e deixa ao produtor só o leite desnatado.

Para mim, são outras as verdadeiras atrações da granja da família Hollowell. O seu completo isolamento, a cerca de 3 km da cidadezinha, e a 800 m do vizinho mais próximo. O amplo campo que a separa da estrada.

O rio que banha suas terras, e os nevoeiros à beira do rio – que, por sinal, de acordo com o dono, protegem a fazendola das geadas primaveris, algo que para mim é indiferente. A cor acinzentada e o estado periclitante da casa e do celeiro. As cercas dilapidadas, que colocam um belo intervalo entre mim e o último ocupante. As macieiras ocas, cobertas de liquens e roídas por coelhos-da-nova-inglaterra, mostrando o tipo de vizinhos que vou ter. E acima de tudo a lembrança que dela eu formo em minhas primeiras jornadas rio acima: a casa oculta pela densa mata de bordos vermelhos por onde ecoam os latidos caninos. Tive pressa em comprá-la, antes que o proprietário acabasse de tirar umas pedras, derrubar as macieiras ocas e arrancar as bétulas jovens que haviam brotado no pasto ou, em suma, antes que fizesse mais algum de seus melhoramentos. Para aproveitar essas vantagens eu estava disposto a tocar a granja e, como Atlas, sustentar o mundo sobre meus ombros (mas nunca soube qual compensação ele recebeu por isso). E fazer todas aquelas coisas não tinha outro motivo ou justificativa a não ser a de eu pagar por ela e não ser molestado ao tomar posse dela. O tempo todo eu sabia que, se eu deixasse a terra em paz, mais abundante seria a safra, o tipo de safra que eu queria. Mas tudo se acaba como já contei.

Portanto, sobre o cultivo em grande escala (algo maior do que a hortinha que eu sempre faço no quintal), só posso dizer que a minha experiência se resume em aprontar as sementes. Muita gente acredita que as sementes melhoram com o tempo de armazenagem. O tempo acaba definindo o que é bom e o que é mau, sobre isso eu não tenho dúvidas. Assim, quando eu enfim lançá-las ao solo, menor será a probabilidade de eu me decepcionar. Mas quero dizer a meus amigos, de uma vez por todas: dentro do possível, vivam livres e soltos. Pouca diferença faz se o que prende você é uma propriedade agrícola ou a prisão municipal.

Catão, o Velho, escreveu em "De Re Rustica", que é o meu "manual agrícola", se bem que a única tradução disponível torna o trecho quase ininteligível, por isso apresento a minha: "Quando você estiver pensando em comprar uma fazenda, não se esqueça: não a compre cobiçosamente. Não poupe esforços para vistoriá-la nem pense que é suficiente olhar uma vez. Quanto mais vezes você a visitar, mais ela vai te agradar, se for boa." Acho que não vou comprar cobiçosamente. Em vez disso, vou ficar dando giros e giros por ela enquanto eu viver, e nela ser enterrado primeiro, para que no fim me agrade ainda mais.

*

Meu próximo experimento dessa natureza foi este que narro aqui. Pretendo descrevê-lo em detalhes, mas, por conveniência, vou condensar a experiência de dois anos em um. Como já falei: não me proponho a escrever uma ode ao desânimo, mas a bufar tão energicamente quanto o galo na aurora, todo altivo em seu poleiro, nem que seja apenas para despertar os meus vizinhos.

Começo a morar nos bosques, ou seja, a passar as minhas noites e também os dias por lá, justamente em 4 de julho de 1845, o Dia da Independência. A minha casa não está pronta para enfrentar o inverno. Não passa de um abrigo contra chuva, sem reboco ou chaminé; as paredes são de tábuas rústicas, manchadas pelo tempo, com fendas largas, o que ajuda a esfriar a casa à noite. As colunas brancas e as esquadrias das portas e janelas recém-aplainadas dão à cabana uma aparência limpa e arejada, especialmente pela manhã, quando o madeirame fica saturado de orvalho, tanto que eu chego a imaginar que até o meio-dia a madeira vai começar a exsudar um pouco de goma adocicada. Na minha imaginação, a cabana retém ao longo do dia um pouco desse caráter da aurora e me faz lembrar de certa casa na montanha que visitei um ano antes. Nesta cabana arejada e sem reboco, um deus pode se entreter, e uma deusa, arrastar suas vestes. Os ventos que passam por minha morada são como os que varrem os cumes das montanhas: transportam fragmentos melódicos, ou meros trechos celestiais, da música terrestre. O vento matinal sopra sempre, o poema da criação é ininterrupto, mas poucos são os ouvidos que o escutam. O Olimpo não passa de uma crosta telúrica mundo afora.

 A única casa de que fui proprietário antes, à exceção de um barco, foi uma barraca que eu usava às vezes em excursões no verão. Ela continua enrolada em meu sótão, mas o barco, após passar de mão em mão, desceu pelas corredeiras do tempo. Com este abrigo mais substancial à minha volta, faço alguns progressos para me estabelecer no mundo. Esta moldura, vestida tão suavemente, é uma espécie de cristalização no meu entorno, com reflexos no construtor. Sugestiva como os contornos de uma imagem. Eu não preciso sair para tomar ar, pois a atmosfera interna em nada perde o seu frescor. Não é bem "dentro de casa" que eu me sento, mas "atrás da porta", até mesmo nos dias mais chuvosos. No Harivamsa, o clássico da literatura indiana, está escrito: "Morada sem pássaros é carne sem tempero". Esse problema eu não tenho! Súbito eu me torno um vizinho dos pássaros, não por colocar um deles na gaiola, mas por me engaiolar no meio deles. Agora estou pertinho dos passarinhos que visitam pomares e jardins, e também dos mais selvagens e emocionantes bardos da floresta, do tipo que raramente ou nunca faz serenatas ao povo urbano: o tordo-dos-bosques, o tordo-fulvo, o sanhaçu-escarlate, o pardal-campestre, o noitibó-cantor e muitos outros.

Eu me instalo à margem de um laguinho, a 2,4 km ao sul de Concord e a uma altitude um pouco mais elevada, no meio do matão entre aquela cidadezinha e Lincoln, e a cerca de 3 km ao sul de nosso mais famoso descampado, palco da Batalha de Concord. Estou na parte mais baixa da mata, tanto que a margem oposta do lago, a uns oitocentos metros de distância, como o restante, também coberta de arvoredo, é o meu mais longínquo horizonte. Na primeira semana, sempre que eu olho para o lago, ele me deixa impressionado e parece um lago encravado na montanha, o fundo bem acima da superfície dos demais lagos. Nasce o sol, e eu o vejo despir-se de suas roupas noturnas – a névoa. Aqui e ali, aos poucos, suas marolas suaves e sua lisa superfície refletora se revelam, enquanto as névoas, como espectros, furtivas se afastam mata adentro, como ao término de um concílio noturno. O próprio orvalho parece se depositar nas árvores até mais tarde do que o normal, como nas encostas das montanhas.

    Esse laguinho tem mais valor como vizinho nos intervalos de uma suave pancada de chuva em agosto. Tudo parado na água e no ar. Nuvens no céu. O meio da tarde tem a serenidade do anoitecer; o canto do tordo--dos-bosques é ouvido de margem a margem. É nessa época que lagos como este ficam mais lisinhos. A límpida faixa de ar acima dele é estreita e sombreada pelas nuvens. E a água, plena de luzes e reflexos, se transforma num céu inferior, tão importante quanto o outro. Do topo da colina próxima, com a mata recém-cortada, ao sul se descortina uma aprazível paisagem do lago, emoldurada no amplo recorte das colinas que formam sua praia, cujas margens opostas, cada qual inclinada em direção à outra, sugerem um riacho descendo por aquele vale arborizado. Mas não há riacho algum. Corro o olhar por entre as colinas verdes próximas e para além delas, até outras mais altas e distantes no horizonte, tingidas de azul. Na verdade, se eu fico na ponta dos pés, descortino os picos das cordilheiras ainda mais azuis e distantes a noroeste – genuínas moedas azuis da casa da moeda celeste – e também uma parte da cidadezinha. Mas em outras direções, mesmo dali, não consigo ver por cima ou além da floresta que me cerca. É bom ter um pouco de água por perto, isso dá flutuação e flutuabilidade à terra. Até mesmo o menor poço tem este valor: quando você olha para dentro, percebe que a Terra não é continental, mas insular. Essa função da água é tão relevante quanto a de manter fresca a manteiga. Subo nesse monte e observo o lago para as bandas dos prados de Sudbury – os quais, na época da cheia, parecem elevados, talvez por uma miragem em seu vale fervilhante, como uma moeda na bacia. Todas as terras além do lago parecem uma fina crosta que se isolou e flutuou por esse pequeno lençol d'água intervertido. Súbito, lembro-me de que a terra em que eu moro não passa de *terra firme*.

A vista de minha porta é ainda mais limitada, mas não me sinto nem um pouco confinado ou esmagado. Há pasto suficiente para minha imaginação. Na margem oposta ergue-se um platô baixinho de carvalhos-arbustivos que se espraia em direção às pradarias do Ocidente e as estepes da Tartária, proporcionando espaço amplo para todas as famílias de humanos errantes. "Só é feliz neste mundo quem desfruta da liberdade de um vasto horizonte", disse Damodara, quando seus rebanhos exigiam novas – e maiores – pastagens.

Muda o lugar, muda a época, e me aproximo dessas partes do universo e daquelas épocas da história que mais me atraem. A casa onde moro é tão remota quanto as galáxias avistadas por astrônomos todas as noites. É comum imaginarmos lugares raros e encantadores em partes remotas e mais celestiais do sistema, atrás da constelação Cadeira de Cassiopeia, longe do barulho e da perturbação. Descubro que minha cabana realmente tem seu lugar em uma parte tão remota do universo, mas sempre nova e não profanada. Vale a pena me estabelecer perto das Plêiades ou das Híades? De Aldebarã ou de Altair? Se valer a pena, é neste local que estou: a uma lonjura igual da vida que deixei para trás. E aqui estou, minguado, mas ainda rutilante, e o meu vizinho mais próximo só avista meus raios em noites sem luar. E foi esse ponto do universo que eu ocupei:

> "Era uma vez um pastor
> Com pensar tão superior
> Quanto o monte onde seu gado
> Pasteja o relvado."

O que devemos achar da vida de um pastor cujo rebanho sempre vaga a pastagens mais elevadas que seus pensamentos?

Cada manhã é um alegre convite para dar à minha vida uma simplicidade, e posso dizer uma inocência, iguais às da própria Natureza. Sou um adorador tão sincero da Aurora quanto os gregos. Acordo cedo para tomar banho no lago; é um exercício religioso, uma das melhores coisas que já fiz. Dizem que alguns caracteres foram gravados na banheira do rei Tching-thang com o seguinte significado: "Renove-se completamente a cada dia; e faça isso de novo, e de novo, e para sempre". Entendo isso. A manhã traz de volta as eras heroicas. Sou tão afetado pelo fraco zumbido de um mosquito fazendo seu passeio invisível e inimaginável pelo meu aposento na primeira madrugada, quando estou sentado com a porta e as janelas abertas, quanto ficaria com qualquer trombeta que já anunciou fama. Réquiem de Homero: *Ilíada* e *Odisseia* cantando no ar sua própria ira e peregrinação. Nisso há algo de cósmico; um anúncio permanente, até proibido, do vigor e da fertilidade perenes do mundo. Manhã! A mais memorável estação do dia é a hora do despertar. Nesse instante temos menos sonolência; e por uma hora, ao menos, acorda em nós uma parte que cochila o restante do dia e da noite. Pouco se deve esperar desse dia, se é que ele pode ser chamado de "dia", para o qual não somos despertados por nosso Gênio, mas sim por cutucões mecânicos de algum servo, para o qual não somos despertados por nossa própria força recém-adquirida e aspirações interiores, acompanhadas pelas ondulações da música celestial, em vez de por sirenes de fábricas. Por uma fragrância enchendo o ar... Para uma vida superior àquela em que adormecemos. Assim, as trevas dão seus frutos e se mostram boas, não menos do que a luz. A pessoa que não crê que cada dia contém uma hora mais cedinho, mais sagrada e auroreal que ela jamais profanou, perde a esperança na vida e envereda por um caminho sombrio e decadente. Após a interrupção parcial de sua vida sensorial, a alma humana, ou melhor, os órgãos humanos, se revigoram a cada dia, e o Gênio humano volta a experimentar a vida nobre que ele é capaz de alcançar. Todos os eventos memoráveis, devo dizer, acontecem na hora da manhã e na atmosfera matinal. Os textos sagrados do hinduísmo, chamados de Vedas, dizem que "Todas as inteligências despertam com a manhã". Poesia e arte, e as ações mais belas e memoráveis dos homens, nascem nesse horário. Todos os poetas e heróis, como Mêmnon, são filhos da Aurora e emitem sua música ao raiar do sol. Para quem tem o pensamento elástico e vigoroso, capaz de acompanhar o ritmo do sol, o dia é uma perpétua manhã. Não importa o que o relógio diz ou as atitudes e os labores humanos. A manhã é quando eu acordo e existe um despertar em mim. A reforma moral é o esforço para se libertar do sono. Por que o ser humano presta contas tão precárias de seus dias se não está cochilando? Não é tão ruim de cálculo. Se não estivesse no torpor da sonolência, teria feito algo. Milhões estão despertos o suficiente para o trabalho braçal; mas apenas um em um milhão está desperto o suficiente para um esforço intelectual eficaz, e apenas um em cem milhões para uma vida poética ou divina. Estar desperto é estar vivo. Nunca fui apresentado a uma pessoa que estivesse plenamente desperta. Será que eu conseguiria olhar nos olhos dela?

Temos de aprender a despertar e a nos manter despertos, não por meio de ajudas mecânicas, mas por uma infinita expectativa do alvorecer, que nunca nos abandona, nem em nosso sono mais profundo. Não conheço fato mais encorajador do que a inquestionável capacidade humana de elevar sua vida por meio de um esforço consciente. Tem seu valor ser capaz de pintar um quadro específico, ou esculpir uma estátua, e assim compor alguns objetos bonitos. Muito mais glorioso, porém, é esculpir e pintar a própria atmosfera e o meio através do qual estamos olhando, coisa que moralmente podemos fazer. Afetar a qualidade do dia: essa é a mais elevada das artes. Eis nossa tarefa: tornar os mínimos detalhes da vida tão dignos de contemplação quanto o de nossa hora mais elevada e crucial. Se refugássemos ou, melhor dizendo, desperdiçássemos as irrisórias informações que temos, os oráculos nos informariam, tim-tim por tim-tim, como isso poderia ser feito.

Vim morar na mata porque eu quero viver ponderadamente, encarar só os fatos essenciais da vida e ver se consigo aprender o que ela tem a ensinar, para não descobrir, no dia da minha morte, que eu não vivi. Não quero viver o que não é vida, viver é tão prazeroso; nem quero praticar a resignação, a menos que seja absolutamente necessário. Quero viver profundamente e sugar todo o tutano da vida, viver de forma tão vigorosa e espartana a ponto de destruir tudo o que não é vida, cortar um naco polpudo e raspar até o osso, encurralar a vida num canto e reduzi-la aos seus termos mais básicos. E, se ela for vulgar, que tal extirpar dela toda a sua genuína vulgaridade e publicar ao mundo essa vulgaridade? Ou, se ela for sublime, vivenciar a experiência e ser capaz de dar um relato verdadeiro sobre ela em minha próxima excursão. Afinal de contas, a maioria das pessoas, me parece, revela uma estranha incerteza sobre se a vida é diabólica ou divina e conclui, *de um modo um tanto apressado*, que o principal objetivo humano é "glorificar a Deus e gozá-Lo para sempre".

Ainda vivemos uma vida vulgar, como formigas; embora a fábula nos diga que há muito fomos transformados em seres humanos; como pigmeus, lutamos contra os grous; erro após erro, golpe após golpe, e a nossa melhor virtude se transforma em miséria supérflua e evitável. Nossa vida é dilapidada em minúcias. Uma pessoa honesta raramente precisa contar mais do que em seus dez dedos ou, em casos extremos, somar os dez dedos dos pés e totalizar o restante. Simplicidade, simplicidade, simplicidade! Preste atenção: faça dois ou três negócios, e não cem ou mil. Conte até meia dúzia, em vez de até um milhão. Mantenha suas contas na ponta da língua. Em meio ao espicaçante mar de vida civilizada, temos de enfrentar nuvens, tempestades, areias movediças e mil e uma adversidades para viver. Caso contrário, emborcamos, vamos ao fundo e não chegamos ao porto por navegação estimada. Para sermos bem-sucedidos, precisamos ser grandes calculadores, sem dúvida. Simplificar, simplificar. Em vez de três refeições por dia, se for necessário, faça apenas uma; em vez de cem pratos, cinco; e reduza outras coisas nessa mesma proporção. A nossa vida é como uma Confederação Alemã, composta de Estados pequeninos, com suas fronteiras sempre flutuantes, de modo que nem mesmo um alemão sabe dizer quais são as fronteiras em determinado momento. A própria nação, com todas as assim chamadas melhorias internas, as quais, a propósito, são todas externas e superficiais, é apenas uma instituição incômoda e crescida em excesso, atulhada de mobília, tropeçando nas armadilhas que ela própria armou, arruinada por luxos e despesas negligentes, tudo pela falta de cálculo e de um objetivo digno, como o milhão de casas de família no país. E a única cura para a nação e para as famílias que nela moram é uma rígida economia, uma estrita e mais que espartana simplicidade de vida e elevação de propósitos. A nação anda muito acelerada. Na ideia do povo, é sem dúvida essencial para *a nação* ter comércio, exportar gelo, falar por telégrafo e viajar a 50 km/h, quer *o povo* faça isso ou não. Mas é um pouco incerto se devemos viver como babuínos ou como gente. E se em vez de assentarmos dormentes, forjarmos trilhos e dedicarmos dias e noites ao trabalho, resolvêssemos tentar consertar e melhorar as nossas *vidas*, quem construiria ferrovias? E se ferrovias não fossem construídas, chegaríamos ao céu a tempo? Mas se ficarmos em casa e cuidarmos das nossas vidas, quem é que vai querer ferrovias? Não passeamos na ferrovia; ela passeia sobre nós. Já pensou em que consistem esses dormentes que estão na base da ferrovia? Cada um deles é um homem, irlandês ou ianque. Recebem os trilhos e são cobertos com areia; os vagões passam suavemente por cima deles. Estão em profunda dormência, posso garantir a você. E de poucos em poucos anos um novo lote é colocado e atropelado; de modo que, se alguns têm o prazer de andar de trem, outros têm a infelicidade de terem um trem andando em cima deles. E quando atropelam um sonâmbulo que está andando em pleno sono, um "dormente" extra em posição errada, e o despertam, de repente o comboio freia, e se escuta um alvoroço, como se fosse uma exceção. Folgo em saber que é preciso uma equipe de funcionários a cada 8 km para manter os dormentes nivelados em seus leitos, pois isso é um sinal de que um dia eles talvez consigam se levantar de novo.

Por que viver com tanta pressa e tanto desperdício de vida? Estamos focados em morrer de fome antes de sentir fome. O povo diz que é melhor prevenir do que remediar, por isso abusa da prevenção como se ela fosse um remédio. Quanto a *trabalho*, não temos nenhum que resulte em consequência. Contraímos a dança de São Vito e não conseguimos manter as nossas cabeças paradas. Se eu desse uns puxões na corda do sino da paróquia, para soar o alerta de um incêndio, dificilmente haverá agricultor em sua propriedade nos arredores de Concord (embora estivesse repleto de afazeres urgentes, desculpa que já usou tantas vezes naquela mesma manhã), nem garotinho, nem mulher, posso dizer, que não abandone tudo para seguir aquele som, não primordialmente para salvar a propriedade em chamas, mas, vamos confessar a verdade, muito mais para vê-la queimar, já que deve estar queimando, e não fomos nós, até onde se sabe, que a incendiamos – ou para vê-lo apagado e dar uma mãozinha, se isso puder ser feito com elegância; sim, até mesmo se for a própria igreja paroquial. A pessoa vai tirar uma soneca depois do almoço. Acorda meia-hora depois, levanta a cabeça e pergunta, para variar: "Quais são as novidades?". Como se o restante da humanidade fosse sua sentinela. Alguns instruem para serem acordados a cada meia hora, com certeza para nenhum outro propósito; e então, para pagar por isso, contam o que sonharam. Após uma noite de sono as notícias são tão indispensáveis quanto o café da manhã. "Por favor, me conte uma novidade ocorrida em qualquer lugar deste globo." Folheia o jornal e, enquanto toma o café e come os pãezinhos, descobre que ontem um homem teve seus olhos arrancados no rio Wachito. Mal sonha que ele próprio vive nessa caverna de mamute, escura e insondável, que é o mundo, dispondo apenas de uma visão rudimentar.

De minha parte, posso facilmente passar sem os correios. Acho que há pouquíssimas comunicações importantes feitas por meio deles. Para ser ainda mais crítico, nunca recebi mais do que uma ou duas cartas na minha vida – já escrevi isso há alguns anos – que justificassem o valor do selo. Em termos gerais, o valor mínimo de postagem é uma instituição por meio da qual você oferece seriamente a uma pessoa esse valor mínimo em troca de seus pensamentos, como tantas vezes se oferece, em tom de brincadeira. E tenho certeza absoluta de que nunca li sequer uma notícia memorável num jornal. Alguém foi roubado, assassinado ou morto por acidente. Uma casa pegou fogo. Um navio naufragou. Um barco a vapor explodiu. Uma vaca foi atropelada na Western Railroad. Mataram um cachorro louco. Surgiu uma nuvem de gafanhotos em pleno inverno... E nunca mais precisamos ler outra vez. Uma vez é suficiente. Se você está familiarizado com o princípio, de que importa uma miríade de exemplos e aplicações? Para um filósofo, todas as *notícias*, como são chamadas, são fofocas, e quem as edita e lê são velhinhas tomando chá. Entretanto muita gente tem avidez por essas fofocas. Ouvi dizer que no outro dia houve tal corre-corre num dos escritórios para saber das últimas notícias estrangeiras, que várias grandes vidraças do estabelecimento se quebraram com a pressão – notícias que eu penso seriamente que uma pessoa sagaz poderia ter escrito com bastante precisão doze meses, ou doze anos, antes. Na Espanha, por exemplo, se você souber incluir Dom Carlos e a Infanta, e Dom Pedro e Sevilha e Granada, de vez em quando e nas proporções certas – talvez tenham mudado um pouco os nomes desde que eu li os jornais – e destacar uma tourada em falta de outros entretenimentos, estará levando as coisas ao pé da letra e nos dando uma ideia tão boa sobre a situação exata ou da ruína das coisas na Espanha quanto os relatórios mais sucintos e lúcidos sob este título nos jornais. Na Inglaterra, bem dizer, a última notícia significativa daquelas bandas foi a revolução de 1649; e se você aprendeu a história de suas safras em um ano normal, nunca mais precisa se preocupar com isso de novo, a menos que suas especulações sejam de caráter meramente pecuniário. Ao julgamento de quem raramente lê jornal, nada de novo acontece no exterior, a Revolução Francesa inclusive. Novidades! É muito mais importante saber daquilo que nunca envelheceu!

> *Kieou-he-yu (grande dignitário do estado de Wei) enviou um mensageiro a Khoung-tseu para saber das novidades. Khoung-tseu convidou o emissário a sentar-se perto dele e o questionou assim:*
> *– O que seu mestre está fazendo?*
> *O mensageiro respondeu respeitoso:*
> *– Meu mestre deseja diminuir o número de seus erros, mas não consegue dar um fim neles.*
> *O mensageiro se foi, e o filósofo observou:*
> *– Que mensageiro digno! Que mensageiro digno!*

O padre, em vez de irritar os ouvidos dos agricultores sonolentos em seu dia de descanso no final da semana – pois o domingo é a adequada conclusão de uma semana inútil, e não o início fresco e corajoso de uma nova – com mais um sermão arrastado, grita com voz tonitruante:

— Pausa! Chega! Por que parecer tão veloz e ser mortalmente lento?

Fraudes e ilusões são consideradas verdades mais sólidas, enquanto a realidade é fabulosa. Se as pessoas observassem consistentemente apenas as realidades, e não se deixassem iludir, a vida, para compará-la com as coisas que conhecemos, seria como um conto de fadas e os entretenimentos das Mil e Uma Noites. Se respeitássemos apenas o que é inevitável e tem direito de existir, a música e a poesia ressoariam nas ruas. Quando não temos pressa e somos sábios, percebemos que só as coisas grandes e dignas têm existência permanente e absoluta — que os medos mesquinhos e os prazeres mesquinhos são meras sombras da realidade. Isso é sempre revigorante e sublime. Feche os olhos e adormeça. Consinta em ser enganado pelos espetáculos. Assim, a humanidade estabelece e confirma em todos os lugares sua vida cotidiana de rotina e hábito, que continua sendo construída sobre alicerces puramente ilusórios. As crianças, para quem a vida é brincar, discernem as verdadeiras leis e relações vitais com mais clareza do que os adultos, que fracassam em vivê-la dignamente, mas que pensam que se tornam mais sábios pela experiência, ou melhor, pelo fracasso. Li no livro de um filósofo hindu:

> O filho do rei, expulso na infância de sua cidade natal, foi criado por um silvícola. Crescendo nesse meio, se imaginou pertencente à raça bárbara com a qual conviveu. Um dos ministros de seu pai o descobriu. Contou a ele quem

ele era de verdade. A concepção errônea de seu caráter foi removida, e ele soube que era um príncipe. Assim, a alma, com base nas circunstâncias em que é colocada, confunde seu próprio caráter, até que a verdade lhe seja revelada por algum mestre sagrado, e então ela se reconhece em *Brama*.

Percebo que nós, habitantes da Nova Inglaterra, vivemos essa vidinha vulgar porque a nossa visão não penetra além da superfície das coisas. Pensamos que aquilo é o que *parece* ser. Se uma pessoa andasse em Concord e só visse a realidade, o que é que você pensa que ela ia ver em Mill-dam? Se ela fizesse um relato sobre as realidades que viu lá, não reconheceríamos esse lugar na descrição dela. Olhe uma capela, um tribunal, uma prisão, uma loja ou uma casa. Sem um olhar verdadeiro, diga o que essas coisas realmente são, e todas elas vão se despedaçar em suas descrições. As pessoas consideram a verdade algo longínquo, na periferia do sistema, atrás da estrela mais distante, antes de Adão e após o último ser humano. Na eternidade existe mesmo algo verdadeiro e sublime. Mas todos esses tempos, lugares e ocasiões estão aqui e agora. O próprio Deus tem seu auge no presente e não será mais divino no lapso de todas as eras. E só captamos tudo o que é sublime e nobre quando nos deixamos perpetuamente embeber e influenciar pela realidade que nos rodeia. O universo responde constante e obedientemente às nossas concepções; quer viajemos rápido ou devagar, o caminho está aberto para nós. Assim, vamos passar nossas vidas concebendo. Pode demorar gerações, mas os projetos de artistas e poetas, quando são projetos nobres e justos, acabam enfim se concretizando.

    Vamos passar um dia tão ponderadamente quanto a Natureza, sem que uma casca de noz e uma asa de mosquito caiam nos trilhos e nos façam descarrilar. Vamos nos levantar cedo e sair depressa, sem comer nada; ou tomar o café da manhã sem pressa e agitação. Com ou sem companhia, com ou sem sinos tocando, com ou sem crianças chorando – focados em aproveitar o dia. Por que deveríamos nos deixar abater e sermos levados pela corrente? Não se deixe contrariar e sobrecarregar por essa corredeira terrível e turbilhonante chamada jantar, situada nas partes rasas e meridianas. Resista a esse perigo e estará seguro, pois na descida todo santo ajuda. Com os nervos tesos, no vigor matinal, navegue por ela, olhando para o outro lado, amarrado ao mastro como Ulisses. Se a locomotiva apitar, deixe-a apitar até ficar rouca. Se o sino tocar, por que devemos correr? Vamos analisar que tipo de música é. Vamos nos estabilizar, trabalhar e firmar nossos pés na lama e no lodo da opinião, do preconceito, da tradição, da ilusão e das aparências, aluvião que cobre o globo, de Paris a Londres, de Nova York a Boston e Concord, da Igreja ao Estado, da poesia à filosofia e à religião, até chegarmos a um fundo duro e com pedras, que possamos chamar de *realidade*, e dizer: "É isto mesmo, não tem erro". E em seguida começar com um *point d'appui*, sob a geada, o degelo e o fogo, um lugar onde você encontre um muro ou uma posição, ou instale um poste de luz com segurança, ou talvez um medidor, não um nilômetro, mas um realômetro, para que as idades futuras possam saber, de tempos em tempos, o quão profunda é a camada acumulada pelo degelo de fraudes e aparências. Encare um fato e nas duas superfícies dele vislumbre o sol brilhando, como se fosse uma lâmina. Sinta o doce fio da cimitarra rompendo entre seu coração e sua medula e assim conclua alegremente sua trajetória mortal. Na vida ou na morte, a realidade é o nosso anseio. Está morrendo de verdade? Ouça o gorgolejo na garganta, sinta o frio nas extremidades. Está vivo? Vá tratar de seus afazeres.

O tempo nada mais é que o riacho em que vou pescar. Nele eu sacio a sede, e enquanto tomo água vejo o fundo arenoso e percebo o quanto é raso. O córrego tenuemente se esvai, a eternidade permanece. A minha sede é intensa. Cardume no céu, seixos no fundo são estrelas. Não consigo contar uma sequer. Desconheço a primeira letra do alfabeto. Sempre lamento não ser tão sábio quanto no dia em que nasci. O intelecto é um cutelo: discerne e abre caminho para o segredo das coisas. Não desejo mais trabalho manual do que o necessário. A minha cabeça tem pés e mãos. Sinto todas as minhas melhores faculdades concentradas nela. Meu instinto me diz que a minha cabeça é um órgão de escavação, como algumas criaturas usam o focinho e as patas dianteiras, e com ela eu exploraria e abriria meu caminho por entre essas colinas. Acho que o veio mais rico está em algum lugar das redondezas; assim, com a ajuda da forquilha radiestésica e dos finos vapores ascendentes, eu faço a minha avaliação. Aqui vou começar a minerar.

LEITURAS

    Com um pouco mais de capricho na escolha de nossas buscas, talvez cada um de nós acabe se tornando, em essência, estudantes e observadores, pois, com certeza, a natureza e o destino humano interessam a todos, sem distinção. Ao acumularmos propriedades para nós mesmos ou nossa posteridade, ao fundarmos uma família ou uma nação, ou até mesmo ao granjearmos fama, somos mortais; porém, ao lidarmos com a verdade, somos imortais e não precisamos ter medo de mudanças ou acidentes. O mais antigo filósofo egípcio ou hindu ergueu uma pontinha do véu da estátua da divindade, e até hoje esse trêmulo manto permanece erguido. A glória que eu contemplo tem o mesmo frescor que a contemplada por ele. O que o tornava tão ousado? A parte de mim que estava nele. E quem hoje renova aquela visão? A parte dele que está em mim. O pó não cobriu aquele manto; tempo nenhum transcorreu desde que aquela divindade foi revelada. Aquele tempo que realmente aperfeiçoamos, ou que é aperfeiçoável, não é passado, nem presente, nem futuro.

Minha morada é mais favorável ao pensamento, mas também à leitura séria, do que uma universidade. Estou fora do alcance de uma biblioteca, mas nunca antes sofri tanta influência de livros de circulação pública mundo afora, escritos primeiro em pergaminhos e hoje meramente copiados em papel de alta qualidade. Diz o poeta Mîr Camar Uddîn Mast: "Sentado percorri as terras do mundo espiritual; os livros me possibilitaram isso. Entorpeci-me bebendo uma única taça de vinho; tive esse prazer ao provar a bebida das doutrinas esotéricas". Mantenho a *Ilíada* de Homero sobre a mesa ao longo do verão, mas só dou uma folheada nela de vez em quando. O incessante trabalho braçal torna impossível estudar mais. Afinal, eu preciso acabar a minha cabana e capinar a lavoura de feijão, tudo ao mesmo tempo. Mas eu acalento a perspectiva de no futuro empreender essa leitura. Leio um ou dois superficiais livrinhos de travelogues nos intervalos do meu trabalho, até que essa tarefa me deixa envergonhado de mim mesmo, e fico me perguntando onde é então que *eu* morava.

O estudante que lê Homero ou Ésquilo em grego pode fazê-lo sem perigo de dissipação ou luxúria. Até certo ponto, isso implica que ele acorda cedo como seus heróis e consagra as horas matinais à leitura. Os livros heroicos, mesmo que impressos em nossa língua materna, estarão sempre numa língua morta em tempos degenerados. Devemos buscar laboriosamente o significado de cada palavra, cada verso, conferindo-lhes um sentido mais amplo do que o permitido pelo uso comum, conforme a sabedoria, o valor e a generosidade que possuímos. O prelo moderno, barato e fértil, com todas as suas traduções, pouco contribuiu para nos aproximar dos heroicos escritores da antiguidade. Parecem tão solitários e escritos em letras tão raras e curiosas como outrora. Vale a pena dedicar dias da juventude e horas dispendiosas para aprender ao menos algumas palavras de uma língua antiga, que se elevam da banalidade das ruas para se transformar em sugestões e provocações perpétuas. Não é à toa que o agricultor recorda e repete as raras palavras latinas que ouviu. Às vezes, as pessoas falam que estudar os clássicos abre caminho para estudos mais modernos e práticos. Na verdade, o estudante aventureiro sempre estuda os clássicos, seja lá em qual for a língua, por mais antigos que sejam. Afinal de contas, o que são os clássicos senão os pensamentos mais nobres da humanidade? Únicos oráculos ainda não deteriorados, respondem às perguntas mais modernas como os oráculos de Delfos e de Dodona nunca responderam. Que tal também deixarmos de estudar a Natureza porque ela é velha? Ler bem (ou seja, ler livros autênticos com espírito autêntico) é um exercício nobre, que desafia o leitor mais do que qualquer exercício apreciado pelos costumes da época. Isso exige o treinamento e a disciplina de um atleta, o propósito convicto de quase uma vida inteira dedicada a essa prática. Livros devem ser lidos tão caprichada e comedidamente como foram escritos. Não basta nem mesmo saber falar a língua daquela nação em que o texto foi escrito, pois existe um abismo considerável entre a língua falada e a escrita, a língua ouvida e a língua lida. A primeira é comumente transitória, um som, um estalar de língua, um mero dialeto, quase brutal, e a aprendemos inconscientemente, como os brutos, de nossas mães. A outra evolui com maturidade e experiência, é uma forma de expressão reservada e seleta, significativa demais para ser captada pelos ouvidos. Materna ou paterna, para falar nessa língua, só nascendo de novo. Na Idade Média, muita gente sabia *falar* grego e latim, mas era incapaz de *ler* as brilhantes obras escritas nessas línguas. Acidentalmente nasceram na época e no local errados. Esses clássicos não foram escritos no grego ou no latim que eles conheciam, mas sim em seleta linguagem literária. Não aprenderam os dialetos mais nobres da Grécia e Roma, e até os próprios materiais em que foram escritos lhes pareciam um desperdício de papiros. Em vez disso, valorizavam uma literatura contemporânea e barata. Com o tempo, as várias nações da Europa adquiriram suas próprias e distintas línguas escritas que, apesar de toscas, bastavam para os propósitos de suas literaturas emergentes. Foi quando renasceu o aprendizado primordial, e os estudiosos se capacitaram a discernir, daquele remoto ponto de vista, os tesouros da antiguidade. O que as massas romanas e gregas não puderam *ouvir*, com o passar das eras, estudiosos *leram*, e pouquíssimos estudiosos continuam lendo.

    A ocasional explosão de eloquência do orador nos provoca admiração. Entretanto as mais nobres palavras escritas são como estrelas no firmamento, e a efêmera língua falada são as nuvens que tapam o seu brilho. Estrelas existem e também gente capaz de as decifrar. Os astrônomos sempre as observam e as comentam. Não são meras exalações como nossas conversas diárias e nossos hálitos vaporosos. Em geral, o que chamamos de eloquência nos fóruns é considerado retórica no estudo. O orador em meio a uma inspiração transitória fala à turba diante dele, àqueles capazes de *ouvi-lo*. O escritor, porém, que prefere a vida mais uniforme, e que acaba se distraindo com o evento e a multidão que inspiram o orador, fala ao intelecto e à saúde da humanidade, a todos em qualquer época capazes de *entendê-lo*.

Não é de se admirar que Alexandre em suas expedições levasse junto a *Ilíada* num baú precioso. A palavra escrita é a melhor das relíquias. Algo que toca o nosso íntimo e ao mesmo tempo se universaliza mais do que qualquer outra obra de arte. É a obra de arte que mais se aproxima da própria vida. Pode ser traduzida em todas as línguas, e não apenas lida, mas realmente murmurada por todos os lábios humanos. Pode ser representada não só numa tela ou gravada em mármore, mas ser esculpida com o sopro da própria vida. O símbolo do pensamento dos antigos torna-se o discurso dos modernos. Dois mil verões deram aos monumentos da literatura grega, como a seus mármores, apenas um matiz de um dourado outonal, mais maduro, pois transportaram sua atmosfera própria, serena e celestial a todos os países, para assim protegê-los contra a corrosão do tempo. Livros são a riqueza mais valiosa do mundo e a justa herança de gerações e nações. Livros, os mais antigos e melhores, resistem natural e merecidamente nas prateleiras de cada chalé. Não pleiteiam causas próprias, mas iluminam e alimentam o bom senso dos leitores. Seus autores constituem uma aristocracia natural e irresistível em todas as sociedades e, mais do que reis ou imperadores, influenciam a humanidade. Quando o comerciante iletrado e talvez desdenhoso, com seu espírito empreendedor e seu dinamismo, conquista o lazer e a independência tão desejados, e é aceito nos círculos da riqueza e da moda, ele se volta, inevitavelmente, para aqueles círculos mais elevados, e ainda inacessíveis, do intelecto e da genialidade. Ele se dá conta da imperfeição de sua cultura, da vaidade e da insuficiência de todas as suas riquezas, mas comprova o seu bom senso pelos esforços que faz para assegurar a seus filhos aquela cultura intelectual cuja carência ele tanto sente; e assim se torna o fundador de uma família.

Quem não aprende a ler os antigos clássicos na língua em que foram escritos tem conhecimentos muito superficiais sobre a história da espécie humana. É um fato extraordinário que nenhuma transcrição deles tenha sido feita em alguma língua moderna, a menos que a nossa própria civilização possa ser considerada tal transcrição. Até hoje Homero nunca foi impresso em inglês, nem Ésquilo, nem mesmo Virgílio – requintadas obras tão solidamente construídas e quase tão belas como a própria manhã. Escritores hodiernos, por mais geniais que sejam, raramente, ou nunca, igualaram a intricada beleza e o acabamento das heroicas e duradouras obras literárias dos antigos. Quem fala em esquecê-las é porque nunca as conheceu. Quando tivermos o saber e a genialidade que nos permitam estudá-las e apreciá-las, ainda será muito cedo para pensar em esquecê-las. Época verdadeiramente rica será aquela em que essas relíquias que nós chamamos de clássicos – e as Escrituras ainda mais antigas, mais clássicas e ainda mais desconhecidas das nações – se acumularem ainda mais, em que os Vaticanos estiverem repletos de Vedas, Zendavestas e Bíblias, de Homeros, Dantes e Shakespeares, e todos os séculos vindouros tiverem sucessivamente depositado seus troféus no fórum mundial. Galgando essa pilha enfim podemos almejar atingir o céu.

A humanidade nunca leu as obras dos grandes poetas – só os grandes poetas conseguem lê-las. Só foram lidas como a multidão lê as estrelas, no máximo astrologicamente, não astronomicamente. A maior parte das pessoas aprendeu a ler para atender a conveniências mesquinhas, como quem aprende aritmética para fazer contas e não ser enganado no comércio. Nem desconfiam de que a leitura pode ser um nobre exercício intelectual. A leitura, no sentido elevado, não ostenta luxo nem faz adormecer as nossas mais nobres faculdades; ao contrário: ela nos motiva a levantarmos na ponta dos pés e a ler nas horas em que estamos mais alertas e despertos.

Acho que, após aprendermos as nossas letras, devemos ler o que há de melhor na literatura, e não ficar sempre repetindo o nosso abecê, e palavras monossílabas, no quarto ou quinto ano do ensino fundamental, estagnados na forma mais básica e primordial ao longo de toda a nossa vida. A maioria das pessoas se satisfaz lendo ou ouvindo alguém ler em voz alta. Talvez se deixem levar pela sabedoria de um bom livro, a Bíblia, e pelo resto de suas vidas vegetam e dissipam suas faculdades mentais no que a gente chama de "leitura fácil".

Circula em nossa Biblioteca Pública uma obra em diversos volumes intitulada "Little Reading", e eu achava que o título se referia ao nome de uma cidade que eu ainda não tinha visitado: a cidade da "Leitura Rápida". Tem gente que, como cormorões e avestruzes, consegue digerir tudo isso, mesmo após um farto jantar de carne e verdura, pois não se dá ao luxo de desperdiçar nada. Se existem máquinas que fornecem esses produtos, há de haver máquinas que os consomem. Leram nove mil histórias de Zebulom e Sofrônia, de seu amor sem precedentes, e de como esse amor genuíno não foi suave – na melhor das hipóteses, sofreu uns tropeços, cambaleou, se reequilibrou e foi em frente! Como é que um pobre infeliz chegou ao pináculo, se nem deveria ter subido à torre? Mas depois de tê-lo colocado – sem necessidade – lá em cima, o(a) alegre romancista faz dobrar os sinos do campanário, reúne todo mundo e indaga: "Ai, meu Deus! Como é que ele vai descer agora?". Por mim, seria melhor que todos esses aspirantes a heróis do romance universal se convertessem em cata-ventos humanos, já que era costume transformar heróis em constelações, e deixá-los ficar girando ali até enferrujar, sem descer para incomodar as pessoas honestas com suas travessuras. Da próxima vez que o romancista dobrar os sinos, eu não vou mexer uma palha, nem que a capela venha abaixo em chamas. "Sob muita expectativa, será lançado *O saltitante Tip-Toe-Hop*, romance medieval do célebre autor de *Tittle-Tol-Tan*, em empolgantes fascículos mensais." Tudo isso o povo lê com olhos arregalados, curiosidade primitiva e moela incansável, cujas paredes corrugadas sequer precisam ser aperfeiçoadas, assim como uma garotinha de quatro anos devora sua edição barata de *Cinderela* com capa dourada – sem qualquer melhora, que eu possa ver, na pronúncia, sotaque ou ênfase, ou em qualquer outra habilidade para extrair ou inserir a moral. O resultado? Embotamento da visão, estagnação das circulações vitais, delírio generalizado e perda gradativa de todas as faculdades intelectuais. Esse tipo de pão de mel vai ao forno, diariamente e com mais apuro, do que pães de trigo integral ou de centeio e milho, e encontra mercado mais seguro.

Os melhores livros não são lidos nem mesmo por aqueles que são considerados bons leitores. O que vem a ser a nossa cultura aqui em Concord? Não há nesta cidadezinha, com raríssimas exceções, gosto pelos livros melhores ou excelentes nem mesmo em literatura inglesa, cujas palavras todos sabem ler e soletrar. Mesmo gente educada na faculdade e, em tese, de educação liberal, aqui e em outros lugares, conhece pouco ou nada dos clássicos ingleses. Quanto à sabedoria registrada pela humanidade, os clássicos antigos e as Bíblias, acessíveis a todos que os conhecerem, o pessoal não move uma palha para se familiarizar com eles. Conheço um lenhador de meia-idade que lê um jornal francês, não pelas notícias, pois se declara acima disso, mas para "não perder o traquejo". Ele é canadense de nascimento. E quando eu pergunto qual a melhor coisa que ele tem a fazer neste mundo, ele responde que, depois disso, é manter atualizado e aprimorar seu inglês. No máximo, é isso que os formados na faculdade costumam ou aspiram fazer, e se contentam com um jornal inglês para esse propósito. Alguém pode chegar ao fim da leitura de talvez um dos melhores livros em língua inglesa, mas com quantas pessoas pode trocar ideias sobre isso? Ou vamos supor que essa pessoa tenha lido, no original, um clássico da literatura grega ou latina. Até mesmo o povo iletrado já ouviu elogios a essas obras. Mas o leitor delas não vai encontrar ninguém com quem comentá-las, e é melhor manter silêncio sobre o assunto. De fato, é raro o professor universitário que entenda as complexidades linguísticas; na mesma proporção, entenda as complexidades do engenho literário de um poeta grego e, de quebra, tenha alguma afinidade para partilhar com o leitor alerta e heroico. Quanto às Sagradas Escrituras, ou às Bíblias da humanidade, quem nesta cidade é capaz de me enumerar sequer os seus títulos? A maioria das pessoas nem sabe que alguma nação, exceto a dos hebreus, compôs escrituras. Uma pessoa – qualquer pessoa – fará das tripas coração para apanhar um dólar de prata. Eis aqui palavras de ouro, frutos dos mais sábios cérebros da antiguidade, cujo valor foi endossado por sábios de todas as épocas seguintes, e o que aprendemos a ler? Apenas a Leitura Fácil, as cartilhas e os livros escolares. E quando saímos da escola passamos à "Leitura Rápida" e aos livros de aventuras, indicados para crianças de nível iniciante. A nossa leitura, a nossa conversação e o nosso pensamento estão todos em nível baixíssimo, dignos apenas de títeres e fantoches.

  Aspiro conhecer gente mais sábia do que o povo de Concord, gente cujo nome dificilmente é conhecido por aqui. Ou será que devo ouvir o nome de Platão e nunca ler o seu livro? É como se Platão fosse meu conterrâneo e eu nunca o tivesse visto – como se ele fosse o meu vizinho mais próximo e eu nunca tivesse dado ouvidos a ele, nem prestado atenção à sabedoria de suas palavras. Mas a realidade qual é? Os Diálogos dele, que contêm o que nele se tornou imortal, estão aqui na prateleira, mas eu nunca os li. Somos broncos, iletrados e boçais; e, nesse sentido, confesso que não distingo o analfabetismo de meu conterrâneo que não sabe ler do analfabetismo funcional daquele que só lê coisas para crianças e intelectos fracos. Deveríamos ser cidadãos tão bons quanto os louváveis cidadãos da antiguidade, mas, para isso, primeiro temos que saber o quanto eles eram bons. Somos uma raça de homens-pássaros cujo voo intelectual tem como ápice as páginas do jornal diário.

Nem todo livro é tão maçante quanto seus leitores. É provável que existam palavras dirigidas à nossa exata condição, as quais, se pudéssemos realmente ouvi-las e compreendê-las, seriam mais salutares para as nossas vidas do que a manhã ou a primavera e, talvez, nos possibilitassem encarar as coisas sob uma nova perspectiva. Quanta gente marcou o início de uma nova era em suas vidas com a leitura de um livro? Quiçá para nós exista um livro capaz de explicar os nossos milagres e revelar novos. As coisas que hoje ninguém consegue expressar talvez se descubra que já foram expressas em algum lugar. Essas mesmas dúvidas que nos deixam perturbados, confusos e perplexos já ocorreram, por sua vez, a todos os sábios. Nenhuma delas foi omitida; todas foram respondidas por eles, conforme sua habilidade, por meio de suas palavras e suas vidas. Além do mais, com a sabedoria vamos aprender a liberalidade. O solitário trabalhador rural de uma fazenda nos arredores de Concord, que teve o seu segundo nascimento – peculiar experiência religiosa – e foi levado, como acredita, por meio de sua fé, ao silêncio da gravidade e da exclusividade, talvez imagine que isso não é verdade, mas Zoroastro, milhares de anos atrás, percorreu a mesma estrada e teve a mesma experiência. Mas ele, sábio que era, percebeu que a experiência era universal e tratou seus vizinhos de acordo com isso. Dizem que foi ele quem inventou e estabeleceu a adoração entre os homens. Então deixe o trabalhador rural humildemente comungar com Zoroastro e, sob a influência liberalizante de todos os louváveis cidadãos, com o próprio Jesus Cristo, deixe a "nossa igreja" ir por água abaixo.

Orgulhamo-nos de pertencer ao século XIX e de estar avançando mais rápido do que qualquer outra nação. Mas analise o quão pouco esta cidadezinha faz por sua própria cultura. Não almejo adular meus conterrâneos, nem ser adulado por eles, pois isso de nada vai ajudar nem a mim, nem a eles. Precisamos ser incitados – atiçados – a trotar, como gado que somos. Nosso sistema escolar público é relativamente decente em se tratando de educação fundamental. Mas, à exceção de um liceu malnutrido no inverno e, ultimamente, o insignificante começo de uma biblioteca sugerida pelo Estado, não temos nenhuma escola nossa. Gastamos mais com remédios e comida para o corpo do que com a nutrição mental. Já está mais do que na hora de termos escolas diferenciadas para jovens e de não abandonarmos a nossa educação quando começamos a ser homens e mulheres. É hora de as cidadezinhas se transformarem em universidades e seus habitantes mais velhos, membros privilegiados dessas universidades, com tempo livre – se realmente estiverem bem de vida – seguirem os estudos liberais pelo resto de suas vidas. O mundo ficará para sempre limitado a uma Paris ou uma Oxford? Os alunos não podem morar aqui e obter uma educação liberal sob os céus de Concord? Não podemos contratar um Peter Abelard para nos dar palestras? Ai de mim! De tanto alimentar o gado e cuidar do armazém, somos privados de frequentar a escola por muito tempo, e a nossa educação é melancolicamente negligenciada. Neste país, as cidadezinhas devem, em alguns aspectos, substituir os nobres da Europa. Devem patrocinar as artes plásticas. São ricas o suficiente. Querem só magnanimidade e requinte. Gastam muito dinheiro em coisas que os agricultores e comerciantes valorizam, mas consideram utopia gastar dinheiro em coisas que as pessoas mais perspicazes sabem que têm muito mais valor. Esta cidadezinha gastou dezessete mil dólares para erigir o novo prédio da prefeitura, graças à fortuna ou à política, mas provavelmente não investirá tanto na inteligência viva, a verdadeira carne para colocar naquela concha, em um século. Os cento e vinte e cinco dólares anualmente destinados a um liceu no inverno são mais bem gastos do que qualquer outra soma igual arrecadada na cidade. Vivemos no século XIX. Por que não desfrutar então das vantagens que o século XIX nos oferece? Por que a nossa vida deve ser provinciana sob qualquer aspecto? Se vamos ler jornais, por que não pular as fofocas de Boston e pegar logo o melhor jornal do mundo? Sem consumir o besteirol dos jornais "familiares, politicamente neutros" ou folhear jornais como o "Olive Branch" aqui da Nova Inglaterra. Deixe que as reportagens de todas as sociedades eruditas venham até nós, e veremos se eles sabem de algo. Por que devemos delegar à Harper & Brothers ou à Redding & Co. a escolha de nossas leituras? Os nobres de gostos requintados se deixam cercar de tudo o que convém à sua cultura – gênio, aprendizagem, sagacidade, livros, pinturas, estátuas, música, instrumentos filosóficos e assim por diante. E assim fazem as cidadezinhas – não se contentam com um pedagogo, um pároco, um sacristão, uma biblioteca paroquial e três membros do conselho municipal, porque certa vez os nossos antepassados peregrinos suportaram um inverno frio com esses em uma rocha desolada. Atuar coletivamente está de acordo com o espírito de nossas instituições; e estou certo de que, como as nossas circunstâncias são mais prósperas, os nossos recursos são maiores do que os dos nobres. A Nova Inglaterra pode contratar todos os sábios do mundo para que venham ensiná-la, hospedá-los durante um tempo e deixar de ser provinciana. Essa é a escola *incomum* ou diferenciada que almejamos. Em vez de gente com títulos de nobreza, gente com atos de nobreza na cidadezinha. Se necessário, omita uma ponte sobre o rio, contorne e ao menos lance um arco sobre o mais escuro abismo de ignorância que nos cerca.

SONS

    Mas enquanto estivermos confinados a livros, inclusive aos mais seletos e clássicos, e lermos apenas línguas escritas específicas (meros dialetos provincianos), nós corremos o risco de esquecer a linguagem falada por todas as coisas e eventos, sem metáforas, uma linguagem por si só abundante e modelar. Muito se publica, pouco imprime sua marca. Os raios que passam pela veneziana já não serão mais lembrados quando a veneziana for toda removida. Nenhum método ou disciplina substitui a necessidade de estar sempre alerta. O que é um curso de história, ou filosofia, ou poesia, por mais seletos que sejam, ou a melhor companhia, ou a mais admirável rotina de vida, comparados com a disciplina de sempre olharmos o que existe a ser visto? Você quer se tornar uma pessoa que lê, um mero estudante, ou uma pessoa que enxerga? Leia o seu destino, enxergue o que está diante de você e caminhe rumo ao futuro.

    No primeiro verão nem pego nos livros; capino a roça de feijão. E, muitas vezes, eu faço ainda melhor do que isso. Há momentos em que não sacrifico a flor do instante presente a trabalho algum, nem da cabeça, nem das mãos. Eu amo uma ampla margem para a minha vida. Às vezes, nas manhãs de verão, após tomar meu banho de costume, eu me sento à minha porta ensolarada do nascer do sol até o meio-dia, extasiado em devaneio, em meio aos pinheiros, nogueiras e sumagres, na solidão e quietude imperturbáveis, enquanto os pássaros cantam ou voam em silêncio ao redor da casa, até que o sol se pondo na janela oeste ou o barulho de uma carroça na estrada distante revelem o lapso temporal. Eu cresço nessas épocas como o milho cresce à noite, e elas são bem melhores do que todo e qualquer trabalho manual. Não representam um tempo roubado de minha vida, mas um tempo muito acima e além de minha cota usual. Agora entendo o que os orientais querem dizer com a contemplação e o abandono do trabalho. Em geral eu não me importo com o passar das horas. O dia transcorre como se fosse iluminar algum trabalho meu; era de manhã, e uau, agora é noite, sem que nada memorável tenha sido realizado. Em vez de cantar como os pássaros, eu abro um sorriso silencioso para a minha sorte incessante. Assim como o pardal gorjeia empoleirado nos ramos da nogueira à minha porta, eu, aqui do meu ninho, também dou minha risadinha à socapa e abafo meus trinados, que talvez ele escute. Meus dias não são dias da semana, levando o nome de alguma divindade pagã, nem se reduzem a horas que se consomem pelo tique-taque de um relógio. Eu vivo como os índios do povo Puri. "Essa tribo usa a mesma palavra para ontem, hoje e amanhã, expressando a diversidade de significados com gestos. Ontem, apontam para trás. Amanhã, apontam para frente. E hoje, para cima." Sem dúvida, isso é puro ócio aos olhos de meus conterrâneos, mas se eu fosse avaliado pelo padrão dos passarinhos e das flores, eu não seria considerado deficiente. Devemos encontrar nossas razões em nós mesmos, é verdade. Por natureza, os dias são muito calmos e dificilmente reprovam a nossa indolência.

Eu tenho essa vantagem, ao menos, no meu modo de vida, em relação àqueles que se obrigam a buscar diversão no exterior, na sociedade e no teatro: a vantagem de que a minha própria vida é o meu divertimento e nunca deixa de ser uma novidade. Um drama de múltiplas cenas e final aberto. Se ganharmos o nosso sustento e levarmos a nossa vida conforme o mais recente e propício modo que aprendemos, o tédio jamais será um problema para nós. Siga de perto o seu gênio, e ele não vai deixar de lhe mostrar uma nova perspectiva a cada hora. O serviço doméstico é um passatempo agradável. Quando meu assoalho está sujo, eu me levanto bem cedo, coloco todos os meus móveis na grama, ao ar livre, inclusive a cama, jogo água nas tábuas do piso e polvilho nelas a areia branquinha do lago. Depois, passo a vassoura até o assoalho ficar limpo e alvo. Quando na cidadezinha o povo terminar de tomar café, o sol da manhã terá secado a minha casa o suficiente para permitir que eu retorne os móveis, praticamente sem interromper as minhas meditações. É agradável ver todos os meus pertences domésticos na grama, empilhados como uma pequena trouxa de cigano, e a minha mesa de três pernas, sobre a qual ainda estão os livros, a pena e a tinta, parada em meio a pinheiros e nogueiras. Os próprios itens parecem felizes em sair de casa e dispostos a ficar por ali mesmo. Às vezes, eu fico tentado a esticar um toldo sobre eles e a me sentar ao ar livre. Vale a pena ver o sol brilhando nessas coisas e auscultar o vento livre soprando nelas: esses objetos familiares parecem bem mais interessantes fora de casa do que em seu interior. Um passarinho vem pousar ali perto, as folhas do tabaco-de-coelho crescem sob a mesa, e as gavinhas da amora-preta se enrolam em suas pernas; pinhas, ouriços de castanhas e a folhagem do moranguinho se espalham no entorno. Parece que foi assim que essas formas se transferiram a nossos móveis, mesas, cadeiras e cabeceiras de cama – porque outrora ficavam em seu seio.

Minha casa fica na encosta da colina, no limiar do mato maior, no meio de um jovem arvoredo com pinheiros-bravos e nogueiras, a trinta metros do lago, descendo pela trilha. No quintal à frente da cabana crescem pés de morango, amora-preta, tabaco-de-coelho, erva-de-são-joão, vara-dourada, carvalho-arbustivo, cereja-da-areia, mirtilo e feijão-batata. No finzinho de maio, a cereja-da-areia (*Prunus pumila*) adorna as laterais do caminho. Suas delicadas flores, dispostas em umbelas cilíndricas sobre curtas hastes – que, mais tarde, carregam-se de atraentes cerejas de bom tamanho – pendem em grinaldas que se irradiam para todos os lados. No outono hei de experimentar os frutos – em ode à Natureza, pois o sabor é discutível. O sumagre-liso (*Rhus glabra*) cresce exuberante ao redor da casa, avançando pelo camalhão que eu fiz, alcançando mais de um metro e meio na primeira estação de crescimento. Sua ampla folha tropical imparipenada é agradável, mas estranha de se ver. Súbito, no finzinho da primavera, brotam lindos botões de galhos secos que pareciam mortos. Num passe de mágica, transformam-se em tenros e graciosos ramos verdes, com 2,5 cm de diâmetro. Crescem tão desatentos que às vezes sobrecarregam suas delicadas axilas, e eu, sentado à minha janela, súbito ouço um ramo fresco e tenro cair no chão como um leque, quando no ar não há nem um sopro sequer: o ramo se quebrou com o seu próprio peso. Em agosto, grandes volumes de bagas, que atraíram na floração muitas abelhas selvagens, aos poucos adquirem sua brilhante e aveludada tonalidade carmesim e, com o peso, se curvam de novo e quebram as tenras hastes.

*

Tardinha de verão, eu me sento à minha janela. Gaviões sobrevoam a minha clareira, em círculos ascendentes. Pombos-passageiros atravessam meu campo de visão em seu voo agalopado ou se empoleiram inquietos nos galhos dos pinheiros-brancos nos fundos de minha cabana, com seus arrulhos marcantes. A águia-pesqueira perfura a vítrea superfície do lago e captura um peixe. Sorrateiro um vison-americano se esgueira do pântano à frente de minha porta para predar um batráquio na orla. Um bando de triste-pias faz balançar os juncos num alvoroço. O comboio passa na estrada de ferro trazendo viajantes de Boston rumo ao interior; há meia hora escuto o estrépito das rodas morrendo ao longe e depois se renovando, como o bater de asas do tetraz. Pois eu não vivo tão fora do mundo como aquele menino que, me contaram, foi enviado para trabalhar numa fazendola na parte leste da cidade, mas logo fugiu e voltou para casa, muito abatido e morrendo de saudades. Ele nunca tinha visto um lugarzinho tão monótono e afastado; o povo tinha sumido; ora bolas, você nem conseguia ouvir o apito do trem! Duvido que hoje exista um lugar assim em Massachusetts:

> "Deveras, a nossa cidadezinha se tornou um destino
> Onde comboios ferroviários buscam a concórdia
> E cruzam a nossa pacata planície em suaves apitos – Concord."

A Ferrovia de Fitchburg tangencia o lago, 500 metros ao sul de minha cabana. Em geral vou à cidadezinha costeando a plataforma dos trilhos, por assim dizer, ligado à sociedade por esse vínculo. Os tripulantes dos trens de carga, que percorrem toda a extensão da estrada, me acenam como a um velho conhecido. Passam por mim com tanta frequência e, aparentemente, me tomam por empregado, e não deixo de ser. Eu também seria um alegre consertador de trilhos em algum lugar da órbita da Terra.

Faça verão, faça inverno, o apito das locomotivas penetra na minha mata, ecoando como o grito de um gavião sobrevoando o quintal de um agricultor, e me informa que muitos caixeiros-viajantes estão chegando, irrequietos, ao perímetro urbano, ou comerciantes rurais, aventureiros de outras bandas. Ao se aproximarem do mesmo horizonte, gritam seus avisos para um sair da frente do outro, que, às vezes, são ouvidos nos perímetros de duas cidades. Secos e molhados vêm aí, interior; artigos de primeira necessidade, gente do interior! Não existe agricultor tão autossuficiente em sua propriedade capaz de lhes dizer não. E aqui está o seu pagamento pelas mercadorias! Berra o silvo do interiorano. Toras de madeira golpeando os muros da cidade como longos aríetes a 32 km/h. Cadeiras suficientes para acomodar todos os seres cansados e sobrecarregados que nela habitam. Com enorme civilidade o interior entrega à urbe cadeiras (e caras) de pau. Todas as colinas de *huckleberries* nativos foram destruídas, todos os prados de *cranberries* foram varridos a rastelo para a cidade. Sobe algodão, desce tecido; sobe seda, desce lã; sobem livros, mas desce a inteligência que os escreve.

Quando me deparo com a locomotiva e seus vagões com seu movimento de planeta – ou melhor, de cometa, pois o observador não sabe com qual velocidade e de qual direção ele voltará um dia para revisitar esse sistema, já que sua órbita não parece uma curva de retorno –, a nuvem de vapor deixa um rastro de coroas de ouro e prata. No alto do céu, muitas nuvens felpudas revelam sua substância à luz, como se esse semideus viajante, esse impulsionador de nuvens, fosse em breve adotar o céu do pôr do sol como cocheira. Quando ouço o cavalo de ferro bufando como trovão e estrondeando nas colinas, sacudindo a terra com seus cascos, soltando fogo e fumaça pelas narinas (que tipo de cavalo alado ou dragão flamejante serão colocados na nova mitologia, não tenho ideia), me parece que hoje a Terra tem uma raça digna de habitá-la. Se tudo fosse o que parece, e as pessoas fizessem dos elementos seus servos para fins nobres! Se a nuvem que paira sobre a locomotiva condensasse feitos heroicos ou fosse tão benéfica quanto a que flutua sobre as lavouras, então os elementos e a própria Natureza escoltariam animados as pessoas em suas tarefas.

Observo a passagem do comboio matinal com a mesma sensação que observo o nascer do sol, e um não é menos habitual que o outro. O trem de nuvens se estende para trás e sobe cada vez mais alto, indo para o céu enquanto o comboio ruma a Boston, esconde o sol por um minuto e lança na sombra a minha lavoura distante, um trem celestial perto do qual o reles trem de vagões que abraça a terra é apenas a ponta da lança. Para cuidar de seu cavalo de ferro, o dono do estábulo levantou-se cedo nesta manhã de inverno, à luz das estrelas em meio às montanhas, para alimentar e encilhar o seu corcel. O fogo também foi despertado bem cedinho para nele colocar seu calor vital e fazê-lo bufar. Se ao menos o empreendimento fosse tão inocente quanto madrugador! Se a neve for profunda, amarram-lhe sapatos de neve e, com o limpa-neve gigante, fazem um sulco das montanhas até o litoral, por onde o comboio, como uma plantadeira em linha, vai espargindo campo afora todos os humanos inquietos e mercadorias flutuantes, como se fossem sementes. O dia inteiro o corcel de fogo voa através dos campos, parando apenas para que seu mestre descanse. À meia-noite, seus erráticos e desafiadores resfôlegos me despertam, quando em algum vale remoto na mata ele enfrenta as intempéries em meio ao gelo e à neve; e só chegará à sua baia com a estrela da manhã, para recomeçar as suas jornadas sem descanso ou sono. Ouço-lhe à noite, porventura, em seu estábulo, onde exala a energia supérflua do dia, acalma os nervos, arrefece cérebro e fígado por umas horinhas ferrado no sono. Se ao menos o empreendimento fosse tão heroico e dominante quanto é demorado e incansável!

Longe, através das matas pouco frequentadas nos confins das cidades, onde antes só o caçador penetrava durante o dia, esses sedãs luminosos disparam na noite mais escura sem o conhecimento de seus habitantes. Vão parando em reluzentes estações, na cidade ou na metrópole, onde multidões se reúnem. Próxima parada? Grande Pântano Sombrio, para assustar corujas e raposas. Hoje em dia, são as partidas e chegadas dos comboios que marcam época no dia da cidadezinha. Vão e vêm com tanta exatidão e constância, e o seu silvo pode ser ouvido tão longe, que os agricultores acertam os relógios por eles, e assim uma instituição bem conduzida regula um país inteiro. Em termos de pontualidade, será que as pessoas não evoluíram nem um pouquinho desde que a ferrovia foi inventada? Não falam e pensam mais rápido no terminal ferroviário do que no escritório das carruagens? Há algo eletrizante na atmosfera do terminal. Fico surpreso com os milagres que ele opera. Eu poderia jurar que alguns de meus vizinhos jamais chegariam a Boston por um meio de transporte tão rápido. Pois lá estão eles a postos, esperando o sino tocar. Hoje a moda é fazer as coisas "ao estilo ferrovia". É bom que algo poderoso nos avise sempre que necessário e com sinceridade para sairmos de cima dos trilhos. Nesse caso, não há como parar tudo para ler o ato da rebelião nem mandar bala sobre as cabeças da multidão. Construímos um destino, um Átropos, que nunca se desvia. (Que tal dar esse nome à sua locomotiva?) O pessoal é avisado de que em determinado horário esses relâmpagos serão disparados rumo a pontos específicos da bússola. Mesmo assim, isso não interfere nos negócios de ninguém, e as crianças vão para a escola por outra via. Por isso vivemos mais estáveis. Todos fomos educados para sermos filhos de Tell. O ar está cheio de relâmpagos invisíveis. Todo caminho, à exceção do seu, é o caminho do destino. Mantenha-se em sua própria via, então.

O que eu mais admiro no comércio é o seu espírito empreendedor e bravura. O comércio não ora a Júpiter de mãos juntas. Todos os dias, vejo esse pessoal tratando de seus negócios com mais ou menos coragem e conteúdo, fazendo mais até do que suspeitam e talvez mais bem empregados do que poderiam em sã consciência ter planejado. Me afeta menos o heroísmo de quem permaneceu meia hora na linha de frente na Batalha de Buena Vista, do que o valor constante e alegre dos que passam o inverno praticamente morando no limpa-neve. Esses têm não só a coragem das três da madrugada, que Bonaparte considerava a mais rara, mas a coragem que não descansa cedo, que dorme apenas quando dorme a tempestade ou quando os tendões de seu corcel de ferro estiverem congelados. Nessa manhã da Grande Nevasca, que ainda está furiosa e enregela o sangue humano, porventura ouço o abafado silvo da locomotiva em meio à névoa de seu hálito gelado. Anuncia: o comboio *está chegando*, sem demora, apesar das proibitivas nevascas do nordeste da Nova Inglaterra. Cobertos de neve e geada, lavradores esticam os pescoços por cima das aivecas, virando o solo e tudo que nele estiver (margaridas, ninhos de ratos do campo etc.), como se fossem rochedos da Sierra Nevada ocupando um bizarro lugar no universo.

O comércio é surpreendentemente confiante, sereno, alerta, aventureiro e incansável. Além do mais, é naturalíssimo em seus métodos, bem mais do que muitos empreendimentos fantásticos e experimentos sentimentais. Daí o seu singular sucesso. Quando o trem de carga passa por mim chacoalhando eu inflo o peito, revigorado. Sinto o cheiro das lojas liberando seus odores por todo o caminho desde Long Wharf ao Lago Champlain, lembrando-me de terras estrangeiras, recifes de coral, oceanos remotos, climas tropicais e da extensão do globo. Mais fácil é eu me sentir um cidadão do mundo ao ver a folha de palmeira que vai cobrir tantas cabeças loiras da Nova Inglaterra no próximo verão, o cânhamo-de-manila e as cascas de coco, e as tranqueiras: sacos de juta, ferro velho e pregos enferrujados. Este vagão cheio de velas de barcos rasgadas é mais legível e interessante agora do que se estivesse abarrotado de papel e livros impressos. Quem pode escrever tão graficamente a história das tempestades suportadas por essas velas do que esses rasgos? São provas tipográficas que não precisam de correção. Lá vai a madeira dos bosques do Maine, que não acabou no mar na última torrente de degelo, o preço do metro cúbico subiu quase dois dólares por causa do que se perdeu ou se partiu. Pinho, abeto, cedro – classificadas da melhor madeira de lei à mais reles madeira comum, mas todas nobres quando abanam suas frondes sobre ursos, alces e caribus. Em seguida, vem rodando o calcário de Thomaston, de um lote refinado, que fará uma longa jornada às montanhas antes de ser hidratado. Fardos de farrapos de todos os matizes e qualidades. Algodão e linho rebaixados a sua condição mais vulgar. O resultado final do vestuário. Estampas fora de moda, exceto em Milwaukie, como aqueles esplêndidos artigos ingleses, franceses ou americanos: padrões coloridos, xadrezinhos e musselinas. Reunidos de todos os quadrantes, da alta-costura à pobreza, vão ser reciclados e virar papel monocromático, ou com essa ou aquela tonalidade, onde serão escritos contos da vida real, de grandeza e baixeza, com base em fatos! Este vagão lacrado cheira a peixe salgado, o forte odor comercial da Nova Inglaterra, me evocando lembranças dos Grandes Bancos da Terra Nova e da pesca. Quem nunca viu um peixe salgado, perfeitamente curado, para que nada o pudesse estragar neste mundo, superando os santos em perseverança? Você pode usá-lo para varrer ou pavimentar as ruas ou até mesmo lascar gravetos para sua lareira. O carreteiro o usa como biombo para proteger a si e sua carga do vento, sol e chuva. E certa vez um comerciante de Concord, ao inaugurar sua loja, pendurou na porta um peixe salgado. Com o tempo, nem seu cliente mais antigo sabia dizer com certeza se aquilo era animal, vegetal ou mineral. Ainda assim, permanece tão puro quanto um floco de neve, e ao ser colocado numa panela e fervido, transforma-se num excelente bacalhau para o manjar de sábado. E tem mais. Couros da América espanhola, com as caudas ainda preservando a torção e o ângulo de elevação que tinham quando os bois que as usavam percorriam os pampas da América Central – um tipo perene de tenacidade que mostra como é pouca a esperança de cura para todo e qualquer vício constitucional. Em termos práticos, confesso uma coisa. Quando me deparo com a real disposição humana, perco a esperança de mudá-la para melhor ou para pior nessa existência. Como dizem os orientais: "O rabo de um vira-lata pode ser esquentado, apertado e envolto em ataduras e, após doze anos de trabalho, ainda manter sua forma natural". A única cura eficaz para a rigidez que exibem essas caudas é transformá-las em goma de cola, o que, creio eu, é o que se costuma fazer com elas, e só assim que elas se moldam. E aqui temos um barril de melaço ou de conhaque endereçado a John Smith, Cuttingsville, Vermont, algum comerciante das Montanhas Verdes, que importa esses produtos para os agricultores perto de sua clareira. Porventura agora ele está em seu estabelecimento pensando nas últimas chegadas ao litoral, como elas podem afetar o preço de seus produtos, dizendo aos seus clientes nesse momento, como já lhes dissera vinte vezes antes dessa manhã, que espera no próximo trem produtos de primeiríssima qualidade. Ele anuncia no *Cuttingsville Times*.

Enquanto esses produtos sobem, outros descem. Alertado pelo barulho, ergo o olhar das páginas do meu livro e vejo a comprida tora de um pinheiro, que foi derrubado nas colinas do extremo norte e serpeou entre as Montanhas Verdes rumo a Connecticut, em dez minutos atravessar o município como um dardo, sem que praticamente outros olhos o vejam, para

> "Tornar-se o mastro
> De um grão-almirante."

E ouça o som que vem no ar! É o trem boiadeiro. Transporta bovinos e ovinos de mil colinas, potreiros, estábulos e currais; tropeiros com seus cajados e pastores no meio de seus rebanhos. Tudo, menos as pastagens montesas, sopradas num redemoinho de folhas pelos fortes ventos de setembro. Mugidos e balidos preenchem o ar, a boiada se agita: é como se um vale pastoril estivesse passando em nossa frente. Quando o velho capão, o líder do rebanho ovino, balança a sineta em seu pescoço, montanhas saltam como carneiros e as colinas, como cordeiros. No meio, um vagão cheio de tropeiros, agora nivelados com seus rebanhos, sua vocação perdida, mas ainda portando seus inúteis cajados como emblema do seu ofício. Mas e os cães, onde estão? Para eles é um estouro da boiada; estão praticamente desorientados; perderam o faro. Acho que os escuto latindo atrás das colinas de Peterborough, ou subindo ofegantes a encosta oeste das Montanhas Verdes. Estarão ausentes no abate. Foi-se também a vocação deles. Agora decaíram em fidelidade e agudeza. Vão se esgueirar de volta a seus canis em desgraça, ou talvez ficar selvagens e formar uma liga com lobos e raposas. E, nesse turbilhão, súbito a sua vida pastoral se vai. Mas toca o silvo, e devo sair dos trilhos e deixar o comboio passar:

> Para mim, o que é estrada de ferro?
> Nunca minha visão
> Sabe onde ela termina.
> Ela preenche desvãos,
> Para as andorinhas faz aterro,
> Manda areia pelos ares
> E amoras-pretas aos milhares.

Mas eu a cruzo como se ela fosse um caminho de carroça no meio do mato. Não quero turvar meus olhos nem lesar meus ouvidos por sua fumaça, vapor e assobios.

Os vagões se foram, com eles levando a inquietude do mundo, e os peixes no lago não sentem mais seu fragor. Agora, estou mais só do que nunca. Na tarde comprida, talvez, as minhas meditações só são interrompidas pelo longínquo ruído de um cabriolé ou carro de bois na estrada.

Às vezes, aos domingos, eu ouço os sinos, o sino de Lincoln, Acton, Bedford ou Concord, quando o vento está favorável. Melodia doce, suave, natural. Por assim dizer, digna de chegar ao agreste. A uma distância suficiente por sobre o arvoredo, esses frêmitos fazem vibrar as acículas dos pinheiros no horizonte como se elas fossem cordas de uma harpa. Todo e qualquer som ouvido da maior distância possível gera o mesmo e único efeito: um dedilhar da lira universal. Isso também acontece quando avistamos a longínqua cordilheira. É o azul-celeste entremeado à atmosfera que a torna agradável a nossos olhos. De repente me chega pelo ar uma melodia que conversa com cada folha e acícula da mata, aquela sonoridade que os elementos captam, modulam e ecoam de vale em vale. O eco é, de certa forma, um som original, e nisso residem sua magia e encanto. Não é mera repetição do que vale a pena ser repetido no sino, mas, em parte, a voz da mata; como as triviais palavras e notas cantadas pelas ninfas da floresta.

À noitinha, o mugido distante de uma vaca no horizonte, além da mata, soa doce e melodioso, e a princípio eu quase o confundo com as vozes de certos menestréis de quem já ouvi serenatas, que podem estar vagando entre montanhas e vales. Mas logo não escondo o meu alívio quando o som se prolonga na singela e natural música bovina. Não pretendo ser satírico, e sim manifestar o meu apreço pelo canto daqueles jovens ao afirmar minha clara percepção sobre a semelhança com a música das vacas. É como se a própria Natureza articulasse por meio deles.

Pontualmente, às sete e meia, durante o verão, após passar o trem noturno, por meia hora, os noitibós-cantores, pousados no toco de árvore ao lado da porta ou na cumeeira da cabana, entoam suas melodias vespertinas. Com precisão de um relógio, na hora do crepúsculo, cinco minutos mais, cinco menos. Tenho a rara oportunidade de me familiarizar com seus hábitos. Às vezes, ouço quatro ou cinco ao mesmo tempo em diferentes partes da mata, por acidente, um compasso após o outro, e tão perto de mim que eu distingo não só o estalido após cada nota, mas com frequência aquele zumbido singular, como o da mosca na teia de aranha, só que mais alto. Enquanto isso, outro noitibó fica voando ao meu redor, a poucos metros de mim, como se estivesse amarrado a um barbante. Talvez eu estivesse perto de seu ninho. À noite, cantam em intervalos. Antes da aurora, voltam a ser tão musicais como nunca.

Quando outros pássaros estão quietos, o grito das corujas assume o protagonismo, como mulheres enlutadas, em "u-lu-lus" ancestrais. Seus gritos dissonantes lembram as peças lúgubres de Ben Jonson. Sábias magas da meia-noite! Não é o chirriar tosco e honesto dos poetas fazendo "tu-whit tu-who". Na verdade, é um solene réquiem de um campo-santo, mútuas consolações de amantes suicidas relembrando as dores e as delícias do amor celestial nos bosques infernais. Entretanto adoro ouvir seus lamentos, suas tristonhas respostas, vibrando nas fímbrias da floresta. Às vezes, isso me faz pensar em música e em pássaros canoros; como se fosse o lado sombrio e plangente da música, arrependimentos e suspiros cantados com alegria. Elas são o ânimo, o desânimo e os melancólicos pressentimentos de almas caídas que perambulavam outrora, em formas humanas, noite adentro cometendo os atos das trevas. Hoje expiam seus pecados com hinos e melúrias no cenário de suas transgressões. E me transmitem uma sensação nova da capacidade e diversidade dessa natureza que é nossa morada comum. *U-hu-porr que é eu fui nas-cer-r!* Suspira a coruja desta margem do lago, adejando com inquieto desespero para algum novo poleiro nos carvalhos-cinza. Então – *Porr que é que eu fui nas-cer-r-r!* – ecoa outro da outra margem com trêmula sinceridade – e um débil *nas-cer-r-r!* ressoa ao longe, na floresta de Lincoln.

E uma coruja também já me fez uma serenata. De perto você imagina que é o som mais melancólico da Natureza, como se ela pretendesse estereotipar e tornar permanente em seu coro os gemidos moribundos de um ser humano – pobre e fraca relíquia da mortalidade que deixou para trás a esperança e emite uivos bestiais, mas com soluços humanos e, ao entrar no vale escuro, ficam mais terríveis por conta de uma certa harmonia gorgolejante – eu me flagro começando pelas letras "gl" quando tento imitá-la –, expressão de um cérebro que alcançou o estágio bolorento e gelatinoso na mortificação de todo pensamento sadio e corajoso. Isso me faz recordar míticos demônios, de tolos e de uivos insanos. Mas nesse meio-tempo outra responde de um bosque distante num tom que se torna realmente melodioso à distância: *U-hu-u, hu--u-hu*. Agradáveis associações sugeridas noite e dia, verão e inverno.

Regozijo-me com a existência das corujas. Deixe--as fazer seu chirriar parvo e maníaco no lugar dos humanos. É um som admiravelmente adequado a pântanos e bosques crepusculares que nunca ilustram dias, sugerindo uma natureza vasta e rudimentar que os humanos não reconheceram. Representam o inóspito lusco-fusco e os pensamentos insatisfeitos que todos temos. O sol brilha o dia inteiro na superfície do pântano selvagem, à beira do qual se ergue um único abeto coberto de barba-de-pau. Pequenos rapineiros voam em círculos. Socado num arbusto de sempre-vivas, o chapim vocaliza. Ao nível do solo, o tetraz e o coelho espreitam. Mas súbito nasce um dia mais digno e lúgubre, fazendo despertar uma raça distinta de criaturas para ali expressar o significado da Natureza.

Tarde da noite, ouço o longínquo estrondo dos vagões sobre as pontes – o som noturno mais distante –, o ladrar dos cães e, às vezes, o desconsolado mugido de uma vaca em um remoto celeiro. Nesse meio-tempo, a orla inteira ressoa ao coaxar das rãs-touro, espíritos robustos de antigos bebedores de vinho e celebradores, ainda impenitentes, tentando entoar um coro em suas águas estígeas – com o perdão de nossas ninfas, pois o Walden quase não tem ervas daninhas, embora tenha as rãs –, que alegremente obedecem às hilárias regras de suas velhas mesas festivas. Porém, suas vozes, já roucas e solenemente graves, zombam do júbilo. O vinho perde o sabor e se torna mero licor para distender suas panças. A doce embriaguez nunca vem para afogar lembranças do passado – apenas saturação, alagamento e inchaço. Aqui na costa norte, o mais solene e gordo, com o queixo sobre uma folha de coração-flutuante, que serve de guardanapo para sua baba, toma um gole profundo da água antes desprezada e passa o cálice adiante, vocalizando *croac, croac,*

croac! Na mesma hora, de uma enseada ao longe, sobre a água desliza a mesma senha repetida, onde o próximo em antiguidade e circunferência engole e deixa a sua marca. Quando esse ciclo dá volta na orla, vibra o mestre de cerimônias, com satisfação: *croac!* E cada um, por sua vez, vai repetindo aquilo até o menos inflado, menos gotejante e mais flácido, para não haver engano. Nisso a tigela começa a arrodear de novo, e de novo, até o sol dispersar a névoa da manhã. O patriarca, o único que não está sob o lago, em vão berra *croac* de vez em quando e espera uma resposta.

Não sei se escutei um galo cantando em minha clareira, e penso que valeria a pena manter um galo nem que fosse apenas por sua música, como se ele fosse um pássaro canoro. A melodia desse faisão de origem indiana é certamente a mais notável entre todas as aves, e se ele pudesse ser naturalizado sem estar domesticado, o som logo se tornaria o mais famoso de nossas matas, superando o clangor do ganso e o piar da coruja; e então imagine o cacarejo das galinhas para preencher as pausas quando os clarins de seus senhores descansassem! Não é de admirar que os humanos tenham adicionado este pássaro a seus animais de criação – sem falar nos ovos e nas sobrecoxas. Na manhã invernal andar na floresta, onde essas aves abundavam em suas matas nativas, e ouvir os galos selvagens cantando nas árvores, claros e estridentes, por quilômetros na terra retumbante, abafando as notas mais fracas de outras aves – imagine só! Nações em polvorosa. Bem cedinho, quem não despertaria? E cada vez mais cedinho, dia após dia, até se tornar inefavelmente sã, rica e sábia? Poetas de todos os países celebram o cântico dessa ave exótica junto com os cânticos de seus canoros locais. Todos os climas combinam com o valente Chantecler. Ele é mais nativo até do que os indígenas. Saúde sempre boa, pulmões perfeitos, espírito que nunca esmorece. Até o marinheiro do Atlântico e do Pacífico é despertado por sua voz; mas seu canto estrepitoso nunca me desperta de meu sono. Não tenho cachorro, gato, vaca, porco nem galinha. Você até pode dizer que há um déficit de sons domésticos; nem batedor de manteiga, nem roca de fiar, nem mesmo chiar de chaleira, nem assobio de samovar, nem choro de crianças para consolar alguém. Uma pessoa antiquada teria perdido os sentidos ou morrido de tédio antes disso. Nem mesmo um rato na parede, pois eles morreram de fome, ou melhor, não foram atraídos pelas minhas iscas – só os esquilos-vermelhos no telhado e sob o assoalho, o noitibó-cantor na cumeeira, o gaio-azul gralhando na janela, a lebre ou a marmota embaixo da casa, um mocho aqui, uma coruja ali, o bando de gansos selvagens ou a risonha mobelha-grande no lago – e a raposa uivando ao luar. Nem mesmo o pedro-ceroulo ou o encontro, esses suaves pássaros das plantações, já visitaram a minha clareira. Galos não cantam nem galinhas cacarejam no quintal. Não há quintal! Mas a Natureza aberta alcança o peitoril de sua janela. Um jovem arvoredo cresce em seus prados, sumagres-silvestres e amoras-pretas invadem o seu porão; robustos pinheiros-bravos roçam e rangem contra as plaquinhas de madeira do revestimento externo, disputando espaço, raízes se infiltram debaixo da casa. Em vez de arrebatar um postigo ou uma veneziana, o vendaval atora ao meio um pinheiro ou o arranca pelas raízes – combustível bem ali nos fundos de sua casa. Em vez de sem caminho algum ao portão do jardim frontal na Grande Nevasca – sem portão, sem jardim frontal e sem caminho para o mundo civilizado!

SOLITUDE

Delícia de anoitecer! Todo o meu corpo embebe uma só sensação e se deleita por todos os poros. Em estranha liberdade vou e volto pela Natureza como parte dela que sou. Em mangas de camisa ando sobre os seixos à beira do lago. Faz frio, está nublado e ventoso, nada de especial parece me atrair – mas todos os elementos revelam uma singular compatibilidade comigo. O coaxar das rãs-touro inaugura a noite, e o vento carrega o lamento do noitibó-cantor num bafejo sobre a água. A afinidade que eu sinto pelas farfalhantes folhas do álamo e do amieiro é tanta que eu quase perco o fôlego, mas isso só provoca marolas no lago de minha serenidade. A brisa noturna levanta ondinhas na lisa e reflexiva lâmina d'água, longe de ser uma tempestade. Já escureceu, mas o vento ainda sopra e ruge na mata, as ondas se intensificam e criaturas começam a encher o ambiente com suas canções de ninar. Nunca está completo o repouso. Os bichos mais selvagens não repousam: agora saem à procura de suas presas. A raposa, o gambá e o coelho agora perambulam sem medo através de campos e matas. Vigias da Natureza – elos que conectam um dia de vida animada com o outro.

Quando volto para casa, descubro que visitantes lá estiveram e deixaram seus cartões, seja um ramo de flores, ou uma coroa de sempre-vivas, ou um nome gravado a lápis numa folha ou lasca de nogueira-amarela. Quem raramente vem à mata pega um bocadinho dela entre as mãos para brincar no caminho, e o deixa para trás, intencional ou acidentalmente. Alguém descasca uma varinha de salgueiro, trança um anel e larga em minha mesa. Se na minha ausência alguém me visita, eu sempre noto galhos e capins dobrados, pegadas no chão. Posso adivinhar o sexo, a idade e as características do visitante. Um vestígio delicado, uma flor caída, um feixe de grama arrancado, às vezes tão longe quanto a ferrovia, a oitocentos metros da casa, ou o persistente olor de charuto ou cachimbo. Acredite, sou notificado da passagem de um viajante na estrada, a trezentos metros de distância, basta ele estar fumando cachimbo.

Em geral, o espaço ao nosso redor é suficiente. O nosso horizonte nunca está ao nosso alcance. A mata densa não fica pertinho de nossa porta, nem o lago. Uma clareira sempre se abre, familiar, usada por nós, que dela nos apoderamos, a cercamos e a recuperamos da Natureza. Por que motivo eu disponho dessa ampla vastidão de matas não frequentadas, para minha privacidade, entregue a mim pelos humanos? Meu vizinho mais próximo está a mil e seiscentos metros de distância, e não se enxerga casa alguma, exceto do topo das colinas, a oitocentos metros do meu lar. A mata delimita o meu horizonte só para mim; de um lado, o panorama distante da ferrovia que tangencia o lago, do outro, a estrada que corta a floresta. Mas aqui onde eu moro costuma ser tão solitário quanto a pradaria. É tão Ásia ou África quanto Nova Inglaterra. Por assim dizer, eu tenho meu próprio sol, lua e estrelas, e um mundinho só para mim. À noite, um viajante jamais passa aqui em casa, ou bate à minha porta: é como se eu fosse o primeiro ou o último ser humano. Só na primavera que, lá de vez em quando, surgem uns gatos pingados da aldeia para pescar peixes-gatos – e obviamente pescam no Lago Walden as suas próprias naturezas, colocando em seus anzóis iscas de escuridão. Sem delongas vão embora, com cestas de vime, deixando "o mundo com a escuridão e comigo", e o negror essencial da noite nunca é profanado pela presença humana. As bruxas já foram todas enforcadas, o Cristianismo e as velas foram introduzidos, mas creio que os humanos em geral ainda têm um pouco de medo do escuro.

Porém, às vezes, sinto que a companhia mais doce e terna, mais inocente e encorajadora, pode ser encontrada em qualquer item da Natureza, até mesmo por um triste misantropo e a mais melancólica das criaturas. Quem habita no seio da Natureza com os sentidos aguçados evita esse tipo sombrio de melancolia. Nunca é uma tempestade, e sim música eólica para ouvidos saudáveis e inocentes. Nada nesse mundo pode justificadamente mergulhar uma pessoa singela e valente numa tristeza vulgar. Ao desfrutar da amizade das estações eu confio que nada pode tornar minha vida um fardo. A chuva mansa que irriga meus feijões e hoje me mantém em casa não é sombria nem melancólica: ela também é boa para mim. Ela me impede de capinar, mas é bem mais útil do que a capina. Mesmo se ela perdurar a ponto de inviabilizar as sementes no solo ou de estragar as batatas nas baixadas, ela será benéfica à grama nos terrenos altos. E o que é bom para a grama é bom para mim. Às vezes, quando me comparo com outras pessoas, parece que sou mais favorecido pelos deuses do que elas, como se fosse algo além de meus próprios méritos. É como se eu tivesse recebido das mãos deles uma segurança e uma confiança que meus companheiros não receberam; uma orientação e uma proteção especiais. Não fico me elogiando, eles é que me elogiam, se é que isso é possível. Nunca me sinto só, nem oprimido por um sentimento de solitude. Mas tem uma exceção: semanas depois que vim morar aqui, chego a me perguntar se o contato com vizinhos não seria essencial para uma vida serena e saudável. Não parecia tão agradável estar sozinho. Mas ao mesmo tempo me dou conta de uma suave alteração em meu humor e logo me recupero. Em meio à garoa, imerso nesses pensamentos, súbito encontro na Natureza uma companhia doce e benéfica, no suave tamborilar das gotas, em cada som e cada paisagem no entorno de minha casa. Uma infinita e inexplicável afabilidade me envolve como uma atmosfera que me sustenta, tornando insignificantes as supostas vantagens da companhia humana, e a partir daí, nunca mais penso em solidão. Até as pequeninas acículas dos pinheiros se expandem, se embebem com essa sintonia e ficam minhas amigas. Para mim, fica nítida a presença de algo aparentado comigo, mesmo em cenários que estamos acostumados a chamar de agrestes e sombrios. E também que o maior parentesco que eu tenho não é com uma pessoa nem um habitante da cidadezinha. Isso me levou a pensar que nenhum outro lugar seria estranho para mim novamente.

"O luto precoce corrói os tristes;
Poucos são os dias deles na terra dos vivos,
Linda filha de Toscar."

Algumas de minhas horas mais agradáveis transcorrem durante as longas tempestades na primavera ou no outono, que me confinam em casa nas tardes e manhãs; seus incessantes estrépitos e bombardeios me acalmam. Quando o crepúsculo precoce inaugura uma longa noite em que muitos pensamentos têm tempo de se enraizar e se desenvolver. Naquelas fortes chuvas vindas do Nordeste, que tanto afetam as casas da cidadezinha, quando as criadas ficam de prontidão com panos e baldes nas entradas frontais para manter o dilúvio lá fora, eu me sento atrás da minha porta na casinha, a única entrada, e desfruto de sua plena proteção. Numa dessas chuvas pesadas, em meio aos trovões, um relâmpago atingiu um enorme pinheiro-bravo na outra margem do lago, abrindo uma ranhura espiral, muito visível e perfeitamente uniforme, desde o ápice até a coroa, com 2 ou 3 cm de fundura e 10 a 12 cm de largura, ao feitio de um bastão de caminhada. Outro dia eu passo por ele de novo e fico pasmo ao olhar para cima e ver aquela marca, agora mais nítida do que nunca, onde um raio terrível e irresistível desceu do céu inofensivo, oito anos atrás. As pessoas vivem me dizendo:

– Acho que você vai se sentir solitário lá embaixo. Vai gostar da companhia das pessoas, em especial em dias e noites de chuva e neve.

Sinto-me tentado a responder:

– Toda essa Terra que habitamos não passa de um pontinho no espaço. A que distância você pensa que residem as duas estrelas mais distantes daquela galáxia longínqua, cuja largura do disco não pode ser medida por nossos instrumentos? Por que eu devo me sentir solitário? Nosso planeta não está na Via Láctea? Essa preocupação não me parece ser a mais importante. Que tipo de espaço é esse que separa uma pessoa de suas companhias e a torna solitária? Constato que nenhum esforço das pernas consegue aproximar um cérebro de outro. Do que mesmo queremos morar perto? Do terminal ferroviário? Da agência dos correios, do boteco? Da capela, da escola, do mercadinho? De bairros como Beacon Hill, em Boston, ou Five Points, em Manhattan? Lugares em que as pessoas gostam de se reunir? Ou da fonte perene de nossa vida? Vamos descobri-la da mesma forma que o salgueiro que fica perto da água lança as raízes naquela direção. Pode variar conforme diferentes naturezas, mas é este o lugar onde um sábio há de cavar o seu porão!

Certa noite, na estrada do Walden, eu cruzo com um de meus conterrâneos, dono de uma "aprazível propriedade" – que eu ainda não tive o *prazer* de conhecer. Ele está levando duas reses bovinas para o mercado e me pergunta como é que eu fiz para convencer a minha mente a abrir mão de tantos confortos da vida. Respondo que estou certo de que minha vida é boa e que eu gosto dela. E não estou brincando. E então volto para casa, para minha cama, e ele segue, em meio à lama e à escuridão, rumo a Brighton – ou Bright-town –, onde vai chegar em algum momento da manhã.

Para uma pessoa morta, o que importa é a perspectiva de despertar ou ressuscitar; não faz diferença quando ou onde. O lugar onde isso pode ocorrer é sempre o mesmo, indescritivelmente agradável a todos os nossos sentidos. Em geral, só permitimos que circunstâncias remotas e transitórias façam nossas ocasiões. Elas são, de fato, a causa de nossa distração. Mais próximo de tudo está aquele poder que molda suas constituições. *Perto* de nós, as mais grandiosas leis estão continuamente sendo executadas. *Perto* de nós não está o operário que contratamos, com quem tanto gostamos de conversar, mas o operário cuja obra nós somos.

> Quão vasta e profunda é a influência dos sutis poderes do Céu e da Terra!
> Procuramos notá-los e não os enxergamos; procuramos ouvi-los e não os escutamos; identificados com a substância das coisas, delas não se separam.
> Por influência deles, em todo o universo, os povos se purificam e santificam seus corações, e usam trajes festivos para oferecer sacrifícios e oblações a seus ancestrais. É um oceano de sutilezas. Estão em todos os lugares, acima de nós, à esquerda, à direita; por todos os lados.

Somos as cobaias de uma experiência que desperta um certo interesse. Nesse caso, não podemos abrir mão de socializar e fazer fofoca – e, por um tempinho, nos alegrar com os nossos próprios pensamentos? Assevera Confúcio verazmente: "A virtude não permanece como um órfão abandonado; deve por necessidade ter vizinhos".

Com o pensamento podemos nos desprender de nós mesmos em um sentido saudável. Por um esforço consciente da mente, podemos permanecer indiferentes às ações e às consequências dessas ações. E todas as coisas, boas e más, passam por nós como uma torrente. Não estamos plenamente envolvidos na Natureza. Posso ser a madeira levada pela corrente ou Indra no céu olhando para ela. Um espetáculo teatral *talvez* me afete; enquanto um evento real que parece me preocupar muito mais *talvez não* me afete. Só me conheço como entidade humana; o cenário, por assim dizer, de pensamentos e afetos; e tenho consciência de uma certa duplicidade, pela qual eu posso ficar tão distante de mim quanto de outro. Por mais intensa que seja minha experiência, estou consciente da presença e da crítica dessa parte de mim que, por assim dizer, não faz parte de mim. É mera espectadora, não compartilha experiências, mas as registra; não é mais eu do que você. Quando a peça teatral, talvez a tragédia, da vida acaba, o espectador vai embora. Uma espécie de ficção, obra da imaginação, até onde lhe diz respeito. Essa duplicidade pode facilmente nos tornar maus vizinhos e, às vezes, amigos.

Como é saudável ficar sozinho a maior parte do tempo! Estar acompanhado, mesmo com as melhores companhias, logo se torna cansativo e desgastante. Amo estar sozinho. Nunca socializei com alguém tão sociável quanto a solidão. Em geral nos sentimos mais solitários quando viajamos para o exterior no meio de outras pessoas do que quando ficamos em nossos aposentos. Uma pessoa que está pensando ou trabalhando está sempre só, seja onde estiver. Não se mede a solitude em quilômetros de espaço entre alguém e suas companhias. O aluno realmente dedicado até mesmo nos mais apinhados formigueiros do Cambridge College é tão solitário quanto um dervixe em retiro no deserto. O agricultor trabalha o dia todo sozinho capinando a lavoura ou pegando lenha na mata. Não se sente só, porque está ocupado. Chega em casa à noite, não pode se sentar sozinho no quarto, à mercê de seus pensamentos, mas deve estar onde possa "ver o pessoal" e espairecer. Em outras palavras, compensar a solidão de seu dia. Portanto, ele fica se perguntando: como o estudante consegue se sentar sozinho em casa, a noite toda e a maior parte do dia, sem tédio e "tristeza"? Será que o agricultor não percebe? O estudante, mesmo em casa, capina na lavoura *dele* e pega lenha na mata *dele*, como o agricultor nas suas. Em suma, os dois buscam igual recreação e companhia, mas o estudante numa forma mais condensada que o agricultor.

    Socializar virou algo banal. Socializamos muito seguidamente, sem tempo de adquirir novos valores para compartilhar. Três vezes por dia, na hora das refeições, socializamos, e damos uns aos outros uma nova degustação desse queijinho velho e mofado que somos. Combinamos um conjunto de regras – a etiqueta e a polidez – para tornar tolerável esse frequente socializar sem precisarmos de uma guerra aberta. Socializamos na agência de correios, na quermesse e, todas as noites, ao pé do fogo. Vivemos aglomerados e atravessamos o caminho dos outros, tropeçamos uns nos outros. E assim, perdemos um pouco do respeito interpessoal. Com certeza uma frequência menor bastaria para todas as comunicações importantes e cordiais. Analise as moças numa fábrica – nunca sozinhas, dificilmente absortas em sonhos. Seria melhor se a densidade populacional fosse de uma pessoa para cada 2,5 km². Onde eu moro é assim. O valor de uma pessoa não está em sua pele, para que seja preciso ficar tocando nela.

Uma vez um homem que se perdeu na floresta. Exausto, faminto, sentou-se ao pé de uma árvore. Visões grotescas o cercaram e aliviaram a sua solidão, porque ele as considerou verdadeiras. Sua imaginação doentia suplantava o corpo enfraquecido. Da mesma forma, em prol da saúde e força físico-mentais, podemos ser continuamente encorajados por companhias semelhantes, embora mais normais e naturais, e saber que nunca estamos sós.

Tenho muita companhia em minha cabana; principalmente pela manhã, quando ninguém me visita. Vou fazer umas comparações para que a leitora e o leitor tenham uma ideia da minha situação. Não sou mais solitário do que a mobelha-grande no lago, e sua estrondosa risada, nem do que o próprio Lago Walden. Que companhia tem aquele lago solitário, aliás? Ele não tem demônios azuis, mas sim anjos azuis, no tom azul-celeste de suas águas. O sol está sozinho, exceto em dias de cerração, quando às vezes parece haver dois, mas um sol é falso. Deus está sozinho – mas o diabo está longe de estar sozinho, tem muita companhia, é uma legião. Não sou mais solitário que a vela-de-bruxa ou o dente-de-leão isolados na pastagem, nem que a vaquinha-verde, a língua-de-vaca, ou a mutuca, ou a mamangava. Não sou mais solitário que o Arroio Mill, um cata-vento, a estrela do norte, o vento sul, a chuvarada de abril, o degelo de janeiro ou a primeira aranha de um novo lar.

    Nas compridas noites de inverno, quando a neve cai rápido e o vento uiva na mata, recebo a visita casual de um antigo colono, proprietário original. Dizem que foi ele quem cavou o lago Walden, o enfeitou com pedras e o cercou de pinheiros. Ele me conta histórias dos velhos tempos e da nova eternidade, e nessa interação passamos momentos divertidos, com alegria social e visões agradáveis das coisas, mesmo sem maçãs ou cidra – amigo muito sábio e bem-humorado, a quem eu amo bastante, que se mantém mais escondido que Goffe e Whalley. Consideram-no morto, mas ninguém sabe mostrar onde ele está enterrado. Nas redondezas também mora uma senhorinha, invisível para a maioria das pessoas, em cuja horta cheirosa eu adoro flanar às vezes, para colher temperinhos e ouvir suas fábulas; pois o gênio dela é de uma fertilidade inigualável, e sua memória retroage mais que a mitologia. Sabe me contar a fonte de cada fábula, em qual fato cada uma se baseia, pois os incidentes ocorreram quando ela era jovem. Dama velhusca, mas vigorosa e bem corada, que se deleita em todos os climas e estações do ano, e provavelmente sobreviverá a todos os filhos dela.

    A indescritível inocência e beneficência da Natureza – do sol, do vento e da chuva, do verão e do inverno! Quanta saúde e quanta alegria sempiternas esses elementos nos proporcionam! E quanta afinidade sempre mostram conosco! Toda a Natureza se afeta, o brilho solar enfraquece, os ventos suspiram solidários, as nuvens chovem lágrimas, os matos perdem as folhas e se vestem de luto no meio do verão – para isso basta que uma pessoa se enlute por uma causa justa. Não devo trocar informações com o solo? Não sou parcialmente folhas e fungos?

Que pílula nos mantém serenos e contentes? Não do meu nem do teu bisavô, mas dos medicamentos universais, vegetais e botânicos de nossa bisavó Natureza, que sempre a mantêm jovial. E assim ela vive mais que centenários como Thomas Parr e alimenta a própria saúde com a putrefata adiposidade dessas pessoas longevas. De minha parte eu abro mão de panaceias e charlatanices, frascos com misturas do rio Aqueronte e do Mar Morto, carregados em carroças compridas e rasas que lembram negras escunas da pradaria, boas para o transporte de garrafas. O meu remédio é um gole do ar matutino – não diluído. O ar da manhã! Se as pessoas não beberem disso na nascente do dia, ora, então, bem que poderíamos engarrafá-lo e vendê-lo nas lojas, para o benefício daqueles neste mundo que perderam sua assinatura para o tempo matinal. Mas lembre-se de que isso não vai durar além do meio-dia, nem mesmo no porão mais fresco: melhor sacar as rolhas muito antes disso e seguir os passos da Aurora rumo oeste. Não venero Higeia, filha do velho homeopata Esculápio, representada em monumentos segurando numa das mãos uma serpente e, na outra, uma taça da qual às vezes bebe a serpente. Sou mais Hebe, a copeira de Júpiter, filha de Juno com o ópio-de-alface, que restaura o vigor e a juventude de humanos e deuses. Com certeza ela é a única jovem bem condicionada, saudável e robusta que anda pelo mundo, e por onde ela vai, é primavera.

VISITANTES

Não sou diferente da maioria no sentido de que amo uma boa companhia. Estou sempre pronto a me grudar como um carrapato a qualquer puro-sangue que cruzar o meu caminho. Claro que não sou um eremita, e talvez possa ficar mais tempo sentado no bar que o seu mais assíduo frequentador, se eu tiver negócios a resolver por lá.

Tenho três cadeiras em minha cabana: uma para quando estou só, duas para quando vem um amigo, e três para fazer o social. Quando chegam visitantes em maior – e inesperado – número, a terceira cadeira é para todos, mas em geral economizam espaço e ficam de pé. É surpreendente quantos grandes homens e mulheres cabem numa cabaninha. Já tive vinte e cinco ou trinta almas, com seus respectivos corpos, ao mesmo tempo sob meu teto, mas muitas vezes nos separamos sem perceber que havíamos estado bem próximos. Muitas de nossas casas, tanto públicas como privadas, com os seus quase incontáveis compartimentos, os seus imensos salões e as suas adegas para guardar vinhos e outras munições de paz, me parecem exoticamente grandes para os seus habitantes. Tão vastas e magníficas são elas que esses últimos parecem meros vermes que as infestam. Eu fico surpreso quando o arauto sopra sua trombeta diante de hotéis como o Tremont, o Astor ou o Middlesex, só para ver se esgueirando furtivamente na *piazza*, entre todos os habitantes, um ridículo camundongo, que logo some de novo por um buraco na calçada.

Às vezes enfrento um inconveniente nesta casinha: a dificuldade de me distanciar o suficiente de meu hóspede quando começamos a expressar grandes pensamentos em grandes palavras. Você precisa de espaço para que seus pensamentos entrem em equilíbrio e percorram um certo percurso antes de chegar ao porto. O projétil do seu pensamento tem de superar o movimento lateral e de ricochete até entrar em seu derradeiro e constante curso e atingir em cheio o ouvido do ouvinte, caso contrário, pode entrar por um ouvido e sair pelo outro. Além disso, as nossas frases requerem espaço para se desdobrar e formar suas colunas no intervalo. Os indivíduos, como as nações, devem ter limites amplos e naturais adequados, até mesmo um considerável terreno neutro, entre eles. Descobri quão singular é o luxo de falar de um lado do lago com uma companhia que está no lado oposto. Em minha casa ficamos tão pertinho um do outro que nem começamos a ouvir – não falamos baixinho o suficiente para sermos ouvidos. É como quando você joga em águas calmas duas pedras tão próximas que uma quebra as ondulações da outra. Se somos meros falantes loquazes e ruidosos, então podemos nos dar ao luxo de ficar muito próximos, face a face, e sentir a respiração um do outro. Mas se falarmos de modo reservado e pensativo, queremos estar mais distantes, para que todo esse calor animal e essa umidade tenham condições de se evaporar. Se quisermos desfrutar da mais íntima sociedade com aquilo que em cada um de nós não precisa ser falado, ou está acima de ser falado, não basta só ficarmos em silêncio, mas em geral a uma distância física suficiente para nem escutarmos a voz do interlocutor. Quanto a esse padrão, a fala convém a quem tem deficiência auditiva; mas há muitas coisas boas que não conseguimos dizer se tivermos de gritar. À medida que a conversa assume um tom mais elevado e grandioso, aos poucos vamos afastando as nossas cadeiras até elas se encostarem na parede, cada qual num canto, ou seja, em geral não há espaço suficiente.

Meu "melhor" espaço, porém, o meu cantinho, sempre pronto para receber visitas, em cujo tapete raramente penetra o sol, é o pinhal atrás de minha casa. Nos dias de verão, esse é o refúgio aonde levo meus convidados ilustres. Uma impagável criada varre o chão, espana os móveis e mantém as coisas em ordem.

Às vezes, um convidado participa de minha refeição frugal. A conversação não se interrompe enquanto eu mexo o "pudim apressado", ou seja, o mingauzinho de grãos cozidos, ou asso o pão, e acompanhamos seu crescimento e maturação sobre as brasas. Mas se um grupo de vinte pessoas aparece e se senta em meu lar, mesmo que eu tenha apenas pão suficiente para duas pessoas, não se fala nada em comida. Não é como se tivéssemos abandonado o hábito de comer. É a prática natural da abstinência. Essa atitude não é vista como ofensa à hospitalidade, e sim a postura mais correta e atenciosa. A vida física com frequência exige consertos. Nesse caso, o declínio e a ruína são miraculosamente retardados, e o vigor vital se mantém firme. Assim eu posso entreter mil ou vinte; e se alguma visita for embora decepcionada ou com fome após ter me encontrado, pode estar certa de que ao menos eu me solidarizo com ela. Como é fácil – por mais que as donas de casa duvidem – adotar novos e melhores hábitos! Não é preciso assentar a sua reputação nos jantares que você oferece. De minha parte, não foi uma espécie de Cérbero que eficazmente me dissuadiu a jantar na casa de um homem, e sim a ostentação que o anfitrião fez sobre o evento. Pareceu-me a deixa polida e indireta para que eu nunca mais o incomodasse. Acho que nunca revisitarei esses cenários. Com orgulho eu adotaria como lema de minha cabana aqueles versinhos de Spenser que um de meus visitantes inscreveu em um cartão fabricado com uma folha de nogueira-amarela:

> "Casinha sempre cheia quando chego lá,
> Não busco diversão onde não há;
> A festança é o repouso contente,
> Deixa à vontade a mais nobre mente."

Certa vez, Winslow, futuro governador da Colônia de Plymouth, conta que foi, junto com um auxiliar, fazer uma visita oficial ao cacique Massasoit. Para chegar à tribo dos Wampanoag, atravessaram uma trilha no meio do arvoredo. Chegaram cansados e famintos, e o cacique em pessoa os recebeu em sua oca, mas nada comentou sobre comida naquele dia. Anoiteceu, e agora cito as palavras dele:

> Ele nos fez deitar na cama com ele e sua esposa, eles de um lado e nós do outro. A cama consistia em pernas com trinta centímetros de altura e uma esteira sobre elas. Eis que dois ajudantes do chefe também vieram dormir ali, e, por falta de espaço, ficaram nos acotovelando. Ficamos mais cansados pelo alojamento do que pela jornada.

No dia seguinte, à uma da tarde, Massasoit "(...) trouxe dois peixes que havia capturado", de uma espécie três vezes maior que a perca-sol.

> A carne foi assada e compartilhada por mais de quarenta pessoas. A maioria comeu junto. Essa foi a nossa única refeição em duas noites e um dia. Nenhum de nós tinha comprado um tetraz, e concluímos a jornada em jejum.

Temendo ficar zonzos por falta de comida e de horas de sono – devido ao "canto bárbaro dos nativos (que cantavam na madrugada)" – e também para chegarem em casa enquanto ainda tinham forças para viajar, eles partiram. Quanto às acomodações, é verdade que eram simples, mas o que lhes pareceu uma inconveniência, sem dúvida, foi uma honra. No quesito alimentação, porém, não vejo como os índios poderiam ter se saído melhor. Eles próprios não tinham nada para comer. E nem cogitaram em se desculpar, porque isso não substituiria a comida para os hóspedes. Eram mais sábios, por isso apertaram o cinto e nada disseram a respeito. Winslow retornou em outra oportunidade, na estação da fartura, e não houve carência alimentar.

Mas carência de visitantes é difícil, seja lá onde for. Recebi mais visitantes enquanto morei nas matas do que em qualquer outro período da minha vida, sabe. Ali eu tive a oportunidade de socializar com diversas pessoas, em circunstâncias mais favoráveis do que em qualquer outro lugar. Mas pouca gente veio me ver para tratar de negócios banais. Nesse aspecto, a simples distância da cidade joeirou minhas companhias. De tanto eu buscar refúgio no grande oceano de solidão, no qual deságuam os rios da socialização, eis que, no que tange às minhas necessidades, só o mais fino sedimento se deposita ao meu redor. Além disso, vieram até mim, flutuando à deriva, provas de continentes virgens e inexplorados.

Esta manhã quem é que me aparece em minha cabana senão um personagem verdadeiramente homérico ou paflagônio? Alguém com um nome tão adequado e poético que lamento não poder imprimi-lo aqui. Um canadense, lenhador e fazedor de cercas, que instala cinquenta mourões por dia e cuja última ceia é a marmota que seu cachorro caçou. Também conhece Homero e afirma:

– Se não fosse a leitura eu não teria o que fazer em dias chuvosos.

Mas não ponho a mão no fogo se nessas muitas e muitas estações chuvosas ele já terminou um livro. Algum padre que sabe pronunciar grego o ensinou a ler alguns versos do testamento em sua paróquia, em terras distantes. Agora ele segura o livro enquanto vou traduzindo para ele a censura de Aquiles a Pátroclo por seu semblante triste.

– "Pátroclo, por que choras como uma menina? Recebeu notícias do reino da Fítia? Dizem que Menoécio, filho de Actor, vive ainda. E vive Peleu, filho de Éaco, entre os mirmidões. A morte de qualquer um deles muito nos afligiria."

Ele comenta:

– Que bonito isso.

Traz embaixo do braço um volumoso feixe de cascas de carvalho-branco para um amigo doente, extraídas nessa manhã de domingo.

– Suponho que não tem problema ir atrás dessas coisas hoje – pondera.

Ele não conhece os assuntos de que Homero trata, mas o considera um grande escritor. É difícil encontrar pessoa mais simples e natural. Vícios e doenças lançam sombrios matizes morais sobre o mundo, mas parecem inexistir para ele. Tem cerca de vinte e oito anos. Há doze, saiu da casa dos pais, no Canadá, a fim de trabalhar nos Estados Unidos e fazer um pé-de-meia para um dia, quem sabe, comprar um pedacinho de terra, talvez lá no país natal. Rusticamente moldado em corpo robusto de graciosa, mas letárgica desenvoltura.

Grosso pescoço tisnado do sol. Vasta cabeleira morena e olhos azuis soporosos e opacos, que às vezes se iluminam expressivamente. Boné de pano cinza, sobretudo de lã encardido, botas de couro de vaca. Grande carnívoro, em geral traz a comida a seu local de trabalho, uns três quilômetros além de minha casa – pois ele corta lenha o verão inteiro – num baldinho de lata com tampa. Carnes frias, muitas vezes marmotas frias, e o café na garrafinha de grés pendurada por um cordão em seu cinto. Às vezes me oferece um gole. Bem cedinho, cruza o meu feijoal, mas sem a ansiedade ou pressa para chegar ao trabalho que é típica dos ianques. Não vai se esfalfar. Para ele está bom apenas ganhar o pão de cada dia. Costuma deixar a refeição nos arbustos, quando seu cachorro pega uma marmota pelo caminho, e volta dois quilômetros e meio para prepará-la e guardá-la no porão da casa onde se hospeda, não sem antes ponderar por meia hora se não poderia afundá-la no lago em segurança até o anoitecer – adora ficar matutando sobre esses temas. Ele me diz, ao passar de manhã:

– É cada bando de pombo! Se eu não tivesse que trabalhar todos os dias, eu teria carne à vontade caçando. Pombas, marmotas, coelhos, perdizes. Minha nossa! Num só dia eu posso caçar carne para uma semana.

Hábil lenhador, gosta de floreios e ornamentos em sua arte. Faz o corte raso das árvores, para que os rebrotes venham vigorosos e um trenó possa deslizar sobre os tocos. Em vez de deixar uma árvore inteira para escorar a pilha de lenha, ele a equilibra com uma estaca ou lasca fininha, que você poderia quebrar com a mão.

Ele me desperta interesse porque é calado, solitário e muito feliz; seus olhos parecem poços de onde transbordam bom humor e contentamento. Sua alegria é de uma pureza genuína. Às vezes, eu o vejo trabalhando na floresta, cortando lenha, e ele me cumprimenta com uma risada de satisfação inexprimível e uma saudação em francês canadense, embora também falasse inglês. Quando me aproximo dele, ele interrompe o trabalho e, com uma alegria meio contida, estende-se de comprido ao lado de uma tora de pinheiro recém-derrubada, arranca a casca, e com a parte interna dela faz uma bolinha para mascar enquanto dá risadas e conversa. Tamanha é a exuberância de seu ânimo animal que às vezes se deita no chão e rola de tanto rir, se ouve algo que o diverte e faz pensar. Corre o olhar em torno das árvores e exclama:

– Puxa vida! Lenha é o que não falta. Não tem esporte melhor.

Às vezes, em dias de folga, ele passa o dia inteiro andando pelo arvoredo, com uma pistolinha de bolso, disparando tiros de saudação a si mesmo de vez em quando. No inverno, ao meio-dia, esquenta no fogo uma chaleira de café e almoça sentado num tronco. Às vezes, um bando de chapins se aproxima, um pousa em seu braço e dá bicadas na batata que ele segura entre os dedos. Ele explica que "curte a companhia daqueles *camaradinhas*".

Nele se desenvolveu principalmente o lado animal do ser humano. Em resistência física e contentamento, ele é primo do pinheiro e da rocha. Pergunto-lhe certa vez se à noite ele não se sentia cansado, após trabalhar o dia todo; e ele responde, com olhar sincero e sério:

– Caramba, eu nunca me canso em minha vida.

Mas o intelectual e o que chamamos de homem espiritual nele dormem como numa criança. Só foi instruído naquela maneira inocente e ineficaz que os padres católicos ensinam os aborígenes, pela qual o aluno nunca é educado até o grau de consciência, mas apenas até o grau de confiança e reverência, e uma criança não é transformada em homem, mas mantida criança. Quando a Natureza o fez, deu-lhe um corpo forte e uma boa dose de alegria, e o apoiou de todos os lados com reverência e confiança, para que ele pudesse viver seus setenta anos de vida como criança. Tão genuíno e sem sofisticação que apresentação alguma serve para apresentá-lo – seria como apresentar ao seu vizinho uma marmota. O vizinho terá que descobrir quem ele é por conta própria, como você descobriu. Ele não encena qualquer papel. Homens pagam pelo trabalho dele e assim ajudam a alimentá-lo e vesti-lo; mas ele nunca troca opiniões com eles. Tão simples e naturalmente humilde – se é que pode ser chamado de humilde quem não tem aspirações – que a humildade não constituía nele uma qualidade distinta, mas ele nem se dava conta disso. Encara pessoas mais sábias como semideuses. Você o avisa que um sábio está chegando. E ele age como se não merecesse a atenção de alguém assim e prefere ser esquecido. Nunca na vida ouviu o som do louvor. Reverencia em especial o escritor e o pregador. As obras deles são milagres. Quando eu conto que escrevo bastante, ele fica pensando por um bom tempo que eu me refiro apenas à caligrafia, pois ele próprio tem uma letra bonita. Às vezes, encontro o nome de sua paróquia natal lindamente escrito na neve, perto da estrada, com o adequado sotaque francês, e assim fico sabendo que ele passou por ali. Pergunto se ele aprecia escrever seus pensamentos. Ele explica que lê e escreve cartas ditadas por quem não sabe escrever, mas que nunca tentou escrever pensamentos – seria impossível! Ele não saberia nem por onde começar. Que angústia! Caprichar na letra e cuidar da ortografia ao mesmo tempo!

Já me contaram que certa vez um distinto sábio e reformador perguntou a meu amigo se ele não queria que o mundo mudasse. Ele respondeu com uma risadinha de surpresa, em seu sotaque canadense, sem desconfiar que a pergunta não era nem um pouco original:

– Não, eu gosto bastante dele assim.

Um filósofo que tivesse contato com ele teria muito em que pensar. Para um estranho, ele parece não saber nada das coisas em geral; mas, às vezes, enxergo nele um homem como nunca vi antes. E eu ficava sem saber. Será tão sábio quanto Shakespeare? Ou só ignorante como uma criança? Tem boa consciência poética ou é mera estupidez? Um cidadão urbano me contou que se deparou com ele passeando na cidadezinha com sua boina, assobiando de si para si, e se lembrou da história do príncipe disfarçado de camponês.

Tem dois livros apenas: um almanaque e uma aritmética, na qual é um considerável especialista. O primeiro é para ele uma espécie de enciclopédia que traz um resumo do conhecimento humano, como de fato traz em grande parte. Eu adoro sondá-lo sobre as várias reformas da época, e ele nunca deixa de encará-las da maneira mais simples e prática. Nunca ouviu falar dessas coisas antes. Pode viver sem fábricas? Eu questiono. Ele responde que está satisfeito com o casaco de fabricação caseira, que o pessoal chama de Vermont cinza no meio rural da Nova Inglaterra. Pode dispensar chá e café? Este país tem alguma bebida além da água? Embebe folhas de espruce-canadense na água e bebe a infusão, e acha melhor do que água em dias quentes. Quando lhe pergunto se pode viver sem dinheiro, ele mostra a conveniência do dinheiro, de forma a sugerir e coincidir com os relatos mais filosóficos da origem desta instituição e da própria derivação da palavra *pecúnia*. Se ele tivesse um boi e desejasse obter linha e agulhas numa loja, pensa que seria inconveniente e impossível cada vez hipotecar um pedaço do animal para cobrir o montante. É capaz de defender muitas instituições melhor do que qualquer filósofo, pois, ao descrevê-las do seu ponto de vista, dá a verdadeira razão para a prevalência delas, e ficar matutando naquilo nada mais lhe sugere. Outra vez, ao ouvir a história de como Platão definiu o homem (bípede sem penas) e que um pândego mostrou um galo depenado e chamou aquilo de homem de Platão, ele se limita a observar uma diferença importante: os *joelhos* dobram para o lado errado. Às vezes exclama:

– Como adoro falar! Minha nossa, eu posso falar o dia todo!

Uma vez passo um tempo sem vê-lo e, ao reencontrá-lo, pergunto se está com alguma ideia nova neste verão. Ele responde:

– Meu bom Deus, para um sujeito como eu, que precisa trabalhar, é bem melhor deixar as ideias para lá. Melhor não pensar em sair correndo por aí se você tiver que capinar. Puxa vida, a sua mente precisa estar concentrada naquilo. Pense no mato crescendo no meio da lavoura.

Nessas ocasiões, às vezes, ele me pergunta primeiro se eu fiz algum progresso. Um dia de inverno eu pergunto se ele sempre está satisfeito consigo mesmo, para ver se dentro dele existe algo que substitua a religiosidade, em suma, se ele tem algum motivo superior para viver.

– Satisfeito?! Tem gente que se satisfaz com uma coisa, outros com outra. Se a pessoa tem o suficiente, talvez se contente em ficar o dia todo sentada, de costas para o fogo e a barriga na mesa, pode apostar!

No entanto, eu nunca, por meio de qualquer manobra, consigo induzi-lo a ter uma visão espiritual das coisas; o mais elevado que ele parece conceber é um simples oportunismo, como se pode esperar que um animal aprecie; e isso, praticamente, é verdade para a maioria das pessoas. Se eu sugiro algum aprimoramento em seu modo de vida, ele se limita a responder, sem expressar qualquer remorso, que é tarde demais. Contudo ele acredita plenamente na honestidade e em virtudes semelhantes.

Há nele uma certa originalidade positiva, embora tênue, a ser detectada, e às vezes observo que ele está pensando por si mesmo e expressando a sua própria opinião, fenômeno tão raro que estou disposto a caminhar 15 km para observá-lo se for preciso. Isso equivale a recriar muitas das instituições sociais. Ele pode até hesitar e não se expressar claramente, mas sempre tem um pensamento apresentável por trás. Embora primitivo e imerso em sua vida animal, o pensamento dele é mais promissor do que o de meros eruditos. Mesmo assim, raramente a ideia amadurece e se torna algo passível de ser relatado. Isso indica que talvez existam pessoas de gênio nos estratos inferiores da vida, embora constantemente humildes e analfabetos, que sempre seguem seus próprios pontos de vista – ou nunca aspiram ver nada; pessoas tão profundas e insondáveis quanto se pensava serem as águas do Lago Walden, embora pudessem estar escuras e lamacentas.

*

Muitos viajantes saem de seu caminho a fim de me ver e dar uma olhada no interior de minha casa e, como desculpa, pedem um copo d'água. Digo-lhes que bebo no lago, aponto para lá e ofereço uma concha emprestada. Por mais afastado que eu more, não estou isento da visitação anual que ocorre, creio eu, perto do primeiro de abril, quando todo mundo está em movimento. Tenho minha cota de boa sorte, mas também alguns espécimes curiosos entre meus visitantes. Gente com meia inteligência vem da casa de caridade e de outros lugares para me ver; mas eu me esforço para induzi-los a exercitar toda a inteligência deles e fazer suas confissões para mim; nesse caso, a inteligência se torna o tema de nossa conversa, e tudo se compensa. Na verdade, descubro que alguns deles são mais sábios do que os chamados *superintendentes* dos pobres e membros do conselho municipal, e penso que é hora de virar a mesa. Com relação à inteligência, aprendi que não há muita diferença entre o meio e o todo. Um dia, em particular, um moço pobre, inofensivo e simplório, que com outras pessoas eu tinha visto muitas vezes usado como cerca, de pé ou sentado no fardo de palha nos campos para evitar que o gado e ele próprio se extraviassem, me visita e expressa o desejo de viver como eu. Ele me diz, com suprema singeleza e honestidade, superiores, ou melhor, *inferiores*, a qualquer coisa chamada de humildade, que ele se acha "deficiente em intelecto". Cito as palavras dele. O Senhor o fez assim, mas ele supõe que o Senhor se importa tanto com ele quanto com os outros e explica:

– Sempre fui assim, desde criança. Nunca fui inteligente como as outras crianças; tenho cabeça fraca. Acho que é vontade divina.

E ali está ele para provar a veracidade de suas palavras. É um quebra-cabeça metafísico para mim. Nesse terreno eu raramente encontrei colega tão promissor – simples, sincero, verdadeiro em tudo o que diz. Alguém que, conforme a parábola, quanto mais se humilha, mais parece ser exaltado. Não percebi logo, mas esse era o resultado de uma política sensata. Parece que, com base na verdade e na franqueza do pobre moço de cabeça fraca, a nossa conversa evoluiu para algo melhor do que a conversa dos sábios.

Recebo outros convidados que não costumam, mas deveriam, estar listados entre os pobres da cidade. Seja lá como for, estão entre os pobres do mundo. Convidados que apelam não para a nossa hospitalidade, mas para a nossa *hospitalaridade*. Desejam sinceramente ser ajudados, e prefaciam seu apelo com a informação de que estão decididos, em primeiro lugar, a nunca ajudar a si mesmos. Meu visitante pode ter o melhor apetite do mundo, desde que não esteja morrendo de fome. Alvos da caridade não são visitantes. Gente que não sabe quando a visita deles acabou, por mais que eu tenha voltado a cuidar de meus afazeres, respondendo-lhes cada vez menos. Gente de quase todos os níveis de inteligência me procura na época de migração. Alguns têm tanta inteligência que não sabem o que fazer com ela; escravos, fugidos de grandes fazendas, ficam de orelha em pé, como a raposa da fábula, tentando ouvir os cães latindo em seu encalço, com um olhar suplicante, como quem diz:

"Ó, cristão, vais me mandar de volta?"

Um desses autênticos escravos fugitivos eu ajudo a seguir rumo à estrela do Norte. Gente de uma ideia só, como uma galinha com um só filhote, por sinal, um patinho. Gente de mil e uma ideias e cabeças confusas, como galinhas feitas para cuidar de cem pintinhos, todos em busca de um inseto, vinte deles se perdendo no orvalho de cada manhã – e ficando com as penas sujas e encrespadas. Gente com ideias no lugar das pernas, centopeias intelectuais que nos fazem rastejar por aí. Teve um que propôs que eu tivesse um livro para que os visitantes registrassem seus nomes, como nas Montanhas Brancas; mas, ai! Isso é desnecessário porque tenho excelente memória.

Não há como deixar de notar algumas peculiaridades de meus visitantes. Em geral, meninas, meninos e jovens mulheres parecem felizes por estarem no meio da mata. Observam o lago e as flores e aproveitam o tempo. Negociantes, até mesmo agricultores, só pensam na solidão e no trabalho, e na lonjura que eu vivia disso ou daquilo. Afirmam que gostam de passear nos bosques de vez em quando, mas é óbvio que não. Gente inquieta, cheia de compromissos, que investe todo o tempo em ganhar a vida ou mantê-la; párocos que falam de Deus como se desfrutassem do monopólio do assunto, que não aceitam outras opiniões; médicos, advogados, governantas inquietas que bisbilhotam o meu armário e a minha cama quando estou fora. Como é que a Dona ____ ficou sabendo que os lençóis dela são mais limpos que os meus? Jovens que deixam de ser jovens e concluem que é mais seguro seguir a trilha batida das profissões liberais... Em geral, todos esses asseveram que é impossível fazer algo muito válido em minha situação. Sim! Aí que está o problema. Velhos, enfermos e tímidos, de qualquer idade ou sexo, pensam mais em doenças, acidentes súbitos e mortes; para eles, a vida é repleta de perigos – que perigo existe se você não pensa em nenhum? – e consideram prudente escolher uma situação mais segura, onde o dr. B. esteja disponível a qualquer momento. Para eles, a cidadezinha é literalmente uma *comunidade*, uma liga para defesa mútua. Gente assim leva o baú de remédios à colheita de *huckleberries*. Em suma, se a pessoa está viva, sempre há *perigo* de que ela morra, embora o perigo seja menor se ela já for uma morta-viva. A pessoa aceita tantos riscos quanto ela corre. Por fim vêm os que se autodenominam reformadores, os mais chatos de todos, que pensam que estou sempre cantando...

"Esta é a casa que construí,
Este é o homem que mora na casa que construí";

mas não sabem que o terceiro verso é

"É esta gente que atormenta o homem que mora na casa que construí".

Não tenho medo do tartaranhão-azulado, pois não crio galinhas. Tenho medo de quem vem predar a minha companhia.
Recebi outras visitinhas mais animadas que a anterior. Criançada catando mirtilos, ferroviários dando uma caminhada no domingo de manhã em camisas limpas, pescadores e caçadores, poetas e filósofos; em suma, todos peregrinos honestos, que vêm à mata em nome da liberdade e realmente deixam para trás a cidadezinha, para ouvir a minha saudação, que lembra a daquele índio: "Sê bem-vindo, povo inglês!", pois eu me comunico com esse pessoal.

O FEIJOAL

Enquanto isso, os meus feijoeiros, cujas fileiras de plantio somavam 11 km, pareciam ávidos para serem capinados, pois os primeiros já tinham se desenvolvido um bocado antes que eu tivesse lançado as últimas sementes ao solo; na verdade, cresciam viçosos. Qual era o significado dessa faina de tanta constância e tanto amor próprio, este micro, mas hercúleo trabalhinho? Eu não sabia. Aprendi a amar as minhas fileiras, os meus feijões – mais até do que eu gostaria. O feijoal me conectava ao solo e, com esse vínculo, adquiri a força de um Anteu. Mas por que o cultivei? Só Deus sabe. Ao longo do verão inteiro esse foi o meu curioso trabalho: fazer com que essa gleba de terra, que antes só produzia potentilha, amora-preta, erva-de-são-joão, doces frutas silvestres e belas flores, produzisse, em vez disso, os grãos pulsantes de uma leguminosa. O que os feijoeiros me ensinam? O que ensino a eles? Cuido deles, faço a capina, desde bem cedinho até à tardinha eu os monitoro, e nisso consiste o meu dia de trabalho. Que folhas lindas! É bonito de ver. Meus ajudantes? O orvalho e a chuva que regam esse solo árido. A fertilidade natural do solo, em geral fraco e estéril. Meus inimigos? As brocas, os dias gelados e, antes de tudo, as marmotas! Atacaram nada menos que mil metros quadrados de lavoura. Mas que direito eu tenho de expulsar a erva-de-são-joão e as demais plantas existentes, destruindo esse antigo jardim herbáceo? Em breve, porém, os feijões restantes vão superá-las em rusticidade e seguirão em frente até encontrar novos inimigos.

Nunca me esqueço. Eu tinha quatro anos. Trouxeram-me de Boston para esta minha cidade natal, cruzando este mesmo mato, estes mesmos campos, à beira deste mesmo lago. Essa cena ficou indelevelmente gravada em minha memória. E hoje à noite a minha flauta despertou os ecos sobre essa mesma lâmina d'água. As coníferas ainda permanecem aqui, bem mais velhas do que eu; se algumas caíram, com seus tocos cozinhei a minha ceia, e um novo matagal está crescendo ao redor, preparando outra paisagem para novos olhos infantis. No meio desta pastagem, das mesmas raízes perenes brotam quase as mesmas ervas-de-são-joão. Mas ultimamente tenho ajudado a revestir a fabulosa paisagem de meus sonhos infantis, e um dos resultados da minha presença e influência é perceptível nas folhas largas do feijão e nas folhas laminares do milho, sem falar nas gavinhas de batata.

Plantei cerca de um hectare no alto do terreno e, como a área foi desmatada há apenas quinze anos, e eu mesmo arranquei sete a onze metros cúbicos de tocos, sem aplicar esterco. Mas, no decorrer do verão, durante a capina, fui achando pontas de flechas enterradas.

Tive a impressão de que uma nação extinta outrora habitou a área, plantando milho e feijão antes de os homens brancos derrubarem a mata, exaurindo, assim, até certo ponto, o solo para esta minha lavoura.

    Antes que marmotas ou esquilos cruzem a estrada, ou o sol se erga acima dos jovens carvalhos; enquanto o orvalho ainda umedece as folhas – os agricultores me desaconselham, mas sugiro aprontar toda a lida, se possível, enquanto houver orvalho –, eu começo a investida contra o famigerado exército de ervas daninhas em meu feijoal e a jogar terra em cima de suas cabeças. De manhãzinha eu trabalho descalço, chapinhando como um artista plástico na areia orvalhada e esfarelada. Mais tarde, porém, o sol faz bolhas nos meus pés. O sol me acende para capinar o feijoal, caminhando devagarinho para lá e para cá naquele silte amarelo da área elevada, pelas entrelinhas das longas fileiras verdes, cada qual com 75 m de comprimento. Uma das pontas termina num capãozinho de carvalhos arbustivos onde eu descanso à sombra, e a outra, numa reboleira de amoras-pretas, cujos frutos verdes vão adquirindo matizes mais profundos a cada novo ataque meu. Cortar os inços pela raiz, amontoar o solo fresco ao redor das hastes dos pés de feijão, melhorar as condições para essa lavoura que eu semeei, permitir que o solo amarelo expresse seus pensamentos estivais em folhas e flores de feijão em vez de catinga-de-bode, capim-sofá ou pão-de-passarinho, ensinar a terra a falar "feijão" em vez de "grama" – nisso consiste a minha labuta diária. Tenho pouca ajuda de tração animal, adultos, garotos e implementos agrícolas aperfeiçoados. Por isso, o meu ritmo é mais lento, e acabo ficando bem mais íntimo de meus feijões do que o normal. Mas o trabalho braçal, por mais árduo que seja, talvez jamais represente a pior forma de ociosidade. Tem uma moral constante e imperecível. Para o acadêmico gera um resultado clássico. Para os viajantes que passam rumo a oeste, passando pelas bandas de Lincoln e Wayland rumo a um destino ignorado, eu mais pareço um exemplar de *agricola laboriosus*. Sentados confortavelmente em seus cabriolés, bem à vontade, rédeas soltas. E eu ali, o que permanece, o laborioso nativo da terra. Mas logo a minha morada some de suas vistas e de seus pensamentos. É a única lavoura num grande trecho dos dois lados da estrada; então os transeuntes a aproveitam ao máximo. Às vezes, inadvertidamente, aos ouvidos do moço da enxada chegam mexericos e comentários dos viajantes:

– Passou da época de plantar feijão! Passou da época de plantar ervilhas!

Isso porque eu continuava a plantar enquanto outros já começavam as capinas. Esse dado não foi registrado, pois o sr. Coleman nem suspeitou.

– Milho, meu jovem, para forragem. Milho para forragem!

– É *aí* que ele mora? – indaga o senhor de gorro preto e casaco cinza.

Por sua vez, o colono de feições duras freia seu agradecido cavalo para indagar o que é que estou fazendo, pois ele não está vendo esterco nos sulcos, e recomenda um pouco de serragem, ou outro resíduo, como cinzas ou gesso. Mas aqui havia um hectare de sulcos, e apenas uma enxada como carreta, e duas mãos para usá-la, pois usar outras carretas e cavalos nem me passava pela cabeça – sem falar que o monte de serragem ficava muito longe. Companheiros de viagem, no balanço dos troles, em voz alta, comparam a minha lavoura com as outras pelas quais passaram, de modo que eu descubro em que pé estou no mundo agrícola. Essa lavoura não constou no relatório do sr. Coleman. E, por falar nisso, quem é que sabe estimar o valor da safra que a natureza gera nos campos ainda selvagens e não cultivados? Cuidadosamente, a colheita de feno *inglês* tem o seu peso aferido; a umidade, os silicatos e a potassa, calculados. Mas em todos os vales, lagos nos arvoredos, pastagens e brejos, cresce uma safra rica e diversa que os humanos deixam de colher. Minha roça era, digamos, o elo entre campos cultivados e silvestres; como alguns Estados são civilizados, outros semicivilizados e outros selvagens ou bárbaros, minha lavourinha era um campo semicultivado, mas no bom sentido. Os feijoeiros que cultivei alegremente voltaram ao estado selvagem e primitivo, ao embalo de minha enxada, que toca para eles a tradicional canção *Ranz des Vaches*.

Bem pertinho dali, empoleirado no mais alto ramo daquela bétula, canta o sabiá-marrom (ou calhandra-vermelha, como adoram chamá-lo) a manhã toda, tão feliz com a companhia humana que descobriria a roça de outro agricultor, se a minha não estivesse ali. Cada semente que eu planto, o sabiá canta: "Larga, larga... Tapa, tapa... Limpa, limpa". Mas não estou plantando milho, por isso a lavoura está livre de inimigos como ele. Eu me pergunto o que as cantilenas do sabiá, e o seu showzinho de Paganini amador, têm a ver com o meu plantio e, ainda assim, acho que prefiro isso em vez de cinzas ou gesso. De corpo e alma eu acredito nesse tipo de adubação de cobertura, tão baratinho.

Com a enxada vou amontoando um solo mais fresquinho na coroa das plantas. Como efeito colateral, revolvo as cinzas de nações não registradas que em anos primitivos viveram sob esses céus, e seus pequenos artefatos de guerra e de caça são trazidos à luz nos dias modernos. Jazem misturados com outras pedras naturais, e alguns trazem sinais de terem sido queimados por fogueiras indígenas, outros pelo sol, e também fragmentos de cerâmica e vidro trazidos ao local pelos cultivadores recentes do solo. O tilintar de minha enxada nas pedras ecoa na mata e no céu, e essa música me acompanha na lida e rende uma instantânea e incomensurável colheita. Já não é mais feijão que eu capino, nem sou eu mais quem capina o feijão. Lembro num misto de pena e de orgulho, se é que me lembro, de meus conhecidos que rumam à cidade para assistir aos oratórios. Em círculos o bacurau sobrevoa nas tardinhas ensolaradas – pois às vezes eu fico o dia nisso –, como um cisco no olho celeste, mergulhando numa súbita arremetida. Um som parece rasgar o céu e sua perfeita capa cor-de-laranja, mas ela permanece incólume. Os diabinhos travessos preenchem o ar e nidificam no chão, na areia nua ou no meio das rochas, no topo das colinas, onde pouca gente encontra os ovos. Graciosos e elegantes como marolas erguidas no lago, flutuam nos céus como folhas ao vento: esse parentesco quem nos mostra é a Natureza. O gavião é o irmão aéreo da onda por onde ele navega e de onde esquadrinha o terreno – as asas perfeitas infladas no ar respondem às primeiras rêmiges de um mar implume. Em outras ocasiões um casal de búteos-de-cauda-vermelha voa em círculos, bem alto no céu, sobem e descem alternadamente, se aproximam e se afastam um do outro, como se fossem a personificação de meus próprios pensamentos. Ou senão minha atenção é despertada por um bando de pombos-passageiros que voa de um capão de mato a outro, em meio a trêmulos arrulhos, com a pressa de pombos-correios. Dou uma enxadada em um toco de árvore podre e o golpe revela uma letárgica, pomposa e bizarra salamandra malhada, vestígio mesopotâmico e, mesmo assim, nossa contemporânea. Faço uma pausa e me apoio na enxada, imerso nesses sons e cenas que ouço e vejo ao longo da fileira, amostra do inesgotável entretenimento que o meio rural nos oferece.

Em dias de gala, a cidade dispara seus portentosos canhões, que ecoam como espingardas nesses bosques, por onde a música marcial penetra e ocasionalmente reverbera. Para mim, ali em meu feijoal, na outra ponta da cidade, os tiros de canhão soavam como a explosão de um cogumelo bufa-de-lobo. Certa vez ocorreu um desfile militar sobre o qual eu não tinha conhecimento e, ao longo do dia, tive a vaga sensação de um tipo de coceira e doença à vista, como se algo estivesse prestes a estourar, escarlatina ou erupção cutânea. Súbito pelos campos soprou uma lufada de vento mais favorável, subindo apressada pela estrada de Wayland, trazendo informações sobre os "instrutores". Era um zumbido longínquo, como se as abelhas de um apicultor tivessem enxameado, e os vizinhos, seguindo o conselho de Virgílio, com um suave tintinabular de seus mais sonoros utensílios domésticos, as chamassem de volta à colmeia. O zunido foi cessando até se esvair por completo. As mais favoráveis brisas já não contavam história alguma. Concluí que o último zangão já tinha sido recolhido em segurança na colmeia do condado de Middlesex, e que agora as mentes estavam voltadas para o mel com o qual ele foi untado.

É um orgulho saber que as liberdades de Massachusetts e de nossa pátria estão assim salvaguardadas. Recomeço a capinar tomado por uma inexprimível confiança e alegremente prossigo a minha faina com serena fé no futuro.

Quando são várias bandas de músicos, a impressão que se tem é a de que a cidadezinha inteira é uma vasta gaita de foles, e todos os prédios se expandem e se contraem alternadamente num estrépito. Mas às vezes é uma melodia realmente nobre e inspiradora que alcança esses matos: o clarim das glórias bélicas. Sinto-me capaz de espetar de bom grado a baioneta num mexicano – afinal de contas, por que fazer uma tempestade em copo d'água – e corro o olhar ao redor em busca de uma marmota ou gambá para exercitar a minha bravura.[1] Essas tensões marciais parecem tão distantes

---

1 Claro que a leitura desta e de outras passagens de *Walden* deve levar em conta a possibilidade de Thoreau estar lançando mão da ironia. Aqui isso fica nítido, pois, como quem já leu "A desobediência civil" bem sabe, Thoreau protestava com veemência contra a Guerra do México e a escravidão dos negros. (N. de T.)

quanto a Palestina e me remetem a uma tropa de cruzados marchando no horizonte, com o suave galope e o trêmulo roçar das copas dos olmos que se debruçam sobre o povoado. Este era um dos dias *gloriosos*, embora o céu tivesse, em meu ponto de vista, exatamente a mesma e sempiterna aparência de todos os dias, e eu não tenha notado diferença alguma nele.

 Singular experiência a longa amizade que cultivo com os feijões! E dê-lhe plantar, capinar, colher, debulhar, selecionar e vender... Esta última parte é a mais complicada. É claro, eu devo acrescentar comer, pois eu degustei o produto. Estou focado em saber tudo sobre feijões. Na fase de crescimento dos feijoeiros, eu capino das cinco da matina ao meio-dia e, em geral, passo o restante do dia tratando de outros assuntos. Imagine a curiosa intimidade com que alguém passa a conhecer vários tipos de plantas invasoras – o relato pode ser repetitivo, mas o trabalho não é. Perturbar suas delicadas organizações de modo tão implacável! Usar a enxada para fazer tão hostil distinção, aniquilando exemplares de uma espécie e tenazmente cultivando os de outra. É erva-de-fogo? Caruru? Língua-de-vaca? Um capim qualquer? E dê-lhe enxada, dê-lhe cortar o mal pela raiz – e deixá-la exposta ao sol. Se ficar só um tiquinho na sombra, se enraíza de novo e em dois dias está verdinha como alho-poró. Duradoura guerra não contra os grous, mas contra os inços, esses troianos que têm sol, chuva e orvalho a seu lado. Dia após dia, os feijões me avistam vindo em seu socorro, armado com a enxada, para ralear as fileiras de seus inimigos, enchendo as trincheiras com inços mortos. Muitos e muitos Heitores robustos e empinados, que se erguem a trinta cm acima de seus camaradas alastrados, são derrubados com a minha arma e rolam na poeira.

Aqueles dias de verão que alguns de meus contemporâneos devotam às belas-artes em Boston ou Roma, outros à contemplação na Índia, outros ao comércio em Londres ou Nova York, eu, portanto, junto com os outros agricultores da Nova Inglaterra, dedico à produção agrícola. Não que eu queira feijões para comer, pois sou pitagórico por natureza, até onde diz respeito aos feijões, quer signifiquem mingau ou voto, ou sejam trocados por arroz. Alguns devem trabalhar no campo, mesmo que só por força de expressão e figura de linguagem, para um dia servir a um criador de parábolas. No geral foi uma diversão rara, mas que, se continuasse por muito tempo, poderia ter se tornado um desperdício. Não apliquei esterco nos pés de feijão tampouco os colhi todos de uma só vez. Em compensação, fiz uma capina supimpa e no final recebi a recompensa.

Afirmou Evelyn:

> Não há adubo ou composto que se compare ao movimento contínuo de revolvimento do solo com a enxada. (...) A terra, especialmente se estiver fresca, tem certo magnetismo que atrai os sais minerais, o poder ou a virtude (como queira chamar) que lhe dá vida e é a lógica de todo o trabalho e agitação que dedicamos a nosso sustento; todo o esterco e outros temperos sórdidos são meros substitutos dessa melhoria.

Além do mais, sendo aquela uma "gleba exaurida e esgotada desfrutando de seu dia de descanso", talvez, como provavelmente pensa Sir Kenelm Digby, ela tenha atraído os "espíritos vitais" do ar. Colhi 330 kg de feijões.

Para ser mais exato, pois muita gente reclama que o sr. Coleman registra principalmente as lavouras caras de agricultores fidalgos, os meus custos foram:

Tabela 6 – Custo anual de minhas lavouras

ITEM	VALOR (US$)
Enxada	0,54
Arar, destorroar e abrir os sulcos (podia ser menos)	7,50
Sementes de feijão	3,12½
Batatas-semente	1,33
Sementes de ervilhas	0,40
Sementes de nabo	0,06
Barbante branco para cerca-espantalho	0,02
Capinadeira de tração animal (cavalo + menino)	1,00
Cavalo e carroça para a colheita	0,75
TOTAL	14,72½

Patrem familias vendacem, non emacem esse oportet, ou seja: o chefe da família deve ter o hábito de vender, não de comprar. Assim, a minha renda foi de:

Tabela 7 – Venda de parte dos produtos que colhi

PRODUTO	VALOR (US$)
260 kg de feijão	16,94
135 kg de batatas grandes	2,50
240 kg de batatas pequenas	2,25
Gramíneas para forragem	1,00
Colmos	0,75
Total	23,44

O que resulta no lucro já mencionado de 8,71½ dólares.

Esse é o resultado do meu experimento no cultivo do feijão. Plante o feijão-branco comum por volta de primeiro de junho, com 90 cm de espaçamento interlinear e 45 cm entre cada planta dentro da linha. Cuide para escolher sementes novas, arredondadas e sem mistura varietal. Primeiro, monitore brocas e lagartas e, se necessário, faça o replante das plantas afetadas. Em seguida, monitore as marmotas. Se o lugar for exposto, elas atacam primeiro as folhas tenras sem pena nem dó. Depois, quando as gavinhas começam a aparecer, elas voltam a atacar, saboreando as futuras vagens, os "canivetinhos", sentadas eretas como um esquilo. Mas, acima de tudo, colha o mais cedo possível, se quiser escapar das geadas e ter uma safra boa e com valor comercial; assim você pode evitar muitas perdas.

Eu também ganho essa experiência extra. Murmuro com meus botões: não vou plantar feijão nem milho com tanto empenho no próximo verão. Mas, sim, outras sementes, se elas não se perderem: as sementes da sinceridade, da verdade, da simplicidade, da fé, da inocência e coisas desse gênero. Vou acompanhar se elas vão crescer neste solo, embora com menos suor e adubo, e me dar sustento, pois certamente a terra não está exaurida para essas culturas. Ai de mim! Murmuro isso com meus botões, mas agora passou outro verão, e outro, e mais outro, e sou obrigado a lhe dizer, leitora, leitor, que as sementes que plantei, se de fato *eram* sementes dessas virtudes, foram carcomidas pelas larvas ou perderam seu vigor, e por isso não vingaram. Em geral, um homem é tão corajoso, ou tímido, quanto o pai dele. A geração atual tem muita convicção sobre plantar milho e feijão anualmente, igualzinho os índios faziam há séculos e do jeito que os índios ensinaram os primeiros colonizadores a fazer, como se isso fosse uma sina. Dia desses avistei, para meu espanto, um velhinho fazendo valas com a enxada, ao menos pela septuagésima vez, e não era para servir de leito a si próprio! Mas por que o habitante da Nova Inglaterra não se arrisca em novas aventuras em vez de se dedicar tanto a seus grãozinhos, à sua plantaçãozinha de batata, sua rocinha de grama, seu pomarzinho... Por que não experimenta outras culturas além dessas? Por que nos preocupamos tanto com o nosso feijão para semente e não nos preocupamos com uma nova geração de pessoas? Deveríamos realmente nos sentir nutridos e gratificados se, ao encontrarmos uma pessoa, tivéssemos a certeza de ver nela, criando raízes e prosperando, algumas das virtudes que mencionei. Todos nós valorizamos mais essas virtudes do que esses outros produtos, mas a maior parte delas está espalhada e flutuando no ar. Lá vem pela estrada uma virtude tão sutil e inefável, por exemplo, como a verdade ou a justiça, embora em porção mínima ou em uma nova variedade. Os nossos embaixadores deveriam ser instruídos a enviar para casa sementes como essas, e o Congresso ajudar a distribuí-las por todo o país. Nunca devemos fazer cerimônia com a sinceridade. Jamais vamos trapacear, insultar e expulsar uns aos outros com a nossa mesquinhez, se cultivarmos o germe da honra e da amizade. Por isso não devemos nos encontrar com pressa. Não me encontro com quase ninguém, pois parece que as pessoas não têm tempo; estão ocupadas com seus feijões. Não faríamos negócio com alguém que está sempre nessa labuta e nos intervalos se apoia na enxada ou na pá como se ela fosse uma bengala, não como um cogumelo, mas meio que erguido do chão, um tanto mais que ereto, como andorinhas pousadas e chapinhando no solo:

"Enquanto fala, abre as asas de quando em quando,
Ameaça desprender voo, mas as acaba fechando."

Chegamos a suspeitar que possamos estar conversando com um anjo. Nem sempre o pão nos nutre, mas ele sempre nos faz bem. Elimina a rigidez de nossas juntas e nos torna flexíveis e animados, quando nem sabemos o que nos aflige, e somos incapazes de reconhecer qualquer generosidade no ser humano e na natureza, ou de compartilhar qualquer alegria pura e heroica.

A poesia e a mitologia antigas sugerem, pelo menos, que a agricultura já foi uma arte sagrada; mas é realizada por nós com pressa irreverente e negligência: o nosso objetivo se resume a ter grandes fazendas e grandes safras. Não temos festivais, nem procissões, nem cerimônias, a não ser as nossas Feiras de Gado e a chamada Ação de Graças, nas quais o agricultor expressa o sentido da sacralidade de sua vocação, ou é lembrado de sua origem sagrada. A tentação dele é o prêmio e o banquete. Ele não se sacrifica a Ceres e ao terrestre Júpiter, mas sim ao infernal Plutão. Por avareza e egoísmo, e um hábito rastejante, do qual nenhum de nós está livre, de considerar o solo como propriedade, ou, principalmente, um meio para adquirir propriedades, a paisagem é deformada, a agricultura é degradada junto conosco, e o agricultor leva a mais mesquinha das vidas. Ele conhece a Natureza com o viés de um ladrão. Catão diz que os lucros da agricultura são especialmente piedosos ou justos (*maximeque pius quæstus*, ou os ganhos mais compassivos). Por sua vez, Varrão afirma que os antigos romanos "chamavam a mesma terra de Mãe e Ceres, e pensavam que os agricultores que a cultivavam tinham uma vida piedosa e útil, e que eles eram os últimos representantes da raça do Rei Saturno".

Às vezes, a gente se esquece de que o mesmo sol que incide sobre nossas lavouras incide nas pradarias e florestas, sem distinção. Todas elas refletem e absorvem os raios solares da mesma maneira, e as lavouras constituem só uma pequena parcela do glorioso quadro que ele contempla em seu curso diário. Na opinião do sol, a terra inteira é cultivada de modo equânime, como um jardim. Por isso, devemos colher os benefícios de sua luz e calor com igual confiança e magnanimidade. E se eu valorizar as sementes desses feijões e colhê-las no outono? Cuidei por tanto tempo desse vasto campo, mas quem ele olha como seu principal cultivador? Para mim? Não. Para as influências que escapam de meu controle, mais cordiais para ele, que o regam e o fazem verdejar. Esses feijoeiros deram frutos que não foram colhidos por mim. Parte do feijoal não cresce para as marmotas? A espiga do trigo (do latim *spica*, em inglês obsoleto, *speca*; *spe* significa "esperança") não deve ser a única esperança do lavrador. O grão ou a semente (*granum,* de *gerendo*, fertilidade) não é tudo o que o trigal produz. Como, então, pode haver quebra de safra? Não hei de me alegrar também com a abundância do joio, cujas sementes são o celeiro dos pássaros? Comparativamente, pouco importa se as lavouras enchem os celeiros do agricultor. O agricultor autêntico sublima a ansiedade, assim como o esquilo não mostra preocupação alguma se a floresta produzirá ou não avelãs este ano. Dia após dia, conclui a sua faina, renunciando a todos os direitos sobre a produção de suas lavouras, mentalmente sacrificando não só os seus primeiros, mas também os seus derradeiros frutos.

A CIDADEZINHA

Eu passo a manhã capinando, ou talvez lendo e escrevendo, e em geral dou um mergulho no lago. Fico nadando na enseada por um tempinho, removo do meu ser o pó da labuta e aliso a última ruga na testa que o estudo vincou. E à tarde eu tenho o tempo livre para fazer o que eu bem entender. Duas vezes por semana vou até a cidadezinha para ouvir algumas das fofocas que incessantemente circulam ali, de boca em boca, ou de jornal em jornal. Ingeridas em doses homeopáticas, são mesmo revigorantes a seu modo, como o farfalhar das folhas e o coaxar das rãs. Na mata eu ando para observar os pássaros e esquilos; na cidadezinha, para observar adultos e crianças. Em vez do vento entre os pinheiros, o barulho das carroças. Não muito longe de minha casa, habita uma colônia de ratos-almiscarados nos prados do rio; além do bosque de olmos e sicômoros no outro horizonte, habita uma cidadezinha de pessoas ocupadas, de comportamento tão curioso para mim quanto cães-da-pradaria, cada qual sentado na boca da sua toca ou correndo até a casa do vizinho para xeretar. Vou lá com frequência para observar seus hábitos. A cidadezinha me parece uma grande agência de notícias; e num lado, para apoiá-la, como antigamente na Redding & Company's, na State Street, ela estoca nozes, passas, sal, farinha e outros mantimentos. Alguns têm um apetite tão vasto pela primeira mercadoria, isto é, as notícias, e órgãos digestórios tão saudáveis, que podem ficar sentados por tempo indefinido na avenida sem se mexer, futricando em fogo brando, espalhando fuxicos como o vento etesiano. É como inalar éter, não afeta a consciência: só produz uma lassidão, uma insensibilidade à dor – caso contrário, muitas vezes seria doloroso de ouvir. Quando eu perambulo na cidadezinha, quase sempre avisto uma fileira de pessoas dignas, sentadinhas nos degraus de uma escada, tomando sol, corpos inclinados à frente, desviando os olhares ora para um lado, ora para o outro, com uma expressão voluptuosa, ou senão encostadas a um depósito com as mãos enfiadas nos bolsos, como cariátides a escorá-lo. Estando geralmente ao ar livre, escutam tudo o que está no vento. São os moinhos mais vulgares, por onde todos os fuxicos são processados e grosseiramente digeridos ou triturados antes de serem destinados a potes mais finos e delicados no interior das casas. Observo que os órgãos vitais da cidadezinha são o supermercado, o bar, o correio e o banco; e, como parte necessária da maquinaria, ela mantém um sino, um canhão e um carro de bombeiros em locais convenientes. As casas são dispostas de forma a aproveitar ao máximo a humanidade: em vielas, frente a frente, como se cada transeunte fosse obrigado a passar nesse corredor polonês, sujeito a levar uma sova de cada homem, mulher e criança. Quem está mais perto do início da fila tem uma posição privilegiada, é claro: são os primeiros a ver, os primeiros a serem vistos e também os primeiros a dar uns sopapos nele. Por isso, pagam um preço mais alto. Na periferia, extensas lacunas na fila começam a ocorrer; o transeunte pula o muro, envereda na trilha das vacas e consegue escapar. Por isso, os poucos e dispersos habitantes pagam só um pequeno imposto sobre o terreno ou a janela. Por todos os lados, cartazes são pendurados para atrair o transeunte; alguns querem pegá-lo pelo apetite, como a taverna e a adega de víveres; outros pela extravagância, como a loja de roupas e a joalheria; e outros pelos cabelos, pés ou saias, como o barbeiro, o sapateiro ou o alfaiate. Além disso, há o convite permanente, ainda mais terrível, para visitar cada uma daquelas casas, e espera-se companhia nesses horários. Na maior parte do tempo, consigo escapar maravilhosamente desses perigos, seja rumando direta e ousadamente, sem hesitação, para o meu destino, como convém a quem passa por um corredor polonês, seja elevando meus pensamentos a coisas superiores, como Orfeu, que "entoou ruidosos louvores aos deuses com sua lira, abafando as vozes das sereias e se afastando do perigo". Às vezes, eu dou uma disparada súbita, e ninguém adivinha o meu paradeiro, pois não me importo muito com a graciosidade e nunca hesito diante de uma brecha na cerca. Estou até acostumado a irromper numa ou noutra casa, onde sou bem recebido e, após saber tim-tim por tim-tim das novidades, o que piorou ou melhorou, as perspectivas de guerra e paz, e até quando o mundo provavelmente se aguenta firme sem desintegrar-se, consigo escapulir pela rua dos fundos e, assim, fugir para a mata de novo.

    Quando fico até tarde na cidadezinha, é muito aprazível levantar âncora e me embrenhar na noite, especialmente se estiver escura e tempestuosa, zarpando de iluminadas salas ou auditórios urbanos, um saco de farinha de centeio ou de milho no ombro, rumo ao meu aconchegante porto nas matas, a bordo de minha hermética nau, escotilhas lacradas, tripulada por alegres pensamentos, só o timoneiro no convés, ou até mesmo fixando o leme se o percurso estiver tranquilo. Ao pé do fogo, na cabine, muitos pensamentos afáveis me vêm, enquanto eu "navego". Enfrento severas tempestades, mas nunca fico ao léu nem viro náufrago. Na mata é mais escuro, mesmo em noites corriqueiras, do que a maioria supõe. Muitas vezes, tenho que olhar para cima na brecha entre as árvores do caminho para conferir a minha rota e, onde não há caminho para veículos, tateio com os pés a tênue trilha por onde costumo passar, ou me oriento pela distância conhecida entre árvores específicas que vou tateando com as mãos. Por exemplo, eu cruzo entre dois pinheiros separados por não mais do que quarenta e cinco centímetros, no meio da mata, invariavelmente, na noite mais escura. Às vezes, quando eu chego em casa assim bem tarde, em meio à noite escura e úmida, após tatear com os pés o caminho que meus olhos não enxergam, sonhando absorto ao longo de todo o percurso, até ser despertado por ter que levantar a mão para destrancar o ferrolho, eu não consigo me lembrar de um único passo de minha caminhada e penso que talvez o meu corpo teria encontrado o caminho de casa se o seu dono o abandonasse, assim como a mão chega à boca sem ajuda. Diversas ocasiões, quando um visitante por acaso fica até depois do anoitecer, em noites sem luar, sou obrigado a conduzi-lo até o caminho dos veículos nos fundos da casa e, em seguida, aponto o rumo que ele deve seguir, pelo qual deve se guiar mais pelos pés do que pelos olhos. Em uma noite dessas, escura como breu, oriento o caminho de dois rapazes que voltam de uma pescaria no lago. Moram a cerca de 1,6 km, no outro lado do mato, e estão bem familiarizados com o trajeto. Um ou dois dias depois, um deles me conta que vagaram a maior parte da noite, em meio às folhas encharcadas, rodeando as instalações da família, mas só chegaram em casa de manhã, molhados até os ossos, por conta dos fortes aguaceiros durante a madrugada. Ouço falar que muita gente se perde até nas ruas da cidadezinha, quando é mais escuro que a noite, como se diz. Gente que mora nas cercanias e vai ao povoado fazer compras em suas carroças é obrigada a passar a noite ali mesmo; cavalheiros e damas que fazem uma visita se desviam quase um quilômetro e meio de seu rumo, só tateando a calçada com os pés e sem saber a hora de dobrar a esquina. É uma experiência surpreendente e memorável, além de valiosa, perder-se na mata a qualquer momento. Muitas vezes, sob forte nevasca, mesmo durante o dia, alguém chega a uma estrada bem conhecida e ainda acha impossível dizer para qual direção fica o povoado. A pessoa sabe que já percorreu o trecho mil vezes, mas não reconhece nele um detalhe sequer; parece tão estranho quanto uma estrada na Sibéria. Claro, à noite, a perplexidade é infinitamente maior. Em nossas caminhadas mais triviais, de modo constante, mas inconsciente, tentamos nos orientar como timoneiros, observando certos faróis e promontórios bem conhecidos. Se formos além de nosso curso usual, ainda levamos em nossas mentes a posição de alguma enseada vizinha. E só depois de estarmos completamente perdidos ou rodopiados (pois uma pessoa só precisa ser rodopiada uma vez com os olhos fechados para se perder nesse mundo) é que apreciamos a vastidão e a estranheza da Natureza. Todo ser humano precisa reaprender os pontos cardeais com a mesma frequência que desperta, seja do sono ou de qualquer abstração. Só quando nos perdemos, ou, em outras palavras, perdemos o mundo, é que começamos a nos encontrar, a perceber onde estamos e a infinita extensão de nossas relações.

Uma tarde, perto do final do primeiro verão, quando vou à cidadezinha buscar um sapato no sapateiro, sou detido e preso porque, como já relatei em outro lugar, não paguei o imposto ao governo,[2] e não mais reconheço a autoridade desse governo que compra e vende homens, mulheres e crianças como se fosse gado à porta de seu senado. Fui morar na mata com outros propósitos. Mas, onde quer que o cidadão vá, a humanidade o persegue e o apalpa com suas instituições imundas e, se puder, o coage a pertencer à sua desesperada

---

2   Foi com base nessa experiência que Thoreau escreveu o libelo "A desobediência civil". (N. de T.)

sociedade e a fraternidades como a Ordem dos Odd Fellows. Reconheço que eu poderia ter resistido e fugido em "louca disparada" da sociedade; mas preferi deixar a sociedade "louca" comigo, afinal, ela que estava desesperada. Entretanto, sou liberado no dia seguinte, pego meu sapato consertado e volto ao bosque a tempo de almoçar *huckleberries* na colina Fair-Haven. Até hoje nunca fui molestado por ninguém, exceto os que representam o governo. Não tenho fechadura nem ferrolho a não ser na escrivaninha em que guardo meus papéis, nem mesmo um prego para colocar no trinco ou nas janelas. Nunca tranco a porta à noite ou de dia, nem quando fico ausente vários dias; nem mesmo quando, no outono seguinte, resolvo passar uma quinzena nas matas do Maine. Entretanto, a minha casa é mais respeitada do que se estivesse cercada por uma fileira de soldados. O andarilho cansado pode repousar e se aquecer em minha lareira, o literato divertir-se com os poucos livros em minha mesa, e o curioso, abrir a porta de meu armário para ver o que sobrou do almoço e quais as perspectivas para a ceia. Muita gente de todas as categorias vem para essas bandas do lago, mas essas fontes nunca me causam sérios incômodos, e nunca extravio nada além de um livrinho de Homero, com as bordas das páginas talvez inadequadamente douradas, e a esta altura creio que um soldado de nosso acampamento já o tenha achado. Estou convencido: se todas as pessoas tivessem uma vida tão simples como a minha, o roubo e a ladroagem seriam desconhecidos. Isso só ocorre em comunidades onde uns têm mais do que o necessário, enquanto outros não têm o suficiente. Sem demora, os exemplares da *Ilíada* de Homero traduzida por Alexander Pope estariam distribuídos de modo igualitário.

> "*Nec bella fuerunt,*
> *Faginus astabat dum scyphus ante dapes.*"

> "Guerras cessaram
> Quando copos de faia brindaram."

Você que governa os assuntos públicos, que necessidade tem de empregar castigos? Ame a virtude e o povo será virtuoso. Virtudes superiores são como o vento; virtudes comuns são como a grama; o vento faz a grama dobrar.

OS LAGOS

Às vezes, farto da companhia humana e do disse me disse, tendo exaurido todas as minhas amizades da cidadezinha, enveredo rumo a oeste, para bem além de onde costumo habitar, a partes ainda mais bucólicas da municipalidade, em busca de "matas virgens e pastagens novas". E, ao pôr do sol, na colina Fair Haven, faço uma leve refeição de *huckleberries* e *blueberries* e guardo estoque para vários dias. O sabor genuíno desses frutos não chega nem ao comprador, nem para quem os cultiva comercialmente. Só tem um jeito de senti-lo, mas pouca gente sabe como. Se quiser conhecer o sabor do *huckleberry*, pergunte ao tetraz ou ao menino que tange o rebanho. É um erro crasso supor que você provou *huckleberries* se nunca os colheu. Um *huckleberry* nunca chega a Boston; são desconhecidos por lá desde que crescem nas três colinas bostonianas. A parte ambrosiana e essencial dos frutos se perde no atrito da carreta rumo ao mercado, e eles se tornam mero alimento. Enquanto reinar a Justiça Eterna, nenhum *huckleberry* puro será transportado das colinas do campo até a cidade.

De vez em quando, após terminar a capina do dia, faço companhia a algum pescador impaciente que está à beira do lago desde manhãzinha, tão silente e imóvel como um pato ou uma folha que flutua. E, após exercitar diversos tipos de filosofia, conclui, antes de eu chegar ali, que pertence à antiga seita dos cenobitas. Um senhor mais velho, excelente pescador e hábil em todos os tipos de artesanato em madeira, não esconde a satisfação ao admirar a minha casa e ver uma construção erguida para a conveniência dos pescadores. Fico igualmente satisfeito quando ele se senta à minha porta para organizar seu material de pesca. Às vezes nos sentamos juntos no lago, ele numa ponta do bote, eu na outra. Trocamos poucas palavras, ele já não escuta direito nos últimos tempos. Às vezes, ele cantarola um salmo, coisa que se harmoniza bem com a minha filosofia. Nossos encontros são marcados, portanto, por uma harmonia ininterrupta, e geram recordações mais agradáveis do que se houvesse muita fala. Em geral, não tenho com quem me comunicar e brinco de fazer ecos batendo com o remo na lateral do bote. A mata em volta se preenche com um som circular e expansivo, estimulada como a guardiã de uma coleção de animais selvagens, até que consigo arrancar um rugido de cada vale arborizado e encosta de colina.

Nas noites cálidas, eu me sento no bote e toco flauta. Enfeitiçadas, as percas flutuam ao meu redor. No fundo estriado, salpicado com destroços florestais, viaja a lua. Antes eu já vinha a este lago aventureiro, em certas noites escuras de verão, na companhia de um amigo. À beira d'água, acendíamos um fogo que, em nossa percepção, servia para atrair os peixes; fisgávamos peixes-gatos com um espinhel, usando minhocas como iscas. No fim da pescaria noite adentro, jogávamos os tições em chamas bem alto no ar. Como fogos de artifício, caíam no lago e se apagavam com altos sibilos. Súbito tateávamos no breu total e, assobiando melodias, embrenhávamos na trilha rumo aos refúgios humanos. Mas agora eu moro à beira do lago.

Às vezes, após ficar numa sala de visitas da cidadezinha até a família toda se recolher, volto à mata e, já pensando no almoço do dia seguinte, pesco madrugada adentro no bote ao luar, ao som da serenata de corujas e raposas e do grito episódico de um pássaro desconhecido. Que experiência valiosa e inesquecível! Abaixo do casco, até a âncora, 12 m de água. E até a margem, 100 a 150 m de distância. Às vezes, milhares de pequenas carpas-douradas e percas me rodeiam, ondeando a superfície com suas barbatanas caudais ao luar e se comunicando pela extensa linha com misteriosos peixes noturnos que habitam doze metros abaixo, ou, em outras vezes, arrastando dezoito metros de linha ao redor do lago, enquanto eu flutuo na suave brisa noturna, sentindo uma leve vibração na linha, indicativo de uma vida rondando a outra ponta, hesitante para se decidir. Nisso você vai puxando lentamente a linha, mão esquerda, mão direita, até os peixes-gatos-cabeçudos--castanhos emergirem, chiando e se contorcendo no ar. É estranhíssimo, principalmente nas noites escuras, quando nossos pensamentos vagam por temas vastos e cosmogônicos em outras esferas, sentir esse leve solavanco, que vem interromper nossos sonhos e nos conectar novamente com a Natureza. Na próxima, eu bem que poderia arremessar a minha linha para cima no ar, em vez de para baixo, nesse elemento quase imperceptivelmente mais denso. E, por assim dizer, eu pegaria dois peixes com um só anzol.

*

A paisagem do Walden é de uma escala humilde e, embora belíssima, não chega à grandeza, nem pode interessar muito a quem não a frequenta há muito tempo ou não more em sua costa; mas esse lago é tão extraordinário por sua profundidade e pureza que merece uma descrição especial. É um poço de um verde claro e profundo, com 800 m de comprimento e quase 3 km de circunferência, com área aproximada de 25 hectares; uma nascente perene no meio do mato de pinheiros e carvalhos, sem qualquer entrada ou saída visível, exceto por meio das nuvens e da evaporação. As colinas circundantes elevam-se abruptamente da água até a altura de 12 a 24 m, embora a sudeste e a leste atinjam cerca de 30 e 45 m, respectivamente, ao longo de uns 500 m, revestidas pela mata densa. Todas as águas de Concord têm pelo menos duas cores; uma vista de longe e outra, mais adequada, de perto. A primeira depende mais da luz e reflete o céu. Em tempo claro, no verão, parecem azuis a uma pequena distância, especialmente se estiverem agitadas, e a uma grande distância parecem todas iguais. Em meio à tempestade, às vezes, têm uma cor de ardósia escura. O mar, entretanto, num dia é considerado azul e, no outro, verde, sem que tenha havido qualquer mudança perceptível na atmosfera. Com a paisagem coberta de neve, em nosso rio, a água e o gelo são quase tão verdes quanto a relva. Alguns consideram que o azul é "a cor da água pura, líquida ou sólida". Mas, a bordo de um barco, olhando diretamente para o fundo, as nossas águas aparentam ter cores muito diferentes. O Walden é azul num instante e verde em outro, inclusive do mesmo ponto de vista. Situado entre a terra e os céus, compartilha da cor de ambos. Visto do alto de uma colina, reflete a cor do céu; mas de pertinho, é de uma tonalidade amarelada. Quem olha da beira do lago enxerga a areia do fundo, então um verde-claro, que gradualmente se intensifica a um verde-escuro uniforme no corpo do lago. Conforme a luz, mesmo avistado do alto de uma colina, o lago é de um verde vívido na beirinha. Alguns creditam isso ao reflexo do verdor; mas a água na beira do aterro da ferrovia é igualmente verde. E, na primavera, antes do expandir das folhas, talvez seja apenas o resultado do azul predominante mesclado ao dourado da areia. É desse âmbar a cor da íris do Walden. O calor solar da primavera reflete no fundo do lago e derrete primeiro essa porção. Esse calor também se transmite pelo solo e forma um estreito canal no entorno do miolo ainda congelado. É daí que vem a cor âmbar. Como outras de nossas águas, quando muito agitadas, em tempo claro, as ondas refletem o céu em sua superfície no ângulo certo, ou há mais luz misturada com a água, de perto ela parece de um azul mais escuro que o próprio céu. Quando isso ocorre, estando na superfície, e olhando com a visão dividida para ver o reflexo, eu percebo um azul-claro, incomparável e indescritível, como o azul da seda texturizada ou furta-cor, o azul da lâmina de uma espada, mais cerúleo que o próprio céu, alternando com o verde-escuro original na extremidade das ondas, que aparenta ser turvo na comparação. É um azul esverdeado vítreo, pelo que me lembro, como aquelas faixas do céu de inverno que vemos a Oeste, através das nuvens, antes do pôr do sol. Eis que um único copo de água exposto à luz é tão incolor quanto um volume igual de ar. Sabe-se que um grande prato de vidro tem um tom esverdeado, devido, como dizem os fabricantes, ao seu "corpo", mas um caco desse mesmo material é incolor. Nunca cheguei a testar a quantidade de água do Walden necessária para refletir tons verdes. A água de nosso rio é preta ou de um marrom muito escuro para quem olha diretamente para baixo e, como a da maioria dos lagos, confere ao corpo de quem nela se banha um tom amarelado. Mas a água do Walden é de uma pureza tão cristalina que o corpo do banhista adquire uma brancura alabastrina, a qual soa ainda mais antinatural, pois, ao mesmo tempo, os membros são distorcidos e magnificados. O efeito é monstruoso, digno de um estudo de Michelangelo.

 A transparência da água é tanta que dá para ver o fundo nitidamente a 7 ou 9 m de profundidade. Quem rema no Walden enxerga, a vários metros abaixo da superfície, cardumes de percas e carpas-douradas, com talvez apenas 3 cm de comprimento, mas as primeiras se distinguem facilmente por suas listras transversais, e fica imaginando que eles devem ser peixes ascetas que ali encontram sua subsistência. Uma vez, no inverno, muitos anos atrás, resolvo abrir uns buracos no lago congelado para pescar lúcios. Dou uns passos em direção à margem e jogo o machado de volta, mas, como se algum gênio do mal o tivesse guiado, ele desliza no gelo por vinte, vinte e cinco metros, até cair bem num dos buracos, onde a água tem oito metros de profundidade. Por curiosidade, eu me deito no gelo, espio pelo buraco, até que vislumbro o machado de ponta-cabeça, o cabo ereto, balançando suavemente, de um lado para o outro, com o pulsar do lago; e ali teria ficado, ereto e balançando, até o cabo apodrecer com o tempo, se eu não o perturbasse. Faço outro furo diretamente sobre ele com um cinzel de gelo que eu tinha, corto a bétula mais comprida que encontro nos arredores com a minha faca, elaboro um laço corrediço na extremidade. Vou baixando devagarinho, com todo o cuidado, enlaço a empunhadura do cabo e iço a linha ao longo da bétula, até o machado emergir.

A costa é composta por um cinturão de pedrinhas brancas, arredondadas como pedras de calçamento, exceto uma ou duas prainhas de areia. Tão íngreme é a orla que, em muitos lugares, com um único salto você cai num ponto que não dá pé; e não fosse por sua extraordinária transparência, seria a última parte visível do fundo até subir de novo no lado oposto. Alguns acham que ele não tem fundo. Não é lamacento em lugar algum, e um observador casual dirá que nele não existe qualquer planta invasora. Um exame mais atento revela poucas plantas perceptíveis, à exceção dos prados recentemente inundados, que não lhe pertencem propriamente, não detecta uma bandeira-azul-do-arlequim, nem um bunho, nem mesmo um lírio, amarelo ou branco, mas só pequenos corações-flutuantes e ervas-do-lago, e talvez um ou dois escudos d'água. Mas o banhista nem se dá conta: essas plantas são limpinhas e claras como o elemento onde crescem. As pedras se estendem cinco a dez metros água adentro, e a partir daí o fundo é de areia pura, exceto nas partes mais profundas, onde costuma ter um pouco de sedimento, talvez devido à decomposição das folhas que flutuaram e imergiram, em sucessivos outonos, e de onde uma radiante plantinha verde levanta âncora até mesmo no meio do inverno.

Temos um outro lago exatamente como este, o Lago White, em Nine Acre Corner, a uns 4 km a oeste. Conheço a maioria dos lagos num raio de 20 km, mas nem um terço mostra essa pureza e esse aspecto de poço. Sucessivas nações porventura o beberam, admiraram e sondaram, depois morreram, e a água dele continua tão verde e cristalina como sempre. Uma fonte nada intermitente! Talvez naquela manhã de primavera em que Adão e Eva foram expulsos do Éden, o Lago Walden já existisse e captasse as suaves chuvas primaveris, em meio à névoa e ao vento sul, coberto por miríades de patos e gansos, que ignoravam a queda, pois lagos dessa pureza ainda lhes bastavam. Já nessa época ele começou a subir e descer em seu nível, e a clarificar suas águas e as colorir do tom que hoje elas têm, e ganhou do céu o título de ser o único Lago Walden no mundo, destilador do orvalho celestial. Sabe-se lá de quantas literaturas de nações esquecidas ele tem sido a Fonte de Castália? Ou que ninfas o dominavam na Idade de Ouro? É uma joia da primeira água que Concord usa em sua tiara.

Entretanto, talvez os primeiros que chegaram a esse manancial tenham deixado vestígios de seus passos. Fico surpreso ao detectar no entorno do lago, bem onde o denso arvoredo acaba de ser cortado na costa, uma trilha plana e estreita na encosta íngreme da colina, subindo e descendo em zigue-zague, aproximando-se e afastando-se da beirinha da água, provavelmente tão antiga quanto a espécie humana daqui, surgida com as pegadas de caçadores aborígenes, e ainda de vez em quando trilhada involuntariamente pelos atuais ocupantes da terra. Ela é particularmente visível para quem está no meio do lago no inverno, logo após ter nevado suavemente. Parece uma nítida linha branca ondulada, não sombreada por plantas invasoras e ramos, e muito óbvia para quem olha de uns quatrocentos metros, em vários pontos em que no verão dificilmente se distingue de perto. A neve a reimprime, por assim dizer, em alto-relevo de um tipo branco e claro. Os jardins ornamentados das *villas* que um dia aqui serão construídas talvez ainda possam conservar vestígios dela.

O lago sobe e baixa, mas com que frequência, e em quais períodos, ninguém sabe, embora, como sempre, muitos finjam saber. Em geral seu nível está mais alto no inverno e mais baixo no verão, mas não corresponde à umidade ou à sequidão gerais. Eu me lembro de quando ficou trinta ou sessenta centímetros mais baixo, e também de quando esteve no mínimo um metro e meio mais alto do que na época em que morei às suas margens. Um estreito banco de areia corria em direção a ele, com a água bem funda de um lado, onde ajudei a ferver uma caldeirada, a trinta metros da orla principal, por volta do ano 1824, coisa impossível de fazer nos vinte e cinco anos seguintes. Por outro lado, meus amigos ouviam com incredulidade quando eu lhes contava que, anos depois, eu costumava pescar de barco numa enseada isolada na floresta, a setenta e cinco metros da única costa que conheciam, cujo local há muito foi convertido em prado. Mas o nível do lago subiu continuamente por dois anos e agora, no verão de 1852, já alcança um metro e meio mais do que quando eu morei lá, nível tão alto quanto o de trinta anos atrás, e a pesca segue de novo na campina. Isso equivale a uma diferença de nível, na parte externa, de 1,80 a 2,10 m. Porém, a água que escoa das colinas circundantes é insignificante em volume, e esse transbordamento deve ser creditado a causas que afetem os lençóis freáticos. Nesse mesmo verão, o lago começou a se retrair novamente. Periódica ou não, essa flutuação parece, portanto, exigir muitos anos para se concretizar, o que é um fato extraordinário. Observei uma elevação e parte de duas retrações, e calculo que daqui a uns doze, quinze anos, a água esteja de novo tão baixa quanto eu jamais vi. O Lago do Flint, 1,6 km a leste, perturbado com suas entradas e saídas de água, e também os lagos menores no entremeio, solidarizam-se com o Walden: recentemente atingiram seu maior nível ao mesmo tempo que ele. O mesmo acontece, até onde posso observar, com o Lago White.

    Esse ciclo de ascensão e queda no nível do Lago Walden em longos intervalos serve, ao menos, para esse uso; a água que se acumula nos períodos de cheia de um ano ou mais, embora dificulte andar em volta dele, sufoca arbustos e árvores que surgiram em sua borda desde a última cheia. Pinheiros-bravos, bétulas, amieiros, choupos e outros. Quando a água recua de novo, desobstrui a margem; pois, ao contrário de muitos lagos e das águas sujeitas à maré diária, sua costa é mais limpa quando a água está mais baixa. Na orla do lago, pertinho de minha casa, uma alameda de pinheiros-bravos de cinco metros de altura está morta, as árvores caídas, a copa no chão, como se tivessem sido derrubadas por uma alavanca. Assim, a intrusão deles foi interrompida. O tamanho deles indica quantos anos se passaram desde a última elevação do nível da água até aquela altura. Por meio dessa flutuação, o lago *corta* a *costa*, ou seja, reivindica seu direito de manter sua costa, e as árvores perdem o direito de se apossar dela. De tempos em tempos, o lago dá lambidelas em seus lábios imberbes. Quando a água está em máximo nível, os amieiros, salgueiros e bordos lançam de seus troncos, e para todos os lados, uma maçaroca de raízes fibrosas vermelhas que se projeta sobre a água, a cerca de um metro de altura, em seu esforço de sustentação. Já observei que os mirtilos perto da orla, que normalmente não produzem frutos, dão uma safra abundante nessas circunstâncias.

 Alguns ficam intrigados, mas não sabem dizer a origem das pedrinhas tão uniformes da costa. Todos os meus conterrâneos já ouviram a lenda que os mais velhos ouviram na juventude. Antigamente os índios faziam encontros numa colina próxima, que se erguia tão alto no céu quanto o lago agora penetra nas profundezas da terra. Reza a lenda que usavam muitas palavras profanas – embora ninguém possa acusar um índio do vício da blasfêmia – quando a colina tremeu e súbito se afundou. Só uma velha guerreira, chamada Walden, escapou, e o lago recebeu o nome dela. Conjeturou-se que, com os tremores, os seixos vieram rolando da colina e se tornaram a costa atual. Seja lá como for, uma coisa é certa: antes não havia lago aqui, e agora há um; e essa fábula indígena não entra em conflito de forma alguma com o relato daquele antigo colono que mencionei, que se lembra tão bem de quando veio pela primeira vez aqui com sua forquilha radiestésica, viu um fino vapor subindo da grama, e a aveleira apontou firme para baixo, e ele resolveu cavar um poço aqui. Quanto às pedras, muitos ainda pensam que elas dificilmente podem ser explicadas pela ação das ondas sobre essas colinas; observo, porém, que as colinas do entorno estão extraordinariamente repletas do mesmo tipo de pedras. Foi necessário empilhá-las em muros aos dois lados da ferrovia que corta o terreno perto do Walden; além disso, à beira do lago, em suas partes mais abruptas, há uma abundância de pedras. Por isso, infelizmente, elas deixaram de ser mistério para mim. Detecto a origem das pedras. Se o nome não se derivou de uma localidade inglesa – Saffron Walden, por exemplo –, alguém há de supor que seu nome original era Lago *Walled-in*, ou seja, Lago Murado.

O lago é meu poço já escavado. Por quatro meses no ano, a água dele é tão gelada quanto pura o tempo todo; e acho que é tão boa quanto qualquer outra, senão a melhor, do município. No inverno, toda a água exposta ao ar é mais gelada do que as nascentes e poços que estão protegidos dele. Por exemplo, no dia 6 de março de 1846, a temperatura ambiente oscilou de 18 a 21 °C. E a água do lago que levei para a minha sala e ficou ali das cinco da tarde até o dia seguinte ao meio-dia, que temperatura tinha? Cerca de 5,5 °C, talvez em parte devido ao sol que bateu no telhado. Um grau mais frio do que a água recém-coletada de um dos poços mais gelados da cidadezinha. No mesmo dia, a temperatura da Nascente Borbulhante era de 7,2 °C, ou a mais quente de todas as águas, embora no verão seja a mais fria que eu conheço, já que as águas superficiais estagnadas não se misturam a ela. Além disso, no verão, o Walden nunca esquenta tanto como outros corpos d'água expostos ao sol, por causa de sua profundidade. Nos períodos mais quentes, eu costumo encher um balde e colocá-lo em meu porãozinho, onde a água se resfria durante a noite e assim permanece durante o dia. Outra opção é recorrer a uma fonte nas circunvizinhanças. Assim a água mantém o sabor por uma semana, sem ficar com o gosto da bomba. Para quem vai acampar uma semana no verão à beira de um lago, basta enterrar um balde d'água a um metro de profundidade na sombra de seu acampamento para não depender mais dos luxos do gelo.

No Walden há curiosos registros da pesca de várias espécies. Teve um lúcio que pesou 3,2 kg, sem falar de outro que arrastou um carretel com grande velocidade. O pescador não conseguiu capturá-lo, mas afirma de pés juntos que ele tinha no mínimo 3,5 kg, mas não chegou a vê-lo. Percas e peixes-gatos-cabeçudos-castanhos, alguns com mais de um kg; carpas-douradas e outros ciprinídeos como o *Semotilus corporalis*, uma ou outra perca-sol e um par de enguias, uma delas pesando 1,8 kg (estou sendo muito específico porque o peso de um peixe geralmente é o seu único título para a fama, e essas são as únicas enguias de que ouvi falar por aqui). Também tenho uma vaga lembrança de um peixinho de seus 12 cm de comprimento, com laterais prateadas e dorso esverdeado, que menciono aqui principalmente para ligar os meus fatos à fábula. Contudo, esse lago não é lá muito piscoso. O seu trunfo são os lúcios, embora não sejam abundantes. Uma vez eu vi no meio do gelo ao menos três tipos diferentes de lúcios. Um fino e comprido, prateado, mais parecido com os que são pescados no rio; outro de um dourado brilhante, com intensos reflexos esverdeados, o mais comum por aqui; e outro, também dourado e com a forma deste último, mas salpicado nas laterais com pintas marrom-escuras e vermelhas, muito parecido com uma truta. Essa espécie não deveria se chamar *reticulatus* e sim *guttatus*. Todos são peixes de corpos muito densos e pesam mais do que aparentam. As carpas-douradas, os peixe-gatos-cabeçudos-castanhos, as percas e, de fato, todos os peixes que habitam este lago, são muito mais limpos, mais bonitos e de carne mais firme do que aqueles do rio e da maioria dos outros lagos, pois a água é mais pura, e é fácil distingui-los. Um paraíso para os ictiólogos. Também existem raças puras de rãs e tartarugas, e alguns mexilhões no lago; ratos-almiscarados e visons-americanos deixam seus rastros nele, e ocasionalmente o cágado-da-lama (*Kinosternon subrubrum*) visita o local. Às vezes, quando empurro meu bote pela manhã, eu perturbo um grande cágado-da-lama escondido sob o casco durante a noite. Gansos e patos frequentam o lago na primavera e no outono; as andorinhas-das-árvores (*Hirundo bicolor*) dão rasantes na superfície, e os maçaricos-pintados (*Tringa macularia*) procuram alimento no rasinho, ao longo da costa pedregosa, durante o verão inteiro. Sem querer espanto uma águia-pesqueira empoleirada num pinheiro-branco que se projeta sobre a água. Mas duvido que asas de gaivota profanem esse cenário, aqui não é como em Fair Haven. No máximo, tolera uma mobelha-grande por ano. Essa é a lista inteira de animais importantes que o frequentam agora.

 De um bote você pode avistar no fundo do lago, em tempo calmo, perto da arenosa costa leste, onde a água tem 2,4 a 3 m de profundidade, e também noutras partes do lago, montes circulares de 1,80 m de diâmetro por 30 cm de altura, compostos de seixos menores que um ovo de galinha, cercados por um anel de areia nua. Você fica se perguntando se os índios os formaram no gelo para algum propósito e, então, quando o gelo derreteu, foram parar lá no fundo; mas são uniformes demais e alguns claramente muito novos para isso. Assemelham-se aos encontrados nos rios; mas, como não há peixes do gênero *Catostomus* ("sugadores") nem lampreias por aqui, não sei que tipo de peixe poderia estar construindo essas estruturas. Talvez sejam ninhos desses peixes ciprinídeos. No fundo esse mistério é um charme.

A praia é recortada o suficiente para não ser monótona. Fecho os olhos e vejo o oeste recortado de baías profundas; o ousado norte; e a costa sul lindamente rendilhada, onde cabos sucessivos se sobrepõem e sugerem enseadas inexploradas entre eles. O cenário da floresta nunca é tão agradável, nem tão nitidamente belo, como quando observado de um laguinho, rodeado de colinas. Nesse caso, a água não só constitui o primeiro plano, refletindo as árvores, mas, de modo magnífico, também define, com sua costa serpeante, os limites mais naturais e agradáveis. Não há crueza nem imperfeição em suas margens, nem onde o machado cortou uma parte, ou onde há uma lavoura limítrofe. As árvores têm amplo espaço para se expandir no entorno da água, e cada uma lança seus galhos mais vigorosos nessa direção. Aí a natureza entreteceu um debrum natural, e o alinhave vai subindo em gradações uniformes, desde os arbustos rasteiros da costa até as árvores mais altas. Existem poucos vestígios da mão humana à vista. A água atinge a praia como fazia mil anos atrás.

Um lago é o elemento mais bonito e expressivo da paisagem. É o olho da terra; ao olhar para ele, o observador mede a profundidade de sua própria natureza. A mata ciliar são os cílios delgados que o circundam, e as colinas arborizadas e penhascos ao redor, as sobrancelhas salientes.

Em pé na praia de areia macia na ponta leste do lago, numa tarde tranquila de setembro, quando a ligeira névoa torna indistinta a linha da orla oposta, eu vejo de onde vem a expressão "superfície vítrea de um lago". Se você inclina a cabeça, ele parece uma faixa da mais diáfana gaze estendida vale afora; seu brilho se reflete nos matos de pinus ao longe, separando um estrato da atmosfera do outro. Você pensa que pode caminhar sob ele sem molhar os pés até as colinas opostas, e que as andorinhas que estão dando seus rasantes podem se empoleirar nele. De fato, às vezes, elas mergulham abaixo dessa linha, por assim dizer, por engano, libertas da ilusão. Olhar para o oeste do lago? Só espalmando as duas mãos para defender os olhos contra o verdadeiro sol e o sol refletido, igualmente brilhante. Escrutine a superfície do lago no entremeio: é tão lisa quanto vidro! Menos onde os insetos patinadores, espalhados em intervalos iguais em toda a sua extensão, com seus movimentos ao sol, geram as mais puras faíscas que alguém pode imaginar, ou onde, por acaso, um pato eriça as plumas, ou, como eu já disse, uma andorinha desliza tão baixinho que chega a tocá-lo. Ao longe, um peixe descreve no ar um arco de um metro de altura, entre dois clarões brilhantes, um ao emergir, outro ao cair na água. Às vezes, todo o arco se revela prateado; ou, aqui e ali, talvez, uma penugem de cardo flutua em sua superfície, contra a qual os peixes se lançam formando ondinhas na lâmina d'água. É como o vidro derretido, resfriado, mas não congelado: as poucas partículas nele contidas são puras e belas como as imperfeições do vidro. Muitas vezes você detecta uma água ainda mais lisa e escura, separada do resto. É como se uma invisível teia de aranha, uma barragem de ninfas aquáticas, repousasse nele. Do alto duma colina você enxerga um peixe saltando quase em todas as partes; pois nem um lúcio ou uma carpa-dourada pega um inseto nessa superfície lisa sem perturbar manifestadamente o equilíbrio do lago inteiro. É maravilhosa a complexidade em que esse singelo fato é anunciado – esse massacre perpetrado pelos peixes – e, de meu poleiro distante, distingo as ondulações circulares que alcançam 30 m de diâmetro. Você consegue detectar até a trajetória de um escriba-d'água, o besouro aquático do gênero *Gyrinus*, nadando sem cessar na lisa superfície a 400 m de distância. Eles sulcam a água de leve, criando uma ondulação chamativa, limitada por duas linhas divergentes, mas os patinadores deslizam sobre ela sem ondulá-la perceptivelmente. Quando a superfície está meio agitada, não há patinadores nem escribas-d'água. Contudo, aparentemente, em dias calmos, eles deixam seus refúgios e, de modo aventuroso, deslizam da costa, em breves impulsos, através da lâmina d'água. É um trabalho reconfortante, num daqueles belos dias de outono, quando todo o calor solar é apreciado na íntegra, sentar-se a cavalo em um toco na colina, com vista para o lago, e estudar os círculos ondulados incessantemente inscritos, em meio ao reflexo dos céus e das árvores, sobre a sua superfície que, caso contrário, seria imperceptível. Nesse volumoso corpo não há perturbação, mansamente se suaviza e se acalma. É como quando sacudimos um vaso de água; os trêmulos círculos ricocheteiam na borda, e logo tudo fica liso de novo. Nenhum peixe irrompe do lago ou um inseto cai nele sem que isso seja documentado em ondas concêntricas, traços de beleza, constante jorrar de sua fonte, delicada pulsação de sua vida, arfar de seu peito. Indistinguíveis são as emoções da alegria e as emoções da dor. Como são pacíficos os fenômenos do lago! Rebrilham as obras humanas como na primavera. Sim! Cada folha, galho, pedra e teia de aranha cintilam agora no meio da tarde como quando cobertos de orvalho nas manhãs de primavera. Cada movimento de remo ou inseto gera um lampejo de luz; e se o remo cai, quão doce é o eco!

Num dia assim, em setembro ou outubro, o Walden é um espelho perfeito da floresta, circundado de pedras tão preciosas quanto raras a meus olhos. Quiçá nada tão belo, tão puro e ao mesmo tempo tão grande como um lago repousa na superfície terrestre. Água celestial. De cerca não precisa. Nações vêm e vão sem profaná-lo. Espelho que pedra alguma consegue rachar, cujo mercúrio nunca se desgasta, cujo dourado a Natureza eternamente recompõe; não há tempestade nem pó capaz de escurecer sua lâmina sempre fresca – espelho em que toda e qualquer impureza se afunda, limpa e espanada pelo enevoado pincel solar. Tecido suave, que não absorve o hálito que nele é respirado, mas envia o seu próprio flutuando como nuvem, bem acima de sua superfície, para então ser refletido em seu seio.

Um campo de água trai o espírito que está no ar. Sem cessar recebe do alto vida e movimento novos. É de uma natureza intermediária entre a terra e o céu. Em terra, somente a grama e as árvores balançam como ondas, mas o vento cria marolas ondulantes na própria água. Vejo onde a brisa passa nele através dos raios ou flocos de luz. É extraordinário olhar para baixo de sua superfície. Assim talvez devêssemos olhar para baixo a superfície do ar longamente e marcar onde um espírito mais sutil passa sobre ela.

Os patinadores e escribas-d'água enfim somem no finzinho de outubro, quando começa a gear forte. Então, nos dias calmos de novembro, nada, absolutamente nada, ondula a superfície. Nas tardes de novembro, na calmaria do fim de uma tempestade de vários dias, com o céu ainda todo nublado e o ar cheio de neblina, observo que o lago está extremamente liso, sendo difícil de distinguir a sua superfície; já não mais reflete os brilhantes matizes de outubro e sim as sombrias cores de novembro das colinas circundantes. Singro a água de mansinho, e as leves ondulações de meu bote se estendem até onde a minha vista alcança, conferindo aos reflexos uma aparência radial. Corro o olhar na lâmina d'água. Aqui, acolá, tremeluz um leve cintilar, como se alguns insetos patinadores, sobreviventes das geadas, ali pudessem estar reunidos. Ou a superfície lisinha quiçá traísse uma fonte brotando do fundo. Mansamente eu remo a um desses remansos e me surpreendo: miríades de pequeninas percas, com meio palmo de comprimento, de uma rica cor brônzea, brincam no verdor da água, ora subindo para formar marolas na superfície, ora deixando bolhas nela. A água translúcida, aparentemente sem fundo, reflete as nuvens. Pareço flutuar num balão, e tenho a impressão de que o cardume está voando ou pairando no ar, como se as percas fossem pássaros me escoltando, à direita e à esquerda, e suas nadadeiras, velas de barco ao redor. Muitos cardumes desse tipo desfrutam no lago a breve janela antes de o inverno fechar sua veneziana de gelo sobre a ampla claraboia dos peixes, cujo frêmito atinge a superfície como uma brisa suave ou gotículas de chuva. Eu me aproximo estabanado e sem querer dou um susto nelas, que, num súbito movimento de cauda, primeiro erguem respingos e marolas na água (como se alguém chacoalhasse na água o galho de um arbusto) e instantaneamente se refugiam nas profundezas. Por fim, o vento aumenta, a névoa adensa e as ondas começam a correr. As percas saltam bem mais alto do que antes, meio corpo fora d'água, cem pontinhos pretos de 8 cm de comprimento, ao mesmo tempo, acima da superfície. Um ano, mesmo em 5 de dezembro, quando já seria um pouco tarde, avisto marolas na superfície. Penso que está prestes a chover forte, a neblina preenche o ar, e me apresso a pegar os remos e voltar para casa. A chuva parece engrossar rapidamente, embora eu não a sinta nas bochechas, e prevejo um completo encharcamento. Mas, súbito, as marolas cessam, pois eram produzidas pelas percas, atraídas das profundezas pelo barulho dos meus remos, e vislumbro seus cardumes desaparecerem vagamente. Assim enfim consigo voltar para casa sem me molhar muito.

Um velho me conta que, há sessenta anos, o lago era mais escuro devido à floresta do entorno. A vida pulsava no lago – patos, aves aquáticas e uma porção de águias ao redor. Ele ia pescar com uma velha canoa que encontrou na praia. Consistia num par de toras de pinheiro-branco escavadas e conectadas, com as pontas quadradas. Não era um primor de ágil, mas durou muitos anos antes de se encharcar e talvez ir à pique. Não sabia de quem era; pertencia ao lago. Fez o cabo para a âncora trançando tiras de casca de nogueira. Um velho oleiro, que morava perto do lago antes da Revolução, relatara-lhe que outrora havia uma arca de ferro no fundo, e que ele a tinha visto com seus próprios olhos. Às vezes, ela flutuava até a costa; mas quando você tentava se aproximar, ela sumia de novo nas águas fundas. Fico feliz em saber da antiga canoa de madeira, que tomou o lugar de uma indígena, do mesmo material, mas de construção mais graciosa, talvez originalmente uma árvore da margem, que caiu na água e ali flutuou por uma geração como a nau mais adequada ao lago. Eu me lembro, a primeira vez que olhei essas profundezas, mal se distinguiam os troncos no fundo, derrubados ou deixados sobre o gelo no último corte, quando a madeira era mais barata. Mas agora a maioria já desapareceu.

Quando remei aqui pela primeira vez, o Walden era completamente cercado por pinheiros e carvalhos espessos e altaneiros; em algumas enseadas, trepadeiras se trançavam nas árvores próximas à água, formando caramanchões sob os quais passava um bote. As colinas que formam suas margens são tão íngremes, e a floresta nelas tão alta que, quando você olha para baixo da extremidade oeste, aquilo mais parece um anfiteatro para algum tipo de espetáculo silvestre. Nas manhãs de verão, quando eu era mais jovem, eu remava até o meio do lago, repousava os remos e me deitava de costas no fundo do bote. Ao sabor do zéfiro, ali eu passava as horas, sonhando acordado, até ser despertado pelo bote tocando a areia; eu erguia o torso para ver a qual margem o destino me impelira. Dias em que o ócio é a atividade mais atraente e produtiva. Muitas manhãs roubei, preferindo passar assim a parte mais valiosa do dia; pois eu era rico, não em dinheiro, mas em horas de sol e dias de verão, e não os economizava; tampouco lamento cada manhã que passei ali em vez de na oficina ou à mesa de professor. Mas, desde que deixei aquelas margens, os lenhadores as destruíram ainda mais, e agora, por muitos anos, não haverá mais perambulação pelos corredores da mata, com vislumbres ocasionais através dos quais você enxerga a água. Desculpem a minha Musa se ela ficar em silêncio de agora em diante. Como esperar o canto dos pássaros se seus bosques são cortados?

Hoje, as toras de árvores no fundo, a velha canoa escavada no tronco e a mata escura do entorno se foram, e os habitantes da cidadezinha, que mal sabem onde ele fica, em vez de irem ao lago para tomar banho ou beber, estão pensando em canalizar sua água, que deveria ser no mínimo tão sagrada quanto a do Ganges, até o povoado, para lavar seus pratos! Querem conquistar o Walden abrindo a torneira ou puxando um tampão! Aquele diabólico Cavalo de Ferro, cujo relincho dilacerante é ouvido por toda a cidade, turvou a Nascente Borbulhante (*Boiling Spring*) com seus cascos, e foi ele quem arrancou o mato em toda a volta do Walden, aquele cavalo de Tróia, com mil homens em sua barriga, introduzido por gregos mercenários! Onde está o herói nacional, o Moore de Moore Hill, para encontrá-lo no Despenhadeiro Profundo e cravar uma lança vingadora entre as costelas desse empolado dragão?

Seja como for, de todos os personagens que conheci, Walden talvez seja o que melhor veste e melhor preserva a sua pureza. Muitos homens foram comparados a ele, mas poucos merecem essa honra. Os lenhadores desmataram primeiro esta costa e depois aquela, e os irlandeses construíram suas pocilgas na beira, e a ferrovia infringiu suas fronteiras, e os cortadores de gelo a escumaram uma vez, mas ele continua igual, inalterado, a mesma água com que meu olhar juvenil se deparou: toda a mudança está em mim. Não adquiriu uma só ruga permanente depois de todas as suas ondulações. Em sua perene juventude posso ver a andorinha mergulhar ao que parece para apanhar um inseto de sua superfície como outrora. Esta noite me ocorre de novo (como se eu não o tivesse visto quase diariamente por mais de vinte anos): ora, eis Walden, o mesmo lago encravado na mata que descobri há tantos anos. Onde uma floresta foi cortada no inverno passado, outra ressurge em sua costa com a força de sempre. O mesmo pensamento de antes borbulha em sua superfície. Sua alegria e felicidade líquidas são as mesmas para ele próprio e seu Criador, sim, e *talvez* para mim. Com certeza, é obra de um ser valente, sem ardileza! Contornou essa água com a mão, aprofundou-a e clarificou-a em seu pensamento, e em seu testamento a legou a Concord. O rosto dele se reflete no lago; e quase posso dizer, Walden, é você?

> Não é ilusão minha,
> Enfeitar uma linha;
> O mais perto que de mim eu trago
> Deus e o céu, é em Walden, o lago.
> Sou sua orla pedregosa,
> E sua brisa vaporosa;
> Na concha de minha mão

Guardo sua água e seu areão
E em seu mais profundo meio
Jaz bem alto em meu devaneio.

Os comboios nunca param para olhar; mas fico imaginando que maquinistas, bombeiros e guarda-freios, e aqueles passageiros que têm um *ticket* para a temporada e o veem com frequência, são pessoas com uma vista privilegiada. À noite, a natureza do maquinista não o deixa esquecer de que contemplou esse cenário de serenidade e pureza ao menos uma vez por dia. Um só avistamento basta para lavar a State Street e a fuligem do motor. Alguém já propôs chamá-lo de "Gota de Deus".

Afirmei que o Walden não tem entrada ou saída de água visível, mas está, acima, distante e indiretamente vinculado ao Lago do Flint, que é mais elevado, por uma rede de laguinhos que descem daquele quadrante e, abaixo, direta e manifestadamente com o rio Concord, por uma igual rede de lagos através dos quais, em outro período geológico, ele pode ter escoado, e por onde, com um pouco de escavação (Deus nos livre), pode voltar a fluir. Vivendo assim tão reservado e austero, como um eremita na mata, por tanto tempo, adquiriu essa pureza tão maravilhosa. Não seria lamentável, então, se as águas relativamente impuras do Lago do Flint se imiscuíssem com as dele? Ou se a sua doçura se perdesse nas ondas do oceano?

*

O Lago do Flint, ou Lago Arenoso, em Lincoln, o nosso maior lago e mar interior, situa-se a 1,6 km a leste do Walden. É muitíssimo maior: seus 80 hectares são férteis em peixes, mas de águas relativamente rasas e de uma pureza não prístina. Um de meus passatempos é caminhar até lá pela mata. Vale a pena, nem que seja para sentir o vento soprar livremente em seu rosto, ver o correr das ondas e lembrar da vida dos marinheiros. Vou colher castanhas lá no outono, em dias ventosos, quando elas caem na água e são trazidas aos meus pés. Um dia, lá estou chapinhando ao longo de sua costa junçosa, o frescor dos borrifos soprando em meu rosto, e me deparo com os destroços de um barco, as laterais do casco já decompostas, o que sobrou do fundo plano entre os juncos, mas seu feitio era nítido, como uma gigantesca folha putrefata de um parente da vitória-régia, com as nervuras à mostra. Um naufrágio tão impressionante quanto seria na orla marítima, e com a mesma moral. A essa altura, não passa de húmus, margem indistinguível de um lago, por onde brotam juncos e lírios-dos-charcos. Costumo admirar as marcas onduladas no fundo arenoso, na ponta norte deste lago, firmes e duras aos pés do andante pela pressão da água, e os juncos que crescem em fila indiana, em linhas ondulantes, correspondendo a essas marcas, fileira atrás de fileira, como se fossem plantados pelas ondas. Ali também encontro, em bom número, bolas curiosas, compostas aparentemente de grama ou raízes finas, talvez de alguma espécie de planta aquática do gênero *Eriocaulon*, de diâmetro variável, de 1 a 10 cm, perfeitamente esféricas. Na água rasa de fundo arenoso, essas esferas ficam num vaivém até serem lançadas à costa. São feitas de grama sólida ou com um pouquinho de areia no meio. A princípio, você diria que se formaram pela ação das ondas, como os seixos; no entanto, as menores, feitas de materiais igualmente grosseiros, com 1,2 cm de comprimento, basta uma estação do ano para serem produzidas. Além disso, as ondas, suspeito eu, menos constroem do que destroem um material que já adquiriu consistência. Essas bolas, quando secas, preservam sua forma por período indefinido.

Lago do Flint! Tal é a pobreza de nossa nomenclatura. Que direito tinha esse agricultor relaxado e bronco, justo ele, a pessoa que derrubou implacavelmente a mata ciliar do lago que banhava suas terras, de dar seu nome a ele? Um mão de vaca, que mais amava a superfície refletora de um dólar, ou um centavo brilhante, no qual pudesse ver sua cara de pau; que considerava até mesmo os patos selvagens que nele se estabeleciam como invasores; seus dedos transformados em garras tortas e nodosas pelo extenso hábito de agarrar como uma harpia. Por essas e outras, esse nome não me diz nada. Não vou lá para ver o "Flint" nem para dele ouvir falar; ele, que nunca *enxergou* o lago, que nunca se banhou nele, que nunca o amou, que nunca o protegeu, que nunca falou uma só boa palavra sobre ele, nem agradeceu a Deus por tê-lo feito. Em vez disso, que tal o batizarmos com o nome dos peixes que nele nadam, das aves e bichos da fauna nativa que o frequentam? Ou das flores silvestres que crescem em suas margens, ou de algum selvagem ou criança cuja trama de vida se entrelaça com a dele? E não com um nome escolhido por um vizinho ou uma legislatura com ideias compatíveis – justamente para homenagear alguém que só pensava no dinheiro que o lago podia lhe dar. Alguém cuja presença quiçá amaldiçoou toda a costa; que exauriu a terra ao seu redor, e de bom grado teria exaurido as águas dentro dele. Que só lamentava o fato de o lago não ser feito de feno inglês ou de prados de *cranberries*. Aos olhos dele, nada redimia o lago – e por ele o teria drenado para vender a lama do fundo. Não fazia girar o seu moinho, e para ele não era *privilégio* algum contemplá-lo. Não respeito seus labores, nem sua fazenda, onde tudo tem um preço. Se ele pudesse, carregaria a paisagem, carregaria até mesmo o seu Deus, ao mercado para obter lucro pessoal (será esse o deus pelo qual ele vai ao mercado?). Na fazenda dele, nada cresce de graça. Grãos nas lavouras? Flores nos prados? Frutos nas árvores? Não: apenas dólares. Ele não ama a beleza de seus frutos. Para ele, os frutos só estão maduros quando se transformam em dólares. Dê-me a pobreza que desfruta da verdadeira riqueza. Os agricultores são respeitáveis e interessantes para mim na mesma proporção em que são pobres – agricultores pobres. Fazenda modelo! A casa se ergue como fungo num monte de lama, compartimentos para gente, cavalo, boi e porco, limpos e não limpos, tudo juntinho uns dos outros! Apinhada de gente! Excelente monte de graxa, cheirando a esterco e leitelho! Avançadas técnicas de manejo! Fertilizada organicamente, com cérebros e corações humanos! Igualzinho a plantar batatas no cemitério! Assim é a fazenda modelo.

Não, não: se os mais belos recursos da paisagem devem receber nomes de pessoas, que sejam apenas as mais nobres e dignas. Que nossos lagos recebam nomes tão verdadeiros como o Mar Icário, onde "na costa ainda ressoa uma tentativa corajosa".

*

O Lago Goose, de pequena extensão, fica no meu caminho em direção ao Lago do Flint; o Lago Fair-Haven, uma expansão do rio Concord, abrange uma área de 28 hectares e fica a 1,6 km a sudoeste; por fim, o Lago White, com cerca de 16 hectares, fica a 2,4 km do Fair-Haven. Essa é a minha nação lacustre. Esses lagos, mais o Rio Concord, são os meus privilégios aquáticos; noite e dia, ano após ano, moem os grãos que levo a eles.

Desde que os lenhadores, a ferrovia e eu mesmo profanamos o Walden, talvez o mais atraente, senão o mais belo, de todos os nossos lagos, o diamante da floresta, seja o Lago White. Esse nome pode derivar tanto da notável pureza de suas águas quanto da brancura de seus areais. Nesses e em outros aspectos, entretanto, é um gêmeo menor do Walden. A semelhança é tanta que você diria que eles têm ligação subterrânea. As pedrinhas na beira e a água têm igual tonalidade. O mesmo acontece no Walden, em dias de tempo feio. Se você olha para baixo por entre o mato, em algumas de suas baías menos profundas, suas águas são tingidas pelo reflexo do fundo, adquirindo um tom verde azulado ou glauco-enevoado. Eu costumava ir lá quando criança com um carrinho de mão para coletar areia, matéria-prima para fazer papel de lixa. Desde então, continuo a visitá-lo. Pelo seu verdor quem costuma frequentá-lo propõe rebatizá-lo de Lago Virid. E talvez pudesse ser chamado de Lago Yellow-Pine, se levarmos em conta a seguinte história sobre um pinheiro-amarelo. Há uns quinze anos, era possível avistar o topo de um pinheiro-bravo, também chamado de pinheiro-amarelo por essas bandas, embora não seja uma espécie diferente, projetando-se na superfície das águas profundas, a muitos e muitos metros da costa. Alguns até supunham que o lago tinha afundado, e essa árvore era uma componente da floresta primitiva local. Em um texto antigo de 1792, intitulado "Descrição Topográfica da Cidade de Concord", disponível nas Coleções da Sociedade Histórica de Massachusetts, o autor, concidadão nosso, após falar nos Lagos Walden e White, acrescenta:

> No meio deste último pode-se ver, quando a água está muito baixa, uma árvore que parece ter crescido no lugar onde está agora, embora as raízes estejam quinze metros abaixo da lâmina d'água; o ápice desta árvore está quebrado, e nesse local o diâmetro é de 35 cm.

Na primavera de 1849, converso com o senhor que mora perto do lago em Sudbury, e ele me conta que foi ele quem retirou essa árvore, dez ou quinze anos antes. Pelo que se lembrava, ela se erguia a 50 ou 75 m da orla, onde a água tinha 9 ou 12 m de fundura. Pleno inverno. Manhã. Cortando gelo, tomou a resolução. À tarde, com a ajuda dos vizinhos, arrancaria o velho pinheiro-amarelo. Serrou um canal no gelo em direção à costa e, com uma parelha de bois, arrastou o pinheiro pelo sulco no gelo. Eis que com meio caminho andado ele vislumbrou a verdade. O pinheiro estava de ponta-cabeça! Os tocos dos galhos apontavam para baixo com a copa cônica socada com firmeza no fundo arenoso. Media uns 30 cm de diâmetro na parte grossa, e ele esperava uma boa tora, mas de tão podre só teve serventia para lenha, e olhe lá. Guardou um pouco no galpão. Bicadas de pica-paus e machadadas marcavam a ponta. A solução do mistério, para ele, é a seguinte. Árvore morta na beira do lago é derrubada e despenca na água. A copa ensopada de água afunda enquanto a base, ainda seca e leve, fica à deriva, até se afundar toda invertida. O pai dele, do alto de seus oitenta anos, diz que a árvore sempre esteve lá, desde que se entende por gente. Troncos de bom tamanho ainda podem ser vistos no fundo, onde, devido à ondulação da superfície, parecem enormes sucuris em movimento.

Esse lago raramente é profanado por um barco, pois há poucas coisas nele para atrair um pescador. Em vez do lírio-branco, que exige lama, ou do lírio-dos-charcos, quem cresce frágil na água pura é a bandeira-azul-do-arlequim (*Iris versicolor*), emergindo do fundo pedregoso em toda a orla. Em junho recebe a visita dos beija-flores. O azulado de suas folhas e o violeta de suas flores criam uma singular harmonia com a água verde azulada.

White e Walden, grandes cristais na superfície terrestre, lagos de luz. Se fossem eternamente congelados e pequenos o bastante para serem agarrados, seriam, porventura, carregados por servos, como pedras preciosas, para adornar as cabeças dos imperadores.

Mas, sendo líquidos e amplos, e garantidos a nós e nossos sucessores para sempre, nós os desprezamos e partimos em busca do diamante de Kohinoor. São puros demais para ter valor de mercado; não contêm sujeira. Quão mais lindos que as nossas vidas e quão mais transparentes que os nossos caráteres são os lagos! Com eles nunca aprendemos maldade. Muito mais bonitos do que o açude ao lado da casa do fazendeiro em que nadam seus patinhos! Para cá vêm patos selvagens e limpos. A Natureza não tem morador humano que a aprecie. Os pássaros com sua plumagem e suas notas harmonizam-se com as flores, mas que rapaz ou donzela conspira com a beleza selvagem e luxuriante da Natureza? Sozinha ela floresce mais, longe das cidades onde eles residem. Falar no céu! Vós desgraçais a terra.

A FAZENDA DOS BAKER

Às vezes perambulo entre os pinheirais, imponentes como templos, ou como esquadras no mar, plenamente munidos de ramos ondulados, resplandecentes de luz, tão macios, verdes e sombrios que os druidas teriam abandonado seus carvalhos para fazer suas adorações ali, em meio aos pinheiros. Também costumo ir ao arvoredo para lá do Lago do Flint, onde os zimbros, carregados com suas bagas de um azul-esbranquiçado, se elevam mais e mais, em forma de pináculos (fariam bonito na entrada do palácio de Valhala), e a rastejante tuia-jacaré cobre o solo com suas grinaldas carregadas de frutos. Ou aos pântanos, onde barbas-de-velho pendem em festões dos abetos-brancos, e os cogumelos-vermelhos-de-pintas-brancas – as mesas-redondas dos deuses do pântano – revestem o solo, e fungos ainda mais bonitos adornam os troncos, como borboletas ou conchas, caramujos vegetais; onde crescem o abalão e o corniso-florido, os frutos do amieiro-vermelho faíscam como olhos demoníacos, o algoz-das-árvores sufoca as madeiras mais duras em seus abraços, e as bagas do azevinho selvagem, com sua beleza, fazem o observador se esquecer de sua casa, deslumbrado e tentado a provar outros frutos silvestres, proibidos e anônimos, mas muito formosos para o paladar de um mortal. Em vez de chamar um estudioso, fiz muitas visitas a árvores de espécies raras nas cercanias, espalhadas no meio da campina ou nas profundezas da mata ou do pântano, ou no chapéu da colina. Da bétula-doce temos belos espécimes de até 60 cm de diâmetro. Sua prima, a bétula-dourada, de esvoaçante veste amarela, é tão perfumada quanto a primeira. As faias, com seu tronco jeitoso e tão lindamente pintado de liquens – perfeição até os mínimos detalhes –, à exceção de espécimes avulsos, só formam no município um bosque de bom porte, supostamente plantado por pombos que antigamente eram atraídos por nozes de faia nas proximidades. A propósito, você já viu a faiscante textura prateada da faia ao cortar lenha dessa madeira? Vale a pena. A tília-americana. O pau-ferro. Uma isolada e frondosa ginjinha-do-rei (*Celtis occidentalis*). Um pinheiro mais imponente que um mastro. Um cedro-rosado daqueles bons para fazer plaquinhas de telhados. Ou um espruce mais perfeitinho que o normal, destacando-se no meio do mato como um templo budista. E uma porção de outros que posso mencionar. São esses os santuários que eu visito no verão e no inverno.

Uma vez, por acaso, cruzei embaixo de um arco-íris. Ele preenchia o estrato inferior da atmosfera, tingindo a grama e as folhas ao redor. Fiquei deslumbrado, como se eu estivesse olhando através de um cristal multicor. Mergulhei como um golfinho nesse lago feito com a luz do arco-íris. Felizmente, foi tudo muito rápido. Se tivesse durado mais, teria colorido meus empregos e minha vida. Andando ao longo da plataforma da via férrea, eu me maravilho com o halo de luz ao redor de minha sombra e gosto de me imaginar um dos eleitos. Um senhor que veio me visitar jurou que as sombras de alguns irlandeses não tinham halo, que só os nativos eram tão distintos. Em suas memórias, Benvenuto Cellini nos conta que, após um certo sonho ou visão terrível que teve durante o seu confinamento no castelo de Santo Ângelo, uma luz começou a fulgurar na sombra de sua cabeça, de manhã e à noite, quer ele estivesse na Itália ou na França, mais visível na grama úmida de orvalho. Provavelmente é o mesmo fenômeno a que aludi, observado especialmente pela manhã, mas também em outras horas e até mesmo ao luar. Embora constante, é pouco notado e, para uma imaginação fértil como a de Cellini, seria motivo suficiente para embasar superstições. Além do mais, ele explica que mostrou isso a pouquíssimas pessoas. Mas quem tem a consciência de ser respeitado não é realmente distinto?

*

Uma tarde eu resolvo atravessar o mato e pescar em Fair-Haven. Claro que também aproveito para diversificar minha cota frugal de vegetais. No caminho cruzo em Pleasant Meadow, junto à fazenda dos Baker, aquele refúgio sobre o qual um poeta cantou assim:

"Entro num campo de luz,
Onde o musgoso pomar produz

> Banhado por um riacho rosado
> Onde o rato-almiscarado
> E as trutas dardejantes
> Deslizam errantes."

Antes de morar no lago Walden pensei em morar aqui. "Fisgo" as maçãs, salto o riacho e assusto o rato-almiscarado e as trutas. É uma dessas tardes que nos parecem indefinidamente compridas, em que muita coisa pode acontecer, uma grande parte de nossa vida natural, mas já comecei pela meia-tarde. De repente um pancadão de chuva me obriga a ficar meia hora embaixo de um pinheiro, empilhando ramos na cabeça e usando um lenço como telhado; e quando enfim jogo a linha por cima dos aguapés, com a água na cintura, súbito me vejo à sombra duma nuvem, e o trovão começa a ribombar com tanta ênfase que nada mais tenho a fazer além de escutá-lo. Penso com meus botões: os deuses devem estar orgulhosos desses relâmpagos bifurcados capazes de fulminar um pobre pescador desarmado. Eu me apresso para buscar abrigo na cabana mais próxima, que fica a 800 metros distante da estrada, mas a uma distância bem menor do lago, há um bom tempo abandonada:

> "E ali um poeta ergueu
> Em contemplação
> Uma reles cabana
> Para a destruição."

Assim canta a musa. Mas descubro que ali agora moram John Field, um irlandês, a esposa dele e a filharada.

O guri de rosto abolachado ajuda o pai no serviço e agora, para escapar da chuva, vem correndo ao lado do pai, do charco onde trabalhavam. A neném com dobrinhas e cabeça cônica, parecida com uma sibila, senta-se no joelho do pai como no palácio de um nobre e relanceia para o estranho o seu olhar inquiridor, em meio à umidade e à fome, com o privilégio da infância, imaginando-se a última de uma linhagem nobre, a esperança e o centro das atenções do mundo – e não a pobre e faminta pirralha de John Field. Sentamos juntinhos sob a parte do telhado onde menos pingava, enquanto lá fora chove e troveja. Por muitas vezes eu já havia me sentado ali, antes mesmo de o navio que trouxe essa família aos EUA ter sido construído. O protótipo do sujeito honesto, trabalhador, mas meio desleixado, esse era John Field; e a mulher dele? Corajosa, ela cozinha muitos e sucessivos jantares no recôndito daquele altivo fogão. Rosto redondo e sebáceo, peito aparente, pensa em melhorar de vida um dia. Esfregão sempre em punho, mas sem efeito visível no entorno. As galinhas também se abrigam da chuva e circulam na sala como membros da família, humanizadas demais para serem assadas. Estacam e me encaram ou bicam meu sapato de forma sugestiva. Nesse meio-tempo, o meu anfitrião me conta a sua história. De como ele trabalha arduamente para um agricultor lindeiro, virando com enxadão o solo de um prado e "chafurdando" no charco, pagando 25 dólares pelo arrendamento, ou seja, o direito de usar a terra por um ano, esterco incluso. E de como o seu filhinho com cara de bolacha trabalha alegremente ao seu lado. (Nem sonham que a família está sendo explorada.) Tento ajudá-lo com a minha experiência.

Eu explico que ele é um dos meus vizinhos mais próximos. Vim pescar ali e pareço um desocupado, mas, também como ele, eu ganho o meu sustento; conto que eu moro numa casa acanhada, clara e limpa, cujo valor não custa mais do que o aluguel anual de uma ruína como a que ele normalmente ocupa. Se ele quiser, pode em um ou dois meses construir para si mesmo um palácio todo seu. Que eu não uso chá, nem café, nem manteiga, nem leite, nem carne fresca, e por isso não preciso trabalhar para obtê-los. Já que eu não trabalho demais, não tenho que comer demais, e gasto apenas uma bagatela com alimentação. Mas quando ele começa com chá, café, manteiga, leite e carne, ele tem que trabalhar duro para comprar esses itens e, ao trabalhar duro, tem que comer ainda mais para corrigir o desperdício de seu sistema. Em suma, é um círculo não virtuoso, pois ele está descontente e desperdiça a vida nesse processo; e ainda assim considera uma conquista ter vindo aos Estados Unidos da América, pois aqui você tem acesso a chá, café e carne todos os dias. Mas a única e verdadeira "América" é a nação onde você tem a liberdade de seguir um modo de vida que lhe permita viver sem essas coisas, e cujo governo não se empenha em obrigá-lo a sustentar a escravidão e a guerra e outras despesas supérfluas que resultam direta ou indiretamente do uso dessas coisas. Pois eu propositalmente me dirijo a ele como se ele fosse um filósofo, ou desejasse sê-lo. Por mim, eu ficaria mais do que contente se todos os prados da terra fossem deixados em estado agreste, se essa fosse a consequência do começo de nossa redenção. Uma pessoa não precisa estudar história para descobrir o que é melhor para sua própria cultura. Mas, que pena! A cultura de um irlandês é uma tarefa a ser empreendida com uma espécie de enxadão moral. Digo a ele que, de tanto chafurdar no solo, ele precisa de botas grossas e roupas resistentes, que logo estarão sujas e gastas. Mas eu uso sapatos e roupas leves, que não custam nem a metade, embora talvez ele pense que eu use trajes de cavalheiro (não é o caso, porém). E, em uma ou duas horas, sem me esfalfar, mas como recreação, posso, se assim me aprouver, pescar peixe suficiente para dois dias, ou ganhar dinheiro suficiente para me sustentar por uma semana. Se ele e a família dele vivessem com simplicidade, bem que todos poderiam ir à colheita de *huckleberries* silvestres no verão, para se divertir. John solta um suspiro ao ouvir isso, e a esposa dele me olha fixo com as mãos na cintura, e o casal parece estar se perguntando se tem capital suficiente para tomar esse rumo, ou aritmética suficiente para executá-lo. Para eles, a vida é como a navegação estimada: não vislumbram com clareza um local para aportar. Por isso, imagino que continuam levando a vida, cara a cara, à maneira deles, lutando bravamente com unhas e dentes, mas sem a habilidade para rachar suas enormes colunas com uma cunha bem afiada e cortá-la em achas; pensando em lidar com ela toscamente, como quem lida com um pé de figo-do-inferno. Mas lutam contra uma avassaladora desvantagem: vivem – John Field, ai de mim! – sem aritmética e, por isso, fracassam.

– Pesca de vez em quando? – eu pergunto.

– Claro que sim. Quando estou de folga, eu pego um montão de peixe. Umas percas de bom tamanho.

– Usa qual isca?

– Com minhocas eu pesco as carpinhas-douradas que servem de isca para as percas.

– É melhor ir agora, John – diz a esposa dele, com o rosto cintilante e esperançoso; mas John não tem pressa.

A chuva está passando. A leste, um arco-íris sobre a floresta promete uma bela noite; então me despeço. Na saída eu peço um copo d'água, na esperança de ver o fundo do poço, para concluir o meu levantamento sobre as instalações; mas, puxa vida, eu só vejo um banco de areia movediça, a corda arrebentada e o balde, irrecuperável. Enquanto isso, o exato recipiente culinário é selecionado, a água é aparentemente fervida e, após uma consulta e uma longa demora, passada ao sedento – sem ter tempo de resfriar e decantar. É esse líquido que sustenta a vida por aqui, penso eu; então fecho os olhos, excluo as partículas por uma subcorrente habilmente dirigida e bebo em prol da genuína hospitalidade o gole mais vigoroso que pude. Não sou melindroso quando o assunto são boas maneiras.

Quando saio da casa do irlandês após a chuva, enviesando meus passos novamente para o lago, a minha pressa louca para pescar lúcios, atravessando capoeiras, brejos e charcos, locais desolados e selvagens, por um instante me parece trivial, para quem já frequentou a escola e a faculdade; mas, enquanto corro colina abaixo rumo a oeste cada vez mais avermelhado, com o arco-íris acima dos ombros e tênues tlins-tlins chegando aos meus ouvidos pelo ar fresco sem que eu consiga identificar de onde eles vêm, meu Bom Gênio parece dizer:

Dia após dia, vá pescar e caçar por aí, por acolá, por vastas extensões, e descanse à beira de muitos riachos e ao pé de muitas lareiras, sem culpa. Lembra-te de teu Criador nos dias da tua juventude. Levanta-te sem preocupações antes da aurora e procure aventuras. Que o meio-dia te encontre à beira de outros lagos, e seja lá onde for que a noite te alcançar, te sintas em casa. Não há campos maiores do que esses, nem jogos mais valiosos do que os que podem ser jogados aqui. Cresça selvagem de acordo com tua natureza, como esses juncos e matagais, que nunca serão fardos de feno. Deixe o trovão ribombar. Ele ameaça as lavouras? Essa missão é dos agricultores, não tua. Proteja-te sob a nuvem, enquanto eles fogem para carroças e galpões. Ganham a vida no comércio, tu ganhas no esporte. Desfrute da terra, mas não seja dono dela. Por falta de iniciativa e de fé, a humanidade está onde está, comprando e vendendo, e desperdiçando suas vidas como servos.

Ó fazenda dos Baker!

"Da paisagem o mais rico elemento
É um pouco de luz solar inocente.
Ninguém se diverte no prado
Em que você colocou o cercado.
Não entre com ninguém em debate,
Temas nunca perplexos à arte,
À primeira vista tão domesticados,
Em seus trajes castanho-avermelhados.
Venham com amor
E também com desamor
Crias do Pombo Sagrado

E do Guy Faux do Estado,
Galho forte, forca em laço
Conspiração no cadafalso!"

À noite, pessoas voltam para casa, domesticadas, da lavoura ou da rua próxima, assombradas por ecos domésticos. A vida delas é como um lamento de quem respira o próprio fôlego sem cessar. As sombras matinais e noturnas superam seus passos diurnos. Todos os dias deveríamos voltar para casa de longe, de aventuras, perigos e descobertas, com novas experiências e um novo caráter.

Antes de eu chegar ao lago, um impulso de frescor atrai John Field, com a mente alterada. Desta vez ele deixa de "chafurdar" antes do sol se pôr. Mas, coitado, no tempo em que eu consigo uma bela enfiada de peixes, ele só perturba um par de nadadeiras. Quando ele alega falta de sorte, trocamos de lugar no barco, mas a sorte também muda de lugar. Pobre John Field! Espero que ele não leia isto, a não ser que o ajude a melhorar. Pensa em viver à moda de sua velha nação nesta nova e primitiva nação... Pescando percas com carpas-douradas. Às vezes, é uma boa isca, eu admito. O horizonte lhe pertence, mas ele é pobre, nasceu para ser pobre. Herdou da Irlanda a pobreza e essa pobre vida. Seus hábitos chafurdantes, dignos da avó de Adão, o impedem de se elevar neste mundo, nem ele, nem sua posteridade, não antes que seus pés, palmados para chafurdar no lodo, adquiram *asas* nos calcanhares.

LEIS SUPERIORES

Com minha enfiada de peixes volto para casa, arrastando pelo mato a vara de pesca. Está bastante escuro. De relance avisto uma marmota cruzar o meu caminho. Um estranho arrepio de prazer selvagem percorre a minha espinha. Sou dominado por uma forte tentação de agarrá-la e devorá-la crua. Nem fome eu tinha; era mais pela selvageria que ela representava. Uma ou duas vezes, porém, enquanto morava no lago, me peguei vagando pela floresta, como um cão esfaimado, num estranho abandono, à procura de algum tipo de carne de veado que eu pudesse devorar, e nenhum petisco teria sido por demais selvagem para mim. As cenas mais bárbaras se tornam inexplicavelmente familiares. Encontrei em mim mesmo, e ainda encontro, um instinto rumo a uma vida superior ou, como é chamada, espiritual, como a maioria dos homens, e outro rumo a uma condição primitiva e selvagem, e eu reverencio as duas. Meu amor pelo que é selvagem não é menor do que o meu amor pelo que é bom. A selvageria e a aventura que existem na pesca ainda a recomendam para mim.

Às vezes, eu gosto de largar as rédeas da vida e passar mais como os bichos passam. De tanto pescar e caçar quando muito jovem, talvez eu tenha me tornado mais íntimo da Natureza. Desde cedo fomos apresentados e nesse cenário me detive. Caso contrário, naquela época, não teríamos nos conhecido tão bem. Pescadores, caçadores, lenhadores e outros passam suas vidas nos campos e matos; num sentido peculiar, eles próprios constituem parte da própria Natureza e, muitas vezes, estão mais propensos a observá-la, nos intervalos de suas atividades, do que filósofos, ou até mesmo poetas, que dela se aproximam com avidez. Ela não tem medo de se exibir a eles. Naturalmente o viajante nas pradarias caça com armas; nas cabeceiras do Missouri e do Colúmbia, com armadilhas; e nas Cataratas do Niágara, ele pesca. E quem só viaja aprende as coisas pela metade e em segunda mão, e é uma fraca autoridade. Ficamos mais interessados quando a ciência relata o que esses homens já sabem de maneira prática ou instintiva, afinal de contas, isso, por si só, é uma verdadeira *humanidade*, ou um relato da experiência humana.

Engana-se quem afirma que o ianque tem poucas diversões, porque não tem tantos feriados nacionais, e que adultos e crianças americanas não fazem tantas brincadeiras quanto na Inglaterra. A diferença é que por aqui as diversões mais primitivas e solitárias – caça, pesca e semelhantes – ainda não deram lugar ao entretenimento coletivo. Quando eu era menino, quase todos os garotos meus contemporâneos da Nova Inglaterra levavam uma espingarda leve ao ombro, boa para caçar passarinhos, entre os dez e catorze anos. Seu perímetro de caça e pesca não era tão limitado quanto a reserva de um nobre inglês, e sim até mais vasto que o dos nativos. Não é de se admirar, então, que um menino assim não tenha se dedicado com frequência a brincadeiras coletivas. Mas uma mudança está ocorrendo, talvez não pela crescente consciência humanitária, mas pela crescente escassez de caça. Afinal de contas, talvez o caçador seja o maior amigo dos animais caçados, incluindo aí a Humane Society.

Além disso, quando estou no lago, às vezes sinto vontade de adicionar peixes à minha comida só para variar. Na verdade, eu pesco com o mesmo tipo de necessidade que os primeiros pescadores. Qualquer pensamento humanitário que eu possa evocar contra a pesca é totalmente artificial e diz respeito mais à minha filosofia do que aos meus sentimentos. Estou falando só da pesca agora, pois já faz tempo que eu mudei de ideia em relação à caça de aves. Inclusive antes de ir morar no mato eu vendi a minha espingarda. Não que eu seja menos humano do que os outros, mas não percebi grande alteração em meus sentimentos. De peixes e minhocas não tenho pena. Isso é um hábito. Quanto à caça, nos últimos anos em que andei por aí de espingarda, a minha desculpa era que estudava ornitologia e só andava atrás de pássaros novos ou raros. Mas confesso que hoje estou inclinado a pensar que existem melhores maneiras de estudar ornitologia do que essa. Para estudar os hábitos dos pássaros é necessária uma atenção minuciosa. Esse motivo apenas já basta para omitir a arma. Humanos ou não, tenho lá minhas dúvidas se esses valiosos esportes podem ser substituídos por outros à altura. Amigos meus me perguntam, ansiosos:

— Posso deixar meus filhos caçarem?

Lembro que essa foi uma das melhores partes de minha educação e respondo:

— Sim. *Faça-os* caçadores. Primeiro meros esportistas, se possível, e, por fim, caçadores poderosos! Que não encontrem caça grande o suficiente para eles, nesta ou em qualquer vastidão selvagem... Caçadores e pescadores de gente.

Por enquanto ainda concordo com a opinião da freira de Chaucer:

> Um texto vale menos que um frango depenado
> Se disser que o caçador é um homem não santificado.

Na história do indivíduo, e da espécie humana, existe um período em que os caçadores são os "padrinhos", como os chamam os algonquianos. Só nos resta sentir pena do moço que nunca disparou uma arma; ele não se tornou mais humano e, ao mesmo tempo, teve sua educação tristemente negligenciada. Essa foi a minha resposta aos jovens que gostavam de caçar, confiando que logo iam evoluir. Nenhum ser humano, após a idade irrefletida da meninice, matará desenfreadamente qualquer criatura que detenha sua vida pelo mesmo mandato que ele. A lebre na outra ponta chora como uma criança. Eu as advirto, mães, que nem sempre a minha afinidade faz as habituais distinções "fil-*antrópicas*".

Em geral, essa é a apresentação do jovem à floresta, e à parte mais original de si mesmo. A princípio, vai até lá como caçador e pescador, até, por fim, se trouxer em si mesmo as sementes de uma vida melhor, escolher utensílios mais apropriados, como poeta ou naturalista, deixando a arma e a vara de pescar para trás. O grosso da humanidade é, ainda e sempre, jovem a esse respeito. Em alguns países, um pároco caçador não é uma visão rara. Um desses pode se tornar um bom cão pastor, mas está longe de ser o Bom Pastor. Fico surpreso ao constatar: até onde eu saiba, a única atividade óbvia – à exceção de fazer lenha, cortar gelo e negócios similares – realizada no Lago Walden em meio turno por meus conterrâneos, sejam pais ou crianças da cidade, com uma única exceção, é a pesca. Costumam achar que têm sorte ou são bem pagos por seu tempo quando conseguem uma longa enfiada de peixes. Entretanto, o tempo inteiro têm a oportunidade de admirar o lago. Podem ir lá mil vezes, antes de o sedimento da pesca afundar e purificar o propósito deles. Sem dúvida, porém, esse processo de clarificação seria contínuo. O governador e seus conselheiros se lembram vagamente do lago, pois foram pescar lá quando eram meninos; mas hoje estão muito velhos e dignos para ir pescar e, portanto, nem tocam mais no assunto. Assim mesmo, esperam ir para o céu enfim. Se os legisladores se lembram dele, é principalmente para regulamentar o número de anzóis a serem usados ali. Mas de nada sabem sobre o anzol dos anzóis, capaz de fisgar o próprio lago empalando os legisladores como isca. Assim, até mesmo em comunidades civilizadas, o humano embrionário passa, em seu desenvolvimento, pelo estádio de caçador.

    Nos últimos anos tenho percebido, repetidamente, que não consigo pescar sem perder um pouco do amor-próprio. Tento de novo e de novo. Sou um pescador habilidoso e, como muitos amigos meus, tenho jeito para a pesca. Revivo isso de vez em quando, mas sempre que o faço sinto que teria sido melhor se eu não tivesse pescado. Acho que não estou me enganando. É uma alusão vaga, mas o mesmo acontece com os primeiros raios da manhã. Inquestionavelmente, tenho em mim esse instinto, que pertence às ordens inferiores da criação. Porém, a cada ano sou menos pescador, embora sem me tornar mais humano ou mais sábio. Hoje, deixei de ser pescador. Mas sinto que, se eu fosse viver no agreste, eu novamente me sentiria tentado a me tornar um pescador e caçador para valer. Além do mais, há algo essencialmente impuro nessa dieta e em toda a carne, e começo a ver onde começa o trabalho doméstico e de onde vem o esforço, que custa tanto, de manter a aparência limpa e respeitável a cada dia, manter a casa perfumada, livre de tudo que ofende a visão e o olfato. Sou meu próprio açougueiro, copeiro e cozinheiro, e o cavalheiro a quem os pratos são servidos; por isso, posso falar com uma experiência de rara completude. No meu caso, a objeção prática a ser carnívoro é a impureza da carne. Além disso, quando capturo, limpo, cozinho e degusto meus peixes, parece que em essência eles não me nutriram. É insignificante e desnecessário, e o custo maior que o benefício. Um pouquinho de pão ou umas batatinhas teriam resolvido o problema, com menos confusão e sujeira. Há muitos anos, eu raramente consumo alimentos de origem animal, nem chá ou café. Não só eu, mas também muitos de meus contemporâneos. Isso acontece nem tanto por quaisquer efeitos nocivos que eu lhes atribua, mas porque não agradam a minha imaginação. A repulsa a comer carne não é fruto da experiência: é um instinto. Sob inúmeros aspectos, me parece mais bonito viver na modéstia. Nunca fiz isso, mas cultivo essa ideia o suficiente para satisfazer a minha imaginação. Tem uma coisa na qual eu acredito. Todo ser humano que se esforça para preservar nas melhores condições as suas faculdades superiores ou poéticas tem a tendência de comer pouco e de se abster de alimentos de origem animal. Entomólogos realçam um fato deveras significativo, citado na obra *Introdução à Entomologia*, de Kirby & Spence:

> Certos insetos, em sua forma final, embora dotados de órgãos de alimentação, se abstêm de utilizá-los. (...) Via de regra, quase todos os insetos neste estado comem muito menos do que as larvas. A lagarta voraz se metamorfoseia em borboleta (...) e o berne glutão, em mosca.

Contentam-se com uma ou duas gotas de néctar ou outro líquido melífero. O abdômen sob as asas nos lembra que a borboleta um dia foi larva. O destino dos insetos é ter acepipes como tentação. A humanidade comilona está em estado larval. Nações inteiras sofrem dessa condição, nações sem fantasia ou imaginação, traídas por suas panças avantajadas.

Não é fácil ofertar e cozinhar uma dieta tão simples e limpa que respeite a imaginação. Acho que ela também se alimenta quando alimentamos o corpo; os dois devem se sentar à mesma mesa. Entretanto talvez isso possa ser feito. Quem come frutas com moderação não passa vergonha por seu apetite nem precisa interromper seus mais dignos afazeres. Mas ponha em seu prato um condimento extra, e ele o envenenará. Não vale a pena viver da riqueza culinária. A maioria das pessoas sentiria vergonha se fosse apanhada preparando com as próprias mãos uma refeição assim, seja com ingredientes animais ou vegetais. Afinal, dia após dia, outros preparam o almoço para eles. Enquanto isso não mudar, porém, não seremos civilizados, podemos até ser cavalheiros e damas, mas não seremos verdadeiros homens e mulheres. Com certeza isso indica qual mudança deve ser feita. Será inútil indagar por que a imaginação não se reconcilia com a carne e a gordura? Melhor assim. Já não basta como censura o fato de a humanidade ser carnívora? É verdade que ela pode viver e vive, em grande medida, predando outros animais; mas esse é um jeito mísero (e todo mundo que caça coelhos ou abate cordeiros sabe muito bem). Quem ensina as pessoas a limitar-se a uma dieta mais inocente e saudável pode ser considerado um benfeitor da espécie humana. Seja lá qual for a minha própria prática, não tenho dúvidas de que faz parte do destino de nossa espécie, em sua evolução gradual, deixar de comer animais, tão certo quanto as tribos selvagens abandonaram a antropofagia quando tiveram contato com povos mais civilizados.

Se uma pessoa dá ouvidos às sugestões mais tênues, porém constantes, de seu gênio, que certamente são verdadeiras, não percebe a que extremos, ou mesmo insanidade, isso pode levá-la; contudo é por esse caminho, à medida que se torna mais decidida e confiante, que sua estrada leva. A mais tênue e certeira objeção que uma pessoa saudável sente acaba prevalecendo sobre os argumentos e costumes da humanidade. Nenhuma pessoa jamais seguiu o seu gênio e acabou enganada por ele. O resultado pode ter sido fraqueza corporal, mas talvez ninguém possa lamentar as consequências, pois se trata de uma vida em conformidade com os princípios mais elevados. Se você abraça cada dia e cada noite com alegria, a vida emite uma fragrância de flores e de ervas aromáticas, é mais elástica, mais estrelada, mais imortal – e nisso reside o seu sucesso. Toda a natureza se impregna com sua felicitação, e você tem motivos para se abençoar momentaneamente. Os maiores valores e ganhos estão longe de serem apreciados. Facilmente duvidamos de sua existência. Logo, logo os esquecemos. São a realidade mais elevada. Talvez os fatos mais estarrecedores e mais reais nunca se comuniquem entre humanos. A verdadeira safra de minha vida cotidiana é algo tão intangível e indescritível quanto os matizes matinais ou noturnos. É uma pitada de poeira estelar que guardei, um segmento do arco-íris que capturei.

Mas, de minha parte, não sou cheio de dedos; às vezes, degusto um ratinho frito se necessário. Alegra-me beber apenas água há tanto tempo, pelo mesmo motivo que prefiro o céu natural ao paraíso de um comedor de ópio. De bom grado quero sempre me manter sóbrio; e há infinitos graus de embriaguez. Creio que a água é a única bebida para quem tem sabedoria; o vinho não é um licor tão nobre; e pense em dissipar as esperanças de uma manhã com uma xícara de café quente, ou de uma noite com uma tigela de chá! Ah, que tentações ordinárias! Até mesmo a música pode ser inebriante. Causas tão aparentemente leves destruíram Grécia e Roma, e hão de destruir a Inglaterra e a América. De toda ebriez, não é melhor nos embriagarmos com o ar que respiramos? Descubro qual é a objeção mais séria a trabalhos rudes por tempo continuado: é que eles me compelem a comer e beber também rudemente. Mas, para falar a verdade, hoje acho que ando menos meticuloso a esse respeito. Levo menos religião à mesa, não peço bênção; não por ser mais sábio do que já fui, mas, confesso, porque, por mais lamentável que seja, com os anos me tornei mais rude e indiferente. Talvez essas questões sejam cogitadas apenas na juventude, como muita gente acredita que acontece com a poesia. A minha prática está "em lugar nenhum", a minha opinião, aqui. Porém, estou longe de me considerar um desses privilegiados a quem os Vedas, as escrituras da Índia, se referem ao mencionarem: "Quem tem uma autêntica fé no Ser Supremo Onipresente pode comer tudo o que existe". Ou seja, não é obrigado a perguntar o que é sua comida, ou quem a prepara; e, mesmo no caso deles, é bom observar, como salientou um analista hindu: a filosofia Vedanta limita esse privilégio ao "tempo de angústia".

Quem nunca obteve uma satisfação inexprimível de sua comida, da qual o apetite não participa? Emociono-me ao pensar que eu devo uma percepção mental ao geralmente tosco sentido do paladar, que me sinto inspirado por minhas papilas gustativas, que as bagas que comi na encosta de uma colina alimentaram o meu gênio. "A alma não é dona de si mesma", diz Thseng-tseu, "por isso, a pessoa olha e não vê; escuta e não ouve; come e não conhece o sabor da comida." Aquele que distingue o verdadeiro sabor de sua comida nunca será um glutão; aquele que não distingue, certamente o é. Um puritano come a crosta de pão integral com um apetite tão brutal quanto o do vereador que devora uma tartaruga. Não é o alimento que entra pela boca que contamina o homem, mas o apetite com que é ingerido. Não é a qualidade nem a quantidade, mas a devoção aos sabores sensuais; quando aquilo que se come não é um alimento para sustentar o animal que há em nós, ou inspirar a nossa vida espiritual, mas sim um alimento para os vermes que nos possuem. O caçador aprecia cágados-da-lama, ratos-almiscarados e outros petiscos selvagens; a dama requintada se delicia com o mocotó feito com o pé do bezerro ou com as sardinhas do mar. O resultado é um empate. Ele vai ao lago do moinho, ela ao vaso de conservas. O mais espantoso é como eles, e você, e eu, conseguimos viver nessa animalesca e viscosa vidinha de comes e bebes.

Toda a nossa vida é de um fundo assustadoramente moral. Entre virtudes e vícios não há sequer um instante de trégua. A bondade é o único investimento que nunca fracassa. O que nos emociona na trêmula harmonia das harpas é a insistência com que ela envolve o mundo. A harpa é a peregrina vendedora da Companhia de Seguros Universal, recomenda suas leis, e como pagamos a apólice? Com nossa pouca bondade. A juventude enfim vai ficando indiferente, mas as leis do universo nada têm de indiferentes: estão sempre ao lado dos mais sensíveis. Em seu ouvido cada zéfiro sopra uma censura, pode apostar, e quem não as ouve é infeliz. Não podemos dedilhar um acorde ou mover uma trava sem que a moral encantadora nos transfigure. Muitos barulhos dissonantes, que viajam longe, são escutados como se fossem música, uma sátira doce e orgulhosa sobre a maldade de nossas vidas.

Temos a consciência de que o animal desperta em nós quando a nossa natureza superior se entorpece. É reptiliano e sensual e talvez não possa ser expelido por completo; como os vermes que, mesmo em vida e saúde, ocupam os nossos corpos. É possível nos afastarmos dele, mas mudar sua natureza, jamais. Receio que goze de certa saúde própria; para que possamos estar bem, mas impuros. Outro dia, peguei a mandíbula dum porco. Brancos e saudáveis, dentes e presas sugeriam um vigor e uma saúde animais distintos do que é espiritual. Essa criatura alcançou sucesso por outros meios que não a temperança e a pureza. "O que distingue o ser humano das feras brutas", diz Mêncio, "é algo muito insignificante, que as massas logo perdem, mas os humanos superiores preservam com cuidado." Sabe-se lá que tipo de vida resultaria se tivéssemos alcançado a pureza? Se eu soubesse de uma pessoa tão sábia que pudesse me ensinar a pureza, imediatamente iria procurá-la. "De acordo com os Vedas, para aproximar a nossa mente de Deus, é indispensável comandar as nossas paixões, nossas sensações corporais externas e nossas boas ações." Mesmo assim, o espírito consegue permear e controlar cada membro e função do corpo, e transmutar em pureza e devoção as formas da mais bruta sensualidade. Quando nos soltamos, a energia geradora se dissipa e nos torna impuros; quando nos contemos, ela nos revigora e inspira. A castidade é a inflorescência humana; e o que chamamos de gênio, heroísmo e santidade não passam de seus vários frutos sucedâneos. A humanidade flui direto a Deus se o canal da pureza estiver aberto. Às vezes, a nossa pureza inspira e a nossa impureza nos descompassa. Abençoado é quem tem a certeza de que o animal em seu íntimo definha, dia após dia, e o ser divino se consagra. Talvez ninguém encontre motivos para se envergonhar de seu vínculo com uma natureza inferior e animalesca. Receio que sejamos deuses ou semideuses apenas como faunos e sátiros, os divinos aliados das bestas, as criaturas do apetite. Receio que, até certo ponto, a nossa própria vida seja a nossa desgraça.

> "Que beleza ter um lugarzinho pra bicharada
> E a mente devidamente desmatada!
> (...)
> Usar cavalo, bode, lobo e outros animais,
> E não ser burro de carga jamais!
> O homem não é só a manada
> De porcos, mas também os demônios
> Que a deixam raivosa e degradada."

Toda sensualidade é única, embora assuma muitas formas; toda pureza é única. É igual se a pessoa come, bebe, coabita ou dorme sensualmente. Compreendem um só apetite, e basta vermos uma pessoa fazer uma coisa assim para sabermos o quanto ela gosta de sensualizar. O impuro não fica em pé nem se senta com a pureza. Quando o réptil sofre um ataque numa das entradas de sua toca, ele aparece na outra. Castidade exige temperança. Castidade o que é? Como a pessoa vai saber se é casta? Ela não sabe. Ouvimos falar nessa virtude, mas não sabemos o que ela é. Escutamos um boato e o passamos adiante. Do afinco, vêm a sabedoria e a pureza; da preguiça, a ignorância e a sensualidade. Nos estudantes, a sensualidade é um hábito mental preguiçoso. Uma pessoa impura é universalmente preguiçosa: fica sentada pertinho do fogão, deita-se para tomar banho de sol, repousa sem estar cansada. Se quiser evitar a impureza e todos os pecados, trabalhe com zelo, mesmo que seja para limpar um estábulo. É difícil superar a Natureza, mas ela deve ser superada. De que vale ser cristão se você não for mais puro do que os pagãos, não se abster mais, não vivenciar mais a religião? Conheço muitos sistemas religiosos considerados pagãos cujos preceitos enchem o leitor de vergonha e o incitam a fazer novos esforços, ainda que isso envolva apenas a realização de ritos.

Hesito em dizer essas coisas, não por causa do assunto – não me importa se as minhas *palavras* são obscenas –, mas porque não posso falar delas sem revelar a minha impureza. Discorremos livremente e sem pejo sobre uma forma de sensualidade e silenciamos sobre outra. Estamos tão degradados que não conseguimos falar simplesmente das funções necessárias à natureza humana. Em eras remotas, em alguns países, todas as funções eram tratadas com reverência e regulamentadas por lei. Nada era trivial demais ao legislador hindu, por mais ofensivo que isso possa ser ao gosto moderno. Ele ensina como comer, beber, coabitar, eliminar excrementos e urinar, e coisas semelhantes, elevando o que é medíocre, e não se desculpa falsamente chamando essas coisas de ninharias.

Toda pessoa constrói um templo, chamado de corpo, ao deus que ela adora, conforme um estilo todo seu, do qual não escapa nem cinzelando mármore. Somos todos escultores e pintores, e o nosso material é nossa própria carne, sangue e ossos. Toda e qualquer nobreza logo começa a aprimorar as feições humanas; toda e qualquer mesquinhez ou sensualidade as embrutece.

Noite de setembro. Após um árduo dia de trabalho, John Farmer senta-se à sua porta com a mente ainda mais ou menos concentrada em seu trabalho. Banho tomado, senta-se para recriar sua parte intelectual. A noite está gelada e uns vizinhos dele estão pegando friagem. Desliga-se de seu fluxo de pensamentos por um tempo até ouvir alguém tocando uma flauta, e aquele som se harmoniza com seu humor. Continua matutando em seu trabalho, mas pensar é um fardo: contra a própria vontade arquiteta planos que nada lhe dizem respeito. Nada além de uma casca epidérmica constantemente trocada. Mas vai se desviando de seu trabalho à medida que as notas da flauta chegam aos seus ouvidos de uma esfera diferente, fazendo trabalhar certas faculdades que dormiam nele. Suavemente apagam a rua, a cidadezinha e a situação em que ele vivia. Uma voz lhe disse:

– Por que insiste em ficar aqui nessa vida medíocre e árdua em vez de buscar uma existência gloriosa? Estas mesmas estrelas cintilam sobre outros campos.

– Mas como sair dessa situação e na prática migrar até lá?

Tudo que ele consegue pensar é em exercitar uma nova austeridade, deixar a mente descender ao corpo e redimi-lo, e tratar a si mesmo com um respeito cada vez maior.

VIZINHOS BESTIAIS

Lá de vez em quando eu tenho um companheiro de pesca, que vem do outro lado do município e cruza a cidadezinha rumo à minha casa. Então, capturar o almoço e degustá-lo consiste num exercício social.

Ermitão: – Fico imaginando o que é que o mundo anda fazendo agora. Três horas se passam, e não ouço sequer um gafanhoto nas samambaias. Nenhum alvoroço de pombos, todos adormecidos em seus poleiros. O som que agorinha soou além do mato terá sido o silvo de um camponês anunciando o meio-dia? Mãos servem cozido de charque, cidra e pão de milho. Por que se preocupar tanto? Aquele que não come não precisa trabalhar. Fico imaginando quanto é que rendeu a lavoura deles. Para que morar onde incessantes latidos não nos deixam pensar? Cuidar da governança doméstica! Polir as maçanetas e a banheira do diabo neste dia glorioso! Melhor não ter casa para cuidar. Digamos, o oco de uma árvore; e dê-lhe visitinhas matinais e encontros sociais! Só o bater de um pica-pau. Ó, eles se enxameiam; o sol é muito quente por lá; já nascem muito adiantados na vida para mim. Tenho água da nascente e pão preto na prateleira. Atenção! Folhas farfalham. Será um cão de caça faminto entregue ao instinto da perseguição? Ou o tal porco extraviado no mato, cujos rastros eu vi depois da chuva? Está vindo rápido, balançando meus sumagres-lisos e minhas rosas-mosquetas. É você, amigo Poeta? Não é um dia maravilhoso?

Poeta: – Olhe aquelas nuvens; como flutuam! É a coisa mais fabulosa que vi hoje. Você não encontra nada parecido em pinturas antigas ou terras estrangeiras, a menos que esteja ao largo do litoral espanhol. Autêntico céu mediterrâneo. Tenho que prover meu próprio sustento e ainda não comi hoje. Então pensei: que tal uma pescaria? É a verdadeira faina dos poetas. O único ofício que aprendi. Vamos lá, venha comigo.

Ermitão: – Impossível resistir. Meu pão preto está no fim. Com prazer vou junto com você, mas espere um pouquinho, estou terminando uma séria meditação. Acho que estou prestes a concluir. Pode me deixar a sós um tempinho? Adiante o serviço. Pegue a enxada e vá procurando as minhocas. É raro desenterrar minhocas nessas bandas, ninguém adubou o solo com estrume; estão quase extintas. Achar a isca é um esporte quase igual ao de pescar, se a pessoa não estiver com muita fome de pesca; e você tem todo o dia para isso. A minha dica é cavar ali perto dos pés de feijão-batata, onde balança a erva-de-são-joão. Garanto uma minhoca a cada três enxadadas, basta olhar direito no meio das raízes de grama, como quem cata ervas daninhas. Se quiser ir mais longe, tudo bem. Aprendi que a probabilidade de achar isca é proporcional ao quadrado da distância percorrida.

Ermitão a sós: – Deixe-me ver; onde é que eu estava mesmo? Acho meu estado de espírito era quase esse; e o mundo estava meio que neste ângulo. Ir para o céu ou pescar? Eis a questão. Até posso parar de meditar agora, mas será que vou ter outra oportunidade tão doce? Nunca estive tão perto de entender a essência das coisas em minha vida. Receio que os meus pensamentos acabem não retornando a mim. Posso tentar chamá-los de volta com um assobio. Quando recebemos uma oferta, não é sensato dizer: vamos pensar nisso? Meus pensamentos não deixaram rastros e não consigo recuperar o fio da meada. No que é que eu estava pensando? Cerração baixa, sol que racha. Vou experimentar três frases de Confúcio: elas podem buscar esse estado novamente. Não sei se foi barro ou um botão de êxtase. Lembrete: nunca deixe o cavalo passar encilhado.

Poeta: – Prontinho, Ermitão. Vamos nessa? Já catei treze inteirinhas, sem falar nas imperfeitas e subdimensionadas, que são boas para pegar peixinhos; elas não cobrem muito o anzol. Aquelas minhocas urbanas são grandes demais; o lambari rouba a isca e escapa da farpa.

Ermitão: – Certo, vamos andando. Que tal o rio Concord? Dá muito peixe lá quando a água está baixa.

*

Por que mesmo estes objetos que vemos perfazem um mundo? Por que o ser humano tem só essas espécies de animais como seus vizinhos, como se nada além de um ratinho pudesse preencher essa fenda? Suspeito que Pilpay, o fabulista hindu, e seus seguidores deram aos animais o melhor uso, pois são todos bestas de carga, em certo sentido, feitos para carregar uma parcela de nossos pensamentos.

Os ratinhos que assediavam a minha casa não eram desses mais comuns, que o pessoal diz que foram introduzidos no país, mas um tipo de camundongo silvestre que não ocorre na cidadezinha. Enviei um espécime a um distinto naturalista, e ele ficou interessadíssimo. Quando eu estava construindo a cabana, um deles fez seu ninho embaixo da casa, e antes que eu tivesse terminado de colocar o assoalho e varrer as aparas, ele já aparecia na hora do almoço para catar migalhas aos meus pés. Talvez nunca tenha visto um ser humano antes, mas logo se familiariza comigo e brinca no meio de meus sapatos e roupas. Escala fácil as laterais da sala em breves impulsos, com movimentos semelhantes aos de um esquilo. Um dia escoro o cotovelo na bancada, ele sobe por cima de minha manga e fica dando voltas e mais voltas ao redor do papel onde está o meu almoço.

Puxo a comida para o meu lado num esquivo jogo de esconde-esconde; por fim, seguro um pedacinho de queijo entre o polegar e o indicador, ele se aproxima e dá uma mordiscada, senta-se na palma da minha mão, limpa o rosto e as patas, como fazem as moscas, e vai embora.

Um piuí logo busca a proteção de meu galpão e um tordo a de um pinheiro grudado na casa. Em junho, a fêmea do tetraz-de-colar (*Bonasa umbellus*), essa ave tão tímida, à frente de sua ninhada, sai do matinho dos fundos, passa em minhas janelas até chegar na frente de minha casa, conduzindo os filhotes com suaves cacarejos, provando em todos os detalhes de seu comportamento ser a galinha do mato. Súbito, os filhotes se dispersam quando você se aproxima, a um sinal da mãe, como se um pé de vento os tivesse levado num redemoinho de folhas secas. Quantos viajantes já pisaram sem querer no meio de uma ninhada, e ouviram o esvoaçar da mãe alçando voo, e seus chamados e piados ansiosos, ou a viram ruflando as asas para desviar a atenção e não suspeitar da presença dos filhotes? Às vezes, a mãe rola e rodopia em sua frente de tal forma que por um átimo você nem atina que tipo de criatura ela é. Os filhotes se agacham, quietinhos, ocultos sob as folhas, atentos às instruções que a mãe passa à distância, sem denunciar a presença deles, até o viajante se afastar. Você até pode pisar ao lado deles ou até mesmo encará-los por um minuto, sem se dar conta. Eu já segurei um deles em minhas mãos abertas em uma dessas ocasiões, e ainda seu único cuidado, obediente à mãe e a seu instinto, foi se agachar, sem medo ou tremor. Tão perfeito é esse instinto, que uma vez, ao recolocá-los nas folhas, um dos filhotes acidentalmente caiu de lado e permaneceu nessa mesma posição por dez minutos, até os demais reaparecerem. Não são imaturos como os filhotes da maioria das aves, ao contrário. São mais perfeitamente desenvolvidos e precoces até mesmo que as galinhas. A expressão incrivelmente adulta, mas inocente, de seus olhos abertos e serenos é muito memorável. Toda inteligência parece refletida neles. Sugerem não só a pureza da infância, mas uma sabedoria esclarecida pela experiência. Um olho assim não nasce com o pássaro, mas é contemporâneo ao céu que ele reflete. A mata não produz outra joia semelhante. Não é sempre que o viajante se depara com poço tão límpido. Nessa hora, o caçador ignorante ou imprudente muitas vezes atira na matriarca, e deixa esses inocentes caírem nas garras de alguma fera ou rapinante rondando, ou gradativamente se misturarem às folhas em decomposição com as quais tanto se parecem. Diz-se que, quando chocados por uma galinha, eles se dispersam diretamente no primeiro alarme, e se perdem para nunca mais voltar, pois não escutam o chamado da mãe que os reúne novamente. Minhas galinhas e pintinhos eram esses.

É extraordinário como muitas criaturas que vivem selvagens e livres, embora secretas nos matos, ainda encontram sustento nas vizinhanças das cidades, vigiadas só pelos caçadores. Aqui é o refúgio da lontra-canadense! Alcança 1,2 m, o tamanho de um garotinho, sem que nenhum ser humano a vislumbre. No matinho dos fundos de minha cabana já vi o guaxinim e também devo ter ouvido seus gemidos à noite. Em geral descanso uma ou duas horas à sombra, perto do meio-dia, após o plantio, e almoço, e leio um pouquinho, perto da nascente que abastece o pântano e o riacho, vertendo do sopé da Colina do Brister, a oitocentos metros de minha lavoura. Para chegar ali eu atravesso uma série de declives relvados, onde crescem jovens pinheiros-bravos, até o mato maior ao redor do pântano. Aquele ponto, além de muito isolado e sombreado, tinha ainda por cima, sob um frondoso pinheiro-branco, um gramado limpo e firme para a pessoa se sentar. Escavo a nascente de água límpida e faço uma cisterna, onde mergulho um balde inteirinho sem turvá-la, e busco esse refúgio quase todos os dias no meio do verão, quando o lago está mais quente. Para lá, também, a galinhola-americana conduz sua ninhada, para sondar a lama em busca de larvas, voando só uns trinta centímetros acima deles, barranco abaixo, seguida pela tropa em alvoroço. Súbito, ela deixa os filhotes e vem me espionar, em círculos cada vez mais próximos, até ficar a menos de um metro e meio de mim. Finge estar com a asa ou o pé quebrado, só para desviar a minha atenção dos filhotes. Esses retomam a sua marcha, entre tênues e elásticos piados, em fila única, através do pântano, de acordo com as orientações maternas. Ou escuto o piar da ninhada e não enxergo mais a mãe. Ali também as rolas-bravas pousam à beira da nascente, ou pulam de galho em galho nos macios pinheiros-brancos acima de minha cabeça. Por sua vez, o esquilo-vermelho desce pelo galho mais próximo, particularmente familiar e curioso. Basta sentar tempo suficiente em um local atraente do mato para que todos os seus habitantes se revezem em exibições para você.

    Testemunho eventos de caráter menos pacífico. Um dia me aproximo da pilha de lenha, ou melhor, de tocos, e me deparo com duas formigas grandes, uma vermelha, e a outra preta, muito maior, com quase 1,2 cm de comprimento, em feroz contenda. Uma se agarra na outra em abraço perene. Sem cessar, lutam, brigam e rolam sobre os cavacos. Corro o olhar ao redor e fico surpreso. Os cavacos estão cobertos por esses combatentes! Aquilo não é *duellum*, mas sim *bellum*: uma guerra entre duas espécies de formigas, vermelhas contra pretas, e muitas vezes duas vermelhas para cada preta. Legiões desses mirmídones cobrem todas as colinas e vales de meu quintal-no-meio-do-mato, e a peleja deixa o solo coberto de mortos e moribundos, vermelhos e pretos. Nunca antes fui testemunha de uma batalha, e percorro o campo de batalha com ela em pleno andamento. Ela é duplamente mortífera: deixa cadáveres de vermelhas republicanas e de pretas imperialistas. Combates mortais em todos os lados. Não ouço nada, mas sei que soldados humanos nunca lutaram tão tenazmente. Em frenesi, duas se digladiam num pequeno vale ensolarado em meio aos cavacos; era meio-dia, mas a dupla parece pronta para lutar até o sol se pôr ou a vida se esvair. A menorzinha, a heroína vermelha, crava as poderosas mandíbulas na cabeça da adversária. As duas rolam sem cessar naquele campo, mas nem por um instante a pequena cessa de roer uma das antenas da maior, depois de cortar a outra. A formiga preta, por sua vez, mais forte, balança a outra para lá e para cá, e eu percebo, olhando mais de perto, que ela já havia despojado a outra de várias de suas pernas. Lutam com mais pertinácia do que buldogues. Nenhuma manifesta a menor disposição para recuar. Fica claro qual é o seu grito de guerra: "Conquistar ou morrer". Nesse meio-tempo aparece outra formiga vermelha na encosta deste vale, evidentemente cheia de entusiasmo, que das duas, uma: ou havia despachado sua inimiga ou ainda não havia participado da batalha. Provavelmente a última opção, pois ela não havia perdido nenhum de seus membros. A mãe dela a incumbira de retornar com o escudo do inimigo ou sobre ele. Ou talvez fosse um Aquiles que nutriu sua cólera em separado e agora vinha vingar ou resgatar seu Pátroclo. Ela assiste de longe a esse combate desigual – pois as pretas têm quase o dobro do tamanho das vermelhas –, aproxima-se rápido, estaca ao lado dos duelistas e assume a posição. Súbito, aproveita sua oportunidade, salta sobre a guerreira preta e desfere um feroz ataque na base da perna dianteira direita da inimiga, deixando-a escolher entre seus próprios membros; e lá se vão as três engalfinhadas, lutando pela vida, unidas por uma nova espécie de atração, tão forte que envergonharia todas as outras chaves de braço e argamassas. A esta altura eu não me surpreenderia se cada exército tivesse suas respectivas bandas marciais estacionadas em alguma proeminente acha de lenha, tocando seus hinos nacionais, para incitar os combatentes mais lentos e dar um último alento aos moribundos. Eu mesmo fico um tanto empolgado, como se fosse um drama humano. Quanto mais você compara, menos diferenças encontra. Mas com certeza não há batalha registrada na história de Concord, pelo menos, ou até mesmo na história dos Estados Unidos, comparável a esta, seja pelo número de soldados envolvidos, seja pelo patriotismo e heroísmo revelados. Em termos de mortos e de carnificina, equivale à Batalha de Austerlitz ou à Batalha de Dresden. Estoura a guerra pela independência em Concord! Luther Blanchard, o tocador de pífano, é o primeiro a ser atingido por uma bala. O ferimento não é mortal, mas outros dois patriotas tombam mortos! E, minha nossa! Cada formiga é um capitão Buttrick que esbraveja "Fogo! Pelo amor de Deus, fogo!", e milhares delas compartilham o destino de Isaac Davis e Abner Hosmer. Não há mercenários ali. Não tenho dúvidas de que essa luta é por princípios, tanto quanto a de nossos ancestrais, não para evitar um imposto de três *pence* sobre o chá; e os resultados desta batalha hão de ser no mínimo tão importantes e memoráveis para esses povos como aqueles da batalha de Bunker Hill.

Pego o cavaco em que lutava o trio que descrevi, levo junto para minha casa e o coloco sob um copo, no parapeito da janela, a fim de acompanhar o desenlace. Seguro uma lupa e observo a primeira formiga vermelha. Ainda morde a pata dianteira da inimiga, após cortar sua antena restante, mas está com o peitoral dilacerado pelas mandíbulas da guerreira preta, cuja couraça é aparentemente grossa demais para a vermelha perfurar. Como escuros carbúnculos, os olhos do contendor faíscam com a ferocidade que só a guerra pode incitar. Lutam por mais meia hora sob o copo, e quando olho de novo, a soldado preta havia decepado as cabeças das inimigas, e as cabeças, ainda vivas, estão penduradas em seus flancos, como troféus medonhos em sua sela torácica, ao que parece, ainda grudadas tão firmemente quanto antes, e ela faz esforços débeis, sem as antenas, só com uma perna restante e não sei quantos outros ferimentos, para se livrar delas; o que enfim logra conseguir, meia hora depois. Ergo o vidro e ela pula do parapeito da janela naquela condição de aleijada. Se ela enfim sobreviveu àquele combate e passou o resto dos dias em algum Hotel des Invalides, não sei; mas penso que sua capacidade de trabalho ficou bastante prejudicada depois disso. Nunca soube a causa da guerra nem quem conquistou a vitória, mas no restante do dia permaneço com uma sensação de agitação e angústia por testemunhar o empenho, a ferocidade e a carnificina de uma batalha diante de minha porta, como se ela fosse humana.

 Kirby e Spence nos contam que as batalhas de formigas ocorrem há muito tempo e suas datas são registradas, embora afirmem ter sido Huber o único autor moderno que as testemunhou. Aqui transcrevo um trecho da obra dos eminentes entomólogos:

Enéias Sílvio dá um relato circunstancial de um obstinado confronto entre uma espécie grande e outra pequena, no tronco duma pereira. Afirma que a luta foi travada no pontificado de Eugênio IV, na presença de Nicholas Pistoriensis, eminente advogado, que relatou toda a batalha com a maior fidelidade. Luta semelhante entre formigas grandes e pequenas é registrada por Olaus Magnus, na qual as pequenas, vitoriosas, enterraram os corpos dos próprios soldados, mas deixaram os de suas gigantescas inimigas como presas para os passarinhos. Tal fato ocorreu antes da expulsão de Cristiano II, o Tirano, da Suécia.

A batalha que testemunhei ocorreu na presidência de Polk, cinco anos antes da aprovação da Lei do Escravo Fugitivo, de Webster.

Muitos cães do povoado, com serventia apenas para perseguir um cágado-de-lama no porão dos víveres, ostentam seus avantajados quartos traseiros no mato, sem o conhecimento de seus donos, e farejam ineficazmente velhas tocas de raposas e tocas de marmotas, talvez guiados por um vira-lata ligeiro que agilmente percorre a floresta, ainda capaz de inspirar um terror natural em seus habitantes. Um fica para trás de seu guia, latindo como um touro canino para um esquilinho que apareceu na árvore para dar uma espiada. Outro, a meio galope, amassa os arbustos com seu peso, imaginando que está no encalço de um membro perdido da família dos gerbos. Certa vez, me surpreendo ao ver uma gata caminhando na margem pedregosa do lago, pois raramente um bichano anda tão longe de casa. A surpresa foi mútua. Porém, a mais doméstica das gatas, escarrapachada no tapete todos os dias, parece muito à vontade no mato. Brejeira e ladina, parece mais à vontade ali do que a fauna nativa. Outra vez vou catar frutas silvestres e me deparo com uma gata com filhotes no mato, bastante selvagens, e todos eles, como a mãe, eriçam o pelo das costas e silvam ferozmente para mim. Alguns anos antes de eu ir morar nos bosques, um bicho apelidado de "gato alado" morava num dos galpões de uma propriedade em Lincoln, perto do lago, a fazenda do sr. Gilian Baker. Quando passei para vê-lo, em junho de 1842, esse animal (não tenho certeza se era macho ou fêmea) tinha ido caçar no mato, como de costume. A dona dele me contou que o bichano havia aparecido nas redondezas há cerca de um ano, em abril, e enfim foi levado à casa deles. Pelagem de um cinzento-acastanhado, mancha branca na garganta e meias brancas, cauda grande e espessa como a de uma raposa. No inverno, o pelo engrossava nos flancos, formando em cada lado uma faixa de 25 a 30 cm de comprimento por 6 cm de largura; embaixo do queixo, um tufo, a parte superior solta, a inferior emaranhada como feltro. Na primavera, esses apêndices caíam. Eles me deram um par de suas "asas" que ainda guardo comigo. Não tem nada membranoso em sua aparência. Alguns pensam que era cruza com esquilo-voador ou outro animal selvagem, o que não é impossível, pois, segundo os naturalistas, híbridos prolíficos foram gerados pela união da marta e do gato doméstico. Esse seria o tipo de gato adequado para mim, se eu adotasse algum; afinal, se o cavalo do poeta tem asas, por que não seu felino?

No outono, a mobelha-grande vem, como sempre, mudar as penas e se banhar no lago, e sua risada selvagem ecoa no mato antes de eu me levantar. Corre o boato de sua chegada, deixando em alerta todos os caçadores de Mill-dam, em charretes e a pé, em duplas ou em trios, com rifles patenteados, balas cônicas e lunetas. Sussurram pelo mato como folhas de outono, na proporção de no mínimo dez homens para cada mobelha-grande. No lago, alguns se posicionam do lado de cá, outros do lado de lá, pois a pobre ave não pode ser onipresente; se mergulhar aqui, deve emergir lá. Mas o farfalhar das folhas anuncia o bondoso vento outonal que cria marolas na lâmina d'água. Assim, nenhuma das mobelhas-grandes é ouvida ou avistada, por mais que seus inimigos vasculhem o lago com suas lunetas e façam seus tiros ecoar no mato. Generosamente, as ondas se erguem e se precipitam com raiva, tomando o partido de todas as aves aquáticas, e nossos caçadores precisam bater em retirada para a cidade, onde se dedicam a compras e afazeres interrompidos. Mas muitas vezes a caça é bem-sucedida. Quando vou buscar um balde d'água de manhãzinha costumo avistar essa imponente ave saindo de minha enseada, a vinte ou trinta metros de distância. Se eu tento remar para alcançá-la, para ver suas manobras, ela mergulha e some por completo e, às vezes, só no finzinho do dia eu torno a vê-la. Mas na superfície sou tão ágil quanto ela. Em geral ela sai quando chove.

Lá estou eu, remando ao longo da costa norte, na calmíssima tarde de outubro. Em dias assim, em especial, a mobelha-grande flutua nos lagos como a penugem da asclépia. Em vão corro o olhar no lago. Súbito, uma delas, navegando da costa em direção ao meio, cinquenta metros à minha frente, emite sua gaitada selvagem e revela a sua presença. Dou remadas vigorosas em seu encalço, e ela mergulha, mas quando ela sobe estou mais perto do que antes. Ela mergulha de novo, mas eu faço um erro de cálculo sobre a direção que ela vai tomar. Dessa vez, duzentos e cinquenta metros nos separam quando ela volta à tona, e eu ajudei a aumentar o intervalo. Outra vez ela solta a gargalhada, com mais razão do que antes. Tento me aproximar dela, mas ela é muito astuta em suas manobras e mantém a distância de uns trinta metros de mim. Cada vez que volta à superfície, ela gira a cabeça para um lado e para o outro, perscruta com frieza a água e a terra e, aparentemente, escolhe seu curso de modo a emergir onde houvesse a maior extensão de água, com o máximo de distância do bote. A rapidez com que ela se decide e põe a decisão em execução é surpreendente. Logo ela me leva à parte mais larga do lago e dali ninguém consegue tirá-la. Tento antecipar os pensamentos dela. Um bonito jogo na lisa superfície do lago: humano *versus* mobelha. Súbito, a peça da adversária se esconde sob o tabuleiro, e você tem que posicionar a sua o mais próximo de onde a dela vai reaparecer. Às vezes, ela irrompe inesperadamente no lado oposto. Ao que parece, passou por baixo do meu bote. Em seu nado circunlocutório e incansável, afasta-se e imerge de novo. Engenho algum calcula onde, no lago profundo, sob a suave superfície, ela pode estar acelerando em sua trajetória, como um peixe, pois ela tem tempo e habilidade para visitar as partes mais fundas do lago. Há registros de mobelhas-grandes capturadas nos lagos de Nova York a vinte e quatro metros abaixo da superfície, com anzóis armados para trutas – embora o Walden seja mais fundo. Como os peixes devem ficar surpresos ao ver esse desengonçado visitante de outras esferas abrindo caminho velozmente entre seus cardumes! Mas ela parece conhecer seu curso com a mesma convicção debaixo d'água e na superfície, e nada bem mais rápido durante o mergulho. Uma ou duas vezes vejo uma ondulação onde ela se aproxima da superfície, só estica a cabeça para fora para dar uma espiada e volta a mergulhar. Constato que é melhor descansar os remos e esperar seu reaparecimento do que tentar calcular onde ela vai subir, pois, em várias oportunidades, quando eu forço os olhos para tentar localizá-la em uma direção, de repente aquela risada sobrenatural me assusta, bem atrás de mim. Mas por que uma ave com tanta astúcia invariavelmente acaba se traindo com aquela risada ao irromper da água? O seu peito alvo não basta para revelar sua posição? Essa mobelha-grande é mesmo maluquinha, penso comigo. Eu a detecto com o som da água respingando quando ela sobe. Uma hora nisso, mas ela parece ainda mais revigorada:

mergulha com energia e nada ainda mais longe do que no início. Quando ressurge, é surpreendente ver como ela zarpa serenamente, o peito impávido, agitando os pés palmados sob a superfície. Em geral vocaliza com essa risada diabólica, que até lembra o canto de outras aves aquáticas. Mas, em outras ocasiões, quando a distância entre nós aumenta e consegue se afastar bastante, ela emite um lamento sobrenatural, prolongado, menos parecido com a voz de uma ave do que com a de um lobo uivando compenetradamente para a lua. O lunático uivo da mobelha – quiçá o som mais selvagem que se escuta no lago e ecoa nos matos. Concluo que ela dá risada para zombar de meus esforços, confiante em seus próprios recursos. Nuvens tapam o céu, mas o lago está tão lisinho que consigo avistar onde ela emerge na superfície quando não a ouço. O branco em seu peito, a quietude do ar e a suavidade da água estavam contra ela. Por fim, tendo emergido a duzentos e cinquenta metros, ela solta um daqueles uivos prolongados, como se invocasse a deusa das mobelhas para ajudá-la; de imediato, o vento leste ondula a superfície e preenche todo o ar com uma chuva nevoenta, e fico impressionado. É como se a oração da mobelha-grande tivesse resposta instantânea, e a deusa dela estivesse com raiva de mim. Assim eu me afasto até não mais enxergar sua silhueta na tumultuada lâmina d'água.

Em dias outonais, passo horas observando os patos. Dominam o meio do lago astuciosamente com suas viradas, emborcadas e guinadas repentinas, longe dos caçadores. Esses truques hão de ser menos necessários nos igarapés da Louisiana. Compelidos a decolar, às vezes sobrevoam em círculos, giros e volteios sobre o lago a uma altura considerável, de onde avistam facilmente os outros lagos e o rio, como partículas negras no céu. Quando penso que já partiram naqueles rumos há muito tempo, eles descem num voo inclinado 400 metros adiante, numa parte distante do lago, que foi deixada livre. O que mais, além da segurança, eles ganham navegando no meio do Walden? Não sei. Pode ser que amem suas águas pelo mesmo motivo que eu.

UMA RECEPÇÃO CALOROSA

Em outubro vou colher frutas silvestres nas campinas do rio e encho o farnel de cachos preciosíssimos, não só como alimento, mas principalmente por sua beleza e fragrância. Lá também admiro, mas não colho, *cranberries*, pequeninas gemas de cera, pingentes da grama do prado, peroladas e vermelhas, que o agricultor arranca com um ancinho feio, emaranhando o prado antes lisinho, medindo-as displicentemente apenas por seu peso e valor comercial, vendendo esses subprodutos de seus prados para Boston e Nova York, destinados a virar *geleia* e satisfazer os caprichos dos amantes da Natureza locais. Assim os açougueiros arrancam da pradaria as línguas do bisonte-americano, independentemente da planta dilacerada e caída. Os reluzentes frutos da bérberis também só alimentam os meus olhos; mas coleto um pequeno estoque de maçãs silvestres para ferver, que o proprietário e os viajantes tinham deixado para trás. Quando as castanhas estavam maduras, guardo uns 12 kg para o inverno. Era muito emocionante, em outras épocas, vagar pelos ilimitados bosques de castanheiras de Lincoln

– hoje eles jazem seu sono eterno sob a ferrovia. Farnel a tiracolo e cajado na mão, vou abrindo os ouriços, como são chamados os frutos que contêm as castanhas. Sim, nem sempre eu espero a geada. Embrenho-me na mata, em meio ao farfalhar das folhas e às veementes queixas dos esquilos-vermelhos e dos gaios-azuis, cujas castanhas semiconsumidas eu às vezes roubo, porque os ouriços que eles escolhem com certeza contêm castanhas sadias. De vez em quando eu subo na árvore e sacudo os galhos. Elas também crescem atrás da minha casa, e uma grande castanheira, que praticamente a sombreava, quando em flor, exalava o seu perfume por toda a vizinhança, como um buquê, mas quem fica com a maior parte de seus frutos são os esquilos e os gaios-azuis. Esses parentes das gralhas vêm aos bandos, de manhã bem cedinho, e retiram as castanhas dos ouriços antes de os frutos caírem. Abro mão dessas árvores isoladas em prol das aves e procuro bosques mais distantes, compostos apenas por castanheiras. Essas castanhas podem inclusive substituir o pão. E muitos outros substitutos talvez possam ser encontrados. Um dia vou revolver o solo para catar minhocas e me deparo com as raízes tuberosas do feijão-de-batata (*Apios americana*), a batata dos nativos, fabuloso tubérculo. Até começo a duvidar. Quando menino escavei aquilo e provei, como já contei, ou foi um sonho? Eu sempre enxergava aquelas gavinhas de inflorescência rubra e aveludada apoiadas nas hastes de outras plantas, sem distinguir que eram dele. A aração quase o exterminou. Seu sabor é adocicado, parecido com o da batata que sofreu geada, e acho mais saboroso cozido do que assado. Esse tubérculo parece a tênue promessa da Natureza de criar seus próprios filhos e alimentá-los singelamente aqui no futuro. Nos dias atuais, de gado cevado no cocho e ondulantes lavouras de grãos, esta humilde raiz, que já foi o *totem* de uma tribo indígena, está totalmente esquecida, ou conhecida apenas por sua trepadeira em flor. Mas experimente deixar a natureza selvagem voltar a reinar aqui! Delicados e luxuosos, os cereais ingleses serão provavelmente exterminados por uma miríade de inimigos. Sem o cuidado do homem, o corvo pode reivindicar até a última semente de milho e levá-la ao grande milharal do Deus Indígena, no Sudoeste, onde dizem que é centro de dispersão do milho. Mas o feijão-de-batata, hoje quase exterminado, talvez reviva e floresça, apesar das geadas e de seu comportamento agreste, mostrando que é nativo e retomando sua importância e dignidade de outrora, como a dieta da tribo de caçadores. Alguma Ceres ou Minerva indígena com certeza criou e nos doou essa planta. Quando a poesia reinar por aqui, suas folhas e pencas de tubérculos hão de ser representados em nossas obras de arte.

    Primeiro de setembro! Na outra margem do lago, dois ou três pequeninos bordos já adquirem sua cor escarlate, sob três choupos-brancos cujos galhos se lançam sobre o promontório, perto da água. Ah, quantas histórias contam suas cores! Gradativamente, a cada semana, o caráter de cada árvore vai se revelando, orgulhosamente refletido no liso espelho lacustre. Cada manhã, o galerista expõe uma nova imagem, de um colorido mais brilhante ou harmonioso, e recolhe os quadros antigos.

    Em outubro as vespas chegam aos milhares à minha cabana, como a alojamentos de inverno, e se instalam na parte interna das janelas e no alto das paredes, às vezes bloqueando a entrada de visitantes. Todas as manhãs, quando as vespas estão anestesiadas de frio, eu varro algumas, mas não me preocupo muito em me livrar delas; até fico lisonjeado por terem considerado que a minha morada é um abrigo desejável. Acomodam-se, mas não me incomodam. Aos poucos, vão sumindo por frestas que eu desconheço, para se abrigar do inverno e do frio indescritível.

Como as vespas, em novembro, antes de me enfurnar para o inverno, eu caminho até a ponta nordeste do Walden, onde o sol, refletido no pinheiral e nos pedregulhos da orla, cria um microclima. É muitíssimo mais agradável e saudável se aquecer ao sol do que com um fogo artificial. É assim que me aqueço: com as brasas deixadas ainda acesas pelo verão, como um caçador após levantar acampamento.

*

Quando resolvo construir a chaminé, primeiro estudo alvenaria. Meus tijolos são de segunda mão. É necessário limpá-los com a espátula, e nesse processo aprendo muito sobre as qualidades de tijolos e espátulas. A argamassa neles tem meio século, e "quanto mais velha, mais dura". O pessoal adora repetir esse ditado, verdadeiro ou não. Com o tempo, até os próprios ditados se endurecem e se aderem com mais firmeza ao folclore. Muitos golpes de espátula seriam necessários para desgrudar um velho sabichão de seus ditados. Muitas aldeias mesopotâmicas são construídas com tijolos de segunda mão de excelente qualidade, extraídos das ruínas babilônicas, e a crosta de cimento deles é mais antiga e provavelmente ainda mais dura. Seja como for, fico impressionado com a peculiar dureza do aço da espátula, que suportou tantos golpes violentos sem se desgastar. Meus tijolos já tinham pertencido a outra chaminé, mas não traziam o nome de Nabucodonosor gravado neles. Escolho o máximo de tijolos para lareira que pude encontrar, para economizar trabalho e evitar desperdício. Vou preenchendo os espaços entre os tijolos e o contorno da lareira com pedras da margem do lago. E na minha argamassa aplico as areias branquinhas do Walden. Dedico mais tempo à lareira, a parte crucial do lar. Na realidade, trabalhei tão ponderadamente que, embora eu tenha começado ao rés do chão pela manhã, uma fieira de tijolos de poucos centímetros de altura me serve de travesseiro à noite. Mas não é isso que causa meu torcicolo; isso é coisa mais antiga. Por volta dessa época, um poeta veio passar comigo uns quinze dias, e tive que usar o espaço. Ele trouxe a própria faca, embora eu tivesse duas, e enfiávamos as lâminas na terra a fim de areá-las. Nas lides culinárias nos revezávamos. Fico satisfeito ao ver meu trabalho se erguendo tão reto e sólido, fieira por fieira. Quanto menor a minha pressa, eu reflito, maior será sua durabilidade. Até certo ponto, a chaminé vem a ser uma estrutura independente, apoiada no solo, subindo acima do teto aos céus. Quando uma casa pega fogo, às vezes a chaminé resiste; sua importância e sua independência são mais do que evidentes. Isso foi lá pelo fim do verão. Agora estamos em novembro.

*

O vento norte começa a esfriar a água, mas leva muitas semanas de sopro constante para conseguir isso, o lago é muito fundo. Quando começo a acender o fogo à noite, antes de calafetar a casa, a chaminé puxa a fumaça muito bem, por causa das inúmeras fendas entre as tábuas. Mesmo assim, passo noites venturosas naquele ambiente fresco e arejado, cercado de rústicas tábuas marrons, cheias de nós, e vigas aparentes no alto, com a casca ainda na madeira. Depois de rebocar a cabana por dentro, ela já não me agrada tanto esteticamente. Mas dou o braço a torcer: ela fica mais aconchegante do ponto de vista térmico. Não deveria todo ambiente que serve de morada humana ter o pé-direito alto o suficiente para criar meia-luz acima de nossas cabeças e permitir que sombras bruxuleantes brinquem à noite pelas vigas? Essas formas são mais agradáveis à fantasia e à imaginação do que afrescos ou móveis caros. Inauguro a cabana, ou seja, começo a usá-la para aquecimento e abrigo. Disponho de uns velhos morilhos, esses trasfogueiros para erguer a lenha durante a queima. Gosto de ver a fuligem se formando no fundo da minha chaminé, e atiço o fogo com mais vontade e satisfação do que o normal. Pequena, minha morada quase não produz eco, mas parece maior por ter um cômodo só e ficar longe da vizinhança. Todas as atrações de um lar em conceito aberto: cozinha, quarto, sala e vestíbulo. Os prazeres derivados de habitar uma casa (pai ou filho, mestre ou servo) desfruto-os plenamente. Catão diz que o chefe de família (*patrem familias*) deve ter em sua *villa* rústica "*cellam oleariam, vinariam, dolia multa, uti lubeat caritatem expectare, et rei, et virtuti, et gloriæ erit*", ou seja, "uma adega com muitos barris de vinho e azeite para com alegria superar tempos difíceis; nisso consiste sua vantagem, virtude e glória". No meu porão, eu tenho uns 25 kg de batatas e um quilo e meio de ervilhas (atacadas por gorgulhos). E na prateleira um punhado de arroz, um jarro de melaço, 150 g de farinha de centeio e outro tanto de farinha de milho.

Às vezes, fico sonhando com uma casa maior e mais cheia de gente, erguida numa época dourada, feita de materiais duráveis, sem decoração. Um vasto salão de um só cômodo, rústico, substancial, primitivo, sem teto ou reboco, com vigas expostas e terças sustentando uma espécie de céu inferior sobre a cabeça, útil para evitar a chuva e a neve, com treliças que se projetam para receber a sua homenagem, quando você reverencia o prostrado Saturno de uma antiga dinastia ao pisar na soleira. Lar cavernoso, onde é preciso erguer uma tocha acesa para ver o telhado, onde uns podem viver na lareira, alguns no recesso de uma janela, e outros em assentos; uns cá, outros lá, e ainda outros sobre as vigas junto com as aranhas, se quiserem. Uma casa onde você entra pela frente e deixa a cerimônia do lado de fora; onde o viajante cansado pode se lavar, comer, conversar e dormir, sem jornada extra; um abrigo que você gostaria de alcançar em uma noite tempestuosa, com o máximo das essências domésticas e o mínimo de tarefas domésticas. Onde você consegue avistar todos os tesouros da casa correndo o olhar, e onde tudo que uma pessoa precisa está pendurado em seu devido lugar. Ao mesmo tempo cozinha, despensa, sala, quarto, depósito e sótão; onde é possível avistar algo tão necessário quanto um barril e uma escada, algo tão conveniente quanto um armário, e ouvir a panela fervendo, e prestar seus respeitos ao fogo que prepara seu almoço e ao forno que assa seu pão. Onde os móveis e utensílios necessários são os principais ornamentos; onde nada se extingue: nem o estoque de roupa lavada, nem o fogo na lareira e tampouco o bom humor da patroa. Às vezes pedem para você sair de cima do alçapão, para que a cozinheira desça ao porão, então você descobre se o assoalho é sólido ou oco sem precisar pisar firme. Uma casa cujo interior é tão aberto e manifesto quanto um ninho de pássaro, e você não consegue ir porta adentro e sair pelos fundos sem ver alguns de seus habitantes; um lar onde ser hóspede é curtir a liberdade doméstica, e não estar cuidadosamente excluído de sete oitavos dela, fechado em um cômodo e convidado a se sentir em casa ali – em solitário confinamento. Hoje em dia o anfitrião não recebe mais você como hóspede no lar *dele*. Em vez disso, manda o pedreiro construir uma ala para você em algum lugar, e a hospitalidade se transforma na arte de *evitar* o hóspede e mantê-lo a distância. A culinária é tão secreta que o hóspede se pergunta se não há um plano para envenená-lo. Sei que já me hospedei em muitas propriedades, cujos donos tinham todo o direito de me expulsar, mas não sei se me hospedei em muitas casas de pessoas. Eu poderia visitar em meus andrajos um rei e uma rainha que habitassem singelamente uma casa como a que descrevi, se ela estivesse em meu caminho; mas escapar de um palácio moderno será tudo o que desejo aprender, se algum dia acabar encerrado em um.

É como se o próprio linguajar de nossos *parlors*, salas ou salões, perdesse a essência e se degenerasse em mero *palavreado*. Nossas vidas passam tão longe de seus símbolos, e seus tropos e metáforas são necessariamente (re)buscados e trazidos em bandejas e elevadores de comida. Em outras palavras: as salas ficam longe demais das cozinhas e das oficinas. O mais comum é que o jantar se torne mera parábola de um jantar. Como se só o nativo que mora bem perto da Natureza e da Verdade pudesse extrair delas um sentido figurado. Como pode o estudioso que habita o Território do Noroeste ou a Ilha de Man dizer o que é parlamentar na cozinha?

Somente um ou dois dos meus convidados são corajosos o bastante para aceitar o "pudim apressado", o mingauzinho que ofereço. Mas ao verem essa crise se aproximando, apressadamente batem em retirada, como se a casa fosse cair. Mesmo assim, ela resiste a muitos e muitos pudins apressados.

Só faço o reboco da casa após se formar a primeira geada. Para esse fim eu trago uns baldes da areia branquinha e limpa da margem oposta do lago num bote, meio de transporte que me deu a tentação de ir bem mais longe, se necessário. Nesse meio-tempo eu já tinha revestido todos os lados da cabana com plaquinhas de madeira. Nesse processo aprendo a pregar cada plaquinha com um só golpe do martelo. A minha ambição é transferir o reboco da tábua à parede de modo limpo e rápido. Isso me faz lembrar a história daquele dândi de traje requintado que gostava de andar pela cidadezinha dando conselhos aos operários. Um dia se arriscou a pôr a mão na massa: arregaçou as mangas, pegou a bandeja de estuque, carregou a espátula sem contratempos e, com um olhar complacente, fez um gesto atrevido.

O reboco saiu da espátula direto para o seu peito cheio de babados. Um vexame e tanto. Admiro de novo a economia e a conveniência do reboco, que calafeta tão eficazmente o frio e dá um belo acabamento, e aprendo os vários contratempos ao quais o rebocador está sujeito. Fico surpreso ao ver o quão sedentos são os tijolos que absorvem toda a umidade do meu reboco antes de eu ter tempo de alisá-lo, e com quantos baldes d'água se batiza uma nova lareira. No inverno anterior, eu tinha feito uma pequena quantidade de cal, queimando as cascas do molusco *Unio fluviatilis*, que abunda em nosso rio, para fins de experimento. Eu queria saber a origem de meus materiais. Nada me impede de obter calcário de boa qualidade a dois ou três quilômetros dali e depois eu mesmo queimá-lo.

*

Nisso o lago já forma uma camada de gelo nas enseadas mais sombreadas e rasas, alguns dias ou mesmo semanas antes do pleno congelamento. O primeiro gelo é particularmente interessante e perfeito. Escuro, transparente e duro, oferece uma excelente oportunidade para examinarmos o fundo nas partes rasas. O observador pode se deitar de comprido sobre o gelo, que ainda tem só uma polegada de espessura, como um inseto patinador na superfície da água, e estudar o fundo a seu bel-prazer, a apenas cinco ou sete centímetros de distância, como um quadro atrás de um vidro, e a água é sempre tranquila nessas condições. Na areia existem muitos sulcos por onde uma criatura passou e repassou, refazendo o seu caminho. No quesito resíduos, o fundo está repleto de exoesqueletos de larvas de tricópteros, incrustados com grãozinhos de quartzo branco. Talvez tenham se enrugado, pois a gente encontra alguns de seus casulos nos sulcos, muito profundos e largos para eles. Mas o objeto de maior interesse é o próprio gelo, e você deve aproveitar a primeira oportunidade para estudá-lo. Se você o examinar bem de perto, na manhã seguinte ao congelamento, fará uma descoberta. A maior parte das bolhas, que a princípio parecem estar dentro dele, agrupam-se contra a sua superfície inferior. Mais e mais bolhas continuam subindo do fundo (enquanto o gelo ainda está comparativamente sólido e escuro conseguimos ver a água através dele). Essas bolhas têm uns 3 mm de diâmetro ou até a décima parte disso. Claríssimas, belas, através do gelo vemos o nosso rosto refletido nelas. Em cada 6 cm^2, trinta a quarenta bolhas se acumulam. Também já existem no meio do gelo bolhas perpendiculares, oblongas, estreitas, com pouco mais de 1 cm de comprimento, cones afiados com o ápice para cima. Se o gelo estiver bem fresco, é comum vermos pequeninas bolhas esféricas, uma em cima da outra, como um colar de contas. Mas essas bolhas dentro do gelo são menos numerosas e conspícuas do que as que se formam embaixo dele. Às vezes, eu atiro pedras para testar a resistência do gelo e, quando o gelo se rompe, a pedra arrasta o ar junto com ela, formando enormes bolhas brancas por baixo, muito aparentes. Um dia resolvo voltar ao mesmo lugar, 48 horas depois. O gelo está mais espesso, em torno de 2,5 cm a mais de espessura. Mas, sob a nova camada de gelo, eu consigo ver distintamente, pela emenda na borda de um bloco, que as bolhas grandes continuam intactas. Fez muito calor ontem e anteontem, um calor de verão indiano. Por isso, hoje o gelo não está translúcido. Não dá para enxergar o verde-escuro da água nem o fundo do lago. Opaco, esbranquiçado, cinzento, o gelo tem o dobro da espessura e metade da dureza de antes. As bolhas de ar se expandiram bastante sob esse calor e se conectaram umas com as outras, perdendo sua estrutura uniforme. Uma já não está mais direto sobre a outra: parece que alguém despejou um saco de moedas de prata, umas sobrepostas às outras, flocos finos formando pequeninos cristais. Foi-se a beleza do gelo e fica tarde demais para estudar o fundo. Curioso para saber qual a posição que minhas bolhas grandonas ocupam em relação ao novo gelo, eu racho um pedaço contendo uma de tamanho médio e o viro de baixo para cima. O novo gelo tinha se formado ao redor e embaixo da bolha, de modo que ela está entre os dois gelos. Situa-se totalmente no gelo inferior, mas próximo ao superior, e é achatada, ou talvez ligeiramente lenticular, com bordas arredondadas, com 6 mm de altura e 10 cm de diâmetro. Fico surpreso ao descobrir que, diretamente sob a bolha, o gelo havia derretido com extrema uniformidade, no formato de um pires invertido, com 1,6 cm na parte mediana, deixando uma fina divisória entre a água e a bolha, de no máximo 3 mm de espessura. Em muitos pontos, as bolhinhas nessa parede se explodiram para baixo. Sob as bolhas maiores, com até 30 cm de diâmetro, provavelmente não há gelo algum. Deduzo que o número infinito de bolhas minúsculas que eu tinha visto pela primeira vez contra a superfície inferior do gelo agora estão igualmente congeladas, e que cada uma, em seu grau, atuou como um vidro ustório, derretendo e enfraquecendo o gelo inferior. São esses os canhõezinhos de ar que contribuem para fazer o gelo assobiar e estalar.

*

Por fim, o inverno chega para valer, e termino de rebocar a cabana bem a tempo. O vento começa a uivar em volta da casa, como se só agora tivesse recebido permissão para fazê-lo. Noite após noite, bandos de gansos em seu voo pesado cruzam no escuro, com um clangor e um assobio de asas, até mesmo depois que a neve tapa o solo. Um bando pousa no Walden e outro dá um rasante no dossel da mata para as bandas de Fair Haven, a caminho do México. Várias vezes, voltando da cidadezinha às dez, onze horas da noite, ouço o palmilhar de um bando de gansos, ou talvez de patos, sobre as folhas secas da mata, perto do laguinho atrás de minha casa, onde procuram alimento. O bando se afasta, conduzido pelos suaves grasnados do líder. Em 1845, o Walden alcança o pleno congelamento pela primeira vez na noite de 22 de dezembro, dez dias depois que o Lago do Flint, outros lagos mais rasos e o rio. Em 1846, no dia 16; em 1849, por volta do dia 31; e em 1850, lá pelo dia 27 de dezembro; em 1852, só no dia 5 de janeiro; em 1853, em 31 de dezembro. A neve já tapa o solo desde 25 de novembro e, súbito, a paisagem invernal me envolveu. Encolho-me ainda mais para dentro da minha concha e me esforço para manter um fogo crepitante, dentro da cabana e dentro do peito. Agora o meu trabalho ao ar livre é catar madeira morta na floresta, trazendo-a em minhas mãos ou nos ombros, ou às vezes arrastando um tronco de pinheiro morto em cada braço até meu pequeno galpão. Uma velha cerca florestal que já tinha visto seus melhores dias acaba sendo um grande alívio para mim. Eu a sacrifico a Vulcano, pois ela já não serve mais a Término, o deus protetor das fronteiras. Quando você precisa sair na neve para caçar ou, melhor dizendo, roubar o combustível para cozinhar, o seu jantar acaba se tornando um evento muito mais interessante! Isso adocica o pão e a carne. Nos matos da maioria de nossas cidadezinhas existem feixes e resíduos de lenha capazes de abastecer muitas lareiras, mas que no momento nada aquecem e, no ponto de vista de alguns, atrapalham o crescimento das árvores jovens da floresta. Sem falar na madeira flutuante do lago. Ao longo do verão, descubro uma jangada, feita de troncos de pinheiro-bravo com casca, obra dos irlandeses quando estavam construindo a ferrovia. Arrasto-a parcialmente à praia. Dois anos na água, seis meses secando, continua inteira, embora completamente encharcada. Num dia de inverno, eu me divirto deslizando essa jangada através do lago, por quase 800 m, patinando atrás com uma vara de 4,5 m, uma das pontas em meu ombro e a outra no gelo. Ou senão amarro várias toras com o vime da bétula, e depois, com uma bétula ou amieiro mais compridos, com um gancho na ponta, as arrasto. Embora totalmente encharcadas e quase tão pesadas quanto chumbo, não só queimam por muito tempo, como geram um fogo quentíssimo. Chego a pensar que queimam melhor por estarem encharcadas, como se o piche, por estar confinado pela água, queimasse por mais tempo, como nas lamparinas.

Gilpin, em seu relato sobre as florestas da Inglaterra, assevera: "As intrusões de invasores, e casas e cercas assim erguidas nas bordas da floresta", eram "consideradas grandes perturbações pela antiga lei florestal e eram severamente punidas sob o nome de *purprestures*, propensas a *ad terrorem ferarum – ad nocumentum forestæ* etc.", para o receio da fauna e em detrimento da floresta. Mas estou mais interessado na preservação da fauna e da flora do que os caçadores e lenhadores. Eu me sinto o próprio Lorde Guardião; e se uma parte da floresta queima, mesmo que eu tenha causado o fogo por acidente, eu sofro com uma dor que dura mais e é mais inconsolável do que a dor dos proprietários. Verdade, eu fico triste até quando o mato é cortado pelos próprios proprietários. Eu gostaria que nossos produtores rurais, ao derrubarem uma floresta, sentissem um pouco da reverência mostrada pelos romanos antigos ao desbastarem, ou deixarem entrar a luz num bosque consagrado (*lucum conlucare*), ou seja, crendo que o local é sagrado para algum deus. Os romanos faziam uma oferta expiatória e rezavam: "Seja para qual deus ou deusa este bosque for sagrado, sê propício a mim, minha família e meus filhos, etc.".

É extraordinário o valor que ainda se confere à madeira, mesmo nesta época e neste novo país, um valor mais permanente e universal do que o ouro. Mesmo depois de todas as nossas descobertas e invenções, nenhuma pessoa ignora uma pilha de madeira ou lenha. É tão preciosa para nós quanto foi para nossos ancestrais normandos e saxões. Se com ela faziam os seus arcos, hoje fazemos as coronhas de nossos rifles. Michaux, há mais de trinta anos, disse que o preço da madeira para combustível em Nova York e Filadélfia "quase iguala, e às vezes excede, o das melhores madeiras em Paris, embora essa imensa capital consuma anualmente quase um milhão e cem mil metros cúbicos de lenha e esteja rodeada por planícies cultivadas num raio de quinhentos quilômetros". Nessa cidade, o preço da madeira aumenta quase constantemente, e a única questão é: quanto ela ficou mais cara este ano comparado ao último. Mecânicos e comerciantes vêm em pessoa à floresta especificamente para comparecer ao leilão de madeira. Até pagam um preço alto pelo privilégio de respigar e aproveitar o que o lenhador deixa para trás. Já faz muito tempo que a humanidade recorre às florestas para obter combustível e matéria-prima para as artes; os habitantes da Nova Inglaterra e da Nova Holanda (Austrália), o parisiense e o celta, os agricultores e os Robin Hoods, Goody Blake e Harry Gill, mundo afora, o príncipe e o camponês, o erudito e o selvagem, todos precisam de gravetos da floresta para cozinhar e se aquecer. Eu também não vivo sem eles.

Toda pessoa encara sua pilha de lenha com um certo carinho. Adoro ter a minha na frente da janela, e quanto mais achas, melhor, para eu me lembrar do meu agradável trabalho. Com um machado velho cuja posse ninguém reclamava, de tempos em tempos, nos dias de inverno, na parte ensolarada da casa, eu me divirto com os tocos antes arrancados do meu feijoal. Bem que o condutor do animal profetizou enquanto eu operava o arado! Os tocos me aqueceriam duas vezes: primeiro quando eu estivesse cortando lenha, e depois quando do as achas estivessem no fogo. Nenhum combustível fornece mais calor do que esse. Quanto ao machado, sou aconselhado a levar ao ferreiro da cidadezinha para ele "dar uma guaribada" nele; mas eu mesmo dou uma guaribada: jogo fora o cabo antigo e coloco no lugar dele um cabo de nogueira que eu mesmo escolho na floresta. Fica tinindo. Se falta afiadura, sobra empunhadura.

Que tesouro uma peça grossa de pinheiro! É interessante lembrar o quanto desse alimento ígneo permanece oculto nas entranhas da terra. Há alguns anos costumo "prospectar" encostas nuas das colinas onde outrora existiu um matinho de pinheiro-bravo para desenterrar as grossas raízes desse pinheiro. Elas são quase indestrutíveis. Tocos de trinta, quarenta anos de idade, no mínimo, continuam sadios no cerne. A madeira vira uma maçaroca húmica, e as crostas da espessa casca formam um anel ao nível do solo, a dez ou doze centímetros de distância do cerne. Com machado e pá, você explora essa mina, e segue o depósito medular, amarelado como tutano de boi, como se tivesse achado um veio de ouro na terra profunda. Mas em geral eu faço o meu fogo com as folhas secas da floresta, estocadas em meu galpão antes de a neve chegar. O lenhador quando acampa no mato escolhe gravetos de nogueira verde. De vez em quando eu consigo um pouco disso. Quando o pessoal da cidadezinha acende suas fogueiras além do horizonte, eu também alerto os habitantes selvagens do vale do Walden, por meio da fumaça que se ergue de minha chaminé, que estou acordado.

> Sobe ao céu, fumaça, e qual Ícaro
> Derrete as asas em teu voo etéreo

> Cotovia sem voz, arauto da aurora,
> Teu ninho é sobrevoar aldeia em círculo,
> Ou é um sonho fugaz e sombrio
> Imagens da meia-noite em tuas margens
> Véu estelar à noite, e de dia
> Escurece a luz e tapa o sol;
> Leva meu incenso pela chaminé
> E que os deuses perdoem esta alva chama.

O cerne de madeira verde recém-cortada, embora eu raramente o utilize, atende ao meu propósito melhor do que qualquer outra. Às vezes eu acendo o fogo na lareira antes de passear numa tarde de inverno; e ao voltar, três ou quatro horas depois, ainda está vivo e crepitante. A minha casa não fica vazia em minha ausência. É como se eu a tivesse deixado aos cuidados de uma alegre governanta. Os habitantes da cabana são a Fogueira e eu; e em geral essa governanta demonstra ser muito confiável. Um dia, porém, enquanto eu racho lenha, dou uma espiada pela janela a tempo de impedir que a casa se incendeie. É a única vez que me lembro de ter ficado ansioso por esse motivo. Percebo que uma fagulha cai na cama, entro e apago. Cerca de um palmo havia queimado. Mas a minha cabana ocupa um local tão ensolarado e protegido, e o telhado é tão baixo, que não tem problema algum se o fogo se apaga no meio de um dia de inverno qualquer.

As toupeiras se aninham em meu porão, mordiscando uma em cada três batatas. Sem cerimônia, fazem uma cama confortável com as cerdas deixadas no reboco e no papelão. Até os bichos mais selvagens amam o conforto e o calor tanto quanto os humanos, e só conseguem sobreviver ao inverno porque se protegem com muito cuidado. Alguns de meus amigos diziam que eu fui morar no mato com o propósito de me congelar. O animal faz uma cama e a aquece com o corpo, em local abrigado; mas o ser humano, após descobrir o fogo, encaixota um pouco de ar num ambiente espaçoso, e o aquece, em vez de ceder o seu próprio calor; transforma esse espaço em cama e nele se movimenta, livre de roupas pesadas. Cria um verãozinho em pleno inverno; através das janelas, deixa entrar a luz, e com lampiões, espicha o dia. Assim, ele dá um ou dois passos além do instinto e poupa um tempinho para as artes plásticas. Se eu fico muito tempo exposto às mais violentas rajadas de vento, o meu corpo todo começa a ficar entorpecido, mas, quando alcanço a aconchegante atmosfera de minha casa, eu logo recupero minhas faculdades e prolongo minha vida. Porém, os mais luxuosamente alojados têm pouco do que se orgulhar a esse respeito, e nem precisamos nos preocupar em especular como a espécie humana um dia pode ser enfim destruída. Será fácil aniquilá-la a qualquer momento com uma rajada mais forte do Norte. Continuamos datando Sextas-feiras Frias e Grandes Nevascas; mas uma sexta-feira um pouco mais fria, ou uma nevasca mais intensa, colocaria um ponto final na existência humana no globo.

No inverno seguinte, uso um fogãozinho para economizar, já que eu não era dono da floresta; mas ele não mantém o fogo tão bem quanto a lareira aberta. Cozinhar deixa de ser um processo poético para se tornar, na maior parte das vezes, mero processo químico. Logo cairá no esquecimento, nesses dias de fogões, o fato de que um dia assamos batatas nas brasas, à moda indiana. O fogão não só ocupa espaço e perfuma a casa, mas também oculta o fogo. Tenho a sensação de que perdi a minha companhia. No fogo que crepita a gente sempre enxerga um rosto. O trabalhador, olhando para ele à noite, purifica seus pensamentos das impurezas e da terra que se acumulam durante o dia. Mas eu não podia mais sentar e olhar para o fogo, e as palavras pertinentes de um poeta lampejaram em meu cérebro com renovada força.

> "Tuas vívidas imagens, ó brilhante chama
> Não podem ser negadas a quem te ama.
> O que fará brilhar a minha esperança?
> O que fará da noite uma criança?
> Por que foi banida de nossa sala,
> Se pra te elogiar ninguém se cala?
> Será teus mil encantos
> Demais para nossos prantos?
> Será que teus mistérios cintilantes
> Revelam segredos angustiantes?
> Espante a sombra e venha logo
> Sentar-se em segurança, ao pé do fogo
> Que ilumina os nossos descaminhos
> Deixa os nossos pés e mãos quentinhos;
> Perto da compacta e utilitária pilha
> O presente fecha os olhos e cochila
> Sem temer as almas de um passado escabroso
> Que bruxuleiam da antiga lenha no fogo caprichoso."

EX-MORADORES E VISITAS INVERNAIS

Tolero alegres nevascas e passo animadas noites de inverno ao pé da lareira. Lá fora, a neve se espirala em insanos redemoinhos e abafa até o pio das corujas. Ao longo de muitas semanas, não encontro ninguém em minhas caminhadas, a não ser quem vem cortar lenha para transportá-la à cidadezinha sobre trenós. A intempérie, porém, me ajuda a abrir uma trilha nas neves mais profundas do mato. Por onde eu passo o vento vai soprando folhas de carvalho em minhas pegadas. Esse tapete forra a trilha, absorve os raios solares, derrete a neve, seca o caminho onde piso e me guia à noite com sua linha escura. Para ter companhia humana sou obrigado a invocar os antigos ocupantes dessas matas. Na memória de muitos de meus conterrâneos, a estrada que tangencia a minha casa ressoa com as risadas e as fofocas do povo que a habitava, e os matos que a circundam são pontilhados aqui e ali com seus pequenos jardins e habitações, mas antigamente a estrada era mais rodeada pelo mato do que agora. Eu me recordo de que, em alguns pontos mais fechados, os pinheiros chegavam a arranhar os dois lados da carruagem. Muitas vezes, mulheres e crianças eram obrigadas a ir até Lincoln pela estrada, sozinhas e a pé. Percorriam o caminho amedrontadas e iam correndo em boa parte da distância. Embora humilde, a estrada servia como a principal rota para as aldeias vizinhas ou a equipe do lenhador. Ao passar nela, o viajante de antanho se admirava mais de sua diversidade do que hoje e o passeio ficava gravado mais tempo em sua memória. Onde hoje é campo aberto entre a cidadezinha e o mato, a estrada atravessava um pântano de bordos sobre uma base de toras, cujos restos, sem dúvida, ainda jazem embaixo da atual via empoeirada, desde a Fazenda Stratton, onde hoje fica o asilo, até a Colina do Brister.

A leste do meu feijoal, cruzando a estrada, morava Catão Ingraham, escravo de Duncan Ingraham, fidalgo, cavalheiro, da vila de Concord, que construiu uma casa para seu escravo e lhe deu permissão para morar nos matos do Lago Walden; Catão, não o "Uticensis", mas o "Concordiensis". Dizem que ele era negro da Guiné. Tem gente que ainda se lembra de seu terreninho entre as nogueiras, que ele deixou crescer até ficar velho e precisar delas; mas um especulador mais jovem (e mais branco) enfim as requisitou. Mas no momento ele também ocupa uma casa igualmente módica. O buraco do porão semiobliterado de nosso Catão ainda existe, embora conhecido por poucos, oculto do transeunte por uma fímbria de pinheiros. Forram o local sumagres-lisos (*Rhus glabra*) e também as luxuriantes varas-douradas (*Solidago stricta*).

Aqui, nesse cantinho onde fiz minha lavoura, ainda mais perto da cidade, Zilpha, uma senhora negra, morava em sua casinha, onde fiava linho para os citadinos, fazendo o mato do Walden ressoar com seu canto estridente, pois a voz dela era forte e singular. Por fim, na guerra de 1812, um dia ela estava fora e ao voltar encontrou a casa incendiada. Foi obra de soldados ingleses, prisioneiros em liberdade condicional. Gato, cachorro e galinhas foram queimados juntos. Ela teve uma vida difícil e um tanto desumana. Um antigo frequentador desses matos lembra que, ao passar pela casa dela ao meio-dia, ele a ouvia murmurar consigo mesma ao lado da panela borbulhante: "É tudo osso, é puro osso!". Ali no meio do bosque de carvalhos ainda tem uns tijolos.

Descendo a estrada, à direita, na Colina do Brister, morava Brister Freeman, "um negro hábil", ex-escravo de Cummings, o proprietário de terras. Lá ainda crescem as macieiras que Brister plantou e cuidou; hoje são velhas árvores frondosas, mas seus frutos selvagens têm um gostinho de sidra que me agrada. Não faz muito tempo eu li seu epitáfio no antigo cemitério de Lincoln, num canto, pertinho dos túmulos anônimos dos granadeiros britânicos que tombaram na retirada de Concord. Na inscrição consta "Sippio Brister" – o que remete ao título do general romano, Cipião Africano – "um homem de cor", como se ele pudesse ser descolorido. Também informa, com ênfase evidente, a data da morte; apenas uma forma indireta de dizer que ele viveu. Era casado com Fenda, sua hospitaleira esposa, que lia a sorte, mas sempre com palavras agradáveis – corpulenta, rechonchuda e negra, mais negra do que todos os filhos da noite, orbe mais escura que já nasceu em Concord, antes ou depois.

Descendo mais a colina, à esquerda, na antiga estrada da mata, estão os vestígios da herdade da família Stratton. Antigamente o pomar deles cobria toda a encosta da Colina do Brister, mas há muito foi sufocado pelos pinheiros-bravos, à exceção de alguns tocos, cujas raízes antigas ainda fornecem os porta-enxertos de muitas saudáveis arvorezinhas da cidade.

Mais perto da cidade, você chega à antiga gleba dos Breed, do outro lado da estrada, na orla do mato. Área famosa pelas travessuras de um demônio sem nome distinto na antiga mitologia, que exerceu papel proeminente e surpreendente em nossa vida da Nova Inglaterra, e merece, como todo personagem mitológico, ter sua biografia escrita um dia; primeiro chega como se fosse seu amigo ou empregado, depois rouba e mata toda a família – estou falando do rum da Nova Inglaterra. Mas a história ainda não conta as tragédias aqui encenadas; o andar do tempo intervém para amenizá-las e lhes emprestar um tom azul-celeste. Aqui, reza a lenda mais vaga e duvidosa, existia antigamente uma taverna, poço que tempera a bebida do viajante e refresca seu corcel. E ali os homens se cumprimentavam, contavam e ouviam as novidades antes de retomar seus rumos.

Há uns doze anos, a cabana de Breed ainda estava em pé, embora estivesse desocupada há muito tempo. Mais ou menos do tamanho da minha. Um grupinho de meninos travessos ateou fogo nela, se não estou enganado, numa noite de eleição. Na época eu morava na periferia da cidadezinha e tinha acabado de me aventurar no *Gondibert*, o épico poema de Davenant, inverno em que labutei com letargia – aliás, a propósito, tenho lá minhas dúvidas se essa letargia não é um problema de família (já que o meu tio cochila ao se barbear e é obrigado a remover os brotos das batatas no porão aos domingos, a fim de se manter desperto e guardar o sábado) ou se ela não é mera consequência de minha tentativa de ler a coleção de poesia inglesa de Chalmers de cabo a rabo. Isso acaba me dando nos "nérvios". Tão logo afundo a cabeça nisso, sinos tocam avisando "Fogo!". Com muita pressa os carros de bombeiros partem naquela direção, acompanhados por uma tropa dispersa de homens e meninos, eu entre os primeiros, pois atravesso o riacho num pulo. Calculamos que as labaredas se erguiam ao sul da floresta – não era a primeira vez que corríamos para apagar incêndios, seja em celeiros, lojas, moradias, ou tudo junto incluído.

– É no celeiro dos Baker – brada um.

– É na chácara dos Codman – garante outro.

Súbito, novas chamas estalam mato acima, como ao despencar de um telhado, e gritamos em uníssono:

– Concord ao resgate!

Chispam, com furiosa velocidade e cargas pesadas, coches que levam, quem sabe, o agente da Companhia de Seguros, determinado a ir aonde fosse preciso. De vez em quando a campainha do carro de bombeiro tilinta atrás de mim, mais vagarosa e segura; e mais à retaguarda, como correu o boato mais tarde, vinham os mesmos que atearam o fogo e deram o alarme. Assim seguimos como verdadeiros idealistas, rejeitando a evidência de nossos sentidos, até que numa curva na estrada ouvimos o crepitar e realmente sentimos o calor do fogo por cima do muro, e percebemos, ai de nós! Chegamos. E justamente a proximidade do fogo esfria o nosso ardor. A princípio estudamos jogar um brejo na cabana; mas nos contentamos em deixá-la queimar, tão perdida e imprestável estava ela. Então ficamos em volta do carro de bombeiro, nos acotovelando, expressando nossos sentimentos por meio de megafones, ou comentando baixinho sobre os grandes incêndios que o mundo testemunhou, incluindo o da loja Bascom & Cole, em Mill-Dam, Concord, em 1828. Cá entre nós, comentamos que se a nossa "banheira" estivesse lá, perto de um brejo, teríamos transformado aquela suprema e universal ameaça em outra inundação. Enfim nos afastamos sem fazer mal algum – voltamos para o torpor e Gondibert. Mas, falando em Gondibert, justiça seja feita: um trecho do prefácio nada tem de soporífero. Eu me refiro à parte onde ele diz que a sagacidade é a pólvora da alma, "mas a maior parte da humanidade desconhece a sagacidade, como os índios desconhecem a pólvora".

Eis que na noite seguinte me embrenho rumo àquelas bandas, mais ou menos na mesma hora e, ouvindo gemidos baixinhos nesse local, me aproximo no escuro e descubro o único sobrevivente da família que eu conheço, o herdeiro tanto de suas virtudes quanto de seus vícios, o único afetado por esse incêndio, deitado de bruços e olhando, por cima da parede do porão, para as cinzas ainda fumegantes lá embaixo, murmurando consigo mesmo, como de costume. Estivera trabalhando bem longe, nas pradarias do rio, o dia todo, e resolveu aproveitar o primeiro tempinho livre para visitar a casa de seus pais e de sua juventude. Perscrutou o porão de todos os lados e pontos de vista, alternadamente, sempre deitado de bruços, como se houvesse um tesouro, do qual se lembrava, oculto entre as pedras, onde não havia nada além de um monte de tijolos e cinzas. A casa já não existia, e nada mais restava para olhar. Sentiu-se consolado com a minha mera presença e me mostrou, tanto quanto a escuridão permitiu, onde o poço estava escondido. Esse, graças a Deus, nunca poderia ser queimado. Foi dando apalpadelas na mureta até achar o poço que o pai dele tinha fabricado e montado, tateando pelo gancho de ferro onde um peso era colocado na ponta. Agora era só o que sobrava para ele se agarrar – e para me convencer de que não era o simples listão superior de uma cerca. Eu tateio para tocar no gancho, e ainda presto atenção nele quase diariamente em minhas caminhadas, pois nele está pendurada a história de uma família.

Continuando. À esquerda, onde se avistam o poço e os arbustos de lilases junto à mureta, já em campo aberto, moravam Nutting e Le Grosse. Porém, voltando em direção a Lincoln.

Mais no meio do mato que qualquer um desses, onde a estrada mais se aproxima do lago, ficava a olaria do Wyman. Ali o oleiro trabalhava de cócoras para fornecer ao povo da região utensílios de barro, ensinando o ofício a seus descendentes. Nem de longe eram ricos em bens materiais, mantendo-se na terra com sofrimento enquanto viveram. Muitas vezes, e em vão, o xerife ia coletar os impostos e "confiscava uma acha de lenha", por questão de formalidade, como li em seus relatos, não havendo mais nada em que pudesse colocar as mãos. Um dia, no meio do verão, vou capinar o meu feijoal. Súbito um homem que transporta uma carga de cerâmica para o mercado faz parar seu cavalo perto de minha lavoura e pergunta a respeito de Wyman filho. Há um bom tempo comprara dele uma roda de oleiro e queria saber notícias. Eu tinha lido sobre o barro e a roda do oleiro na Bíblia, mas nunca tinha me ocorrido que os potes que usávamos não eram potes preservados intactos daqueles dias, ou fabricados de cabaças arbóreas em algum lugar. Alegro-me ao saber que uma arte tão moldável continua a ser praticada em minha vizinhança.

O último a morar nesse mato antes de mim foi um irlandês, Hugh Quoil (seja lá qual for o quiproquó em que ele se meteu). Ele ocupou a morada de Wyman – e era chamado de "coronel" Quoil. Corria o boato de que ele havia combatido em Waterloo. Se ele estivesse vivo, eu bem que tentaria convencê-lo a lutar suas batalhas de novo. Aqui o ofício dele era abrir valas. Napoleão exilou-se na Ilha de Santa Helena; Quoil, nos matos do Lago Walden. Tudo o que sei sobre ele é trágico. Cidadão de boas maneiras, de alguém viajado, articulado e com uma conversa tão civilizada que era até difícil de prestar atenção em suas palavras. Usava sobretudo no meio do verão: sofria de delírio trêmulo e tinha o rosto carmim. Morreu na estrada, ao sopé da Colina do Brister, logo após eu me instalar em minha cabana, por isso não me lembro dele como vizinho. Antes de a casa dele ser demolida –que seus camaradas evitavam como a "um castelo azarento" –, vou até lá. Em cima da cama jazem suas roupas velhas, amarrotadas pelo uso, como se fossem ele próprio. Em vez de uma tigela quebrada na fonte, um cachimbo quebrado na lareira. A tigela não poderia ter sido o símbolo de sua morte: ele me confessou que ouviu falar na Fonte do Brister, mas nunca a viu. Um baralho de cartas manchadas, reis de espadas, ouros e copas, se espalha no chão. Uma galinha preta que o gestor inventariante não conseguiu pegar, preta como a noite, empoleira-se no puxadinho, tão silenciosa, e sem um pio sequer, como à espera de Reynard, a raposa do conto de fadas. Nos fundos, uma hortinha de contornos sombrios. Plantada, mas nunca capinada uma só vez, por culpa dos terríveis acessos de tremores. Época de colheita agora. Está tomada de absinto-romano e picão-do-diabo, cujos frutos se grudam todinhos em minhas roupas. Nos fundos da casa, uma pele de marmota está curtindo, recém-esticada com varas, espécie de troféu de seu mais recente Waterloo; mas ele já não precisa de um gorro quentinho nem de um par de luvas sem dedos.

Hoje apenas sulcos na terra marcam o local dessas moradias, as pedras do porão soterradas. Na relva ensolarada crescem morangos, framboesas-pretas, avelãs e sumagres; um pinheiro-bravo ou um carvalho nodoso ocupam o antigo recanto da chaminé, e uma bétula-doce, com seu aroma adocicado, talvez farfalhe onde outrora se erguia o portal de pedra. Às vezes, a mossa do poço é visível, por onde antes brotava uma fonte; hoje, grama seca e sem lágrimas; ou tapada profundamente – para ser descoberta algum dia –, com uma pedra plana, sob o gramado, pelo último da espécie, antes de partir. Quão doloroso deve ser isso... o ato de encobrir poços! Coincide com abrir um poço de lágrimas. O recorte no solo do antigo porão, como desertas tocas de raposas, buracos antigos: é tudo o que resta do agitado corre-corre da vida humana, onde "destino, livre-arbítrio e presciência absoluta", nesse ou naquele dialeto, foram alternadamente discutidos. Mas tudo que aprendo de suas deduções se resume nisto: "Catão e Brister tosquiavam lã"; algo tão edificante quanto a história das mais famosas escolas de filosofia.

Porta, lintel e peitoril se foram. Uma geração depois, lilases ainda crescem vivazes, exalando o doce perfume de suas flores a cada primavera, em ramalhetes colhidos pelo absorto viajante; há décadas plantados e cuidados por mãos infantis em canteiros na frente da casa, agora se erguem junto a muretas que cercam pastagens abandonadas, dando lugar a novas florestas – a última daquela estirpe, a única remanescente daquela família. Mal sonhavam as trigueiras criancinhas que a insignificante muda com apenas dois brotinhos, que elas fincaram no chão à sombra da casa e regaram diariamente, se enraizaria assim, e sobreviveria a elas, e se alojaria em meio à sombra, até se transformar em jardim e pomar, contando a história delas vagamente ao andarilho solitário, meio século depois de terem crescido e morrido – com flores tão belas e aromas tão doces quanto naquela primeira primavera. Eu noto suas cores ainda delicadas, cordiais, alegres, lilases.

Mas esse povoadinho, germe de algo mais, por que fracassou enquanto Concord se manteve? Não havia vantagens naturais, como privilégios hídricos, afinal? Sim, o profundo Lago Walden e a fresca Fonte do Brister – deles é um privilégio beber longos e saudáveis goles, ainda intactos por esses homens, a não ser para diluir suas bebidas alcóolicas. Universalmente constituem uma raça sedenta. Por que não prosperaram aqui atividades como a fabricação de cestos, vassouras de estábulo e tapetes; a tostadura de milho, a fiação de linho e a cerâmica? Por que o agreste não floresceu como a rosa, e uma numerosa prole herdou a terra de seus pais? Pelo menos, o solo estéril seria à prova da degeneração das terras baixas. Ai de mim! Quão infimamente a memória desses habitantes humanos realça a beleza da paisagem! Talvez a Natureza tente de novo. Primeiro colono: eu. Casa mais antiga da aldeia: a minha casa erguida na primavera passada.

Não me consta que alguém já tenha construído no lugar que ocupo. Quero distância de uma cidade erigida no local de outra mais antiga, onde as ruínas servem como material, e os cemitérios, como jardins. Ali o solo está estiolado e amaldiçoado, e antes que se torne necessário, a própria terra será destruída. Com essas reminiscências, repopulei o mato e me deixei adormecer.

*

Nessa estação pouca gente me visita. Quando a neve cai mais forte, nenhum andarilho se aventura perto de minha casa por uma semana, duas semanas, mas ali eu vivo confortável como um rato da campina, ou como gado e aves que sobrevivem por muito tempo socados nos montes, mesmo sem comida; ou como a família de um dos primeiros colonos da cidade de Sutton, no estado de Massachusetts, cuja cabana ficou completamente coberta pela grande nevasca de 1717. Ele estava ausente, mas um índio encontrou a casa pelo buraco que o vapor da chaminé fez na neve e, assim, salvou a família. Mas nenhum índio amigável se preocupa comigo; nem precisa se preocupar, pois o dono da casa está em casa. A Grande Nevasca! Que alegria ouvir falar disso! Quando não conseguiam chegar aos matos e pântanos com suas parelhas de bois, os agricultores eram obrigados a derrubar árvores de sombra perto de suas casas. Quando a crosta estava mais dura, cortavam as árvores dos pântanos, a três metros do solo, conforme ficava evidente na primavera seguinte.

Nas neves mais profundas, a trilha da estrada até minha casa, com uns 800 m de comprimento, pode ser representada por uma sinuosa linha pontilhada, com grandes intervalos entre os pontos. Em uma semana de clima ameno dou exatamente o mesmo número de passos, de igual extensão, na ida e na vinda, pisando compenetradamente, com a precisão das pernas de um compasso, em minhas próprias pegadas profundas (tal é a rotina a que o inverno nos reduz), mas às vezes estão inundadas com o próprio azul do céu. Mas nenhum mau tempo interfere fatalmente em meus passeios, ou melhor, em minhas explorações, pois eu costumo vagar de 13 a 16 km através da neve mais profunda, a um encontro marcado com uma faia, ou uma bétula-amarela, ou um velho pinheiro conhecido meu. Os galhos pendem com o peso do gelo e da neve e as copas se aguçam. Pinheiros parecem abetos. Perambulo até o topo das colinas mais altas quando a neve alcança quase três palmos de espessura em certo ponto. A cada passo vou sacudindo outra tempestade de neve em minha cabeça. Noutras vezes rastejo ou vou engatinhando, quando os caçadores se enfurnam em suas cabanas invernais. Uma tarde eu me divirto observando uma coruja-lapônica (*Strix nebulosa*), pousada num dos galhos mortos inferiores de um pinheiro-branco, perto do tronco, em plena luz do dia, eu parado a cinco metros dela. A coruja ouve o movimento de minhas passadas triturando a neve, mas não me distingue nitidamente. Quando eu faço mais barulho, ela estica o pescoço, eriça as penas da nuca e arregala os olhos. Mas logo as pálpebras baixam e ela cochila de novo. Também sinto uma influência soporífera após meia hora observando a coruja ali, empoleirada com os olhos entreabertos, como se fosse uma irmã alada dos gatos. Pela estreita fenda entre as pálpebras ela mantém comigo um peninsular contato. Assim, com o olhar semicerrado, mirando além da terra dos sonhos, se esforça para me divisar, vago objeto ou cisco que interrompe suas visões. Tento me aproximar, e um ruído mais alto a deixa inquieta. Por fim, devagarinho me dá as costas no poleiro, como quem fica impaciente por ter seus sonhos perturbados. Súbito, desprende voo através dos pinheiros, abrindo as asas em uma envergadura inesperada, sem que eu possa ouvir o menor som delas. Assim, guiada entre os ramos dos pinheiros mais por uma delicada percepção de seu entorno do que pela visão, como se pressentisse seu caminho crepuscular com suas rêmiges sensíveis, encontrou um novo poleiro onde em paz poderia aguardar o amanhecer de seu dia.

Enquanto caminho pela extensa plataforma aberta para a ferrovia através dos prados, enfrento muitas rajadas fortes e cortantes. Em nenhum outro lugar o vento brinca com tanta liberdade, e quando a friagem me atinge numa das faces, pagão como eu era, mostro a outra face a ele. Não é muito melhor pela estrada dos cabriolés na Colina do Brister. Pois eu ainda visito a cidade, como um índio amigável, na época em que o conteúdo dos amplos campos abertos se concentra todo entre os muros da estrada do Walden, e meia hora é suficiente para apagar os rastros do último viajante. E quando eu volto, novos montículos se formaram, nos quais eu tropeço, onde o vento noroeste soprou forte e depositou na estrada a neve pulverulenta, em ângulo agudo. Não se enxerga sequer um rastro de coelho, nem mesmo as minúsculas pegadas do rato do prado. Mas é raro eu não me deparar, até mesmo em pleno inverno, com um brejo cálido e primaveril, onde a grama e o repolho-gambá ainda crescem em seu perene verdor, e um passarinho mais resistente aguarda a volta da primavera.

Às vezes, apesar da neve, eu volto da minha caminhada à noite, cruzo as pegadas profundas de um lenhador saindo de minha porta, encontro sua pilha de aparas na lareira e a minha casa tomada pelo cheiro de seu cachimbo. Ou, nas tardes de domingo, se por acaso estou em casa, ouço na neve o ruído das passadas de um agricultor de vasta cabeleira, que atravessa o mato em busca de minha casa, para ter um "momento" social. É um dos poucos em seu ofício que se consideram "agricultores pensantes"; veste uma sobrecasaca, não uma beca de professor, sempre tão pronto para extrair a moral da igreja ou do Estado quanto para transportar uma carga de esterco de seu celeiro. Falamos de épocas rudes e singelas, quando os humanos se sentavam ao redor de grandes fogueiras no clima frio e estimulante, com as mentes claras. Quando uma nova sobremesa também fracassa, experimentamos nozes que os sábios esquilos há muito abandonaram, pois aquelas que têm as cascas mais grossas costumam ser as mais vazias.

Quem vem de mais longe até minha casa, através das neves mais profundas e das tempestades mais sombrias, é um poeta. Agricultores, caçadores, soldados, repórteres, até mesmo filósofos, podem ficar amedrontados; mas nada detém um poeta, pois o que lhe move é amor puro. Quem é que pode prever suas idas e vindas? A vontade de poetar o convoca a qualquer hora, mesmo quando os médicos dormem. Fazemos aquela casinha soar com estrepitosa alegria e ressoar com o murmúrio de conversas sóbrias, corrigindo os longos silêncios no vale do Walden. A Broadway deve estar mais quieta e deserta. De vez em quando, caímos na risada, seja pela última frase enunciada ou pelo gracejo que se aproxima. Animados por um pratinho de mingau, desfolhamos teorias de vida novinhas em folha, combinando as vantagens do convívio com a lucidez que a filosofia exige.

Sem esquecer de que, durante meu último inverno no lago, recebo outro visitante bem-vindo. Atravessa a cidadezinha, em meio à neve, chuva e escuridão, até avistar a minha lâmpada por entre as árvores e compartilhar comigo umas noites de inverno. O último dos filósofos – presente de Connecticut ao mundo –, primeiro coloca à venda as mercadorias de nosso Estado, e depois, como ele costuma dizer, a sua própria inteligência. Essa ele continua a vender, incitando Deus e desgraçando humanos, dando como único fruto o seu cérebro, como a noz dá apenas seu caroço. Acho que entre todos os seres vivos é ele quem tem mais fé. Suas palavras e atitudes sempre pressupõem um estado de coisas melhor do que o que os outros homens conhecem, e ele será o último homem a se decepcionar com o passar dos tempos. Não tem empreendimentos atuais. Hoje é tratado com relativo desdém, mas, quando seu dia chegar, leis insuspeitadas pela maioria entrarão em vigor, e chefes de famílias e governantes virão se aconselhar com ele.

"Cego é aquele que não enxerga a serenidade!"

Amigo autêntico da humanidade, talvez o único amigo do progresso humano. Uma Velha Mortalidade, digamos antes uma Imortalidade, com incansável paciência e fé, torna clara a imagem gravada nos corpos humanos, desfigurados monumentos curvados diante de seu Deus. Com seu intelecto hospitaleiro, abraça crianças, mendigos, loucos e eruditos, e entretém o pensamento de todos, em geral com pitadas de amplitude e elegância. Acho que ele deveria manter um caravançarai na estrada do mundo, onde filósofos de todas as nações pudessem se hospedar. Na placa estaria impresso: "Entretenimento para os cavaleiros e não para as montarias. Um pouco de lazer para acalmar o intelecto de quem busca honestamente o caminho certo". É talvez o homem mais sadio e com menos manias que já tive oportunidade de conhecer; sempre o mesmo, ontem e amanhã. Outrora vagamos e conversamos, e efetivamente deixamos o mundo para trás. Ele não estava comprometido com nenhuma instituição mundana: nasceu livre, *ingenuus*. Para qualquer lado que virássemos, o céu e a terra pareciam se encontrar, pois ele realçava a beleza da paisagem. Em seu manto azul, o telhado mais adequado é o céu que reflete sua serenidade. Não acho possível que um dia ele venha a morrer; a Natureza não pode se privar dele.

Tanto ele quanto eu tínhamos deixado secar plaquinhas de pensamento. Agora, sentamo-nos e as esculpimos, testando as nossas facas e admirando a textura fibrosa, amarelo-clara, do cerne do pinheiro-branco. Atravessamos a água com tanta leveza e reverência, ou nos recompomos tão suavemente, que os peixes do pensamento nem se assustam, nem temem um pescador na margem, mas ficam num vaivém glorioso, como as nuvens que flutuam no céu ocidental, e os flocos de madrepérola que de tempos em tempos ali vão se formando e se dissolvendo. Ali trabalhamos, revisando a mitologia, contornando fábulas, aqui e ali, construindo castelos no ar para os quais a terra não oferece alicerce digno. Honorável espectador! Honorável contemplador! Conversar com ele é um lazer das Mil e Uma Noites da Nova Inglaterra. Ah! que debate fazemos, o ermitão, o filósofo e o velho colono de que falei antes – nós três –, o discurso se expande e incha minha cabana. Não sei dizer quantos quilos de peso havia acima da pressão atmosférica em cada centímetro quadrado, sei que ela se abre nas emendas. Depois disso só com muita paciência para calafetar e estancar as goteiras – mas eu já estava farto de catar lugares-comuns como marujos catam fibras do cordame.

Teve um outro com quem tivera "sólidas temporadas", há muito e muito tempo, na casa dele, na cidadezinha, que me fazia umas visitinhas de vez em quando; mas afora isso não tive como socializar muito por lá.

Por lá também, como em todos os lugares, às vezes espero o Visitante que nunca vem. Diz o Vishnu Purana: "O dono da casa deve permanecer ao entardecer em seu pátio o tempo necessário para ordenhar uma vaca, ou mais, se quiser, a fim de aguardar a chegada de um convidado". Muitas vezes cumpro esse dever de hospitalidade: espero o suficiente para ordenhar todo um rebanho de vacas, mas não vejo ninguém se aproximando da cidade.

BICHOS DO INVERNO

Quando firmemente congelados, os lagos proporcionam novas (e mais curtas) rotas a muitos pontos, e também, a partir de suas lâminas d'água, novas perspectivas do familiar cenário do entorno. Cruzo o Lago do Flint coberto de neve e ele me faz lembrar da Baía de Baffin. Claro que já remei e deslizei por ali, mas agora ele me parece tão inesperadamente amplo e estranho. Olho as colinas de Lincoln ao meu redor, na ponta de uma planície nevada que não me lembro de ter visitado antes. Pescadores, a uma distância indeterminada sobre o gelo, movem-se devagar, como esquimós caçando focas, acompanhados por seus cães peludos como lobos. Em meio à neblina, assomam como criaturas fabulosas, não sei se gigantes ou pigmeus. Vou por esse atalho dar uma palestra em Lincoln numa noite, sem percorrer estradas, sem passar por casa alguma no trajeto de minha própria cabana e o auditório da palestra. No Lago Goose, que fica no caminho, mora uma colônia de ratos-almiscarados; vislumbro suas cabanas acima do gelo, mas, quando passo ali perto, nenhum deles dá o ar de sua graça. A neve no lago Walden, como nos demais, em geral não se acumula em sua superfície desnuda, à exceção de montículos rasos e interruptos. Por isso, serve de quintal para mim. Nele ando livremente quando em outros pontos a neve alcança quase 60 cm de altura, e o povo está confinado na cidadezinha. Longe das ruas urbanas e do raro tilintar dos sinos do trenó, deslizo e patino, como num vasto cercado bem pisoteado por alces, sob os galhos de carvalhos e solenes pinheiros curvados pela neve ou enfeitados com pingentes de gelo.

O som das noites de inverno! Sempre o piar melancólico, mas melodioso, de uma coruja ao longe. Às vezes eu também a escuto durante o dia. O tipo de som que vibraria da terra congelada se alguém a tocasse com a palheta adequada. A própria *lingua vernacula* da Floresta Walden, muito familiar para mim – embora eu nunca tenha avistado o pássaro vocalizando. Raríssimas vezes abro a porta numa noite de inverno sem escutá-la. *Uh, uh, uh, uh, uh, uh,* entoa sonoramente, acentuando levemente as três primeiras sílabas numa espécie de "Como vai?", ou às vezes *uh, uh* apenas. Uma noite, no comecinho do inverno, antes de o lago congelar, lá pelas nove horas, um grasnido barulhento me surpreende. Vou à porta e no mato ecoa um som: um bater de asas de gansos em rasante tempestade sobre a minha casa. Atravessam o lago rumo a Fair Haven, ao que parece, impedidos de ficar por culpa da minha luz. O tempo inteiro, em ritmo constante, o bando é guiado pelos grasnidos do comodoro.

Súbito, uma coruja-do-mato (*Strix aluco*) grita bem perto de mim, com a voz mais áspera e tremenda que já ouvi entre todos os seres da floresta, em resposta frequente aos chamados do ganso, como se estivesse determinada a expor e desonrar esse intruso da Baía de Hudson exibindo uma vocalização nativa, de maior alcance e volume, e espantá-lo para longe do horizonte de Concord, com um estrondoso "Bu-uh". Como assim? Alarmar a cidadela a esta hora da noite a mim consagrada? O que está pensando? Acha que já estou dormindo a essa hora? Que não tenho pulmões e laringe tão bons quanto os seus? *Bu-uh, bu-uh, bu-uh!* Foi uma das discórdias mais empolgantes que já ouvi. Entretanto, ouvidos perspicazes captariam nela os elementos de uma concórdia que essas planícies nunca antes viram nem ouviram.

Também ouço o gelo uivando no lago, meu grande companheiro noturno naquela parte de Concord, como se estivesse inquieto em seu leito e quisesse se ajeitar melhor, sofresse de flatulência e sonhasse. Um dia o som da geada rachando o solo me desperta. Parecia que alguém tinha jogado uma junta de bois contra minha porta. Ao longo da manhã, constato uma rachadura no chão, com 400 m de comprimento e 8 mm de largura.

Às vezes, em noites de luar, ouço as raposas vagando pela crosta nevada, em busca de tetrazes ou outra presa, ganindo áspera e diabolicamente como cães da floresta, como se estivessem trabalhando com certa ansiedade, tentando se expressar, pelejando por luz, para se tornarem cães domésticos e correrem livremente pelas ruas. Afinal, se levarmos em conta as eras, não pode existir uma civilização evoluindo entre as feras como entre os homens? Parecem-me humanos rudimentares, morando em tocas, defendendo-se com unhas e dentes, à espera de sua transformação. Às vezes, uma se aproxima da minha janela, atraída por minha luz, ladra uma praga vulpina contra mim e bate em retirada.

    Nas madrugadas, é comum eu ser acordado pelo vaivém do esquilo-vermelho (*Sciurus hudsonius*) no telhado e seu sobe-desce pelos flancos da casa, como se ele tivesse saído da mata só para esse fim. Separo meio saco de milho doce em espiga e, no decorrer do inverno, vou jogando as espigas ainda não maduras na crosta de neve perto da minha porta, e me divirto observando os movimentos de vários animais atraídos por elas. No crepúsculo e à noite, os coelhos-da-nova-inglaterra sempre vêm e se fartam. Ao longo do dia, os esquilos-vermelhos me entretêm com suas manobras. Um se aproxima com cautela por entre os carvalhos-arbustivos, ora correndo sobre a crosta de neve em rápidas disparadas, como uma folha soprada pelo vento, ora disparando para cá, com velocidade e gasto de energia maravilhosos, atingindo uma pressa inconcebível com seus "pés-trotadores", como se fosse uma aposta, ora disparando para lá, mas sempre em tiros de no máximo 2,5 m. De repente, ele estaca com uma expressão cômica e uma desnecessária cambalhota, como se todos os olhos do universo estivessem cravados nele – pois todos os movimentos de um esquilo, até mesmo nos mais recônditos recessos da floresta, merecem espectadores como os de uma dançarina –, e nessa demora e circunspecção perde tempo suficiente para ter percorrido toda a distância (mas nunca vi um esquilo fazer isso). Nisso, repentinamente, antes de você piscar ele está no alto de um jovem pinheiro, dando corda no relógio e repreendendo todos os espectadores imaginários, em simultâneos solilóquio e colóquio com todo o universo – por qual motivo eu não pude detectar, e suspeito que talvez nem ele soubesse. Por fim, chega perto das espigas de milho, escolhe uma e saltita no mesmo e trigonometricamente incerto estilo até a acha mais alta da minha pilha de lenha, diante de minha janela, onde olha nos meus olhos e fica ali sentado um tempão, só parando de vez em quando para numa chispada buscar uma espiga nova, mordiscando vorazmente e jogando fora o sabugo antes de comer todos os grãos. Com o tempo, vai ficando ainda mais caprichoso e começa a brincar com a comida, saboreando só o miolo do grão, equilibrando a espiga sobre a acha com uma das patas. Às vezes, deixa a espiga cair num olhar de tragicômica dúvida, como se suspeitasse que a espiga tivesse vida, indeciso entre pegá-la de novo, pegar outra ou fugir dali, ora pensando no milho, ora ouvindo o soprar do vento. Nesse ritmo o atrevidinho desperdiça muitas espigas numa só manhã, até que por fim, agarrando uma comprida e gorda, consideravelmente maior do que ele, e habilmente equilibrando-a, ele parte com ela mato adentro, como um tigre leva um búfalo, no mesmo percurso de zigue-zague e pausas frequentes, arrastando-a junto com ele como se ela fosse muito pesada para ele, deixando-a cair o tempo todo, fazendo de sua queda uma diagonal entre a perpendicular e a horizontal, determinado a conseguir de qualquer maneira. Sujeitinho singularmente frívolo e excêntrico – e lá se vai ele com a espiga para sua morada, talvez o topo de um pinheiro a duzentos, duzentos e cinquenta metros de distância, e mais tarde eu encontro os sabugos espalhados no mato em várias direções.

Não demora muito chega o bando de gaios-azuis, que já anunciava a sua vinda com seus gralhados discordantes, em cautelosa aproximação, a uns duzentos metros de distância, voando matreira e manhosamente de árvore em árvore, cada vez mais perto, para catar os grãos deixados para trás pelos esquilos. Depois, um gaio-azul se empoleira no galho de pinheiro e tenta engolir com pressa um grão, mas é grande demais para sua garganta e quase o sufoca; depois de muito trabalho, ele o desaloja da goela, regurgita e passa uma hora tentando quebrá-lo com bicadas vigorosas. Os gaios agem como ladrões, o que não desperta muito o meu respeito; mas os esquilos, ariscos a princípio, vêm trabalhar como quem pegando o que é seu.

Nesse meio-tempo também surgem os chapins, em bandos, catando as migalhas que os esquilos deixaram cair e voando para o galho mais próximo. Seguram-nas entre suas garras e as martelam com seus pequenos bicos, como um inseto fuçando a casca de uma árvore, até esboroá-los o suficiente para suas gargantas delgadas. Um bandinho de chapins-tufados vem diariamente almoçar na minha pilha de lenha, ou nas migalhas da minha porta, entre suaves notas e ceceares esvoaçantes, como o tilintar de pingentes de gelo na relva, em vívidos *"dia-dia-dia"* ou, mais raramente, em dias de caráter primaveril, um estival e ágil *"fé-pé"* vindo do mato. Ficam tão acostumados comigo que por fim um deles pousa numa braçada de lenha que eu carrego e bica os gravetos sem medo. Certa vez, um pardal pousou em meu ombro por um momento, quando eu capinava uma horta na cidadezinha, e me senti mais condecorado com aquela circunstância do que com qualquer dragona que porventura um dia eu usasse. Os esquilos também acabam ficando íntimos e às vezes atalham por cima de meus pés quando esse era o caminho mais curto.

Enquanto o solo ainda não está todo coberto, e novamente, perto do final do inverno, quando a neve derrete na encosta sul da minha colina e ao redor da minha pilha de lenha, os tetrazes saem da floresta de manhãzinha e à noitinha para procurar alimento ali. Seja para qual lado você andar no mato, o tetraz nos surpreende e irrompe com asas giratórias, sacudindo os flocos de neve das folhas secas e dos ramos no alto, que caem em meio aos raios de sol como pó dourado. O inverno não assusta essa ave corajosa. É comum estar coberto por montículos de neve e, dizem os observadores, "às vezes se afunda com as asas na neve fofa e ali se esconde por um ou dois dias". Também costumo assustá-los no campo aberto, para onde eles saíam do mato ao pôr do sol para saborear os "botões" das macieiras selvagens. Todas as noites, costumam visitar determinadas árvores, onde o astuto caçador os espera, e assim esses pomares distantes, próximos do mato, toleram muita coisa. Seja como for, eu fico feliz por saber que o tetraz encontra alimento. É a própria ave da Natureza: vive de botões e bebidas pouco calóricas.

Nas sombrias manhãs invernais, ou nas curtas tardes do inverno, às vezes escuto o alarido de uma matilha de cães acuando e ganindo na mata, incapazes de resistir ao instinto da perseguição e ao som da trompa de caça, que soa em intervalos, provando que vem um homem na retaguarda. O mato ecoa de novo, e mesmo assim nenhuma raposa irrompe na clareira do lago, nem a matilha no encalço de seu Acteão. E talvez à noite eu veja os caçadores voltando e levando como troféu uma única raposa cuja cauda deixa um rastro de seu trenó rumo à estalagem onde estão hospedados. Eles me contam o seguinte. Se a raposa fica escondida no seio da terra congelada, ela está segura, ou se corre em linha reta, nenhum cão de caça a alcança. Só que após deixar seus perseguidores para trás, ela resolve descansar, atenta a qualquer barulho, até que os caçadores se aproximem de novo. Nisso ela corre e dá uma volta em direção a seu velho esconderijo, onde os caçadores a aguardam. Às vezes, porém, ela corre em cima de um muro por muitos metros, até saltar para o outro lado, e parece saber que a água confunde o faro dos cães. Um caçador me contou que certa vez viu uma raposa perseguida por cães de caça irromper no Walden quando o gelo estava coberto de poças rasas, correr até a metade e voltar à mesma margem. Dali a pouco os cães chegaram, mas perderam a trilha de odor. Às vezes, uma matilha caçando sozinha passa por minha porta, circunda minha casa, entre uivos e ganidos, sem me olhar, como se afligida por uma espécie de loucura, como se nada pudesse desviá-la da perseguição. Assim, ela arrodeia até cair na trilha recente de uma raposa, pois um cão sábio abandona tudo por isso. Certo dia, um sujeito de Lexington veio à minha cabana indagando por seu cão que tinha feito um grande percurso e ficou caçando sozinho por uma semana. Mas acho que ele não me entendia bem, pois sempre que eu tentava responder às suas perguntas, ele me cortava perguntando:

– O que é que o senhor faz aqui?

Perdeu um cão, mas encontrou um homem.

Uma vez por ano, com a água morna, um velho caçador de poucas palavras vem tomar banho no Walden. Ele vem prosear comigo na cabana nessas ocasiões. Ele me fez o seguinte relato. Uma tarde, há muitos e muitos anos, de espingarda em punho, vem explorar os matos do lago Walden. Pela estrada de Wayland, ouve o latido de cães se aproximando e, logo depois, uma raposa salta a mureta, cai na estrada e, veloz como um relâmpago, salta o outro muro sem ser atingida por seu tiro ligeiro. Logo atrás vêm uma velha cadela de caça e seus três filhotes em plena perseguição, caçando por conta própria, mato adentro. Fim de tarde. O caçador descansa no mato fechado ao sul do Walden, ouve os cães acuando, ao longe, para as bandas de Fair Haven, ainda no encalço da raposa. Lá vêm eles, os latidos da caçada ressoam no mato inteiro, cada vez mais perto, primeiro em Well-Meadow, depois na fazenda dos Baker. Por muito tempo ele fica parado, ouvindo essa música, tão doce aos ouvidos de um caçador, quando, súbito, a raposa aparece, percorrendo a trilha solene em ritmo fácil, em passadas abafadas pelo solidário farfalhar das folhas. Célere e silente, ganha terreno, deixa os perseguidores para trás... Salta numa rocha no meio do mato e se senta ereta, orelhas em pé, de costas para o caçador. Por um momento, ele se contém, mas a onda de compaixão não dura muito: o cano da espingarda se ergue e *bang!* A raposa despenca morta no chão. O caçador fica onde está e escuta os cães. Os demoníacos ganidos da matilha já ecoam em todas as veredas do mato próximo. Súbito, irrompe a velha cadela, focinho no chão. Morde o ar como se estivesse possuída e corre direto à rocha. Paralisada de espanto, estaca ao ver a raposa morta. Anda ao redor dela em silêncio; um a um, chegam os filhotes, como a mãe, envoltos pelo mistério. Então o caçador avança e fica em pé no meio deles, e o enigma está resolvido. Esperam quietos enquanto ele esfola a raposa, depois seguem a cauda por um tempo e, por fim, voltam à floresta. Naquela noite, um proprietário de terras em Weston foi à cabana do caçador de Concord para perguntar por seus cães e contou que durante uma semana eles estiveram caçando por conta própria nos matos de Weston. O caçador de Concord lhe contou o que sabia e lhe ofereceu a pele, mas o outro recusou e partiu. Não encontrou seus cães naquela noite, mas no dia seguinte soube que tinham atravessado o rio e passado a noite na sede de uma propriedade agrícola, de onde, bem alimentados, partiram de madrugada.

O caçador também me contou outra história. Um tal de Sam Nutting, que costumava caçar ursos nas escarpas de Fair Haven e trocar suas peles por rum na vila de Concord, disse a ele que tinha visto um alce por lá. Nutting tinha um famoso cão de caça chamado Burgoyne (a pronúncia é Bugine), que esse meu informante costumava pedir emprestado. No caderno de transações de um antigo comerciante desta cidade, que também era capitão, escrivão e deputado, leio o seguinte registro (valores em libras-xelins-*pence*). 18 de janeiro de 1743: "John Melven Cr., por 1 raposa-cinzenta, $0-2-3". Hoje elas não ocorrem mais por aqui. E em seu livro-razão, em 7 de fevereiro de 1743, Hezekiah Stratton recebe "por ½ pele de gato" o crédito de "$0-1-4½". Um lince-pardo, é claro, pois Stratton, sargento na velha guerra contra os franceses, não caçaria animal menos nobre. Também eram compradas peles de veado diariamente. Um homem ainda guarda a galhada do último veado morto nas proximidades, e outro me conta os detalhes da caçada em que o tio dele se envolveu. Antigamente os caçadores eram uma tribo numerosa e alegre por aqui. Lembro-me do esquálido Nimrod. Pegava uma folha na beira da estrada e a colocava entre os lábios para assobiar uma música selvagem e, se não me falha a memória, mais melodiosa que a de uma trompa de caça.

À meia-noite, na lua cheia, eu às vezes encontro cães em meu caminho, rondando a floresta. Eles se esquivam do meu caminho, como se estivessem com medo, e ficam calados entre os arbustos até eu passar.

Esquilos e ratos selvagens disputam o meu estoque de nozes. No entorno da casa crescem muitos pinheirinhos-bravos, com 3 a 10 cm de diâmetro, que tiveram a casca roída pelos ratinhos no inverno anterior – um inverno norueguês para eles, de neve funda e duradoura, que os obrigou a mesclar uma grande proporção de casca de pinheiro em sua dieta. Essas arvoretas vicejam, meio que florescem no meio do verão, muitas crescem 30 cm, apesar dos anéis que cingem suas cascas. No inverno seguinte, porém, estão todas mortas, sem exceção. Isso é extraordinário. Um único ratinho consome um pinheiro inteiro no almoço, roendo uma cinta horizontal em vez de fazer um ataque vertical. Mas talvez isso seja necessário para ralear essas árvores, que costumam crescer muito densamente.

As lebres (*Lepus americanus*) são muito familiares. Uma se instala embaixo de minha casa no inverno, isolada de mim só pelo assoalho, e me assusta todas as manhãs com suas disparadas quando eu começo a me mexer – bam, bam, bam, ela bate apressadamente a cabeça nas vigas do piso. Elas se aproximam de minha porta ao anoitecer para mordiscar as cascas de batata que eu jogo fora, e se camuflam perfeitamente porque têm quase a mesma cor do solo.

Às vezes, no lusco-fusco, ora eu avisto, ora perco de vista uma delas, imóvel, sentada sob a minha janela. Quando abro a porta à noite, elas fogem entre guinchos e saltos. Acabam por fim me inspirando pena. Certa noite, uma lebre senta à minha porta, a dois passos de mim, a princípio tremendo de medo, mas sem ânimo para se mover. Pobrezinha! Esguia e ossuda, com orelhas esfarrapadas, nariz pontudo, cauda rala e patas delgadas. A natureza está por um fio, já não tem raças de sangue mais nobre. A jovem lebre tem olhos esbugalhados e doentios, quase mórbidos. Dou um passo, e eis que ela dá um salto elástico sobre a crosta de neve, esticando corpo e membros em movimentos graciosos, e logo coloca o mato entre nós dois. É a livre caça selvagem reafirmando o seu vigor e a dignidade da Natureza. A magreza dela tinha um motivo. É de sua natureza afinal (alguns pensam que *lepus = levipes* = "levípede").

Que seria de um país sem coelhos e tetrazes? Estão entre os mais singelos e nativos produtos do reino animal; gêneros antigos e veneráveis, conhecidos desde a antiguidade até os tempos modernos; do próprio matiz e substância da Natureza, aliados mais próximos das folhas e do solo, e um do outro; com asas ou pernas. Quando um coelho ou um tetraz dispara, é quase como se você tivesse visto uma criatura selvagem, uma criatura tão natural quanto o farfalhar das folhas. Com certeza o tetraz e o coelho continuarão prosperando, como verdadeiros nativos do solo, independente das revoluções humanas. Se a floresta é cortada, os rebrotes e os arbustos que verdejam lhes fornecem esconderijo; e eles se tornam mais numerosos do que nunca. Pobre é a nação que não dá sustento às lebres. As duas espécies abundam em nossos matos, e ao redor de cada brejo é possível avistar um tetraz ou um coelho, acossados por armadilhas que alguém armou.

O LAGO NO INVERNO

Foi calma a noite invernal, mas desperto com a impressão de que durante o sono eu tentava em vão responder uma pergunta... O quê? Como? Quando? Onde? Mas a Natureza, onde moram todas as criaturas, acorda sem pergunta nos lábios e perscruta minhas amplas janelas com o semblante sereno e satisfeito. Eu desperto com a pergunta respondida e me deparo com a Natureza e a luz do dia. A espessa neve que cobre o solo pontilhado por jovens pinheiros e a própria encosta da neblina onde está minha casa parecem dizer: "Avante!". A Natureza não faz nem responde perguntas feitas por nós, reles mortais. Há muito tempo *ela* tomou sua resolução. "Ó Príncipe, nossos olhos contemplam com admiração e transmitem à alma o maravilhoso e variado espetáculo deste universo. Sem dúvida, a noite esconde parte dessa gloriosa criação; mas o clarear do dia nos revela essa grande obra, que se estende da Terra até as planícies do Éter."

O trabalho matinal me espera. Primeiro empunho machado e balde e vou em busca de água, se eu não estiver sonhando. Após a gélida nevasca noturna, só com uma forquilha radiestésica para achá-la. A cada inverno, a superfície líquida e trêmula do lago, tão sensível a cada respiração, reflete cada luz e sombra, solidifica-se numa camada que vai da superfície até 30 a 45 cm de fundura, capaz de suportar as mais pesadas parelhas de bois. Por sua vez, a neve cobre o gelo em igual profundidade, e é impossível distinguir onde começa e termina o lago se o solo contíguo estiver no mesmo nível. Como as marmotas nas colinas circundantes, o lago fecha as pálpebras e hiberna por três meses ou mais. Em pé na planície coberta de neve, como se fosse numa pastagem em meio às colinas, corto meu caminho primeiro sobre 30 cm de neve, depois sobre 30 cm de gelo, e abro uma janela sob meus pés, onde, ajoelhado para beber, observo lá embaixo o silencioso espaço dos peixes, permeado por uma luz atenuada, como a luz que atravessa a fosca janela de vidro moído, com seu fundo de areia tão brilhante como no verão. Reina ali uma perene serenidade sem ondas, como no âmbar céu crepuscular, combinando com o temperamento frio e uniforme dos habitantes. O céu está sob nossos pés e também acima de nossas cabeças.

    Manhã cedinho. A geada translúcida tudo cobre. Lá vêm eles, com seus molinetes e lancheiras, soltar suas linhas finas através do campo nevado para capturar lúcios e percas. Gente rude, que prefere seguir o instinto do que seguir as mesmas modas e confiar nas mesmas autoridades que seus conterrâneos. Entre idas e vindas, vão costurando uma cidade na outra, em trechos que caso contrário estariam rasgados. Agasalhados com suas robustas jaquetas, comem seu almoço na orla, sentados sobre as folhas secas dos carvalhos. No meio natural, a sabedoria popular é tão vasta quanto a de cidadãos urbanos no meio artificial. Nunca consultaram livros, mas sabem e podem dizer muito menos do que já fizeram. Muita coisa praticada por eles é pura novidade. Eis um que pesca lúcios usando percas graúdas como isca. Com espanto você olha o balde dele como se estivesse olhando um lago no verão. É como se ele tivesse trancado o verão em casa ou soubesse onde ele se refugiou. Como afinal ele pescou tudo isso em pleno inverno? Ah, ele pegou larvas de toras podres, pois o solo congelou, é esse o segredo. A própria vida dele penetra mais fundo na Natureza do que os estudos do naturalista; ele mesmo é um tema de estudo ao naturalista. Este último levanta o musgo e descasca suavemente com a faca em busca de insetos; o primeiro abre troncos até o cerne com seu machado, fazendo voar musgos e cascas por toda parte. Ganha a vida descascando árvores. Esse homem tem um certo direito à pesca, e adoro ver nele o fluxo da Natureza. A perca engole a minhoca, o lúcio engole a perca e o pescador engole o lúcio; e assim todas as fissuras na escala do ser são preenchidas.

 Quando eu caminho ao redor do lago em dias de névoa, às vezes me divirto com os métodos primitivos adotados por um pescador mais rústico. Um parece ter colocado forquilhas de amieiro sobre os orifícios no gelo, separados por vinte ou vinte e cinco metros e a uma distância igual da costa. Amarrou a ponta da linha a uma vara para evitar que ela fosse arrastada, passou a linha solta por cima do galho do amieiro, a uns 30 cm ou mais acima do gelo, e amarrou nela uma folha de carvalho seca, que serviria de boia: ao ser puxada para baixo, mostraria que o peixe estava beliscando. Caminhando em volta do lago, essas forquilhas assomam aqui e ali, em meio à névoa.

Ah, os lúcios do Walden! Quando os vejo deitados no gelo, ou no poço que o pescador corta no gelo, fazendo um orifício para acessar a água, sempre me surpreendo com a sua rara beleza, como se fossem peixes fantásticos! São bizarros para as ruas, até mesmo para os matos, bizarros como a Arábia para a nossa vida em Concord. Sua beleza deslumbrante e transcendente os separa por um vasto intervalo dos cadavéricos bacalhaus e hadoques, cuja fama é alardeada em nossas ruas. Não têm o verde dos pinheiros, nem o prateado das pedras, nem o anil do céu; mas têm, aos meus olhos, se possível, cores ainda mais raras, como flores e pedras preciosas, como se fossem pérolas, *núcleos* animalizados, os cristais da água do Walden. Claro, eles são o Walden o tempo todo; eles próprios são Waldenzinhos no reino animal da Waldenlândia. É surpreendente que sejam capturados aqui – que nessa profunda e espaçosa fonte, bem longe e abaixo dos estridentes carros de boi e cabriolés e dos tilintantes trenós que transitam na estrada do Walden, ainda nadem esses grandes peixes esmeraldinos-dourados. Nunca vi esse tipo em qualquer mercado; seria o centro das atrações de todos os olhares. Facilmente, entre giros convulsivos, abandonam seus espectros aquáticos, como um mortal transladado antes do tempo para o rarefeito ar celeste.

*

Como estou com vontade de recuperar o fundo há muito perdido do Lago Walden, examino-o cuidadosamente, antes que o gelo se quebre, no início de 1846, com bússola, corrente e sonda. Muitas histórias foram contadas sobre o fundo, ou melhor, a falta de fundo, deste lago, que certamente não tinham fundamento. É notável por quanto tempo os homens acreditam na falta de fundo de um lago sem se dar ao trabalho de sondá-lo. Visitei dois desses Lagos Sem Fundo numa caminhada pela vizinhança. Muitos acreditam que o Walden atravessa até o outro lado do globo. Alguns se deitam no gelo por um longo tempo, olhando para baixo através do ilusório meio e, para piorar, com olhos lacrimejantes. Com medo de pegar um resfriado, chegam a conclusões precipitadas. Enxergam vastos buracos "por onde uma carga de feno pode ser arrastada", se tivesse alguém para conduzi-la, a indubitável fonte do Estige, entrada local para as Regiões Infernais. Outros desceram da cidadezinha trazendo na carroça um peso de 25 kg e um rolo de corda de 2,5 cm de diâmetro. Mesmo assim, não tiveram sucesso para encontrar qualquer fundo. Enquanto o peso descansava no caminho continuaram baixando a pesada corda na vã tentativa de sondar a sua verdadeiramente incomensurável capacidade de se maravilhar. Mas posso assegurar aos meus leitores que o Walden tem um leito moderadamente firme a uma profundidade não imoderada, apesar de inusitada. Eu medi a fundura dele facilmente com uma linha de pescar bacalhaus e uma pedra que pesava uns 700 g. Fui capaz de dizer exatamente quando a pedra saiu do fundo, pois tive que puxar com muito mais força até que a água entrasse por baixo para me ajudar. A maior profundidade foi de exatamente 31 m. Desde então o nível subiu cerca de 1,6 m, totalizando 32,6 m. Essa é uma profundidade extraordinária para um lago de área tão pequena; contudo nem um centímetro dela pode ser creditado à imaginação. E se fossem rasos todos os lagos? Não provocariam reações nas mentes humanas? Sou grato por esse lago ter sido feito tão profundo e puro a ponto de se tornar um símbolo. Enquanto o ser humano acreditar no infinito, alguns lagos serão considerados sem fundo.

Um dono de fábrica, ouvindo a profundidade que eu havia encontrado, pensou que não poderia ser verdade, pois, a julgar por seu conhecimento sobre represas, a areia não ficaria em ângulo tão íngreme. Mas se compararmos com suas áreas, a fundura desses lagos não é tanta como supõe a maioria. Caso fossem drenados não formariam vales tão extraordinários. Não parecem taças entre as colinas; pois o Walden, que é singularmente tão fundo para sua área, aparenta ser, em uma seção vertical através de seu centro, não mais profundo do que um prato raso. Drenados, os lagos em sua maioria formariam vales não mais côncavos do que o normal. William Gilpin, tão admirável em tudo o que se relaciona com paisagens e em geral tão correto, descreveu assim o *Loch*

Fyne, na Escócia, rodeado por montanhas e com oitenta km de comprimento:

> Baía de água salgada, com 110 a 130 metros de profundidade. (...) Se a víssemos logo após o colapso diluviano, ou qualquer outra convulsão da Natureza, antes de ser inundado pelas águas, que horrendo abismo deve ter sido!
>
> Tão alto quanto as túmidas colinas e tão fundo
> Em oco largo e encovado,
> Extenso leito hídrico

Mas se, com base no diâmetro mais curto do Lago Fyne, aplicássemos essas proporções ao Walden, que, como vimos, já aparenta em seção vertical ser apenas um prato raso, ele pareceria quatro vezes mais raso. Tal é o *exagero* dos abismais horrores do Lago Fyne quando esvaziado. Sem dúvida, muitos vales sorridentes com seus extensos milharais ocupam exatamente esse "horrendo abismo", do qual as águas baixaram, embora sejam necessários o discernimento e a visão distante do geólogo para convencer desse fato os desavisados habitantes. Muitas vezes, um olhar curioso pode detectar as margens de um lago primitivo nas colinas do baixo horizonte, e nenhuma elevação subsequente da planície é necessária para ocultar sua história. É mais fácil, porém, como sabem os que trabalham nas rodovias, encontrar os buracos por meio das poças que se formam após a chuva. Em outras palavras: sem pedir licença, a imaginação mergulha mais fundo e voa mais alto do que a Natureza. Portanto, é bem provável que a profundidade dos oceanos venha a ser considerada insignificante em comparação com a sua largura.

Sondando através do gelo, determinei a forma do fundo com maior precisão do que seria possível ao examinar recantos que não congelam, e fiquei surpreso com sua uniformidade geral. Na parte mais funda, ao longo de vários hectares, o terreno é mais nivelado do que a maioria das lavouras expostas ao vento solar e ao arado. Por exemplo, numa linha arbitrária, a fundura não varia mais do que 30 cm em 150 m. Em geral, perto do meio, eu consigo estimar uma variação de 7 a 10 cm de caimento a cada 30 m. Alguns estão acostumados a falar de buracos profundos e perigosos, mesmo em lagos arenosos tranquilos como este, mas o efeito da água nessas circunstâncias é o nivelamento de todas as irregularidades. A uniformidade do leito e a sua conformidade com as margens e a extensão das colinas vizinhas são tão perfeitas que um promontório distante se revela nas sondagens do outro lado do lago, e sua direção pode ser determinada observando-se a margem oposta. O cabo torna-se barra; a planície, baixio; vale e desfiladeiro, águas profundas e canal.

Depois de mapear o lago na escala de $1/480$[3] e registrar as sondagens, mais de cem ao todo, observei uma coincidência notável. O número que indicava a

---

3   O mapa do livro original, reproduzido nesta edição, teve sua escala diminuída para 1/1920. (N. de T.)

maior profundidade estava aparentemente no centro do mapa. Dispus a régua no sentido do comprimento, e depois da largura, e descobri, para minha surpresa: a linha de maior comprimento cruzava a linha de maior largura *exatamente* no ponto de maior profundidade! Embora o miolo fosse quase nivelado, e o contorno do lago estivesse longe de ser uniforme, e o comprimento e a largura extremos tivessem sido obtidos medindo-se nas enseadas, eu me fiz a pergunta: quem sabe se essa dica valeria tanto para a parte mais profunda do oceano quanto para a de um lago ou poça? Não é essa a regra também para a altura das montanhas, consideradas o oposto dos vales? Sabemos que uma colina não é mais alta em sua parte mais estreita.

Em cinco enseadas, três, ou todas as que foram sondadas, observou-se que tinham uma barra ao longo de toda a sua boca e águas mais profundas no meio, de modo que a baía tendia a ser uma expansão da água dentro da terra não só horizontal, mas verticalmente, e a formar uma bacia ou lagoa independente, em que a direção dos dois cabos mostrava o curso da barra. Cada porto da costa marítima também tem em sua entrada uma barra. Na proporção em que a boca da enseada é mais larga em comparação com seu comprimento, a água sobre a barra é mais profunda em comparação com a da bacia. Levando em conta, então, o comprimento e a largura da enseada, e o caráter da costa circundante, você tem elementos quase suficientes para fazer uma fórmula para todos os casos.

Figura 1 – Lago Walden – Planta reduzida – 1846

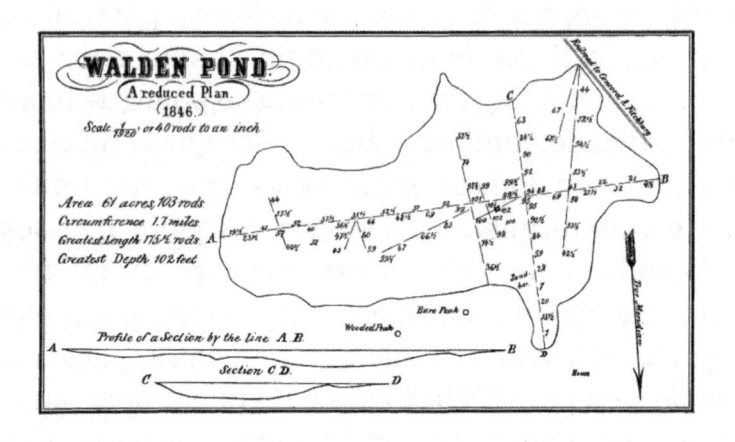

Escala 1/1920, ou 200 metros por polegada. Área = 25 hectares; Circunferência = 2,7 km; Maior comprimento = 883 m; Maior profundidade = 31 m. Perfil de uma seção pela linha AB; Seção CD; Ferrovia para Concord e Fichtburg; Meridiano verdadeiro; Bare Peak (Pico desmatado); Wooded Peak (Pico com mata).

A fim de ver com que precisão consigo calcular, com essa experiência, o ponto mais profundo de um lago, observando apenas os contornos de sua superfície e o caráter de suas margens, fiz uma planta do Lago White, que abrange cerca de 16 hectares, e, como o Walden, não tem ilhas, nem qualquer entrada ou saída visível de água. Como a linha de maior largura cai muito perto da linha de menor largura, onde dois cabos opostos se aproximam e duas baías opostas recuam, arrisco marcar um ponto a uma curta distância da última linha, mas ainda na linha de maior comprimento, como o mais profundo. Descobriu-se que a parte mais profunda fica a menos de 30 m dali, na mesma reta que eu tinha traçado. Entre um ponto e outro a diferença de profundidade era de apenas 30 cm, alcançando 18 m na parte mais funda. É claro que água corrente ou uma ilha no lago complicariam muito o problema.

Se conhecêssemos todas as leis da Natureza, precisaríamos apenas de um fato, ou da descrição de um fenômeno real, para deduzir todos os possíveis resultados naquele ponto. Eis que só conhecemos algumas leis, e o nosso resultado é viciado, não, é claro, por qualquer confusão ou irregularidade na Natureza, mas por nossa ignorância sobre os elementos essenciais para o cálculo. Em geral, as nossas noções de lei e de harmonia são confinadas aos exemplos que detectamos; mas a harmonia que resulta de um número muito maior de leis aparentemente conflitantes, mas na realidade concordantes, que escapam de nossa detecção, é ainda mais maravilhosa. As leis particulares são como os nossos pontos de vista. Para o viajante, o contorno da montanha varia a cada passo que ele dá e revela um número infinito de perfis, mas a forma é inequivocamente só uma. Mesmo quando fendida ou perfurada não é compreendida em sua totalidade.

A ética do que observo no lago não é menos verdadeira. É a lei da média. Essa regrinha dos dois diâmetros não só nos guia em direção ao sol no sistema solar e ao coração no ser humano, mas traça linhas ao longo do comprimento e da largura, somando comportamentos específicos em nosso cotidiano com as ondas de vida em nossas enseadas e angras, e o ponto onde as linhas se cruzam mostra a altura ou a profundidade de nosso caráter. Talvez seja preciso saber apenas qual é a tendência de nossas praias e de nossos campos ou relevos adjacentes, para deduzirmos a nossa profundidade e o nosso fundo oculto. Se estivermos rodeados por um relevo montanhoso, uma praia aquiliana, sombreada por picos que se refletem em seu seio, isso sugere em nós uma profundidade correspondente. Mas uma praia lisa e reta prova que somos rasos nesse aspecto. Em nossos corpos, sobrolhos salientes se destacam e indicam uma profundidade de pensamento correspondente. Também há uma barra na entrada de cada uma de nossas enseadas, ou inclinações particulares; cada uma é o nosso porto por uma temporada, na qual ficamos presos e parcialmente cercados de terra. Em geral essas inclinações nada têm de extravagantes. A forma, o tamanho e a direção delas são determinados pelos promontórios da praia, os antigos eixos de elevação. Aos poucos, essa barra vai aumentando pela ação de tempestades, marés ou correntes, ou há uma subsidência nas águas, de modo a influenciar na superfície. Aquilo que a princípio é mera inclinação na praia em que um pensamento foi abrigado torna-se um lago individual, isolado do oceano, onde o pensamento garante suas próprias condições, e se altera, talvez, de salgado para doce, torna-se mar doce, mar morto ou pântano. Quando um indivíduo nasce não é de supor que essa barra tenha subido à superfície em algum lugar? É verdade, somos tão maus navegadores que os nossos pensamentos, em sua maioria, ficam ao largo de uma costa sem portos, familiarizados só com os recôncavos das baías da poesia, ou desviam a portos de entrada públicos e atracam na doca seca da ciência, onde meramente se reaparelham para este mundo, sem que nenhuma corrente natural contribua para individualizá-los.

Quanto às entradas ou saídas hídricas do Walden, nada descubro além de chuva, neve e evaporação, embora talvez, com um termômetro e uma linha, esses locais pudessem ser encontrados, pois onde a água flui ao lago ela provavelmente será mais fria no verão e mais quente no inverno. Quando os cortadores de gelo trabalharam aqui em 1846-7, os blocos enviados à orla um dia foram rejeitados por aqueles que os empilhavam lá em cima. Eram menos espessos que os outros; e os cortadores descobriram então que o gelo de uma pequena região do lago era cinco a oito centímetros mais fino do que em outros lugares. Isso os levou a pensar que havia alguma entrada de água. Também me mostraram, em outro ponto, o que imaginavam se tratar de um "dreno de lixiviação", por meio do qual o lago vazava sob a colina para um prado vizinho, me empurrando sobre um bloco de gelo para vê--lo. Era uma pequena cavidade no fundo, onde o lago tinha uns 3 m de fundura. Mas acho que posso garantir que o lago não precisa de solda até encontrarem um vazamento pior do que esse. Alguém chegou a sugerir que, se tal "dreno de lixiviação" fosse encontrado, sua conexão com o prado, se existisse, poderia ser provada transportando um pouco de pó colorido ou serragem à boca do orifício e, depois, colocando uma peneira sobre a fonte na campina, a qual coletaria algumas das partículas transportadas pela corrente.

    Enquanto faço o meu levantamento, o gelo, que tinha 40 cm de espessura, ondulou como água sob um vento leve. Sabe-se que não é recomendado usar um nível no gelo. A 5 m da margem, sua maior flutuação, observada por meio de um nível em terra assestado a uma estaca graduada no gelo, alcança quase 2 cm, embora o gelo continue firmemente ligado à costa. No centro, provavelmente é maior. Se os nossos instrumentos fossem delicados o suficiente quem sabe poderíamos detectar uma ondulação na crosta terrestre? Quando o tripé de meu nível está com duas pernas na costa e a terceira no gelo, e direciono as visadas para o lado do gelo, uma elevação ou queda do gelo em valor quase infinitesimal resulta na diferença de um ou dois metros em uma árvore da outra margem. Quando eu começo a fazer buracos para sondar, existe uma camada de dez centímetros de água no gelo, sob a neve espessa. De imediato, a água começa a escorrer para esses buracos e continua fluindo por dois dias, em córregos profundos que desgastam o gelo de todos os lados e contribuem essencialmente, senão primordialmente, para secar a superfície do lago; pois, à medida que a água escorre, o gelo vai se erguendo e começa a flutuar. Era mais ou menos como abrir um dreno no fundo de um navio para deixar a água sair. Quando esses buracos congelam, e vem a chuva, e enfim um novo congelamento forma um gelo fresco e liso, por dentro o gelo fica lindamente manchado com figuras escuras, em formato de teias de aranha, que alguns chamam de rosetas de gelo, produzidas pelos canais usados pela água fluindo de todos os lados para o centro. Às vezes, também, quando o gelo está coberto de poças rasas, eu avisto uma sombra dupla de mim mesmo, uma de pé na cabeça da outra, a primeira no gelo, e a outra nas árvores ou na encosta da colina.

*

Ainda está frio, pois estamos em janeiro. Mesmo assim, entre as espessas e sólidas camadas de neve e gelo, o prudente dono da terra vem da cidadezinha buscar gelo para resfriar sua bebida de verão. Em pleno janeiro, é de uma sabedoria impressionante, quase patética, imaginar-se passando calor e sede em julho, vestindo casaco grosso e luvas! Tanta coisa precisa ser providenciada antes disso. É bem possível que ele não guarde nenhum tesouro neste mundo capaz de refrescar suas bebidas no além-mundo. Corta e serra o lago sólido, destelha o lar dos peixes e leva embora o próprio elemento e ar deles, amarrado com correntes e estacas, como lenha empilhada, através do aprazível ar invernal, até porões de inverno, para lá sustentar o verão. Parece mais de um azul-celeste solidificado, enquanto, ao longe, é levado pelas ruas. Esses cortadores de gelo são uma raça alegre e brincalhona; quando eu passo ali perto me convidam para serrar ao estilo "um em cima e outro embaixo", comigo embaixo.

No inverno de 1846-7, uma centena de homens da extração hiperbórea desce até nosso lago uma manhã, com várias carretadas de ferramentas agrícolas esquisitas, trenós, arados, carrinhos de mão, facas de grama, pás, serras, ancinhos, e cada homem portava um bastão de lança de ponta dupla, ainda não descrito nos manuais agrícolas da Nova Inglaterra. Fico sem saber se querem semear uma lavoura de centeio de inverno ou outro tipo de grão recentemente introduzido da Islândia. Como não vejo esterco, julgo que pretendem preparar o solo virgem, como eu havia feito, pensando que o solo é profundo e está um bom tempo em pousio. Contam-me que um fidalgo fazendeiro, que ficou nos bastidores, quer dobrar seu dinheiro, que, pelo que entendi, já chegava a meio milhão. Para cobrir cada um de seus dólares com outro, ele tirou o único casaco, ou seja, a própria pele, do Lago Walden, bem no meio de um rigoroso inverno. Logo colocam mãos à obra, lavram, gradeiam, revolvem, sulcam, com admirável organização, aparentemente decididos a criar uma fazenda-modelo. Aguço os olhos para ver que tipo de semente estão jogando no sulco, e uma turma ao meu lado de repente começa a fisgar o próprio húmus, com um puxão peculiar, limpando até a areia, ou melhor, a água, pois o solo é bem esponjoso – na realidade, tudo que há de *terra firme* ali – e carregá-lo sobre trenós. Como se estivessem extraindo turfas no pântano. Todos os dias esse vaivém, com um guincho peculiar da locomotiva, indo e voltando de algum ponto das regiões polares. Para mim, mais parecem um bando de pinguins. Mas, para Walden, a Guerreira, a vingança é um prato que se come frio. Um diarista, atrás de sua parelha de bois, desliza numa fenda rumo ao Tártaro, por onde se esvai toda sua coragem. O fiapo humano quase desiste de sua quentura animal e contente se refugia em minha casa, reconhecendo as relativas virtudes de um fogão. Às vezes, o solo congelado arranca uma lasca do aço da relha do arado, ou um arado fica cravado no sulco e precisa ser cortado.

Literalmente falando, uma centena de irlandeses, com supervisores ianques, vem de Cambridge todos os dias para a coleta. O gelo é cortado em blocos por métodos já muito conhecidos para exigir descrição, e estes, sendo levados de trenó à costa, são rapidamente transportados a uma plataforma de gelo onde formam uma pilha, içados por gancho e talha tracionados por cavalos. Ali os blocos são dispostos com a mesma precisão com que se empilham barris de farinha, uniformemente, lado a lado, fileira sobre fileira, como para formar a sólida base de um obelisco projetado para furar as nuvens. Explicam que em dias proveitosos conseguem extrair mil toneladas, equivalente ao rendimento de quase meio hectare. Trenós passam nos mesmos rastros e deixam no gelo marcas profundas e "panelas", como na *terra firme*. Cavalos comem aveia, dia após dia, em blocos de gelo escavados como cochos. Os blocos formam uma pilha ao ar livre, com dez metros de altura e trinta, trinta e cinco metros de largura. Feno é colocado entre as camadas externas para isolar o ar; pois, quando o vento cortante encontra passagem, vai erodindo grandes cavidades, enfraquecendo os pontos de apoio aqui e ali, e a pilha corre o risco de vir abaixo. No início, parece uma vasta fortaleza ou uma Valhalla azul; mas, quando começam a enfiar o grosso feno do prado nas fendas, e o feno se cobre de geada e pingentes de gelo, assume o aspecto de uma venerável ruína coberta de musgo, construída de mármore tingido de azul, a morada do inverno daquele velho que vemos no almanaque – o seu barraco, como se o desígnio dele fosse veranear conosco. Calcula-se que menos de 25% do gelo colhido cheguem ao trem e que mais 2 ou 3% se percam nos vagões. Contudo, uma parcela ainda maior dessa pilha tem um destino diferente do pretendido. Talvez o gelo não se conserve como esperado por conter mais ar do que o normal. Ou por algum outro motivo nem chega ao mercado. Essa pilha, feita no inverno de 1846-7, alcança em torno de dez mil toneladas e está coberta com feno e tábuas. Em julho é destapada, e uma parte transportada embora. O resto fica exposto ao sol, durante o verão e o inverno seguintes, e só derrete totalmente em setembro de 1848. Assim, a maior parte volta ao lago.

Como a água, o gelo do Walden, visto de perto, tem matizes verdes, mas de longe é de um azul belíssimo, bem fácil de distinguir do gelo alvo do rio, ou do gelo meramente esverdeado de outros lagos, a quatrocentos metros dali. Às vezes, um desses grandes blocos escorrega do trenó do geleiro e fica ali, no meio da rua da cidadezinha, por até uma semana, como uma grande esmeralda, alvo de interesse para todos os transeuntes. Reparo que uma parte do Walden que em estado líquido é verde, muitas vezes, quando congelada, a partir do mesmo ponto de observação, aparenta ser azul. Assim, as bacias perto do lago às vezes ficam, no inverno, cheias de uma água esverdeada meio parecida com a dele, mas no dia seguinte é azul congelado. Talvez essa cor azul – da água e do gelo – se deva à luz e ao ar neles contido. Quanto mais azul, mais transparente. O gelo é um interessante objeto de contemplação. Já me disseram que nas casas de gelo do Lago Fresh eles têm um estoque de cinco anos em estado perfeito. Como é que um balde d'água logo se torna pútrido, mas congelado fica eternamente fresco? O pessoal costuma dizer que essa é a diferença entre as afeições e o intelecto.

Assim, por dezesseis dias, assisto de minha janela a uma centena de homens trabalhando como lavradores atarefados, com parelhas de bois e cavalos e aparentemente tudo que é implemento agrícola, como na ilustração de capa do almanaque. Sempre que olho para fora, lembro-me da fábula da cotovia e dos ceifeiros, ou da parábola do semeador, e assim por diante. Agora, nem sinal deles. É bem provável que, em trinta dias, desta mesma janela, eu esteja olhando o verde-marinho da cristalina água do Walden, com o reflexo de nuvens e árvores, evaporando na solidão, sem vestígios de que humanos lá caminharam um dia. Talvez eu ouça o riso da solitária mobelha-grande mergulhando e trocando a plumagem, ou aviste um pescador isolado em seu bote, como folha flutuante, contemplando sua silhueta refletida nas ondas, onde antes cem homens trabalhavam com segurança.

Assim, parece que os tórridos habitantes de Charleston e Nova Orleans, de Madras e Bombaim e Calcutá, bebem em meu poço. Na parte da manhã, eu banho meu intelecto na estupenda filosofia cosmogônica do Bagavadeguitá. Comparados com essa canção do tempo dos deuses, o nosso mundo moderno e a nossa literatura atual soam triviais e insignificantes. Tenho lá minhas dúvidas se essa filosofia não nos remete a um estado existencial prévio, tão distante está o seu esplendor de nossas concepções. Ponho o livro de lado e vou ao meu poço em busca de água, e pasme! Lá encontro o servo do Brâmane, sacerdote de Brama e Vishnu e Indra, que continua sentado em seu templo no Ganges lendo os Vedas, ou mora na raiz de uma árvore com sua crosta de pão e jarro de água. Encontro o servo buscando água para seu mestre, e nossos baldes, por assim dizer, descem juntos no mesmo poço. A água pura do Walden se mescla com a água sagrada do Ganges. Com ventos favoráveis são levadas para além das fabulosas ilhas de Atlântida e Hespérides, formam o Périplo de Hanão e, flutuando por Ternate e Tidore e pela foz do Golfo Pérsico, derretem nos vendavais tropicais dos mares indianos e desembarcam em portos cujos nomes só Alexandre ouviu.

PRIMAVERA

Em geral, a abertura de grandes trechos pelos cortadores de gelo provoca o rompimento precoce de um lago; pois a água, agitada pelo vento, mesmo no tempo frio, corrói o gelo do entorno. Mas naquele ano esse efeito não ocorre no Lago Walden, pois ele logo consegue uma roupa nova e grossa para substituir a velha. Esse lago nunca se rompe tão cedo quanto os outros dos arredores, primeiro porque é mais fundo e segundo porque nenhum riacho o atravessa derretendo ou erodindo o gelo. Nunca ouvi falar que ele tenha se aberto em pleno inverno, exceto no de 1852/3, um calvário para os lagos. Normalmente ele está degelado por volta de 1º de abril, uma semana ou dez dias depois que o Lago do Flint e o Lago Fair-Haven. Começa a derreter no lado norte e nas partes mais rasas, justo onde começou a congelar. Indica melhor do que qualquer corpo d'água regional a evolução inexorável das estações, pois é menos afetado pelas mudanças transitórias de temperatura. Uma intensa friagem de poucos dias em março retarda muito a abertura desses lagos, enquanto a temperatura do Walden aumenta quase ininterruptamente. Um termômetro inserido no meio do Walden em 6 de março de 1847 marcou 0° C, ou ponto de congelamento; perto da costa, 0,6 °C. Já no meio do Lago do Flint, no mesmo dia, 0,3 °C; e a 60 m da margem, na água logo abaixo da camada de trinta centímetros de gelo, 2,2 °C. Essas diferenças na temperatura de águas profundas e rasas neste último lago, e o fato de que uma grande proporção dele é comparativamente rasa, explicam por que ele começa a degelar bem antes do Walden. Em meados do inverno, o meio do lago era mais quente e tinha o gelo mais fino. Agora, o gelo na parte mais rasa é vários centímetros mais fino do que no miolo. No verão, quem avança na água do lago percebe que ela é mais tépida pertinho da orla, onde o lago é rasinho (7 a 10 cm de fundura). Mais para o meio, onde o lago é mais fundo, ela é mais quente na superfície do que no fundo. Na primavera, o sol não só aumenta a temperatura do ar e da terra, mas seu calor ultrapassa a camada de 30 cm de gelo e acaba refletido do fundo nas águas rasas. Nesse processo, também aquece a água e vai derretendo a parte inferior do gelo, ao mesmo tempo que começa a derretê-lo mais diretamente, na parte de cima. Essa assimetria expande as bolhas de ar do gelo, que se espraiam para cima e para baixo, como um favo de mel, até enfim se extinguir sob uma única repentina chuva primaveril. Como a madeira, o gelo também tem os seus veios, e quando a crosta começa a se deteriorar, a formar "favos", ou seja, formar buracos com a aparência de favos de mel. Seja qual for sua posição, as células aeríferas ficam em ângulo reto com o que antes era a superfície da água. Onde houver uma rocha ou um tronco subindo próximo à tona, o gelo ali é bem mais fino e geralmente se dissolve bastante por conta do calor refletido. Fizeram um experimento em Cambridge para avaliar o congelamento hídrico. Para isso simularam um lago raso com fundo de madeira. Constatou-se que, embora o ar gelado circule por baixo e assim tenha acesso aos dois lados, o reflexo do sol no fundo compensa isso com sobra. Quando a chuva morna no meio do inverno derrete o gelo-neve do Walden, deixando em seu miolo um gelo escuro ou transparente, o gelo branco, embora mais grosso, se enfraquece numa faixa de cinco metros de largura nas proximidades das margens, criada por esse calor refletido. Além disso, como já falei, as próprias bolhas dentro do gelo funcionam como vidros ustórios e derretem a parte inferior do gelo.

Dia após dia, o lago mostra em pequena escala os fenômenos que ocorrem ano após ano. Em geral, todas as manhãzinhas, as águas rasas se aquecem mais rápido do que as profundas, embora talvez não estejam tão quentes, afinal, e, noite após noite, se resfriam mais rápido até o alvorecer. O dia é o resumo do ano. A noite é o inverno, a manhã é a primavera, o meio-dia é o verão, e a tarde é o outono. Os estalos e estrondos do gelo indicam a mudança térmica. Certa manhã agradável, após uma noite fria, em 24 de fevereiro de 1850, vou passar o dia no Lago do Flint. Com surpresa, eu golpeio o gelo com a cabeça do machado e ele ressoa como um gongo num raio de muitos metros. É como bater num tambor esticado. O lago começa a estralar cerca de uma hora depois do nascer do sol, quando sente a influência do sol batendo inclinado das colinas; o lago se espreguiça e boceja como uma pessoa recém-desperta, com um tumulto cada vez maior, que se estende por três ou quatro horas. Ao meio-dia, faz uma sesta curta e volta a estrondear de novo ao anoitecer, quando recua a influência dos raios solares. Se o clima favorece, o lago dispara sua arma noturna com grande uniformidade. Mas em pleno dia, cheio de rachaduras e com o ar menos elástico, perde completamente a ressonância. Dificilmente peixes e ratos-almiscarados ficam atordoados com um de seus estrépitos. Os pescadores dizem que o "estrondo do lago" assusta os peixes e dificulta sua captura com anzol. O lago não troveja todas as noites, e não posso dizer ao certo quando devo esperar seu trovão; mas embora eu não perceba diferenças no clima, ele percebe. Quem poderia suspeitar que algo tão grande, gelado e de pele grossa fosse tão sensível? Mas ele segue suas leis com trovejante obediência e pontualidade igual à dos botões que desabrocham na primavera. O solo pulsa de vida, coberto de papilas. O maior dos lagos responde às mudanças atmosféricas com a sensibilidade de um glóbulo de mercúrio em seu tubo.

*

Uma das atrações de vir morar na mata é ter o prazer e a oportunidade de ver a chegada da primavera. O gelo no lago enfim começa a tomar a forma de favos e afundo meu calcanhar nele enquanto caminho. Nevoeiros, chuvas e dias de sol mais quente vão derretendo a neve aos poucos; os dias vão ficando sensivelmente mais longos. Percebo que vou terminar o inverno sem aumentar o monte de lenha, pois vou fazer menos fogo. Fico atento aos primeiros sinais da primavera. O canto ocasional de um pássaro chegando, o gorjeio dos esquilos-listrados (pois seus estoques devem estar quase no fim), a marmota se aventurando para fora de seus aposentos invernais. Dia 13 de março. O azulejo-de-garganta-canela, o pardal-cantor e o pássaro-preto-da-asa-vermelha já anunciaram a primavera. O gelo? Ainda com 30 cm de espessura. À medida que a temperatura aumenta, o gelo não é sensivelmente corroído pela água, nem se rompe e flutua como nos rios. Ao redor da costa, uma faixa de uns 2,5 m de largura está completamente derretida. No meio, porém, permanece esburacado como favo de mel, saturado de água. Num dia, o seu pé atravessa a camada de 15 cm de gelo. Porém, na tardinha do dia seguinte, talvez, após cair uma chuva morna e levantar uma névoa, o gelo já sumiu por completo, dissipando-se como névoa. Teve um ano em que atravessei o meio do lago só cinco dias antes de o gelo desaparecer por completo. Em 1845, o Walden degelou-se por inteiro em 1º de abril; 1846, 25 de março; 1847, 8 de abril; 1851, 28 de março; 1852, 18 de abril; 1853, 23 de março; 1854, lá por 7 de abril.

    Cada incidente relacionado com o degelo de rios e lagos e o ajuste climático é particularmente interessante para nós que vivemos num clima de extremos tão grandes. À medida que vai esquentando, quem mora perto do rio ouve o gelo estalar à noite num surpreendente ribombar, tão forte quanto tiros de canhão, como se os seus grilhões de gelo estivessem sendo rasgados de ponta a ponta e, em poucos dias, se extinguem rapidamente. Como um jacaré que sai da lama com os abalos da terra. Um senhor idoso, atento observador da Natureza, tão conhecedor dela como se os dois tivessem crescido juntos e ele a tivesse ajudado a dar seus primeiros passos (que chegou à maturidade e dificilmente vai adquirir mais conhecimentos naturais nem se vivesse até alcançar a idade de Matusalém), me contou, e fiquei surpreso ao ouvi-lo expressar admiração por tão singelas obras da Natureza, pois eu achava que não havia segredos entre eles, que em certo dia primaveril pegou a espingarda, o bote e foi se entreter com os patos. Ainda havia gelo nos prados, mas o rio já estava todo descongelado. Desceu sem obstáculos desde Sudbury, onde ele mora, até o Lago Fair-Haven. Súbito, a descoberta inesperada: a maior parte do lago ainda estava coberta por um firme campo de gelo. No dia cálido ele ficou surpreso com a grande massa de gelo remanescente. Não avistou pato algum, atracou o barco na ponta norte de uma ilha no lago e então se camuflou nos arbustos na ponta sul, para esperá-los. A partir da beira, o gelo havia derretido em uma faixa de quinze a vinte metros, formando ali dentro um lençol d'água lisinho e tépido, de fundo lamacento, do tipo que os patos adoram. Daqui a pouco eles aparecem, pensou. Uma hora depois, ouviu, grave e longínquo, mas grandioso e impressionante, um som singular, diferente de tudo que já tinha ouvido.

Aos poucos, o som foi se encorpando e crescendo, na promessa de um ápice universal e memorável, um súbito e soturno estrondo. O velho caçador imaginou uma enorme revoada chegando para pousar ali. Empunhou a espingarda com pressa e empolgação. Mas descobriu, surpreso, que toda a massa de gelo tinha se movido, com ele junto, em direção à costa. O som que ele ouvira era o da borda da ilhota raspando na costa – primeiro num suave mordiscar e esboroar, até por fim se lançar e espalhar seus destroços por cima da ilha a uma altura considerável antes de parar.

Logo os raios solares atingem o ângulo certo, e os zéfiros sopram névoa e garoa que derretem a neve dos barrancos. O sol dispersa a névoa, e a paisagem sorri em meio a esse fumegante e perfumado tabuleiro de casas ocres e alvas. De ilhota em ilhota, o viajante percorre seu trajeto, animado pela música de milhares de regatos e riachos tilintantes cujas veias conduzem o sangue invernal.

Poucos fenômenos me dão mais prazer de observar do que as formas assumidas pela areia e a argila durante o degelo, escorrendo nas laterais do profundo corte na ferrovia por onde eu passo a caminho da aldeia. Nessa escala é um fenômeno não muito comum. Mas claro, desde que as ferrovias foram inventadas, o número de barrancos recém-expostos, e com o material certo, se multiplicou bastante. Por material certo me refiro à areia multicolorida de grânulos de todos os graus de finura geralmente mesclada a um pouquinho de argila. Quando o gelo derrete na primavera, e mesmo num dia de degelo no inverno, a areia começa a escorrer pelas encostas como lava, às vezes rompendo pela neve e transbordando onde antes não se via areia. Inúmeros pequenos córregos se sobrepõem e se entrelaçam, exibindo uma espécie de produto híbrido, que obedece em parte às leis das correntes e em parte às da vegetação. Esse produto vai fluindo e assumindo o formato de folhas ou gavinhas cheias de seiva, formando montes de borrifos pulposos com 30 cm ou mais de fundura. Quem baixa o olhar para examiná-lo vê semelhanças com os talos laciniados, lobulados e imbricados de alguns liquens; também lembra corais, patas de leopardo ou pés de pássaros; cérebros, pulmões, intestinos e excrementos de todos os tipos. É uma vegetação realmente *grotesca*, cujas formas e cores vemos imitadas em bronze, espécie de folhagem arquitetônica mais antiga e típica do que acantos, chicórias, heras, videira ou qualquer outra folha vegetal; destinada talvez, conforme a circunstância, a se tornar um quebra-cabeça para futuros geólogos. O talude inteiro me impressiona como se fosse uma caverna com as estalactites expostas à luz. Os múltiplos matizes da areia são singularmente ricos e agradáveis, abarcando as diferentes cores do ferro: marrom, cinza, amarelo e avermelhado. Essa massa derretida atinge o canal de drenagem ao pé do barranco e se espalha em *fios* planos. Os fluxos separados perdem a forma semicilíndrica e aos poucos ficam mais rasos e largos, escoando juntos à medida que se umedecem, até formarem uma *areia* quase plana, ainda de vários e lindos matizes, mas na qual é possível rastrear as formas originais da vegetação. Por fim, na própria água, convertem-se em *ribanceiras*, como as que se formam na foz dos rios, e as formas de vegetação se perdem nas marcas onduladas do fundo.

O barranco inteiro, que tem de 6 a 12 m de altura, às vezes fica recoberto por uma massa desse tipo de folhagem, ou ruptura arenosa, em faixas de até 400 m, de um ou de ambos os lados, produtos de um dia de primavera. O que torna extraordinária essa folhagem de areia é o seu surgimento repentino. De um lado o barranco está inerte – pois o sol age primeiro de um lado – e no outro observo essa luxuriante folhagem, criação de última hora. Isso me afeta de um modo peculiar, como se eu estivesse no laboratório do Artista que fabricou o mundo e me fabricou – bem na hora em que ele está trabalhando, brincando nesse barranco, e com excesso de energia espargindo seus novos designs. Sinto-me mais perto dos órgãos vitais do globo, pois esse transbordamento de areia é uma massa tão foliácea quanto os órgãos vitais do corpo animal. Assim você encontra na própria areia uma prévia da folha vegetal. Não é de se admirar: a terra se expressa externamente em folhas, mas trabalha com essa ideia internamente. Essa lei impregna os átomos. Aqui a folha suspensa vê o seu protótipo. *Internamente*, no globo ou no corpo animal, é um *lobo* espesso e úmido, palavra especialmente aplicável ao fígado, aos pulmões e às *folhas* lipídicas (λείβω, *labor*, *lapsus*, fluir ou escorrer para baixo, colapsar; λοβος, *globus*, lóbulo, globo; também *lap*, *flap* e muitas outras palavras). *Externamente*, uma fina e seca folha, assim como o *f* e o *v* prensados e secos se tornam um *b*. Os radicais de *lobo* são *lb*, a massa mole do *b* (unilobado) ou do B (bilobulado) com o líquido *l* atrás dele, impulsionando-o à frente. No globo, *glb*, o gutural *g* acrescenta ao significado a capacidade do garganteio. A plumagem e as asas dos pássaros são folhas ainda mais sequinhas e finas. Assim, também, você passa de larva volumosa na terra à borboleta voadora e esvoaçante. O próprio globo continuamente se transcende e se traduz, e ganha asas em sua órbita. Até o gelo começa com delicadas folhas de cristal, como se tivesse escorrido para moldes impressos pelas frondes das plantas aquáticas no hídrico espelho. A árvore inteira é uma só folha, e os rios são folhas ainda mais vastas cuja polpa é a terra intermediária, e as cidades são os ovos de insetos em suas axilas.

Recua o sol, cessa de fluir a areia. Mas pela manhã os riachos recomeçam e se ramificam cada vez mais numa miríade de outros. Aqui você enxerga como se formam os vasos sanguíneos. Olhe de perto. Primeiro flui da massa descongelada um córrego de areia amolecida em forma de gota, como a ponta do dedo, tateando seu caminho lenta e cegamente para baixo. Mais calor, mais umidade, à medida que o sol vai subindo, a porção mais fluida, em seu esforço para obedecer às mesmas leis, separa-se da porção mais inerte, formando nela um canal ou artéria sinuosa. Esse riachinho prateado vai cintilando como relâmpago enquanto forma múltiplas camadas de folhas e ramos pulposos, logo tragadas pela areia. É maravilhoso como a areia se organiza com rapidez e perfeição à medida que flui, usando o melhor material oferecido por sua massa para formar as agudas bordas de seu canal. São essas as origens dos rios. Nos silicatos que a água deposita está talvez o sistema ósseo, e no solo ainda mais fino e na matéria orgânica, a fibra suculenta e o tecido celular. Em que consiste o ser humano senão massa de argila derretida? A ponta de nossos dedos é uma gota que se congelou. Dedos das mãos e dos pés fluem da massa corporal descongelada até alcançarem sua extensão. Sabe-se lá como o corpo humano se expandiria e fluiria sob céus mais cordiais? Linhas de mãos humanas não se *espalmam* como as nervuras das folhas multilobadas? Orelha nada mais é, com certa imaginação, que um líquen *umbilicário* ao lado da cabeça, com seu lóbulo ou pápula. Lábios – *labium*, de labor (?) – são convoluções em torno da caverna bucal. Nariz é uma estalactite, manifesta gota congelada. Queixo é um pingo ainda maior, confluente gotejamento do rosto. Bochechas deslizam das sobrancelhas ao vale facial, opostas e difusas pelas maçãs do rosto. Cada lobo arredondado da folha vegetal também é uma gota espessa e errante, maior ou menor; os lobos são os dedos foliares; e por mais lobos que tenha, em tantas direções tende a fluir e, com mais calor ou outras amáveis influências, teriam fluído ainda mais longe.

Assim, parece que essa encosta da colina ilustra o princípio de todas as operações da Natureza. O Criador deste mundo só patenteou uma folha. Que Champollion irá nos decifrar esse hieróglifo, para que enfim possamos virar essa folha e começar uma nova? Esse fenômeno me estimula mais que a exuberância e a fertilidade dos vinhedos. É verdade: seu caráter é um tanto excrementício. Uma montanha sem-fim de fígados, pulmões e intestinos, como se o globo estivesse virado do avesso. Ao menos isso sugere que a Natureza tem entranhas e é mesmo a mãe da humanidade. O gelo que cobre o solo se esvai: é a primavera chegando. Prenúncio da verde e florida primavera, como a mitologia precede a poesia. Não conheço nada mais purgativo para os gases e indigestões do inverno. Isso me convence de que a Terra ainda não saiu dos cueiros e estende dedinhos de neném para todos os lados. Novos cachinhos brotam da testa lisa. Nada é inorgânico. Montes foliáceos se acumulam na orla como a escória duma fornalha, mostrando que por dentro a Natureza está "em plena explosão". A Terra não é um simples fragmento de história morta, estrato após estrato como as folhas de um livro, estudado principalmente por geólogos e antiquários, mas poesia viva como as folhas de uma árvore, que precedem flores e frutos – não terra fóssil, mas terra viva. Comparadas com a vida que pulsa em seu centro, toda a vida animal e vegetal não passam de parasitas. Seus estertores vomitarão nossas exúvias de seus túmulos. Por mais que você derreta seus metais e os funda nos moldes mais bonitos, eles nunca vão me empolgar como as formas que fluem dessa terra derretida. E não só ela, mas as instituições sobre ela têm a plasticidade que o barro tem nas mãos do oleiro.

*

Em pouco tempo, não só nesses barrancos, mas em todas as colinas e planícies e em todos os vales, a geada se desprende do solo como um quadrúpede adormecido da toca e busca o mar com música, ou migra para outros climas nas nuvens. Mais poderoso que o martelo de Thor é a gentil persuasão de "Derre-Thor". Um despedaça, o outro derrete.

Por entre a neve começa a ressurgir o solo, parcialmente desnudado. Bastam uns dias de sol quente para secar um pouco o chão. Os primeiros e tenros sinais do ano vindouro apontam na imponente beleza da vegetação marcescente que resistiu ao inverno – macelas-brancas, varas-douradas, ervas-alfinete e graciosas gramíneas selvagens, várias delas mais vistosas e interessantes do que estavam no verão, como se a sua beleza ainda não estivesse madura. Junças-do-algodão, morriões-dos-fogueteiros, velas-de-bruxas, ervas-de-são-joão, buquês-de-noiva, espireias-brancas e outras plantas de haste forte, inesgotáveis celeiros que entretêm os primeiros passarinhos – plantas daninhas decentes, que engrinaldam a Natureza enviuvada. Sinto uma atração especial pelo junco-lanoso, com seu cimo arqueado, semelhante a um feixe. Em pleno inverno, essa ciperácea nos remete ao verão e tem um formato que a arte adora copiar. No reino vegetal ela tem a mesma relação tipológica que a astronomia já tem em nossas mentes. É um estilo mais arcaico que o grego ou egípcio. Muitos dos fenômenos do Inverno sugerem uma ternura inexprimível e uma frágil delicadeza. Estamos acostumados a ouvir falar desse rei como um tirano ríspido e escandaloso, mas, com a gentileza de um amante, ele adorna as madeixas do verão.

Quando a primavera se aproxima, esquilos-vermelhos andam embaixo da minha casa, em duplas, direto sob meus pés enquanto leio ou escrevo, fazendo os mais bizarros guinchos, chilreios, malabarismos vocais e sons gorgolejantes já ouvidos; e, quando eu bato o pé no assoalho, eles chilreiam ainda mais alto, como se em suas loucas travessuras perdessem todo o medo e respeito, desafiando a humanidade a detê-los. Não vai, não – ó meu Ésquilo-esquilinho. Completamente surdos, ignoram a força de meus argumentos e surfam numa irresistível onda de vitupérios.

O primeiríssimo pardal da primavera! Como nunca antes, a esperança se renova e faz nascer o ano! Tênues gorjeios metálicos percorrem os campos parcialmente nus e úmidos, é o azulejo-de-garganta-canela, é o pardal-cantor, é o pássaro-preto-da-asa-vermelha, é como se os últimos flocos do inverno tilintassem ao cair! Nesse instante, de que valem histórias, cronologias, tradições e todas as revelações escritas? Os riachos entoam cantigas natalinas para a primavera. O tartaranhão-azulado dá um rasante no alagado à espreita da primeira vida lodosa que desperta. O som da neve derretendo se dissipa em todos os vales, e o gelo se dissolve rápido nos lagos. A grama flameja nas encostas como um incêndio primaveril – *"et primitus oritur herba imbribus primoribus evocata"* – como se a terra enviasse um calor interno para saudar o sol que retorna; a cor da chama não é amarela, mas verde; símbolo da juventude perpétua, a folha de grama, como uma extensa fita verde, flui da turfa para o verão, sustada pelo gelo, mas logo retomando seu lanceolar, erguendo sua haste laminar, feno do ano anterior, com o revigorante frescor que pulsa no chão. Cresce com a mesma constância que o regato escorre do solo. É quase idêntico a isso, pois, na estação de crescimento, em junho, quando os riachos estão secos, as lâminas das gramíneas são seus canais e, ano após ano, os rebanhos bebem nesse perene riacho verde, e o gadanheiro retira dali o seu estoque de pasto para o inverno. Assim a nossa vida humana morre até na raiz e mesmo assim estende sua verdejante lâmina foliar para a eternidade.

O Walden derrete rápido. Um canal de dez metros de largura escorre nos lados norte e oeste, e outro ainda mais largo na ponta leste. Um grande campo de gelo se desprende do corpo principal. Ouço a melodia de um pardal-cantor nos arbustos da praia. *Ulit-ulit-ulit, chip-chip-chip-tchê-tchar, tchê-uis-uis-uis*. Assim ele também ajuda a fragmentar o gelo. Como são belas e vastas as curvas na borda do gelo, lembrando um pouco as da praia, só que mais uniformes! É de uma dureza rara, por conta do frio recente e severo, mas transitório, e tão undoso e úmido quanto o piso de um palácio. Em vão, porém, o vento oeste bafeja sobre sua superfície opaca, até atingir, logo adiante, a superfície viva. É glorioso contemplar essa fita de água cintilando ao sol, a face desnuda do lago repleta de alegria e juventude, como se estivesse exaltando a alegria dos peixes em seu interior e das areias em sua praia. Esse prateado resplendor é igual ao das escamas do *Semotilus corporalis*, como se todos fossem um único e ativo peixe. Tal é o contraste entre inverno e primavera. No Walden antes morto agora a vida pulsa. Mas nessa primavera ele degela de forma mais constante, como eu disse.

A mudança de nevasca e inverno para clima sereno e moderado, de dias sombrios e lânguidos para dias claros e elásticos, é uma crise memorável que todas as coisas proclamam. Parece enfim instantânea. Súbito, um influxo de luz enche a minha casa. Está prestes a anoitecer, e as nuvens do inverno ainda pairam sobre ela, e dos beirais goteja uma chuva de granizo derretido. Relanceio o olhar janela afora e... uau! Onde ontem havia gelo frio e cinzento, hoje o lago jaz transparente, calmo e pleno de esperança como em noites estivais, refletindo em seu seio o céu noturno do verão. Mas, acima do lago, o céu está invisível. Será uma conexão inteligente com algum horizonte remoto? Ao longe canta o tordo, o primeiro que escuto em muitos milhares de anos, penso eu, e cuja melodia não esquecerei por muitos milhares de anos mais – a mesma doce e poderosa canção de outrora. Ó tordo da Nova Inglaterra, no verão à tardinha! Ah, se eu pudesse detectar o ramo em que ele está! Eu me refiro ao *tordo* e me refiro ao *ramo*. Ao menos sei que não é o tordo-americano (*Turdus migratorius*). Os pinheiros-bravos e os carvalhos-arbustivos em volta da minha casa, que há tanto tempo estavam murchos, súbito recuperam seus diversos traços, aparentam mais brilho, mais verdor, mais aprumo, mais vida, como que eficazmente purificados e restaurados pela chuva. Eu sabia que não ia chover mais. Basta olhar para qualquer ramo da floresta, sim, até mesmo para sua própria pilha de lenha, para dizer se o inverno já passou ou não. Vai escurecendo e me surpreendo com o *grasnar* dos gansos em rasante sobre o mato, cansados viajantes chegando tarde dos lagos do Sul e enfim se permitindo queixas irrestritas e consolos mútuos. Em pé na minha porta, escuto o bater de suas asas; o bando vem em direção à cabana, mas súbito avista a minha luz e, com um clamor silencioso, dá uma guinada e pousa no lago. Nisso eu entro, fecho a porta e passo a minha primeira noite primaveril nos bosques.

De manhã, observo da porta, por entre a névoa. O bando de gansos navega no meio do lago, a duzentos e cinquenta metros da margem, tão grande e tumultuoso que o Walden mais parece um laguinho artificial para a diversão deles. Mas quando eu apareço na costa, eles imediatamente levantam voo com um vigoroso bater de asas ao sinal de seu comodoro, entrando em formação e circulando sobre minha cabeça, vinte e nove ao todo, seguindo direto ao Canadá, ao *grasnado* uniforme do líder em intervalos, com fé em quebrar o jejum em poças mais lamacentas. Uma "revoada" de patos ergueu-se ao mesmo tempo e tomou a rota para o norte na esteira de seus primos mais barulhentos.

Por uma semana, ouço o clangor cíclico e tateante de um ganso solitário na névoa matinal, buscando seu par, e ainda povoando a mata com sons de uma vida maior do que ela pode sustentar. Em abril, grupinhos de pombos ligeiros marcam presença e, no devido tempo, escuto o pipilar dos martinetes em minha clareira, mas não parece que a região tenha tantos que possa me ceder algum. E uma peculiar fantasia me vem à mente: talvez pertençam à antiga raça que morava nos ocos das árvores, antes da chegada dos homens brancos. Em quase todos os climas, a tartaruga e o sapo são precursores e arautos dessa estação, pássaros voam em cantos e reluzentes plumagens, plantas brotam e florescem, ventos sopram, corrigindo essa suave oscilação dos polos e preservando o equilíbrio da Natureza.

Como cada estação parece melhor para nós, por sua vez, a chegada da primavera é como a criação do Cosmos a partir do Caos e a realização da Idade de Ouro.

> *"Eurus ad Auroram Nabathæaque regna recessit,*
> *Persidaque, et radiis juga subdita matutinis."*
>
> Euro, o vento Leste, retirou-se à Aurora, aos reinos nabateus e à Pérsia, e às montanhas expostas aos raios matutinos. (...) Nasce o ser humano. Ou o Artífice das coisas, origem do melhor mundo, o criou com semente divina, ou a terra, sendo recente e há pouco separada do alto éter, continha as sementes do céu cognato.

Uma única chuva mansa torna a grama muitos tons mais verdes. O mesmo acontece com as nossas perspectivas: iluminam-se com o influxo de melhores pensamentos. Seríamos abençoados se vivêssemos sempre no presente e aproveitássemos cada incidente que nos acontece, como a relva que confessa a influência do mais ligeiro orvalho que nela condensa. Seríamos abençoados se não gastássemos o nosso tempo corrigindo a negligência de oportunidades do passado, surgidas no cumprimento de nossos deveres. Já é primavera, mas permanecemos no inverno. Na agradável manhã de primavera, todos os pecados humanos são perdoados. Um dia como esse é uma trégua ao vício. Enquanto um sol assim estiver pronto para queimar, o pecador mais vil pode regressar. A nossa própria inocência se restaura, e discernimos a inocência de nossos vizinhos. Más línguas já chamaram o vizinho de ladrão, bêbado ou mulherengo. Você já sentiu pena dele ou simplesmente o desprezou, desesperançado do mundo. Mas o sol brilha forte e quente nesta primeira manhã primaveril, recriando o mundo, e você o avista trabalhando serenamente e nota que as veias exauridas e degeneradas de seu vizinho ainda se expandem de alegria. Então, você abençoa o novo dia, sente na influência da primavera a inocência da infância e se esquece de todos os defeitos do vizinho. Ele exala não só uma atmosfera de boa vontade, mas inclusive um quê de santidade tateante em busca de expressão, talvez de modo cego e ineficaz, como um instinto recém-nascido. Por breves instantes nenhuma piada vulgar ecoa na encosta sul da colina. Você enxerga gemas inocentes e bonitas prestes a rebrotar de seu tegumento retorcido e enfrentar um novo ano de vida, tenras e frescas como a mais jovem das plantas. Até o vizinho caiu nas graças de seu Senhor. Por que o carcereiro não escancara as portas da prisão – por que o juiz não extingue a ação penal – por que o pregador não abre mão de congregação?! É porque não obedecem à dica que Deus lhes dá, nem aceitam o perdão que Ele oferece a todos, sem restrições.

Dia após dia, no hálito tranquilo e benfazejo da manhã, um retorno à bondade se produz. O amor à virtude e o ódio ao vício nos aproximam um pouco da primitiva natureza humana, como os brotos de uma floresta derrubada. Da mesma forma, o mal perpetrado por uma pessoa no intervalo de um dia impede o germinar das sementes da virtude e as destrói.

Quando continuamente as sementes da virtude são impedidas de germinar, o hálito benfazejo da noite é insuficiente para preservá-las. Tão logo o hálito noturno se torna insuficiente para preservá-las, a natureza humana já não difere muito da do animal. Quem compara a natureza humana à das bestas pensa que o ser humano nunca possuiu a inata faculdade da razão. São esses os verdadeiros e naturais sentimentos humanos?

"Sem vingador nem lei se criou a primeva Dourada Idade
Espontâneo cultivo da retitude e lealdade.
Sem medo, sem pena, em bronze não se lia
Uma só palavra de ameaça. Súplice a multidão não temia
A fala do juiz. Sem vingador, sente-se segura
Dos montes ainda não desceu às ondas a taiga pura
E para visitar bizarros mundos nenhum mortal
Se aventura em diferente litoral.
(...)

> Plácidos zéfiros sopram na primavera eterna
> Nas flores sem sementes sua carícia terna."

*

Vou pescar no rio dia 29 de abril, embaixo da ponte Nine-Acre-Corner. Lá estou eu, em pé no relvado, em meio às reboleiras da bole-bole-maior e às raízes do salgueiro, por onde espreitam os ratos-almiscarados, quando súbito escuto um singular chiado, tipo um menino balançando um chocalho. Ergo o olhar e me deparo com um falcãozinho muito etéreo e gracioso, parecido com um bacurau, ora planando como onda, ora "peneirando", mostrando a parte inferior das asas, reluzentes como fita de cetim ao sol ou o interior perolado das conchas. Essa visão me faz lembrar da falcoaria – da nobreza e da poesia associadas a esse esporte. Será um esmerilhão? Não importa. É o voo mais etéreo que já testemunhei. Não é esvoaçante como a borboleta, nem altivo como um gavião de grande porte, mas um confiante acrobata do picadeiro aéreo. Ascende com estranhos pipilos e despenca em maravilhosa queda livre, rodopiando como pipa em altaneiros giros acrobáticos. Súbito, endireita-se como se nunca tivesse pisado em terra firme. Parece não ter companheiro no universo – em suas esquivas piruetas – e não precisar de nada, exceto da manhã e do éter em que brinca. Não é solitário, mas torna toda a terra solitária sob ele. Cadê a mãe que eclodiu o seu ovo? Os outros da ninhada? E o pai voando nos céus? Inquilino do ar, parece unido à terra apenas por um ovo chocado na fenda do penedo. Ou terá sido o seu ninho no canto de uma nuvem, entremeado com aparas de arco-íris e céu crepuscular, forrado com a suave névoa do solstício de verão que se dissipa na terra? Seu ninho agora é um penhasco nuvem.

 Além disso, eu também apanho uma rara fieira de peixes dourados, prateados e acobreados, que mais parece um colar de joias. Ah! De manhãzinha, no começo da primavera, eu penetro nesses prados, pulando de montículo em montículo, de raiz de salgueiro em raiz de salgueiro. Uma luz brilhante e pura – capaz de até despertar os mortos que cochilam em seus túmulos, como acreditam alguns – banha o rio selvagem e os bosques. Prova mais forte de imortalidade não há. Tudo ganha vida sob essa luz. Ó Morte, onde foi parar o teu aguilhão? Ó Sepulcro, onde foi parar a tua vitória?

 O que salva a nossa vida urbana da estagnação são as florestas e os prados inexplorados que cercam a urbe. Precisamos do tônico da vastidão selvagem – às vezes chafurdar nos pântanos onde espreitam o abetouro e o rascão-de-cara-cinza, e ouvir o ribombar do narcejão; sentir o cheiro do junco sussurrante, onde só as aves mais selvagens e solitárias constroem seus ninhos, e o vison-americano rasteja com o ventre no chão. Ao mesmo tempo em que nos empenhamos em explorar e aprender todas as coisas, exigimos que todas as coisas sejam misteriosas e inexploráveis, que a terra e o mar sejam infinitamente selvagens, por nós não pesquisados e insondados por serem insondáveis. Nunca nos fartamos da Natureza. Devemos nos revigorar com a visão de vigor inesgotável, características vastas e titânicas, o litoral marítimo com seus naufrágios, o deserto com suas árvores vivas e ressequidas, a nuvem de trovoadas e a chuva torrencial de três semanas a fio. Precisamos testemunhar a transgressão de nossos próprios limites e vidas pastejando livremente onde nunca perambulamos. Alegra-nos observar os urubus se alimentando da carniça que nos enoja e desalenta, extraindo saúde e força desse repasto. Tem um cavalo morto na bacia junto ao caminho para minha casa. Às vezes, penso em desviar dele, principalmente à noite, quando o ar está pesado, mas, em compensação, vê-lo me dá a certeza de que a Natureza tem um forte apetite e uma saúde inabalável. Amo ver o quão cheia de vida é a Natureza! Miríades são sacrificadas e servem de presas umas às outras. Delicadas estruturas tão serenamente eliminadas da existência como polpa – girinos engolidos por garças, tartarugas e sapos atropelados na estrada. Súbitas chuvas de carne e sangue! Acidentes têm lá sua responsabilidade, mas o pessoal nem se dá conta disso. A impressão que isso causa em pessoas sábias é a inocência universal. O veneno nada tem de venenoso, no fim das contas, e nenhum ferimento é fatal. A compaixão é um terreno insustentável. Deve ser expedita. Suas súplicas não suportam estereótipos.

No início de maio, os carvalhos, nogueiras, bordos e outras árvores, colorindo-se em meio aos pinheiros ao redor do lago, dão à paisagem um brilho quase solar, principalmente em dias nublados, como se o sol rompesse a névoa e reluzisse tenuemente nas encostas das colinas, aqui e ali. No dia 3 ou 4 de maio, avisto uma mobelha-grande no lago e, nessa primeira semana do mês, ouço o noitibó-cantor, o sabiá-marrom, o tordo-fulvo, o piuí-verdadeiro, o pipilo-d'olho-vermelho e outros passarinhos. Muito antes já havia cantado o tordo-dos-bosques. A papa-moscas-fibi reaparece, espiando pela minha porta e janela, para ver se a minha casa é parecida com uma caverna o suficiente para ela, sustentando-se em asas que zumbem, as garrinhas cerradas, como se estivesse segurando o ar, enquanto observa as instalações. Logo o pinheiro-bravo lança o seu pólen sulfuroso e cobre o lago, as pedras e a madeira putrefata ao longo da costa, tanto pólen que daria para encher um barril. São essas as "chuvas de enxofre" de que ouvimos falar? Calidaça, em sua peça *Sacontalá*, nos conta sobre "riachos tingidos de amarelo com a poeira dourada do lótus". E assim as estações vão passando até o verão, enquanto andamos na grama cada vez mais alta.

Assim concluo meu primeiro ano de vida nos bosques; e o segundo ano foi bem parecido. Em 6 de setembro de 1847 enfim me despeço do Walden.

CONCLUSÃO

Aos doentes, os médicos sabiamente recomendam mudar de ares e de cenário. Graças a Deus, aqui não é o mundo inteiro. O castanheiro-de-ohio não cresce na Nova Inglaterra, e é raro ouvir a cotovia-do-norte por essas bandas. O ganso-selvagem é mais cosmopolita do que nós: faz o desjejum no Canadá, almoça em Ohio e passa a noite nos *bayous* do Sul. Inclusive o bisonte-americano, até certo ponto, acompanha o ritmo das estações, só colhendo as pastagens do Colorado enquanto não verdeja a relva mais tenra perto do Yellowstone. Ainda assim, pensamos que, se derrubarmos as cercas de madeira e erguermos muros de pedras em nossas propriedades agrícolas, dali em diante os limites de nossas vidas estarão definidos, e os nossos destinos, traçados. Se você for escolhido como funcionário municipal, com certeza não poderá visitar a Terra do Fogo neste verão, mas o prêmio de consolação será um pulinho na terra do fogo infernal. O universo é mais amplo do que as percepções que temos dele.

Contudo devemos inspecionar melhor o corrimão da popa de nossa nau, como passageiros curiosos, e não fazer a jornada como tolos marujos catando fibras do cordame. O outro lado do globo nada mais é do que o lar de nosso correspondente. Nossa jornada é um grande circunavegar, e os médicos só prescrevem remédios para doenças de pele. Um caçador se apressa para chegar à África do Sul e perseguir a girafa, mas certamente não é esse o tipo de caça que ele busca. Por favor, me diga: por quanto tempo alguém caçaria girafas se pudesse? Narcejas e galinholas também são caça rara, mas creio que seria mais nobre caçar seu próprio eu.

> "Olhe para seu interior diretamente
> E encontre mil regiões a desvendar em sua mente .
> Percorra-as e se torne o maioral
> Em cosmografia local."

O que é que a África e o Ocidente representam? Os nossos próprios sertões não estão em branco no mapa? Ao serem descobertos podem se colorir, como o litoral. O que é que encontraríamos? A nascente do Nilo, ou do Níger, ou do Mississippi, ou a Passagem Noroeste ao redor deste continente? São esses os problemas que mais afligem a humanidade? O explorador John Franklin é o único homem que está desaparecido, para que a esposa dele esteja tão ansiosa para encontrá-lo? Por acaso o próprio Henry Grinnell tem noção de onde está? Em vez disso, seja você mesmo o seu Mungo Park, o seu Lewis ou Clark, o seu Frobisher! Descubra seus próprios ribeirões e oceanos; explore suas próprias e mais elevadas latitudes. Se necessário, leve um bom estoque de carnes em conserva; depois empilhe as latas vazias bem alto para fazer um sinal. As carnes em conserva foram inventadas apenas para conservar a carne? Que nada! Seja um Colombo para mundos e continentes totalmente novos dentro de você, abrindo novos canais, não de comércio, mas de pensamento. Cada homem é o senhor de um reino perante o qual o império terreno do Czar é apenas um Estado insignificante, um montículo de gelo. Mas patriotas sem *amor-próprio* sacrificam o maior pelo menor. Amam o solo que cobre o seu caixão, mas não têm empatia pelo espírito que ainda pode animar sua argila. O patriotismo é um berne em seus couros cabeludos. Qual é o significado daquela expedição para explorar os mares do Sul, com todos os seus desfiles e gastos, além de reconhecer indiretamente que existem continentes e mares no mundo moral para os quais todo homem é um istmo ou uma enseada, ainda inexplorados por ele? Porém, é mais fácil navegar muitos e muitos milhares de milhas marítimas enfrentando frio, tempestade e canibais, a bordo de um navio do governo, com quinhentos homens e rapazes para nos ajudar, do que explorar o mar privado, o Oceano Atlântico e Pacífico do nosso solitário ser.

> *"Erret, et extremos alter scrutetur Iberos.*
> *Plus habet hic vitæ, plus habet ille viæ."*

[Deixe que os outros perambulem sem eira
nem beira
A mais longa viagem da Vida é a caseira.]

Deixe-os vagar e escrutinar os exóticos australianos. Tenho mais de Deus; eles, mais da estrada.

Não vale a pena dar a volta ao mundo para contar os felinos da Ilha de Zanzibar. Faça isso até ter algo melhor a fazer, então talvez encontre o "Buraco" da Terra Oca de Symmes e enfim chegue ao interior dela. Inglaterra e França, Espanha e Portugal, Costa do Ouro e Costa dos Escravos, todas de frente para este mar privado, mas nenhuma barca desse pessoal perdeu de vista a terra, embora sem dúvida esteja na rota das Índias. Antes de aprender a falar todas as línguas e a respeitar os costumes de todas as nações, de viajar mais longe do que todos os viajantes, de se adaptar a todos os climas e convencer a Esfinge a dar com a cabeça numa pedra, primeiro siga o preceito do velho filósofo: explore e conheça a si mesmo. Isso exige olhos e nervos. À guerra só vão os derrotados e os desertores, aqueles covardes que fogem e se alistam. Comece agora pelo mais longínquo caminho ocidental, que não se interrompe no Mississippi nem no Pacífico, nem conduz rumo a uma China ou a um Japão exauridos, mas leva direto a uma tangente dessa esfera, verão e inverno, dia e noite, poente do sol, poente da lua e, para finalizar, também poente da Terra.

Contam que Mirabeau adotou a prática de assaltos na estrada a fim de "averiguar qual grau de determinação era necessário para se colocar em oposição formal às leis mais sagradas da sociedade". Declarou que "um soldado que combate no *front* não requer nem metade da coragem que um salteador de beira de estrada". E também que "honra e religião não obstruem uma decisão bem pensada e convicta". Ideia intrépida desde que o mundo é mundo, mas frívola, para não dizer desvairada. Uma pessoa mais sensata muitas vezes se encontra em "oposição formal" às ditas "leis mais sagradas da sociedade", pois teve que obedecer a leis ainda mais sagradas. Assim, ela testa sua determinação sem precisar se desviar de seu caminho. Uma pessoa não precisa adotar essa postura em relação à sociedade. Deve, sim, manter a postura de obedecer às leis de seu próprio ser, sem nunca se opor a um governo justo, caso tenha a oportunidade de se deparar com ele.

Saí dos bosques por motivos tão bons quanto os que me levaram a entrar neles. Sinto que talvez eu tenha que viver outras vidas e que não posso mais dedicar mais tempo a essa. É extraordinário o quão fácil e inconscientemente caímos em uma rota específica e criamos uma trilha batida para nós mesmos. Em menos de uma semana morando ali eu já tinha feito um caminho da minha porta à beira do lago. Faz cinco ou seis anos que não piso ali, mas ainda está visível. Verdade que outros podem tê-lo trilhado e o ajudado a mantê-lo aberto. A superfície terrestre é macia e suscetível às pegadas humanas; e o mesmo vale para os caminhos que a mente percorre. O quão gastas e empoeiradas, então, devem estar as estradas do mundo, o quão profundas as barrocas da tradição e conformidade! Não quis comprar passagem para uma cabine, mas sim subir à cesta da gávea, pois dali posso ver melhor o luar em meio às montanhas. Agora não quero descer.

Uma coisa, ao menos, aprendi com meu experimento: se uma pessoa avança confiante rumo a seus sonhos e se esforça para viver a vida que imaginou, quando menos espera alcança sucesso no cotidiano. Deixa coisas para trás e ultrapassa uma fronteira invisível. Leis novas, universais e mais liberais começam a se estabelecer ao redor e dentro dela. Ou as velhas leis se expandem e são interpretadas a seu favor, em um sentido mais liberal, e ela vive com o aval de seres de uma ordem superior. Quanto mais a vida dele se simplifica, menos as leis do universo parecem complexas. Solidão não é solidão, pobreza não é pobreza, fraqueza não é fraqueza. Se você constrói castelos no ar não precisa perder o seu trabalho; é onde eles devem estar. Agora ponha os alicerces embaixo.

Ridícula essa exigência da Inglaterra e dos Estados Unidos da América de que você precisa falar no idioma deles. Nem humanos nem cogumelos crescem assim. Como se isso tivesse importância e não houvesse outros modos de se comunicar. Como se a Natureza só tolerasse uma ordem de entendimentos e não mantivesse pássaros e quadrúpedes, criaturas aladas e rastejantes. Ou vocês pensam que os bois só entendem "Ê, boi, Ê, boi"? Como se somente na estupidez houvesse segurança. O meu maior receio é que meu modo de expressão não seja suficientemente *extra-vagante*! Que não consiga vagar longe o suficiente, além dos limites estreitos de minha experiência cotidiana, e apenas se adequar à verdade da qual estou convencido. *Vagância extra!* Vai depender de quantas jardas tem o seu jardim. O bisão migrante que busca novas pastagens em outra latitude é menos "extra-vagante" que a vaca que dá um coice no balde, pula o curral e corre atrás do bezerro, na hora da ordenha. Quero falar de um lugar *sem* limites. Do despertar de uma pessoa ao despertar de várias pessoas. Estou convencido de que não há como exagerar o suficiente quando o assunto é lançar as bases de uma expressão verdadeira. Após ouvir uma canção, quem ainda terá medo de falar extravagantemente? Em vista do futuro ou do possível, que tal vivermos à frente, bem soltos e indefinidos, tendo adiante nossas silhuetas turvas e nebulosas, enquanto nossas sombras revelam uma inconsciente perspiração contra o sol? A volátil veracidade de nossas palavras deve trair continuamente a inadequação do enunciado residual. Instantaneamente a verdade nelas é *traduzida*; só permanece o seu monumento literal. As palavras que expressam a nossa fé e a nossa devoção são indefinidas e, para as naturezas superiores, têm a fragrância e o significado do franquincenso.

 Por que sempre nivelar por baixo a nossa percepção mais embotada e elogiar isso como se fosse bom senso? O mais bom dos sensos é o senso de quem dorme e expressa isso roncando. Às vezes, temos a tendência de classificar os que são 150% inteligentes com os que são 50% inteligentes, porque só valorizamos um terço de sua inteligência. Tem gente que encontraria defeitos no vermelho matinal se acordasse cedo o suficiente. Ouço falar que "os versos de Kabir têm quatro sentidos diferentes: ilusão, espírito, intelecto e a doutrina exotérica dos Vedas". Porém, por aqui se considera motivo de queixa se os escritos de alguém permitem mais de uma interpretação. Enquanto a Inglaterra se esforça para controlar a podridão da batata, ninguém se empenha em controlar a podridão do cérebro, que prevalece de forma bem mais ampla e fatal?

Não suponho ter alcançado a obscuridade, mas eu ficaria orgulhoso se nesse quesito nenhum defeito mais grave fosse detectado em minhas páginas além daquele detectado no gelo do Walden. Clientes sulistas reclamam de sua cor azul – a qual é a prova de sua pureza –, como se fosse prova de sua turbidez. Preferem o gelo de Cambridge, que é branco, mas tem gosto de erva daninha. A pureza que os humanos amam é como a névoa que envolve o solo, e não como o éter azul-celeste acima dela.

Chegam a nossos ouvidos alegações de que nós, nascidos nos EUA, e em outras nações modernas, somos anões intelectuais comparados aos antigos, ou até mesmo com a geração elisabetana. Mas que importa isso? Um cão vivo é melhor do que um leão morto. Por que se enforcar por pertencer à raça dos pigmeus em vez de se tornar o maior representante dos pigmeus?

Cada um que cuide de sua vida e se esforce para ser o que foi feito para ser.

Por que essa angústia desesperada para obter sucesso, justo em empreendimentos tão desesperados? Se você está de passo trocado com as pessoas a seu redor, talvez esteja ouvindo um batuque diferente. Escute e siga essa levada, por mais rítmica ou distante que seja. Tanto faz amadurecer como a macieira ou como o carvalho. Vale a pena transformar em verão a sua primavera? Fomos criados para um estado de coisas que ainda inexiste. Assim, que realidade podemos substituir? Não é na realidade que vamos acabar naufragando. Vale a pena o esforço de erigir sobre nós uma paradisíaca redoma de vidro azul? E, depois de pronta, contemplar lá em cima o etéreo céu, achando que é real, como se o verdadeiro não existisse?

Na cidade de Kouroo havia um artista disposto a buscar a perfeição. Um dia resolveu fabricar um cajado. Ponderou que o tempo é um dos ingredientes das obras imperfeitas, mas não entra na receita das obras-primas. Assim, falou consigo: "Há de ser perfeito em todos os aspectos, e só vou fazer isso em toda a minha vida". Logo partiu à floresta em busca de matéria-prima, decidindo que o cajado não deveria ser feito de material impróprio; e, enquanto procurava e descartava uma madeira após a outra, aos poucos foi sendo abandonado pelos amigos. Cada um de seus amigos foi envelhecendo em seu respectivo ofício e morreu. Mas ele continuava jovem. Sua unicidade de propósito e resolução, e sua religiosa devoção, dotaram-no, sem ele se dar conta, de uma juventude perene. Com o

Tempo não assumiu compromissos, por isso o Tempo saiu de seu caminho, limitando-se a suspirar ao longe, por não conseguir superá-lo. Quando enfim encontrou a madeira adequada em todos os aspectos, Kouroo já tinha se transformado em uma honorável cidadela em ruínas. Sentou-se no alto de uma colina e começou a tirar a casca do lenho. Quando enfim deu à madeira a forma ideal, a dinastia Candaar já havia acabado. Com a ponta do cajado escreveu na areia o nome do último daquela estirpe e retomou seu trabalho. Na época em que enfim alisou e poliu o cajado, Kalpa já não era mais a estrela polar; e antes de o artista colocar a ponteira e o castão adornado com pedras preciosas, Brama acordou e cochilou muitas vezes. Mas por que não vou direto ao ponto? Quando ele deu o último retoque à obra, súbito, diante dos olhos atônitos do artista, o cajado se expandiu na mais bela de todas as criações de Brama. Inventara um novo sistema ao fabricar um cajado, um mundo de proporções fortes e formosas; um mundo onde velhas cidades e dinastias se extinguiram e foram substituídas por outras, mais gloriosas e belas. Então se depara com a pilha de aparas ainda frescas a seus pés. Percebe que, para ele e sua obra, o lapso de tempo não passa de mera ilusão. Bastou o tempo necessário para uma única faísca do cérebro de Brama cair e acender o estopim de um cérebro mortal. Pureza na matéria-prima, pureza na arte. O resultado não podia ser outro: maravilhoso!

O mais benéfico revestimento que podemos dar a um tópico é a verdade. Só ela cai bem. Na maior parte do tempo, não estamos onde estamos, mas sim em uma posição falsa. Em nossas naturezas, há uma infinidade de coisas que nos leva a imaginar um caso e nos colocarmos nele. Assim, ficamos simultaneamente em dois casos e se torna duplamente difícil de sair. Em momentos sensatos só consideramos os fatos, o caso em questão. Diga o que tem a dizer, não o que deveria. Qualquer verdade é melhor do que o faz de conta. Perguntaram a Tom Hyde, o funileiro, ao pé da forca, se ele tinha algo a falar. "Um lembrete aos alfaiates. Não deem ponto sem nó". Das últimas palavras do companheiro dele ninguém se lembra.

Por pior que seja a sua vida, enfrente-a e viva-a; não a evite e a fique xingando com nomes feios. Ela não é tão ruim quanto você. Ela aparenta ser mais pobre quanto mais você for rico. O encontrador-de-defeitos encontra defeitos até mesmo no paraíso. Ame a sua vida, por mais pobre que ela seja. Você pode ter horas agradáveis, emocionantes e gloriosas, até mesmo numa casa pobre. O sol poente se reflete nas janelas da casa de caridade com a mesma intensidade do que na residência de uma pessoa rica; a neve derrete diante de ambas as portas no comecinho da primavera. Não vejo por que uma mente pacata não possa viver ali tão contente e ter pensamentos tão animadores quanto num palácio. Os pobres da cidade muitas vezes me dão a impressão de que levam suas vidas da forma mais independente. Talvez pelo singelo motivo de serem nobres o suficiente para receber sem desconfiança. A maioria pensa que está acima de ser sustentada pela cidade. Com frequência, porém, não deixa de se sustentar por meios desonestos, o que é ainda mais desonroso. Cultive a pobreza como um tempero da horta, como a sálvia. Não se preocupe muito em obter coisas novas, sejam roupas ou amizades. Transforme as velhas; volte a elas. Coisas não mudam; mudamos nós. Venda as roupas e guarde os pensamentos. Se Deus quiser, companhia não há de lhe faltar. Se eu me refugiasse num sótão todos os meus dias, como uma aranha, o mundo continuaria tão grande para mim desde que eu não abrisse mão de meus pensamentos. Vaticinou o filósofo: "De um exército de três divisões retira-se o general para lançá-lo no desmando; do homem mais abjeto e vulgar não se retira o pensamento". Não anseie tanto por se desenvolver nem se sujeitar a múltiplas influências; tudo é dissipação. A humildade, como a escuridão, revela as luzes celestiais. As sombras da pobreza e da mesquinhez se reúnem à nossa volta, e pasme! "A criação se amplia em nossa visão." Volta e meia somos lembrados de que, se fôssemos tão ricos quanto Creso, as nossas metas ainda deveriam ser as mesmas, e os nossos recursos, essencialmente os mesmos. Além disso, se o seu alcance estiver limitado pela pobreza, se você não tiver meios para adquirir livros e jornais, por exemplo, mesmo assim continuará confinado às experiências mais significativas e vitais; compelido a lidar com a substância que gera mais açúcar e mais amido. A vida perto do osso é a mais doce. Você se protege de ser leviano. Nenhuma pessoa perde em magnanimidade por estar em um nível inferior. Riqueza supérflua só compra itens supérfluos. Dinheiro é desnecessário para comprar o necessário à alma.

Moro no recanto de um muro fundido em chumbo ligado com um pouquinho de metal de sino. Muitas vezes, na pausa do meio-dia, um confuso *tintinábulo* vem lá de fora e chega aos meus ouvidos. É o tititi de meus contemporâneos. Meus vizinhos me contam suas aventuras com damas e cavalheiros famosos, as celebridades com quem jantaram. O meu interesse nisso e nas colunas do *Daily Times* é o mesmo. O foco da conversa é etiqueta e moda; mas pato é pato, não importa o fato. Falam da Califórnia e do Texas, da Inglaterra e das Índias, do Exmo. Sr. _____, da Geórgia ou de Massachusetts, todos fenômenos transitórios e fugazes, até que eu esteja pronto para pular fora de seus pátios como Bei, o mameluco. Voltar a meu rumo é um deleite. Não andar pomposamente em procissões e desfiles em lugares conspícuos, mas andar lado a lado com o Construtor do universo, se eu puder. Não viver neste agitado, nervoso, inquieto e banal século XIX, mas ficar em pé ou sentado, pensativamente, enquanto ele passa. Por que motivo a humanidade comemora? Todos pertencem a um comitê de organização à espera de um discurso de hora em hora. Deus preside a sessão, o orador dele é Webster. Amo sopesar, deixar a poeira baixar, gravitar em torno daquilo que me atrai da maneira mais forte e correta. Não se pendure na trave da balança para diminuir o seu peso! Não imagine um caso, mas considere o caso como ele é! Percorro o único caminho possível: aquele em que nenhum poder consegue resistir a mim. Satisfação alguma eu sinto em começar a erguer um arco antes de lançar sólidos alicerces. Se está fina a camada de gelo no lago não vamos brincar nela. Todos os lugares têm um fundo sólido. Reza a lenda que um cavaleiro se depara com um pântano e pergunta a um menino se o fundo era firme. O menino responde que sim. Mas sem demora o cavalo se afunda até o cilhadouro, e o cavaleiro interpela o menino:

– Ué, você não disse que o fundo deste pântano era firme?

E o menino responde:

– E é mesmo! Mas falta outro tanto para o senhor alcançá-lo.

O mesmo acontece com os pântanos e as areias movediças da sociedade; mas somente os meninos mais velhos ficam sabendo disso. O que é pensado, dito ou feito só é bom quando há nisso uma certa – e rara – coincidência. Não vou ser um desses que pateticamente saem pregando sarrafos no reboco; eu perderia o sono se fizesse uma coisa dessas. Me dê o martelo e me deixe sentir pela textura o local certo. Não se baseie na massa. Martele o prego direito e até o fim, de modo que você possa acordar no meio da noite e pensar no seu trabalho com satisfação – um trabalho que não o envergonharia se invocasse a Musa. Assim Deus vai lhe ajudar, e só assim. Cada prego cravado deve ser como mais um rebite na máquina do universo, você executando o trabalho.

Mais do que amor, dinheiro e fama, dê-me a verdade. Sento-me à mesa. Sobram culinária requintada, vinho e garçons atenciosos. Faltam sinceridade e verdade. Saio com fome do inóspito evento. Hospitalidade tão gélida quanto os sorvetes. Fico pensando que para os congelar não foi preciso de gelo. Falam-me da famosa safra do vinho; mas penso num vinho mais antigo, mais novo e mais puro, de uma safra mais gloriosa, que nunca compraram nem podem comprar. A arquitetura, a casa e os jardins e o "entretenimento" de nada me servem. Fui visitar o rei, mas ele me fez esperar no hall de entrada e agiu como alguém incapaz de ser hospitaleiro. Um sujeito na minha vizinhança morava numa árvore oca. Seus modos eram verdadeiramente régios. Seria melhor ter visitado ele.

Por quanto tempo vamos nos sentar em nossas varandas praticando virtudes ociosas e bolorentas? Bastaria qualquer trabalho para torná-las impertinentes. Como a pessoa que começa o dia resignadamente, contrata alguém para capinar suas batatas; e à tarde sai para praticar a mansidão cristã e ações caridosas, com pretensa virtude! Analise o orgulho da China e a estagnada autocomplacência da humanidade. Essa geração tem uma certa tendência de se congratular por ser a última de uma linhagem ilustre; e em Boston, Londres, Paris e Roma, pensa em sua longa descendência, fala com satisfação de seus progressos na arte, na ciência e na literatura. Existem Registros das Sociedades Filosóficas e públicos panegíricos aos *grandes homens!* É o bom Adão a contemplar sua própria virtude. "Sim, realizamos grandes feitos e cantamos canções divinas que nunca morrem." Ou seja, desde que *nós* consigamos nos lembrar delas. As sociedades eruditas e os grandes homens da Assíria... cadê eles? Que filósofos e experimentalistas joviais somos nós! Nenhum de meus leitores já viveu uma vida humana inteira. Esses podem ser apenas os meses de primavera na vida de nossa espécie. Em Concord já temos a dita "coceira dos sete anos" nos casamentos, mas ainda não vimos o ciclo de dezessete anos das cigarras-periódicas. Do globo em que vivemos só conhecemos mera película. A maioria não se aprofundou dois metros abaixo da superfície, nem saltou outro tanto acima dela. Não sabemos onde estamos. Além disso, estamos ferrados no sono quase metade do nosso tempo. Mesmo assim nos consideramos sábios e na superfície temos uma ordem estabelecida. É sério: somos pensadores profundos, somos espíritos ambiciosos! Um inseto rasteja entre as acículas de pinus no chão da floresta. Ele tenta escapar da minha vista, e eu me pergunto por que ele acalenta esses pensamentos humildes e esconde a cabeça de mim, alguém que poderia, talvez, ser seu benfeitor, e transmitir à sua espécie informações alentadoras. Isso tudo me faz lembrar do Benfeitor e da Inteligência Superiores que estão acima de nós, os insetos humanos.

O mundo é um influxo incessante de novidades e, apesar disso, toleramos um tédio incrível. Basta apenas lembrar-nos do tipo de sermão que ainda se escuta nos países mais iluminados. Palavras como alegria e tristeza de um salmo cantado em tom anasalado não passam de fardo enquanto nossa fé estiver reles e mesquinha. Pensamos que só podemos trocar de roupa. O Império Britânico é muito grande e respeitável, e os EUA são uma potência de primeira classe, é o que me dizem. Se o Império Britânico fosse um barco encalhado no porto, e a mente humana fosse um oceano? Você acredita que a maré cheia poderia fazê-lo flutuar como se fosse um mero cavaco? Quem vai saber qual tipo de cigarra vai sair da terra daqui a dezessete anos? Vivo num mundo cujo governo não se estrutura, como o da Grã-Bretanha, em conversas após um jantar regado a vinho.

Em nós a vida é como a água do rio. Este ano, a água pode subir mais do que nunca e inundar as estorricadas terras altas; neste mesmo e momentoso ano pode ser que todos os nossos ratos-almiscarados morram afogados. O chão em que moramos nem sempre foi seco. Interior adentro vejo as marcas de até onde o rio alcançava, antes mesmo de a ciência começar a registrar suas cheias. Todo mundo já ouviu a história que circula pela Nova Inglaterra, de um forte e belo escaravelho que saiu do tampo seco de uma velha mesa feita com o lenho da macieira, que ficou na cozinha de um agricultor por sessenta anos, primeiro em Connecticut e depois em Massachusetts – nascido de um ovo depositado na árvore quando ela era viva, muitos anos antes, conforme a contagem dos anéis mostrava. Por várias semanas, o besouro foi ouvido roendo a madeira, eclodido talvez pelo calor de uma urna metálica. Ao ouvir essa história, quem não fortalece a fé na ressurreição e na imortalidade? Sabe-se lá quais vidas belas e aladas, cujos ovos estão enterrados há muitas eras sob tantas camadas concêntricas de madeira na vida seca e morta da sociedade, depositados a princípio no alburno de uma árvore verde e viva, gradualmente convertida na aparência de sua tumba ressecada – ouvidas por acaso hoje, após anos roendo, pela estupefata família sentada ao redor da mesa festiva –, podem eclodir surpreendentemente de entre os móveis mais singelos e artesanais da sociedade e, enfim, desfrutar de sua perfeita vida de verão!

    Não digo que um inglês ou um estadunidense hão de perceber tudo isso, mas esse é o tipo de amanhã que o mero passar do tempo não faz raiar. A luz que cega os nossos olhos é escuridão para nós. Raia só o dia em que despertamos. Outro dia há de raiar. O sol não passa de uma estrela da manhã.

Compartilhando propósitos e conectando pessoas
Visite nosso site e fique por dentro dos nossos lançamentos:
www.gruponovoseculo.com.br

facebook/novoseculoeditora
@novoseculoeditora
@NovoSeculo
novo século editora

gruponovoseculo.com.br

Edição: 1
Fonte: IBM Plex Serif

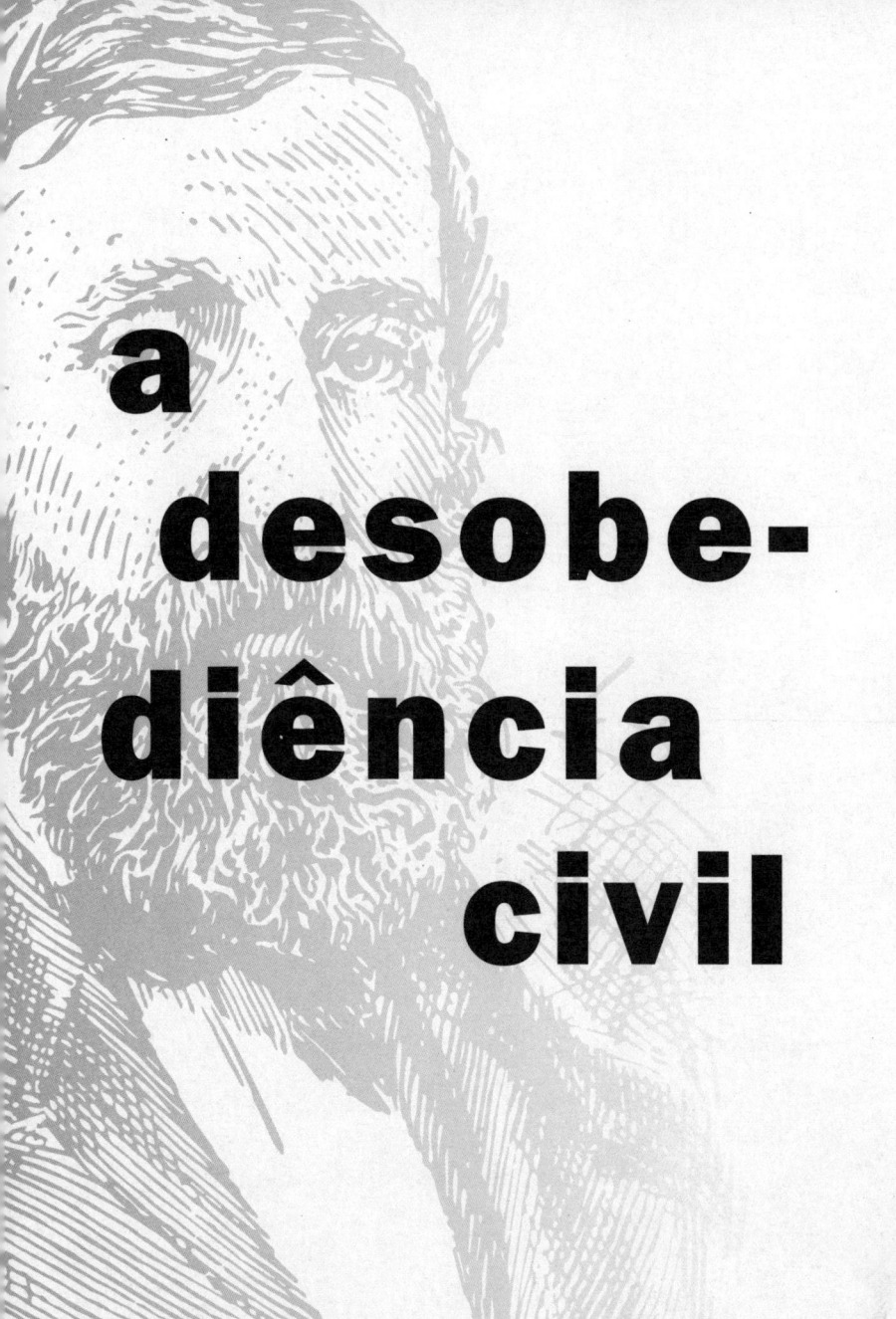

a desobediência civil

desobe-
diência
civil

Henry David Thoreau

a desobediência civil

tradução e notas:
HENRIQUE GUERRA

‹ns

SÃO PAULO, 2022

A desobediência civil

On The Duty of Civil Desobedience

Copyright © 2022 by Novo Século Editora Ltda.

Traduzido a partir da edição disponível no Project Gutenberg.

EDITOR: Luiz Vasconcelos
GERENTE EDITORIAL: Letícia Teófilo
COORDENAÇÃO EDITORIAL: Amanda Moura
TRADUÇÃO E NOTAS: Henrique Guerra
PREPARAÇÃO: Agnaldo Alves
REVISÃO: Equipe Novo Século
CAPA: Marcius Cavalcanti
DIAGRAMAÇÃO: Equipe Novo Século

Texto de acordo com as normas do Novo Acordo Ortográfico da Língua Portuguesa (1990), em vigor desde 1º de janeiro de 2009.

Dados Internacionais de Catalogação na Publicação (CIP)
Angélica Ilacqua CRB-8/7057

Thoreau, Henry David, 1817-1862
   A desobediência civil / Henry David Thoreau;
  tradução e notas de Henrique Guerra. – Barueri, SP: Novo Século Editora, 2022.
  96 p.

Título original: *On The Duty of Civil Desobedience*

1. Desobediência civil 2. Resistência ao governo I. Título. II. Guerra, Henrique

21-3631   CDD-322.4

Índice para catálogo sistemático:
1. Desobediência civil 2. Resistência ao governo

---

ns
uma marca do
Grupo Novo Século

Alameda Araguaia, 2190 – Bloco A – 11º andar – Conjunto 1111
CEP 06455-000 – Alphaville Industrial, Barueri – SP – Brasil
Tel.: (11) 3699-7107
www.gruponovoseculo.com.br
atendimento@gruponovoseculo.com.br

Nota do tradutor

À intelectual Elizabeth P. Peabody cabe a honra de ser a primeira a publicar este ensaio de Henry David Thoreau na coletânea *Aesthetic Papers* (Boston, 1849). A obra editada por Peabody consiste em 12 artigos de vários autores como Ralph Waldo Emerson e Nathaniel Hawthorne (amigos de Thoreau). Peabody contribui com dois capítulos. O artigo de Thoreau é o décimo capítulo e foi publicado originalmente com o título "Resistance to Civil Government: a Lecture delivered in 1847". O título "Civil Disobedience" surgiu postumamente, na segunda edição, na obra *A Yankee in Canada, with Anti-Slavery and Reform Papers* (Boston, 1866), p. 123-151. Um terceiro título, "On the Duty of Civil Disobedience", faz contraponto ao texto de Paley, "A submissão ao governo civil é um dever", citado por Thoreau.

A DESOBE-DIÊNCIA CIVIL

Com entusiasmo aceito o lema: "O melhor governo é o que menos governa", e eu queria vê-lo implementado de um modo mais rápido e sistemático. Aplicado, esse mote enfim resultaria nisto, em que eu também acredito: "O melhor governo é o que simplesmente não governa", e quando a humanidade estiver preparada, será esse o tipo de governo que ela terá.

O governo é, na melhor das hipóteses, uma utilidade; mas os governos em sua maioria geralmente são, e todos os governos de vez em quando são, inúteis. As objeções suscitadas contra um exército estabelecido, e elas são numerosas e significativas, e merecem prevalecer, podem em última análise ser suscitadas contra um governo estabelecido. O exército estabelecido é um mero braço do governo estabelecido. O governo em si, que é apenas o meio que o povo escolheu para exercer sua vontade, é igualmente suscetível de gerar abusos e perversões antes que o povo consiga agir por meio dele. Basta testemunhar a atual guerra contra o México,[1] iniciativa de relativamente

---

[1] Conflito iniciado em abril de 1846 e terminado em fevereiro de 1848, resultou em mais de 25 mil mortes no lado mexicano, incluindo militares e civis, e mais de 13 mil mortes das forças estadunidenses. Ao término da guerra, os Estados Unidos anexaram um vasto território, incluindo as regiões hoje ocupadas pelo Texas, Nevada, Utah, Califórnia, bem como partes de Wyoming, Colorado e Novo México. Em sua obra *Uma breve história dos Estados Unidos*, o historiador James West Davidson dedica alguns parágrafos a essa guerra e inclusive faz um intertexto com *Desobediência civil*, citando que Thoreau "argumentava que era correto se opor a guerras que fossem moralmente erra-

poucos indivíduos que utilizam o governo estabelecido como sua ferramenta; afinal de contas, para começo de conversa, o povo não teria consentido essa medida.

Este governo dos Estados Unidos da América – em que consiste este governo senão numa tradição, embora recente, de se empenhar para ser transmitido ileso à posteridade, mas perdendo a cada instante um pouco de sua integridade? O governo não tem a vitalidade e a força de um ser humano individual; pois um ser humano pode dobrá-lo de acordo com a sua vontade. Para o povo em si, o governo é como um revólver de madeira; e, se um dia as pessoas o utilizarem a sério umas contra as outras como se ele fosse de verdade, certamente ele se romperia. Mas não deixa de ser menos necessário por isso; pois

---

das" (Davidson, James West. *Uma breve história dos Estados Unidos*, tradução de Janaína Marcoantonio, Porto Alegre – RS, L&PM, 2016, p. 147).

o povo precisa ter uma ou outra intrincada maquinaria, e ouvir seu estrépito, para satisfazer a ideia que ele tem de governo. Os governos nos mostram assim com que eficácia as pessoas podem ser ludibriadas, ou até mesmo ludibriar a si próprias, para obter vantagens. Isso é excelente, todos devemos concordar. Mas esse governo nunca promoveu um empreendimento por conta própria, a não ser pelo dinamismo ao sair da frente dele. O governo *não* mantém o país livre. O governo *não* estabelece colônias no Oeste. O governo *não* educa o seu povo. A fibra inata do povo estadunidense realizou tudo que foi conquistado; e ainda mais teria realizado, se o governo às vezes não se atravessasse em sua frente. Pois o governo é uma utilidade pela qual os humanos alegremente deixam os outros em paz; e, como já foi dito, quanto mais útil é o governo, mais os governados são deixados em paz pelo governo. O comércio e o transporte de mercadorias, se não fossem feitos de borracha da Índia,² jamais conseguiriam quicar sobre os obstáculos que os legisladores sempre colocam em seu caminho; e se fôssemos julgar essas pessoas só pelos efeitos de seus atos, e não parcialmente por suas intenções, elas deveriam

---

2   *Ficus elastica*, planta produtora de látex cujo centro de dispersão aparentemente é o subcontinente indiano. A presença da palavra *Indian* "deixa a bola quicando" para mencionarmos uma conexão importante. Décadas após sua publicação, as ideias deste ensaio reverberaram muito na Índia, por meio da conexão Gandhi-Thoreau. Um artigo de Usha Mehta de 1962, intitulado "Gandhi e Thoreau", explora vários aspectos da interface das ideias dessas duas grandes personalidades: civilização, liberdade, direito a resistir, desobediência civil. E conclui: "Thoreau e Gandhi eram almas gêmeas que planaram alto, buscaram a verdade e se esforçaram para salvar a humanidade sofrida". MEHTA, Usha. GANDHI AND THOREAU. *The Indian Journal of Political Science*, v. 23, n. 1/4, 1962, p. 252-257. JSTOR. Disponível em: www.jstor.org/stable/41853933. Acesso em: 3 jan. 2021.

ser tipificadas e castigadas como aqueles gaiatos que obstruem trilhos ferroviários.

Mas, para manter um discurso prático e cidadão, diferentemente dos que se autodenominam adeptos do desgoverno, eu peço de imediato não o desgoverno, mas de imediato um governo *melhor*. Deixem que cada pessoa diga que tipo de governo evocaria o respeito dela, e esse será um passo rumo a alcançá-lo.

Afinal, o motivo prático pelo qual, quando o poder chega às mãos do povo, e a uma maioria é permitida governar, e segue governando por um longo período, não é porque ela tem maior probabilidade de estar certa, nem porque isso parece justo à minoria, mas porque ela é fisicamente mais forte. Mas um governo no qual a maioria governa em todos os casos não pode se basear na justiça, até onde compreendemos o termo. Não poderá existir um governo em que a decisão sobre o que é certo e errado caiba não às maiorias, mas à consciência?... Um governo em que as maiorias decidam somente aqueles assuntos em que se aplica a regra da utilidade? Devemos abdicar, mesmo por um breve momento, ou em grau mínimo, de nossa consciência em prol do legislador? Por que todos nós temos uma consciência, então? Acho que em primeiro lugar devemos ser humanos, para só depois sermos subordinados. É indesejável cultivar pelo que está escrito nas leis tanto respeito quanto por aquilo que é certo. A única obrigação que tenho de assumir é fazer sempre o que considero certo.

Estamos falando a verdade quando dizemos que uma corporação não tem consciência; mas uma corporação de pessoas conscientes *é* uma corporação consciente. As leis nunca tornaram a humanidade nem um pouco mais justa; e, para respeitá-las, até mesmo os bem-intencionados são diariamente transformados em agentes da injustiça. Um resultado comum e natural de um excessivo respeito pelas leis é ver uma companhia de militares, coronel, capitão, cabo, soldados, carregadores de pólvora e tudo o mais, marchando em admirável organização por colinas e vales rumo à guerra, contra sua própria vontade, ai de mim, contra seu bom senso e suas consciências, o que torna a sua marcha muito íngreme e faz o coração palpitar. Para eles não há dúvida de que estão envolvidos numa atividade abominável, até onde lhes compete avaliar; todos têm tendências pacíficas. Então, o que são eles? Seres humanos realmente? Ou pequenos fortes e paióis ambulantes, a serviço de algum poderoso e inescrupuloso déspota? Visite o estaleiro da Marinha e se depare com um fuzileiro naval, o tipo de militar que o governo dos EUA é capaz de criar ou de transformá-lo com seu ocultismo, mera sombra e reminiscência da humanidade, um militar vivaz e a postos, mas já, como alguém pode afirmar, enterrado com honras fúnebres, embora

"Não se ouviu réquiem nem tambor,
Ao trazermos seu corpo à muralha
Nenhum soldado disparou em louvor
Do herói enterrado em sua mortalha."³

O grosso da humanidade serve ao Estado, portanto, não como seres humanos essencialmente, mas como máquinas, com seus corpos.⁴ Eles são o exér-

---

3   *"Not a drum was heard, not a funeral note / As his corpse to the ramparts we hurried / Not a soldier discharged his farewell shot / O'er the grave where our hero we buried."* Versos da célebre elegia *The Burial of Sir Moore after Corunna* (1814), escrita pelo clérigo Charles Wolfe (1791-1823) antes de completar 23 anos, sobre um episódio ocorrido em 11 de janeiro de 1809, envolvendo a retirada do exército inglês após a Batalha de La Coruña, em que os britânicos apoiavam a Espanha na guerra contra o exército de Napoleão. Disponível em: https://www.johnderbyshire.com/Readings/sirjohnmoore.html

4   Em 1847, quando Thoreau escreveu o texto, era normal usar o termo "homem" e

cito estabelecido, e as brigadas, os agentes penitenciários, os guardas, os xerifes etc. Na maioria dos casos não há qualquer livre exercício do juízo ou do senso moral, mas eles se colocam no mesmo nível de paus, torrões e pedras; e pessoas de madeira talvez pudessem ser fabricadas para cumprir essa finalidade. Não inspiram mais respeito que espantalhos ou um monte de esterco. Têm a mesma valia que cavalos e cães. Entretanto, é comum que esses elementos sejam bons e respeitados cidadãos. Outros, como a maioria dos legisladores, políticos, advogados,

---

"homens" para se referir à espécie humana como um todo. Por exemplo, no original, esta frase é *"The mass of men serve the state thus, not as men mainly, but as machines, with their bodies"*. Para se ter uma ideia, no original de Thoreau, *"man"* ocorre 76 vezes; *"men"*, 72 vezes; *manhood* (humanidade), duas vezes apenas. Esta tradução publicada em 2022 prefere adotar palavras mais amplas, como "humanidade", "pessoas" etc.

ministros e detentores de cargos públicos, servem ao Estado sobretudo com sua cabeça; e, como raramente fazem quaisquer distinções morais, têm igual probabilidade de servir, mesmo *sem intenção*, tanto a Satanás quanto a Deus. Raros heróis, patriotas, mártires, reformadores no sentido mais amplo e *indivíduos*, servem ao Estado também com suas consciências e, assim, necessariamente resistem a ele na maior parte do tempo; e muitas vezes são tratados pelo Estado como inimigos. Uma pessoa sábia é útil somente se for uma pessoa e não se sujeitar a ser "argila" a fim de "tapar uma fresta para impedir o vento de entrar",[5] mas se deixar essa função, ao menos, a seus restos mortais:

---

5   Estas palavras aparecem entre aspas no original e nos remetem à Cena I do Ato V de Hamlet, de William Shakespeare. Na tradução do rei Luís I de Portugal: *O imperial César, morto, tornou-se pó, e serve talvez para vedar uma fenda e interceptar a passagem do ar; e essa argila, que espalhava o terror sobre o universo, vai calafetar*

"Nasci nobre demais para ser propriedade
E me sujeitar como um pau-mandado
Ou me tornar um humilde instrumento
De Estados soberanos mundo afora."[6]

---

um muro para impedir que o vento passe. Tristão da Cunha, o poeta simbolista brasileiro, traduziu o trecho em verso:

César dominador, morto e desfeito em barro,
Pudera bem deter a rajada do vento.
Oh, ver aquele pó, que fez tremer o mundo,
Um muro a cimentar contra o sopro do inverno!

6   Não é à toa que do ponto de vista literário *A desobediência civil* é um triunfo. Thoreau usa e abusa das ambiguidades que os pronomes lhe permitem criar. Essa profusão de possibilidades se manifesta também do ponto de vista intertextual. Mas citações, para Thoreau, têm um quê de maquiavélico. Os fins justificam os meios. Ou seja, vale pegar a fala isolada de um vilão e usá-la para defender ideias boas. É o que acontece neste trecho (Ato V, cena II) de *Vida e morte do rei João*. Na peça teatral de Shakespeare, estes

A pessoa que se dedica de corpo e alma à comunidade é por ela considerada inútil e egoísta; mas aquela que se dedica parcialmente é considerada benfeitora e filantrópica.

Como se comportar em relação ao governo dos Estados Unidos nos dias de hoje? Respondo que alguém não pode associar-se a ele sem desonra. Não posso nem por um instante reconhecer como *meu* governo uma organização política que também é o governo *do escravo*.[7]

---

versos são pronunciados por um personagem vil, o delfim Luís.
Uma página de um site especializado em Shakespeare (https://www.playshakespeare.com/king-john/characters/lewis-the-dauphin) classifica Luís como "frio", "orgulhoso" e "tolo", adjetivos que Thoreau certamente não gostaria de associar a suas ideias. Ao tirar do contexto os versos, Thoreau os apresenta em uma conotação positiva, de alguém que não se curva a um poder injusto.

7   Neste ponto Thoreau põe o dedo em outra ferida: a proteção jurídica que alguns dos Es-

Todo mundo reconhece o direito à revolução; ou seja, o direito de repudiar a submissão e resistir ao governo, quando a sua tirania e ineficácia são imensas e insuportáveis. Mas quase todo mundo diz que hoje isso não ocorre. Mas ocorreu, pensam eles, na Revolução de 75.[8] Se alguém me dissesse que o nosso governo atual é ruim porque tributou determinadas *commodities* estrangeiras

---

tados Unidos da América urdiam a favor da escravidão. Podemos afirmar que as duas principais justificativas para a desobediência civil de Thoreau são a guerra patrocinada pelo governo contra o México e a disposição do governo de apoiar a escravidão enquanto fosse possível.

8   Aqui Thoreau faz menção à Revolução Americana, ou Guerra da Independência, que culminou com a independência dos Estados Unidos. Em abril de 1775, o conflito armado teve início com as batalhas entre ingleses e americanos em Lexington e Concord (cidade natal de Thoreau).

importadas, é bem provável que eu não faça muito barulho a respeito, pois consigo me virar sem elas: todas as máquinas têm sua fricção; e possivelmente isso tenha benefícios suficientes para contrabalançar o mal. Seja como for, é um grande mal fazer um escândalo a respeito disso. Mas quando a fricção tem sua própria máquina, e a opressão e a roubalheira são organizadas, eu afirmo, é hora de desativar essa máquina. Em outras palavras, quando um país se compromete a ser o refúgio da liberdade e um sexto de sua população é composta de escravos, e uma nação inteira é injustamente subjugada e conquistada por um exército estrangeiro, e submetida à lei marcial, acho que não é precoce demais que pessoas honestas se rebelem e façam uma revolução. O que torna esse dever ainda mais urgente é este fato, o de que a nação subjugada não é a nossa, mas nosso é o exército invasor.

Paley,[9] uma autoridade corrente em vários tópicos morais, em seu capítulo sobre "A submissão ao governo civil é um dever", transforma todas as obrigações civis em utilidade; e conclui:

> Só enquanto prevalecer o interesse da sociedade como um todo, ou seja, só enquanto o governo estabelecido não sofra resistência ou mudança sem inconveniência pública, a obediência ao governo estabelecido é vontade de Deus, e não mais.

---

[9] Desta vez Thoreau faz uma referência à obra *The Principles of Moral and Political Philosophy* (1785), de William Paley (1743-1805), o arcediago de Carlisle. Na parte VI do livro, intitulada "Elementos de conhecimento político", constam os seguintes tópicos: "O dever da submissão ao governo civil explicado" (item III) e "Sobre o dever da obediência civil, conforme declarado nas escrituras cristãs" (item IV). A obra de Paley pode ser consultada nesta página do Internet Archive: https://archive.org/details/principlesofmora00pale_2. Os parágrafos escolhidos por Thoreau encontram-se na página 322 desta edição de 1795.

Admitindo-se esse princípio, a justiça de cada caso específico de resistência se reduz a computar, por um lado, o nível dos perigos e das queixas, e, por outro, a probabilidade e o custo de emendá-los.

Sobre isso, arremata ele, cada pessoa deve julgar por si mesma.

Mas Paley aparentemente nunca contemplou aqueles casos em que a regra da utilidade não se aplica, em que um povo, assim como um indivíduo, deve fazer justiça – custe o que custar. Se injustamente eu tomasse a prancha de uma pessoa se afogando, é minha obrigação devolvê-la, mesmo que eu me afogue. Isso, de acordo com Paley, seria inconveniente. Mas quem salvaria a sua própria vida, nesse caso, deve perdê-la.[10] Este povo deve pa-

---

10 Quase despercebidamente, Thoreau alude aqui a uma passagem bíblica descrita em Mateus 10: 39: "Aquele que tentar salvar a sua vida, perdê-la-á. Aquele que a perder, por minha causa, reencontrá-la-á".

rar de fazer escravos, e de invadir o México, embora o custo seja a sua própria existência como povo.

Em suas práticas, as nações concordam com Paley; mas por acaso alguém pensa que Massachusetts[11] faz exatamente o que é certo na crise atual?

> "Cortesã ergue a veste de prata,
> mas na cama
> Chafurda a alma na lama."[12]

---

11 Thoreau cita o Estado onde mora, Massachusetts, em oito ocasiões ao longo do texto. Isso é relevante porque a maioria das vezes que Thoreau se refere ao "Estado", pode estar se referindo à instituição do governo, mas também à máquina administrativa estadual. O Estado de Massachusetts (cuja etimologia no idioma algonquino significa "perto da grande montanha") hoje tem 11 votos no colégio eleitoral estadunidense. Concord, a cidade natal de Thoreau, onde o autor nasceu, viveu e morreu, fica perto de Boston, a capital.

12 Versos de "The Revenger's Tragedy", também chamada "The Loyal Brother", publicada pela

Falando em termos práticos, os opositores de uma reforma em Massachusetts não são cem mil políticos do Sul, mas cem mil comerciantes e fazendeiros daqui, mais

---

primeira vez em 1607. A autoria da peça até hoje gera controvérsias; inicialmente considerava-se de Cyril Torneur, porém acadêmicos modernos a atribuem a Thomas Middleton. Um livro de 1888, intitulado *As melhores peças dos dramaturgos antigos*, fala o seguinte da peça: "A tragédia do vingador" é uma rede entremeada de luxúria, incesto, fratricídio, estupro, adultério, suspeita mútua, ódio e derramamento de sangue, por meio dos quais corre, como um filete cintilante de cobre, a vingança de um espírito cínico e atormentado pela peste."
Os versos citados por Thoreau são da cena 4, Ato 4, disponíveis em: https://www.gutenberg.org/files/55625/55625-h/55625-h.htm#. A fala de Vendice na íntegra é:

There had been boiling lead again,
The duke's son's great concubine!
A drab of state, a cloth-o'-silver slut,
To have her train borne up, and her soul trail i' the dirt!

Thoreau cita os dois versos finais.

interessados no comércio e na agricultura do que na humanidade, e não dispostos a tratar com justiça o escravo e o México, *custe o que custar*. Não vou querelar contra vilões distantes, mas contra os que, perto de casa, com eles cooperam e se imiscuem, e sem os quais aqueles seriam inofensivos. Estamos acostumados a dizer: as massas são despreparadas; mas o progresso é lento, porque a minoria não é significativamente mais sábia ou melhor do que a maioria. Não é tão relevante que a maioria seja tão boa quanto você, mas sim que em algum lugar exista a bondade absoluta; pois isso vai abrandar e fermentar as massas.[13]

---

13 1 Coríntios 5:6. Thoreau faz nova menção ao texto bíblico, agora da I Epístola aos Coríntios. A página https://www.bibliaon.com/versiculo/1_corintios_5_6/ traz duas versões do versículo: "O orgulho de vocês não é bom. Vocês não sabem que um pouco de fermento faz toda a massa ficar fermentada?" (Bíbliaon); "Não é boa a vossa jactância. Não sabeis que um pouco de fermento leveda a massa toda?" (Almeida).

Milhares de pessoas têm *opinião* contrária à escravidão e à guerra, mas nada fazem na prática para nelas colocar um fim; consideram-se filhos e filhas de Washington e Franklin, mas ficam lá sentadas com as mãos nos bolsos e declaram que não sabem o que fazer, e nada fazem; até mesmo engavetam a questão da liberdade em prol da questão do livre-comércio e, após o jantar, calmamente conferem a lista de preços de mercadorias junto com os mais recentes informes do México, e, talvez, em seguida, durmam um sono tranquilo. Qual é o preço hoje de uma pessoa honesta e patriota? Elas hesitam, sentem remorso, às vezes peticionam – mas não tomam nenhuma medida séria e prática. Esperam, bem-dispostas, outras aplacarem o mal, sustando assim sua fonte de remorsos. No máximo, dão apenas um voto barato, um débil consentimento de boa-sorte, ao que é certo, quando o certo passa por eles. Para cada pessoa virtuosa há novecentos e noventa e nove pessoas que dizem ser virtuosas; mas é mais fácil lidar com o possuidor verdadeiro de algo do que com o seu guardião temporário.

Toda eleição é uma espécie de jogo, como dama ou gamão, com um leve toque moral – um balanço entre o certo e o errado, com questões morais; e o elemento de aposta naturalmente acompanha isso. O caráter dos eleitores não está em jogo. Escolho o meu voto, quiçá, pelo que eu acho certo; mas não estou vitalmente preocupado que o certo prevaleça. Estou disposto a deixar isso com a maioria. A obrigação do voto, portanto, nunca excede a da utilidade. Até mesmo votar *pelo que é certo* não equivale a *fazer* algo a respeito. É apenas expressar timidamente aos outros o seu desejo de que o certo prevaleça. Uma pessoa sábia não deixará o certo à mercê do acaso, tampouco desejará que o certo prevaleça por meio do poder da maioria. A ação das massas humanas contém pouca virtude. Quando a maioria enfim votar pela abolição da escravatura, será porque ela é indiferente à escravatura, ou porque há pouca escravatura a ser abolida pelo voto dela. A única massa de escravos então será composta por *esta maioria*. Só *um tipo* de voto pode acelerar a abolição: o voto de quem assevera a sua própria liberdade por meio do voto.

Ouvi falar de uma convenção que será realizada em Baltimore, ou em outro lugar, para a escolha de um candidato à presidência, composta principalmente por editores de jornais e políticos profissionais; mas fico pensando, seja lá qual for a decisão deles, não podemos ter a vantagem da sabedoria e honestidade desse tipo de pessoa independente, inteligente e respeitável? Não podemos contar com alguns votos independentes? No país não existem muitos indivíduos que não participam dessas convenções? Mas não: observo que essa pessoa – assim chamada – respeitável logo se afasta de sua posição e perde todas as esperanças no país dela, embora tivesse o país mais motivos para perder todas as esperanças nessa pessoa. Ela adota um dos candidatos assim escolhidos como o único *disponível*, provando assim que ela própria está *disponível* para todo e qualquer propósito dos demagogos. O voto dela não vale mais do que o voto de quaisquer estrangeiros sem princípios ou nativos mercenários, que podem ter sido comprados.

Ah, porque uma pessoa que é uma *pessoa*, como diz meu vizinho, tem uma coluna vertebral nas costas que não se deixa vergar! As nossas estatísticas estão erradas: a população é menor do que a registrada. Qual a densidade populacional no interior? No máximo, uma pessoa por mil milhas quadradas. Os Estados Unidos da América oferecem algum incentivo para que as pessoas o colonizem? O estadunidense minguou até se tornar um Odd Fellow...[14] um sujeito conhecido por

---

14 A tradução de *Odd Fellow* seria algo como "amigo estranho" ou "sujeito esquisito". Mas observe que o termo está grafado com iniciais maiúsculas. Thoreau aproveita a

desenvolver seu órgão gregário e revelar falta de intelecto e alegre autoconfiança; cuja preocupação primordial, ao vir ao mundo, é verificar se os albergues para os pobres estão em bom estado; e, antes mesmo de ter o direito de usar a indumentária adulta, arrecadar fundos para sustentar as viúvas e os órfãos desamparados; alguém, em suma, que só se arrisca a viver com a proteção da companhia de seguros mútuos, a qual prometeu enterrá-lo com decência.

---

ambiguidade semântica e ironicamente faz menção à Ordem Independente dos Odd Fellows, a fraternidade fundada em Baltimore, em 1819. Ressalte-se que o trecho abre margem para múltiplas interpretações, todas válidas. Sérgio Karam (L&PM, 1997): "Sujeito Peculiar". E. C. Caldas: "Camarada Grotesco" (Revista Branca, 1953). Por sua vez, Aydano Arruda (Ibrasa, 1964) deixa a expressão em inglês e traz uma nota explicando que o trecho é uma investida de Thoreau contra as sociedades secretas maçônicas.

Claro, uma pessoa não tem a obrigação de se dedicar para erradicar qualquer iniquidade, nem mesmo a mais abjeta das iniquidades. Ela pode adequadamente ocupar-se de outras questões; mas é obrigação dela, ao menos, lavar as mãos e, caso não pense mais no assunto, deixar de apoiá-la na prática. Se eu busco novos objetivos e reflexões, primeiro devo cuidar, ao menos, para que a minha busca não atrapalhe os outros. Os outros devem estar livres para buscar suas próprias reflexões. É uma incongruência colossal que se tolera. Ouvi alguns de meus conterrâneos falando: "Eu bem que gostaria de ver o governo me convocar para abafar uma insurreição de escravos, ou marchar rumo ao México... Fique olhando se eu iria." Porém, esses mesmos homens forneceram, diretamente por sua submissão e indiretamente, ao menos, com o dinheiro de seus impostos, um substituto. Se um soldado se recusa a servir numa guerra injusta, é aplaudido por aqueles que não se recusam a sustentar o governo injusto que declarou guerra; é aplaudido por aqueles cujos próprios atos e autoridade ele desconsidera e nulifica; como se o Estado fosse penitente a ponto de contratar alguém para açoitá-lo enquanto peca, mas não a ponto de deixar de pecar por um instante. Assim, em nome da Ordem e do Governo Civil, todos nós somos levados a prestar homenagem a nossa própria mesquinhez e a sustentá-la. Após a primeira vergonha do pecado, vem a indiferença, e de imoral ele se torna, por assim dizer, *a*moral, e não totalmente desnecessário à vida que construímos.

O mais amplo e predominante erro exige a mais desinteressada virtude para mantê-lo. As suaves repreensões de que a virtude do patriotismo costuma ser alvo, os nobres têm mais probabilidade de sofrer com elas. As pessoas que, ao mesmo tempo em que reprovam a postura e as medidas de um governo, a esse governo sucumbem com sua submissão e apoio, são indubitavelmente seus mais meticulosos sectários, e assim frequentemente as mais sérias barreiras à reforma. Algumas pessoas estão peticionando que o Estado dissolva a União, que ignore os apelos do presidente.[15] Por que elas não as dissolvem por si mesmas – a união entre elas e o Estado – e se recusam a pagar sua cota de impostos? Perante o Estado, elas não têm uma posição semelhante do que o Estado perante a União? E não são os mesmos motivos que impedem o Estado de resistir à União que as impedem de resistir ao Estado?

---

15 Segundo o comentário de Sérgio Bellei, da Universidade Federal de Santa Catarina (UFSC), neste trecho Thoreau está fazendo um comentário sobre os apelos do presidente James Knox Polk (advogado, fazendeiro e político do Partido Democrata, que governou os Estados Unidos de 1845 a 1849) ao povo estadunidense por doações financeiras e ajuda voluntária na Guerra Mexicano-Americana.

Como uma pessoa pode ficar satisfeita em apenas ter uma opinião e *desfrutar* dela? Existe algo nela a ser desfrutado, se, na opinião dela, ela está sendo lesada? Se você for trapaceado por um dólar sequer por seu vizinho, você não se satisfaz em saber que foi trapaceado, ou em dizer que foi trapaceado, ou mesmo em peticionar que ele reconheça e pague a dívida; mas você toma medidas práticas e imediatas para embolsar o valor integral, e cuida para nunca mais ser trapaceado. Agir com base em princípios (a percepção e o desempenho do que é certo) muda as coisas e as inter-relações; em essência, é algo revolucionário e sem paralelos com algo que existia. Não divide só Estados e igrejas, divide famílias; e não se engane: divide o *indivíduo*, separando nele o diabólico do divino.

Leis injustas existem: devemos obedecê-las contentes? Ou devemos nos esforçar para corrigi-las e obedecê-las enquanto não tivermos sucesso nesse esforço? Ou devemos transgredi-las de imediato? Em geral, as pessoas, governadas por um governo como esse, pensam que devem esperar até que a maioria seja persuadida a modificá-las. Pensam que, se resistirem, o remédio será pior que o mal. Mas o *próprio* governo *é* culpado se o remédio for pior que o mal. É o governo que piora as coisas. Por que o governo não é mais apto a fazer projeções e providenciar reformas? Por que o governo não dá ouvidos à sua minoria sábia? Por que o governo chora e resiste antes de ser ferido? Por que ele não incentiva seus cidadãos a estarem alertas para apontar as falhas do governo e tenta melhorar para corrigi-las? Por que sempre prega Cristo na cruz, excomunga Lutero e Copérnico, e declara que Washington e Franklin são rebeldes?

Alguém pode pensar: uma recusa deliberada e efetiva de sua autoridade é a única ofensa jamais contemplada pelo governo? Caso contrário, por que não atribuiu sua pena definitiva, sua pena proporcional e adequada? Se uma pessoa sem propriedades se recusar uma vez apenas a dar nove xelins ao Estado, ela é encarcerada por tempo ilimitado por todas as leis que conheço, e tem seu destino determinado ao bel-prazer daqueles que lá o colocaram; mas se ela roubar noventa vezes nove xelins do Estado, logo é solta novamente.

Se a injustiça fizer parte da fricção necessária da máquina do governo, deixe estar, deixe estar: um dia ela vai se desgastar... com certeza a máquina se desgastará. Se a injustiça tem molas, polias, cordas, manivelas, exclusivamente para si mesma, então quem sabe você deva avaliar se o remédio não será pior que o mal. Mas se a natureza dela exigir que você se torne o agente da injustiça contra o próximo, então afirmo: descumpra a lei. Deixe a sua vida servir como uma contrafricção para parar a máquina. O que eu tenho a fazer é cuidar, sob todas as circunstâncias, para evitar compactuar com as iniquidades que eu condeno.

Quanto a adotar as medidas que o Estado fornece para remediar os males, não tomo conhecimento delas. Elas são muito demoradas, e a vida de uma pessoa é finita. Tenho outros afazeres para me preocupar. Vim para este mundo não primordialmente para torná-lo um bom lugar para se viver, mas para viver nele, seja bom ou mau. Uma pessoa não pode fazer tudo, e sim algo; e já que ela não pode fazer *tudo*, é desnecessário que ela faça *algo* errado. Não é da minha conta fazer solicitações ao Governador ou aos Deputados, como não é da conta deles fazer solicitações para mim; e, se eles não derem ouvidos às minhas solicitações, o que eu devo fazer então? Mas nesse caso o Estado não forneceu medida alguma: a sua própria Constituição é o mal. Talvez isso pareça ríspido, teimoso e não conciliatório, mas é tratar com a máxima bondade e consideração o único espírito capaz de apreciá-lo ou merecê-lo. Assim é toda mudança para melhor que convulsiona o corpo, como o nascimento e a morte.

Não hesito em falar que aqueles que se autodenominam abolicionistas devem imediatamente deixar de apoiar, tanto pessoal quanto financeiramente, o governo de Massachusetts, e não esperar que eles constituam uma maioria de uma só pessoa, para que só então o certo prevaleça em seu meio. Acho que é suficiente se eles tiverem Deus a seu lado, sem esperar por aquele outro. Além disso, qualquer pessoa mais certa que seus vizinhos já constitui uma maioria de uma só pessoa.

Uma vez por ano – e não mais do que isso – me encontro com este governo estadunidense, ou seu representante, o governo estadual, diretamente, cara a cara, na pessoa de seu coletor de impostos. Esse é o único modo pelo qual uma pessoa em minha situação necessariamente se encontra com ele; e então o governo declara, em alto e bom som: "Reconheça a minha existência"; e, na atual situação, o modo mais singelo, mais eficaz e mais indispensável de tratar o governo nesse tópico, de expressar sua pouca satisfação com ele e seu escasso amor por ele, é se recusar a pagar. Meu vizinho civil,[16] o coletor de

---

16 No original, "civil neighbour". Outras traduções optaram por omitir o adjetivo "civil": "Meu semelhante" (Sérgio Karam), "Meu vizinho" (Aydano Arruda). A minha tradução mantém a palavra "civil", como também a de E. C. Caldas, e pretendo justificar com uma interessante discussão semântica, inspirada pela leitura do artigo "The Theory, Practice and Influence of Thoreau's Civil Disobedience", de Lawrence Rosenwald. A discussão tem a ver com a ambiguidade da palavra "civil". Pode significar "relativo à sociedade", "civil", "civilizado", por exemplo, como na expressão "direitos civis". Alternativamente significa "polido", "cortês". Em geral, assume-se que o "civil" da expressão "desobediência civil" tem mais o primeiro do que o segundo significado. No entanto, pondera Rosenwald, quase todas as ações que os manifestantes dos EUA chamam de "desobediência civil" são ações não violentas. Ele lembra que Gandhi interpretou o "civil" como "não violento". Essa é

impostos,[17] é a exata pessoa com quem te-

---

a justificativa de manter "vizinho civil", pela importância do adjetivo na obra de Thoreau e pela ambiguidade do termo – tanto em inglês quanto em português. O Dicionário Online de Português (https://www.dicio.com.br/civil/) dá seis acepções ao adjetivo "civil":
1. Que concerne aos cidadãos; cível: vida civil.
2. Que não é militar nem religioso: emprego civil; casamento civil.
3. [Jurídico] Que se opõe ao que é criminal; direito civil: processo civil.
4. Que não tem relação com política nem dela faz parte: contratos civis.
5. Que expressa cortesia, civilidade: cortês, polido.
6. Que pode ocorrer ou acontece entre nativos de um mesmo país.
O artigo de Rosenwald está disponível em: http://www.elegantbrain.com/edu4/classes/readings/depository/race/vra/king/phil_thoreau.html. Acesso em: 3 jan. 2021.

17 Anos depois, o coletor de impostos Samuel Staples (1813-1895) foi entrevistado e contou detalhes de sua versão sobre o episódio. A reportagem foi publicada na The Inlander, em dezembro de 1898. Uma transcrição está disponível em "Thoreau's Incarceration (As Told by His

nho de lidar – pois, afinal de contas, a minha querela é contra seres humanos e não com pergaminhos –, e ele optou voluntariamente por se tornar um agente governamental. Ele saberá quem ele é e o que ele faz como funcionário do governo, ou como pessoa, somente no dia em que for obrigado a avaliar como deve tratar a mim, seu vizinho. Deve tratar-me como alguém por quem ele nutre respeito, o seu vizinho bem-disposto? Ou como um maníaco e perturbador da paz? Conseguirá superar essa obstrução a seu espírito de boa vizinhança sem um pensamento mais rude ou mais impetuoso, sem uma fala que corresponda a suas ações?

De uma coisa eu tenho certeza. Se mil, cem ou dez pessoas (dez pessoas

---

Jailer)", by Samuel Arthur Jones | *The Walden Woods Project*. Disponível em: https://www.walden.org/what-we-do/library/about-thoreaus-life-and-writings-the-research-collections/thoreaus-incarceration-as-told-by-his-jailer/. Acesso em: 20 jan. 2021.

honestas), ou até mesmo *uma* pessoa HONESTA, neste Estado de Massachusetts, *libertasse seus escravos*, sei muito bem o que aconteceria. Se na prática ela parasse de contribuir com essa parceria e acabasse trancafiada na cadeia do condado, isso seria a abolição da escravatura nos EUA. Pois não importa o quão ínfimo o começo possa parecer: o que uma vez é executado com primor está executado para sempre. Mas o que mais amamos é discutir o assunto: dizemos que essa é a nossa missão. A reforma mantém a seu serviço dezenas de jornais, mas nenhum indivíduo. E se o meu estimado vizinho, o embaixador estadual, que hoje dedica seus dias ao acordo da questão dos direitos humanos na Câmara do Conselho, em vez de ser ameaçado com as prisões da Carolina,[18]

---

[18] Este clássico ensaio de Thoreau tem vários trechos cuja compreensão é facilitada pelo contexto. Aqui Thoreau está se referindo ao caso envolvendo um respeitado habitante de Concord, o político e juiz Samuel Hoar

acabasse prisioneiro de Massachusetts? Este nosso Estado é tão ansioso em impingir o pecado da escravatura a seu Estado irmão, mas hoje só consegue descobrir apenas um ato inospitaleiro como base da querela. Se isso acontecesse, o Legislativo não abandonaria completamente o assunto no próximo inverno.

(o pai de Elizabeth Hoar, que, junto com Mary, a tia de Thoreau, é uma das "suspeitas" de terem pago os impostos de Thoreau). Samuel Hoar foi nomeado pelo governador de Massachusetts para representar o Estado numa questão jurídica com a Carolina do Sul, o Estado vizinho, que arbitrariamente prendia negros livres, tripulantes de embarcações oriundas de Massachusetts. Hoar chegou a Charleston com sua filha, mas sofreu ameaças – endossadas e incentivadas pelo Poder Legislativo da Carolina do Sul – e foi compelido a ir embora antes de cumprir sua missão. Para interessados em aprofundar os estudos sobre o tema, um bom ponto de partida é a dissertação de Leon H. Lee, Sr., *The historical and literary context of Henry David Thoreau's 'Civil Disobedience'*.

Sob um governo que encarcera qualquer um injustamente, o lugar autêntico para uma pessoa justa também é o cárcere. Hoje o local adequado, o único local que Massachusetts oferece a seus espíritos mais livres e menos desacorçoados, é a prisão estadual, onde esses espíritos serão trancafiados e alijados do Estado, por ordem desse mesmo Estado, de onde eles já estavam alijados por causa de seus princípios. É lá que vão encontrá-los o escravo fugitivo, o detento mexicano em liberdade condicional e o indígena que denunciam as iniquidades perpetradas contra suas raças; nesse terreno separado, porém mais livre e honrado, onde o Estado coloca aqueles que não estão *com* ele, mas *contra* ele – o único lar num Estado escravista em que uma pessoa livre pode residir honradamente. Se alguém pensa que ali a influência deles será perdida, e suas vozes não mais afligirão os ouvidos do Estado, que entre os muros da prisão eles serão menos inimigos do Estado, não sabe o quanto a verdade é mais forte do que o erro, nem o quão mais eloquente e mais eficaz é o combate à injustiça quando alguém a experimenta na própria pele.

 Faça valer o seu voto, não uma simples cédula, mas a sua influência integral. Uma minoria é menos poderosa enquanto se conforma com as decisões da maioria; nesse caso não é sequer uma minoria; mas ela é irresistível quando obstrui com seu peso integral. Se a alternativa é manter todas as pessoas justas no cárcere, ou desistir da guerra e da escravidão, o Estado não hesitará em sua escolha. Se mil contribuintes deixassem de pagar seus impostos este ano, essa não seria uma medida violenta ou sangrenta. Pagar os impostos, porém, seria capacitar o Estado a cometer violências e a derramar sangue inocente. Essa é, de fato, a definição de uma revolução pacífica, se é que é possível algo assim. Se o coletor de impostos, ou qualquer funcionário público, me indagasse, como já me aconteceu:

"Mas o que é que eu posso fazer?", eu respondo: "Se você realmente quer fazer algo, demita-se do cargo". Quando o subordinado rejeita a submissão, e o funcionário se demite do cargo, então a revolução é alcançada. Mas suponha até que se derrame sangue. Ferir a nossa consciência não é uma forma de derramar sangue? Por essa chaga escorrem nossas verdadeiras humanidade e imortalidade, e sangramos até a morte sempiterna. Vejo esse sangue escorrendo agora.

Analisei a detenção do ofensor, em vez do confisco de seus bens – embora as duas coisas tenham igual finalidade –, pois aquelas pessoas que declaram o mais puro direito, e por conseguinte são as mais perigosas a um Estado corrupto, em geral não gastam muito tempo acumulando propriedades. Para essas pessoas o Estado presta um serviço comparativamente pequeno, e um leve tributo pode parecer exorbitante, em especial se elas forem obrigadas a pagá-lo por meio do suor de seu próprio trabalho. Se alguém vivesse completamente sem utilizar dinheiro, o próprio Estado hesitaria em exigir desse alguém o pagamento de tributos. Mas a pessoa rica – sem querer fazer qualquer comparação preconceituosa – sempre se vende à instituição que a torna rica. Em suma, quanto mais dinheiro, menos virtude; pois o dinheiro se interpõe entre a pessoa e seus objetivos, e os conquista para ela; com certeza é uma conquista sem grandes virtudes. O dinheiro resolve questões que caso contrário ela seria obrigada a responder; enquanto a única questão nova que o dinheiro suscita é a difícil, porém supérflua, questão de como gastá-lo. Assim seu alicerce moral é retirado debaixo de seus pés.

As oportunidades de viver são diminuídas à medida que o que chamamos de "meios" são aumentados. A melhor coisa que uma pessoa rica tem a fazer a bem de sua cultura é se esforçar para empreender as coisas que ela acalentava fazer quando era pobre. Cristo respondeu aos súditos de Herodes de acordo com a condição deles. "Mostrai-me o dinheiro dos tributos", disse ele, e um dos herodianos tirou do bolso uma moeda. Se vocês usam uma moeda com a efígie de César, à qual ele deu valor e uso corrente, ou seja, *se vocês são pessoas do Estado* e alegremente desfrutam das vantagens do governo de César, então retribuam a ele uma parte que lhe pertence, quando ele exigir; "Dai, pois, a César o que é de César, e a Deus o que é de Deus",[19] sem esclarecer a eles o que era de quem, pois eles não queriam saber.

Quando converso com os mais livres de meus vizinhos, percebo que, seja lá o que eles disserem sobre a magnitude e a seriedade da questão, e sua consideração pela tranquilidade pública, a essência do problema é: eles não conseguem abdicar

---

19 Thoreau novamente alude a uma passagem bíblica: Mateus, capítulo 22, versículo 21.

da proteção do governo existente e temem pelas consequências da desobediência ao governo em relação a suas propriedades e famílias. De minha parte, eu não gostaria de pensar que um dia confiei na proteção do Estado. Mas, se eu negar a autoridade do Estado quando ele cobra seus tributos, o Estado logo confisca e desperdiça toda a minha propriedade, e, assim, me atormenta e atormenta a meus filhos interminavelmente. É complicado. Isso impossibilita que uma pessoa viva de modo honesto e ao mesmo tempo confortável em aspectos externos. Não vale a pena o esforço de acumular propriedades – com certeza isso será perdido de novo. Amigo, arrende ou ocupe um terreno baldio, faça uma lavourinha e rapidinho dê um jeito de consumir os produtos dela colhidos. Viva com seus próprios meios, e só dependa de você mesmo, sempre pronto e disposto para um recomeço, e não tenha muitos negócios. Uma pessoa pode enriquecer até mesmo na Turquia se ela, sob todos os aspectos, for uma exemplar subordinada do governo turco. Asseverou Confúcio: "Se um Estado é regido pelos princípios da razão, a pobreza e a miséria são objetos de vergonha; se um Estado não é regido por esses princípios, a riqueza e as honras é que são motivos de vergonha". Não: até eu querer que a proteção de Massachusetts seja estendida a mim em algum distante porto sulino, onde minha liberdade correr perigo, ou até eu estar unicamente voltado a construir, por empreendimento pacífico, um patrimônio em seu território, eu posso me dar ao luxo de rejeitar a submissão a Massachusetts e os direitos desse Estado em relação à minha propriedade e à minha vida. Sob qualquer prisma, para mim, o custo de incorrer na penalidade de desobedecer ao Estado é menor do que o custo de obedecer a ele. A obediência me faria sentir inferiorizado em minha dignidade.

Alguns anos atrás, o Estado me procurou em nome da Igreja,[20] e me exigiu o pagamento de certa soma para sustentar um clérigo a cuja pregação meu pai assistia, mas eu jamais compareci às pregações dele. Ordenaram: "Pague ou será encarcerado". Recusei-me a pagar. Mas, desafortunadamente, outro homem achou conveniente pagar em meu lugar. Não entendo por que o professor deve ser tributado para sustentar o padre, e não vice-versa; afinal

---

20 A Igreja de Concord, conhecida como First Parish, pertence ao movimento Unitário-Universalista. Hoje, no site da igreja, na página sobre sua história, constam as seguintes informações sobre Henry David Thoreau: "Em carta datada de 6 de janeiro de 1841, Henry David Thoreau expressou por escrito seu desejo de deixar de ser membro da igreja". Anos depois, Thoreau fez a medição de um dos bosques da First Parish, e o levantamento manuscrito consta nos registros da First Parish. Disponível em: https://firstparish.org/wp/about/our-stories/history-of-first-parish/. Acesso em: 2 jan. 2021.

de contas, eu não era professor pago pelo Estado, mas eu me sustentava por subscrição voluntária. Não entendo por que o liceu não deveria apresentar sua conta de tributos, e fazer o Estado sustentar seus esforços, tanto quanto a Igreja. Entretanto, a pedido dos membros do conselho municipal, fui condescendente e concordei em fazer a seguinte declaração por escrito: "Por meio desta, saibam todos que eu, Henry Thoreau, não desejo ser considerado membro de quaisquer associações ou sociedades constituídas nas quais eu não tenha ingressado". Entreguei essa declaração ao agente municipal; e ele a guardou. O Estado, ao tomar conhecimento de que eu não desejo ser considerado membro daquela Igreja, desde então nunca me fez exigências semelhantes; entretanto, na época afirmou que precisava apegar-se a suas pretensões iniciais. Se eu soubesse como identificá-las, então eu teria pormenorizadamente solicitado dispensa de todas as sociedades nas quais eu nunca me inscrevi; mas eu não sabia onde encontrar uma lista dessa abrangência.

Durante seis anos não paguei o imposto comunitário. Em razão disso fui preso[21] numa ocasião, por uma noite;[22] e,

---

21 O funcionário público (coletor de impostos e carcereiro) Samuel Staples, munido de um mandado de prisão em decorrência de sonegação de impostos, executou a ordem na sapataria, quando Thoreau buscava um par de sapatos nos preparativos para uma expedição de colheita de mirtilos-vermelhos na manhã seguinte.

22 Romanticamente tem se propalado a falsa noção de que Thoreau teria escrito *A desobediência civil* "entre os muros da prisão". Em sua vida, Thoreau passou uma noite apenas na cadeia e no dia seguinte foi solto. Uma jovem e misteriosa mulher encapuzada pagou os impostos devidos por ele, com um detalhe: pagou antes do anoitecer, mas por comodidade própria o carcereiro só o liberou na manhã seguinte. A experiência na prisão foi um dos gatilhos para a produção do ensaio, sobre isso não há dúvidas. Mas a ideia de que o texto teria sido produzido naquela fatídica noite de julho de 1846 não passa de uma liberdade poética.

enquanto estava lá, em pé, fitando as sólidas paredes de pedra, de 60 a 90 cm de espessura, a porta em ferro e madeira, de 30 cm de espessura, e as grades de ferro que filtravam a luz, eu não pude deixar de ficar estupefato com a estupidez dessa instituição que me tratava como se eu fosse apenas um aglomerado de carne, sangue e osso, pronto para ser trancafiado. Fiquei imaginando e cheguei à inevitável conclusão de que esse foi o melhor uso que ela achou para mim, e que ela nunca pensou em tirar proveito de meus serviços de alguma forma. Percebi que, se existia uma parede de pedra entre mim e meus conterrâneos, existia uma outra, ainda mais difícil de escalar ou de atravessar, até que eles pudessem se tornar tão livres quanto eu estava. Nem por um átimo eu me senti confinado, e as paredes pareciam um grande desperdício de pedra e argamassa. A impressão que eu tive foi a de que eu era o único cidadão do município que havia pago seu imposto.

Claramente não sabiam como me tratar, mas se comportaram como pessoas grosseiras. Em cada ameaça e em cada cumprimento havia uma gafe; porque pensavam que meu primordial desejo era ficar do outro lado da parede de pedra. Não pude deixar de abrir um sorriso ao ver o quão diligentemente eles trancaram a porta e me deixaram com minhas meditações, que continuaram sem impedimentos ou obstáculos, e na realidade, eram *elas* as únicas que ofereciam perigo.[23]

---

23 Essas meditações serviram de germe para a palestra proferida por Thoreau em 1847 e transformada neste ensaio. Em A *desobediência civil*, Thoreau explicita suas ideias, que podem mesmo se tornar "perigosas" para quem não aprecia mudanças. O ensaio acabou se tornando um dos mais influentes libelos a favor da liberdade na mais ampla acepção da palavra: liberdade de pensamento, liberdade de expressão, liberdade de escolha. Gandhi e Martin Luther King foram alguns dos ativistas que leram e usaram as palavras de Thoreau como combustível para suas nobres campanhas igualitárias e libertárias.

Como não conseguiam me atingir, resolveram castigar meu corpo; exatamente como os meninos fazem quando não têm acesso a uma pessoa contra quem cultivam algum rancor e, por isso, descontam sua raiva no cachorro dela. Percebi que o Estado era simplório, tímido como uma solteirona e suas colheres de prata, e que não conseguia distinguir seus amigos de seus inimigos, e perdi todo o meu respeito remanescente por ele, e senti pena dele.

Assim o Estado nunca confronta intencionalmente o bom senso, intelectual ou moral, de uma pessoa, mas apenas o corpo dela, seus sentidos corporais. O Estado não é munido com sagacidade nem honestidade avantajadas, mas com força física avantajada. Não nasci para ser forçado a nada. Vou respirar a meu bel-prazer. Veremos quem é o mais forte. Que força tem a turba? Só podem me forçar aqueles que obedecem a uma lei superior à que eu obedeço. Eles me forçam a me tornar um deles. Nunca ouvi falar de *seres humanos* serem *forçados* a viver assim ou assado pelas massas. Que tipo de vida seria essa? Quando me deparo com um governo que diz para mim: "A bolsa ou a vida", por que devo me apressar para dar-lhe o meu dinheiro? O governo pode estar em apuros, e não saber o que fazer: não tenho como resolver isso. Ele precisa ajudar a si mesmo; não importa o que eu faça. Não vale a pena ficar choramingando a respeito disso. Não sou responsável pelo funcionamento bem-sucedido da maquinaria da sociedade. Não sou filho do engenheiro. Observo que, quando uma bolota de carvalho e uma castanha caem lado a lado, uma não fica inerte para dar espaço à outra, mas as duas obedecem às suas próprias leis, e brotam e crescem e florescem o melhor que podem, até que uma, porventura, sombreia e faz a outra definhar. Se uma planta não consegue viver de acordo com a natureza dela, ela perece; e uma pessoa também.[24]

---

[24] Viver de acordo com a sua natureza, eis algo que Thoreau seguiu à risca em sua vida, sempre escrevendo, mas sempre fazendo caminhadas (um de seus textos mais famosos é *Walking*, já traduzido para o português como *A arte de caminhar e Andar a pé*) e se conectando com a natureza. Vejamos o que ele escreveu a Elizabeth Peabody, a pessoa que publicou pela primeira vez este ensaio, com o título de *Resistance to Civil Government*, em correspondência datada de 5 de abril de 1849, escrita em Concord, Massachusetts:

Srta. Peabody,

Tenho tantas coisas para escrever atualmente, com os editores atrás de mim, que mal me sobra tempo para exercícios físicos; mas vou lhe enviar o artigo em questão ["Resistência ao Governo Civil"] antes do final da próxima semana. Se isso não for suficiente, faça a gentileza de me informar na próxima carta.

Respeitosamente seu,

Henry D. Thoreau.

A noite na cadeia foi uma novidade deveras interessante.²⁵ Os detentos em

---

P.S. Eu oféreço o artigo apenas para seu primeiro volume.

Tudo indica que o autor pediu uns dias a mais para ter tempo de revisar o texto antes de entregá-lo a Elizabeth Peabody para publicação. O teor da carta original pode ser encontrado em: 1849 | The Walden Woods Project. Disponível em: https://www.walden.org/log-page/1849/#1849-4. Acesso em: 20 jan. 2021.

25 Uma das mais lendárias anedotas relativas a essa noite tem a ver com uma suposta visita do amigo Ralph Waldo Emerson enquanto Thoreau estava preso. Contemporâneos de Thoreau, incluindo o professor E. J. Loomis, confirmaram que o seguinte diálogo teria ocorrido na cadeia de Concord.

Ralph Waldo Emerson:
Henry, o que é que você está fazendo *aí dentro*?

Henry David Thoreau:
Waldo, o que é que *você* está fazendo *aí fora*?

Stanley Edgar Hyman, autor do artigo "Henry Thoreau in Our Time" (1946), mostra mangas de camisa desfrutavam de um bate-papo e da brisa noturna no portal quando entrei. Mas o carcereiro falou: "Vamos lá, rapazes, é hora de se recolher"; e então eles se dispersaram, e escutei o barulho de seus passos voltando às celas vazias. Meu companheiro de cela me foi apresentado pelo carcereiro como "um sujeito de primeira categoria e inteligente". Depois que a porta foi

---

ceticismo sobre a veracidade da conversa, pois, conforme ele ressalta, o carcereiro não permitia visitas. Ele classifica a prisão de Thoreau como um "fato absurdo" cujos detalhes são, em grande parte, "patéticos". Afirma que, como guerreiro político, Thoreau foi cômico, mas como escritor político é o polemista mais contundente e magnífico já produzido pelos EUA, pois transformou a sua experiência na prisão num "diamante" chamado A desobediência civil. O artigo de Hyman foi reimpresso em Thoreau: a collection of critical essays, editado por Sherman Paul, Prentice-Hall, Inc., Englewood Cliffs, New Jersey, 1962.

trancada, ele me mostrou onde pendurar o meu chapéu, e como ele organizava as coisas ali. Os quartos eram caiados uma vez por mês; e este, pelo menos, era o mais branquinho, de mobília mais singela, e provavelmente mais asseado cômodo da cidade. Naturalmente ele quis saber de onde eu era, e por qual motivo eu estava ali; e, quando contei a ele, perguntei por minha vez como ele veio parar ali, supondo que ele também fosse um homem honesto, é claro; e, por sinal, eu acredito que era. "Ora", contou ele, "eles me acusam de incendiar um celeiro; mas sou inocente." Até onde fui capaz de averiguar, parece que ele foi dormir bêbado num celeiro e fumou seu cachimbo lá; e assim o celeiro pegou fogo. Ele tinha a reputação de ser inteligente, esperava havia três meses o julgamento e teria de esperar outro tanto; mas estava bem adaptado e contente, pois tinha alojamento e comida de graça, e achava estar recebendo um tratamento digno.

Ele ocupou uma janela, e eu a outra; e percebi que se uma pessoa ficasse ali muito tempo, seus principais afazeres consistiam em espiar janela afora. Em pouco tempo eu já tinha lido todos os panfletos disponíveis ali, e examinado por onde os ex-detentos tinham escapado, e onde uma das grades havia sido serrada, e ouvido a história dos vários ocupantes daquela cela; e acabei descobrindo que mesmo ali existiam histórias e fofocas que nunca circulavam além das paredes da cadeia. Provavelmente esta é a única casa da cidade em que versos são compostos e depois são impressos em formato de uma circular, mas não publicados. Mostraram-me uma lista bem extensa de versos compostos por alguns dos jovens flagrados em tentativa de fuga, que se vingaram cantando os versos.

Tentei extrair tudo que pude de meu companheiro de cela, receando jamais vê--lo de novo; mas por fim ele me mostrou qual era a minha cama, e deixou comigo a missão de assoprar o lampião.

Deitar-me ali por uma noite foi como viajar a um país distante, a terras que eu nunca imaginei vislumbrar. Tive a impressão de que eu nunca antes tinha ouvido o relógio da cidade bater, nem os barulhos noturnos das ruas; pois dormimos com as janelas abertas, que ficavam por dentro das grades. Foi como ver minha cidadezinha natal à luz da Idade Média, e o nosso rio Concord[26] se transformar num córrego do Reno, e visões de cavaleiros e castelos se descortinaram à minha frente. Eram as vozes dos antigos cidadãos da era feudal que escutei nas ruas. Tornei-me um espectador e ouvinte involuntário de tudo

---

26 Tendo início na confluência dos rios Sudbury e Abasset, o rio Concord tem 26,2 km de comprimento e deságua no rio Merrimack. Às margens do rio Concord cresceu a cidade homônima, onde Thoreau passou maior parte de sua vida. Uma das obras mais importantes de Thoreau é *Uma semana nos rios Concord e Merrimack* (1849).

que se fazia e dizia na cozinha da estalagem adjacente – experiência totalmente nova e rara para mim. Foi um ponto de vista mais íntimo de minha cidade natal. Eu estava bem no meio dela. Eu nunca tinha visto suas instituições antes. Essa é uma de suas instituições peculiares; pois ela é a capital do condado. Comecei a entender qual é o foco de seus habitantes.

De manhã, nossos cafés foram colocados pelo espaço da porta, em pequenas vasilhas de latão, feitas para passar pelo espaço, com um copo grande de chocolate quente, pão integral e uma colher de ferro. Quando pediram as vasilhas de volta, eu estava pronto para devolver o que tinha sobrado de pão; mas meu camarada o agarrou e falou que eu deveria guardar para o almoço ou o jantar. Logo depois, ele foi deixado sair para trabalhar no processo de fenação numa lavoura próxima, à qual ele ia todos os dias, e só voltava ao meio-dia; então me desejou um bom dia, afirmando que duvidava se me veria novamente.

Quando eu saí da cadeia – pois alguém interferiu e pagou o imposto[27] –, eu não notei grandes mudanças na comunidade, de igual natureza às observadas por quem entrou jovem e saiu grisalho;

---

27 Em dezembro de 1898, a revista *The Inlander* (p. 96-103) publicou artigo de Samuel Arthur Jones, que entrevistou Sam Staples, o cidadão de Concord que entrou para a história como a pessoa que colocou Henry David Thoreau atrás das grades. O entrevistador perguntou a Sam se ele sabia quem havia pago os impostos de Thoreau. Ele respondeu que não sabia, achava que era o juiz Hoar. "A moça que trouxe o dinheiro tinha um véu tapando o rosto". Ele achava que era Elizabeth Hoar, uma das filhas do juiz. Ao ser solto na manhã seguinte, Sam conta que Thoreau teria ficado "fulo da vida" por ganhar a liberdade. O artigo cita outra fonte fidedigna que afirma que "a questão do pagamento do imposto envolve duas pessoas: a srta. Maria e R. W. Emerson". Miss Maria é a tia de Thoreau. Ralph Waldo Emerson é o grande escritor, amigo e incentivador de Thoreau.

porém, uma mudança saltou a meus olhos naquele cenário – a cidadezinha, o Estado, o país –, maior que qualquer outra que o tempo apenas poderia causar. Vi com uma distinção ainda maior o Estado em que eu morava. Vi até onde o povo entre o qual eu morava merecia confiança por serem bons vizinhos e amigos; que a amizade deles valia apenas para o clima do verão; que eles não se preocupavam muito em fazer a coisa certa; que eles eram de uma raça diferente da minha por causa de seus preconceitos e superstições, como são os chineses e os malaios; que em seus sacrifícios em prol da humanidade eles não corriam riscos, nem ao menos arriscavam as suas propriedades; que, afinal de contas, eles não eram tão nobres, mas tratavam o ladrão como ele os havia tratado, e desejavam, por uma certa observância superficial e algumas orações, e por de vez em quando andar em determinado caminho reto, mas inútil, salvar suas almas. Talvez eu possa estar julgando meus vizinhos com rigor; pois acredito que a maioria deles não tem consciência de que em sua cidadezinha existe uma instituição como a da prisão.

A nossa cidadezinha[28] tinha um costume antigo, quando um pobre devedor saía da cadeia; os conhecidos dele o saudavam olhando por entre os dedos, cruzados e sobrepostos para representar as grades da cadeia: "Tudo bem com você?".[29] Meus vizinhos não me cum-

---

28 Como quase tudo na vida (e morte) de Thoreau, a célebre prisão do escritor também aconteceu na pequenina Concord, Massachusetts, cuja população, em 1850, de acordo com o censo, era de 2.249 habitantes; em 2010, de 17.669 habitantes.

29 É no mínimo curioso que esse gesto dos habitantes de Concord, que outrora simbolizava a prisão, hoje simboliza as *hashtags*, que recentemente completaram uma década e são uma das maiores formas de ativismo e cidadania no século XXI. Vamos citar aqui apenas uma: #BlackLivesMatter, a qual faz um inter-

primentaram assim, mas primeiro me encararam, e depois se entreolharam, como se eu tivesse retornado de uma longa jornada. Eu havia sido preso a caminho do sapateiro para pegar um par de sapatos que estava no conserto. Quando fui solto na manhã seguinte, tratei de finalizar minha incumbência, e, após calçar meus sapatos consertados, juntei-me a uma expedição para a colheita do mirtilo-vermelho,

---

texto forte com o trabalho de um ativista que se inspirou em Thoreau. Estamos falando, é claro, de Martin Luther King, que no episódio do boicote aos ônibus de Montgomery fez um discurso dizendo: "Nesse ponto começo a pensar sobre o ensaio de Thoreau, A *desobediência civil*. Eu me lembro do quanto, na época da universidade, fiquei comovido ao ler pela primeira vez esta obra. Fiquei convencido de que havia uma relação entre o que estávamos planejando fazer em Montgomery e o que Thoreau havia expressado". Fonte: *Stride Toward Freedom: The Montgomery Story*, Martin Luther King Jr. (1958).

ou *huckleberry*.[30] O grupo estava impaciente à minha espera, eu seria o batedor. Em meia hora (pois logo o cavalo já estava atrelado) estávamos no meio de um

---

[30] Quando Thoreau encerrava sua carreira literária, Mark Twain estava começando a dele. Em 1884, Twain publicaria sua obra-prima *As aventuras de Huckleberry Finn*, em que o protagonista ajuda o escravo Jim em sua fuga para a liberdade. O pesquisador James L. Colwell observa que na época de Twain, a palavra "huckleberry", além de denotar os frutos de *Solanum scabrum* (mirtilos-vermelhos), era usada também para significar uma pessoa inconsequente, uma pequena quantidade de algo ou a pessoa certa para um objetivo específico. Em seu artigo sobre o nome Huckleberry Finn, Colwell cita uma frase de Marcus Cunliffe, que classifica Thoreau como um "Huckleberry Finn que estudou em Harvard". Em *Walden*, Thoreau comenta a natureza dos humanos e dos *huckleberries* e afirma que "um *huckleberry* nunca chega a Boston". Colwell, James L. "Huckleberries and Humans: On the Naming of Huckleberry Finn." PMLA, v. 86, n. 1, 1971, p. 70-76. JSTOR. Disponível em: www.jstor.org/stable/461003. Acesso em: 3 jan. 2021.

campo de mirtilos-vermelhos, numa de nossas colinas mais altas, a 3 quilômetros dali; e naquele local não foi mais possível ver algum sinal do Estado por perto.

Esta é a história na íntegra de "Minhas prisões".[31]

Nunca me recusei a pagar o tributo de circulação,[32] porque desejo tanto ser um

---

31 Alusão de Thoreau a *Le Mie Prigioni*, do dramaturgo italiano Silvio Pellico (1789-1854). Condenado à morte acusado de ser adepto do carbonarismo, sociedade secreta e revolucionária, Pellico teve a sentença recebida em 1822 convertida em prisão, onde passou cerca de uma década. *Le Mie Prigioni* foi publicado em 1833 na Itália e traduzido para o inglês em 1839. Outras obras de escritores contando suas experiências na prisão incluem *Recordações da casa dos mortos* (Fiódor Dostoievski, 1862) e *Memórias do cárcere* (Graciliano Ramos, 1953).

32 No original, "highway tax". Outra tradução possível seria "imposto rodoviário". O artigo "Roads and Travel in New England" (1790-1840) traz algumas informações sobre os transportes na época e como os tributos eram calculados. A maioria das cidades votava anualmente um im-

mau subordinado quanto um bom vizinho; e, quanto a apoiar as escolas, hoje faço a minha parte para educar meus compatriotas. Não é por um item especial na lista de tributos que eu me recuso a pagá-los. Apenas quero recusar submissão ao Estado, me afastar e permanecer efetivamente distante dele. Não me importo em rastrear o percurso de meu dólar, se eu pudesse, até que esse dólar comprasse um homem, ou um mosquete para atirar em alguém – o dólar é inocente –, mas estou preocupado em rastrear os efeitos da minha submissão. De fato, eu silenciosamente declaro guerra ao Estado, a meu modo, embora ainda continue a fazer uso

---

posto para a manutenção das estradas, e muitas pessoas pagavam o tributo trabalhando na limpeza da estrada após nevascas, abrindo desaguadouros, tapando buracos etc. Disponível em: http://www.teachushistory.org/detocqueville-visit-united-states/articles/roads-travel-new-england-1790-1840. Acesso em 3 jan. 2021.

dele, e obter todas as vantagens dele que eu puder, como é comum nesses casos.

Se outros, por simpatizarem com o Estado, pagarem o imposto que é cobrado de mim, eles fazem apenas o que já fizeram em seu próprio caso, ou, em vez disso, são cúmplices da injustiça em uma dimensão maior que a exigida pelo Estado. Se pagam o imposto com base num equivocado interesse no indivíduo tributado, para salvar a propriedade dele ou impedir que ele seja preso, é porque não avaliaram com sabedoria o quanto os seus sentimentos privados interferem com o bem comum.

Essa é, portanto, a minha posição atual. Mas num caso desses alguém não pode ficar muito cuidadoso, a menos que seus atos sejam enviesados pela obstinação, ou por uma indevida consideração pelas opiniões humanas. Deixe que ele cuide de fazer apenas o que lhe é pertinente e oportuno fazer.

Às vezes, fico pensando: "Ora, essa gente tem boas intenções; é apenas ignorância deles; eles não fariam isso caso pensassem: por que dar a seus vizinhos essa dor de ser tratado de um modo que você não quer ser tratado? Fico pensando: isso não é motivo para que eu faça como eles fazem, ou permita que outros sofram uma dor bem mais intensa, um tipo diferente de dor. Às vezes, fico pensando comigo. Muitos milhões de pessoas, sem cólera, sem malquerença, sem qualquer tipo de sentimento pessoal, exigem de você poucos xelins apenas, sem a possibilidade, porquanto essa é a sua índole, de se retratar ou de alterar sua atual demanda, e sem a possibilidade de você, por sua vez, apelar a outros tantos milhões. Quando isso acontece, por que se expor a essa força tão esmagadoramente bruta? Você não resiste ao frio e à fome, aos ventos e às ondas com tanta obstinação; você se submete pacificamente a mil e uma necessidades parecidas. Você não enfia a cabeça numa fogueira.

Mas assim como eu considero esta força não completamente bruta, mas uma força parcialmente humana, e penso que tenho relações com aqueles milhões como com tantos outros milhões de pessoas, e não com meros seres brutos ou inanimados, eu vejo que é possível fazer um apelo, em primeiro lugar e instantaneamente, da parte deles ao Criador deles, e, em segundo lugar, deles para eles mesmos. Mas se eu enfiar deliberadamente a minha cabeça na fogueira, não há como apelar à fogueira ou ao Criador da fogueira: só a mim mesmo poderei culpar. Se eu puder me convencer de que tenho algum direito a me contentar com a humanidade como ela é, e tratá-la em conformidade, e não de acordo, em alguns aspectos, com meus requisitos e minhas expectativas sobre como ela e eu devemos agir, então, como um bom muçulmano e fatalista, eu devo me esforçar para me contentar com as coisas como elas são, e afirmar que essa é a vontade de Deus. E, acima de tudo, existe uma diferença entre resistir a isso e a uma força puramente bruta ou natural: a diferença de que eu posso resistir a isso com certa eficácia, mas não posso almejar, como Orfeu, mudar a natureza das rochas, das árvores e dos animais.

Não quero entrar em querelas com nenhuma pessoa ou nação. Não quero picuinhas, fazer distinções especiais nem me colocar como melhor que meus vizinhos. Em vez disso, eu procuro, devo dizer, até mesmo uma desculpa para entrar em conformidade com as leis nacionais. Estou bastante inclinado a entrar em conformidade com elas. De fato, eu tenho motivos para suspeitar de mim mesmo nessa questão; e ano após ano, quando o coletor de impostos aparece, eu me encontro disposto a revisar os atos e a posição dos governos federal e estadual, e o espírito das pessoas, a fim de descobrir um pretexto para entrar em conformidade.[33]

---

33 Thoreau prepara o terreno para citar versos de George Peele, pinçados de *A batalha de Alcácer-Quibir* (1594), tragédia em 5 atos. Ato II, Cena II. De acordo com a *Annotated*

"Devemos amar o nosso país como a nossos pais,
E se em algum momento alienarmos
Nosso amor ou esforço de honrá-lo
É nosso dever nos referir aos motivos e educar a alma
Por questão de consciência e religião,
E não por desejo de poder ou benefício."[34]

Popular Edition of The Battle of Alcazar (http://elizabethandrama.org/wp-content/uploads/2019/05/Battle-of-Alcazar-Annotated.pdf), de Peter Lukacs e ElizabethanDrama.org, 2019, o trecho pode ser parafraseado assim: "Se um dia deixarmos de amar o nosso país ou de trabalhar em benefício dele, isso deve ser motivado por uma questão de consciência ou de religião, e não por objetivos egoístas". Thoreau procura usar a citação para dar autoridade a suas ideias, mas na verdade ele alterou os versos de Peele e os tirou do contexto. Ver nota seguinte.

34 Em artigo publicado em 1971 na *The New England Quarterly*, Wendell Glick observou que Thoreau modificou a citação original e a descontextualizou. Na versão original se lê:

Acredito que o Estado em breve será capaz de arrebatar de minhas mãos todo o meu trabalho dessa natureza, e então não serei um patriota melhor que meus compatriotas. Encarando de um ponto de

---

It must respect effects and touch the soul,
Matter of conscience and religion,
And not desire of rule or benefit.

Thoreau alterou o "It" do primeiro verso para "We", e "touch" para "teach":

We must respect effects and teach the soul
Matter of conscience and religion,
And not desire of rule or benefit.

Na peça teatral de George Peele, a fala é pronunciada por um bispo irlandês hipócrita que tenta justificar uma sangrenta guerra civil que o Papa provocou. Thoreau, por sua vez, utiliza as palavras para justificar o direito individual de resistir a um Estado corrupto.
Glick, Wendell. "Thoreau's Use of His Sources." *The New England Quarterly* 44, n. 1, p. 101-9, 1971). Acesso em: 1º dez. 2020. doi:10.2307/364945.

vista inferior, a Constituição, com todos os seus defeitos, é ótima; a lei e os tribunais são respeitabilíssimos; até mesmo este Estado e este governo estadunidense são, sob muitos prismas, admirabilíssimos, raríssimos, dignos de gratidão, como muitos os descrevem. Mas encarando de um ponto de vista superior, e do ápice, quem dirá o que eles são, ou que vale a pena observá-los ou sequer pensar neles?

Porém, o governo não me preocupa muito, e quanto menos eu pensar nele, melhor. Até mesmo neste mundo eu não vivo muito tempo sob a égide de um governo. Se a pessoa deixa de pensar, fantasiar e imaginar, coisas que *não existem* nunca parecem *existir* para ela, e fatalmente nem governadores insensatos, tampouco reformadores insensatos, conseguirão perturbá-la.

Sei que a maioria pensa diferentemente de mim, mas as pessoas que se dedicam, por profissão, ao estudo desses assuntos ou de assuntos afins me contentam tão pouco quanto qualquer outra.

Estadistas e legisladores, tão completamente entranhados na instituição, nunca a desnudam com nitidez. Falam sobre uma sociedade mutante, mas sem ela não dispõem de uma base de apoio. Podem ser gente de certa experiência e discernimento, e indubitavelmente inventaram sistemas engenhosos e até mesmo úteis, motivos pelos quais lhes devemos sinceros agradecimentos, mas toda sua perspicácia e utilidade repousam dentro de limites não muito amplos. Eles estão prontos para esquecer que o mundo não é governado por políticas e utilidades.

Webster[35] nunca penetra nos bastidores governamentais e, por isso, não pode

---

35 Daniel Webster (1782-1852). Advogado, senador, ministro das Relações Exteriores, autor do famoso discurso *Um apelo por harmonia e paz* (A Plea for Harmony and Peace, 1850). Disponível em: https://www.dartmouth.edu/~dwebster/speeches/seventh-march.html. Uma curiosidade literária: Webster é personagem principal do conto "The Devil and Daniel Webster", de Stephen Vincent Benét.

falar com autoridade sobre eles. As palavras dele são sabedoria para aqueles legisladores que não contemplam uma reforma na essência do governo existente, mas para pensadores, e para aqueles que legislam para tempos imemoriais, ele não arranha sequer a superfície do assunto. Conheço gente cujas especulações serenas e sábias sobre esse tema logo revelariam o quanto são limitadas a hospitalidade e o alcance da mente dele. Contudo, comparado com as declarações baratas da maioria dos reformistas, e com a sabedoria e a eloquência ainda mais baratas dos políticos em geral, as palavras dele são quase as únicas palavras sensatas e valiosas, e agradecemos aos céus por ele. Comparativamente, ele é sempre forte, original e, sobretudo, prático. Ainda assim, ele prima não pela sabedoria, mas pela prudência. A verdade do advogado não é a Verdade, mas a consistência, ou uma utilidade consistente.³⁶ A Verdade sempre está em harmonia com ela mesma, e não está preocupada essencialmente em revelar a justiça que pode ser consistente com comportamentos desonestos. Ele bem merece ser chamado,

---

36 Thoreau de certa forma está criticando a falta de consistência de Daniel Webster. Aliás, não causa surpresa que o próprio Thoreau tenha sido muito criticado por supostas "inconsistências" em sua obra. Algumas das ambiguidades e inconsistências de Thoreau em *A desobediência civil* são apontadas na dissertação de mestrado *Translating Henry David Thoreau's 'Resistance to Civil Government'*, de T. J. Vleugel (2009), em que o tradutor holandês afirma: "Se um tradutor escolhesse reduzir essa ambiguidade e tentar produzir uma versão 'fechada' do texto, ele estaria reduzindo o valor do texto". Já o texto de Shawn St. Jean, "A consistência radical de Thoreau", analisa detidamente a questão da consistência na obra de Thoreau. "Thoreau's Radical Consistency" foi publicado na *The Massachusetts Review*, v. 39, n. 3, p. 341-357, 1998. JSTOR. Disponível em: www.jstor.org/stable/25091451. Acesso em: 23 dez. 2020.

como tem sido chamado, o Defensor da Constituição. Os únicos movimentos de que ele é capaz de fazer são os movimentos defensivos. É um seguidor, não um líder. Seus líderes são os membros da constituinte de 87.[37] "Nunca fiz um esforço", afirma ele, "e nunca me propus a fazer um esforço; nunca permiti um esforço, e nunca quis permitir um esforço, para perturbar as disposições feitas originalmente, pelas quais os vários Estados se tornaram uma União." Ainda pensando sobre a concessão que a Constituição faz à escravidão, ele afirma: "Já que fez parte do pacto original... deixe que permaneça". Apesar de sua agudeza e habilidade especiais, ele é incapaz de isolar

---

[37] Entre 25 de maio e 17 de setembro de 1787, delegados de 12 Estados se reuniram numa Convenção na Filadélfia, Estado da Pensilvânia, a fim de revisar os Artigos da Confederação. O resultado foi a primeira e até agora única Constituição dos EUA.

um fato de suas meras relações políticas, contemplar esse fato e, com o intelecto, analisar esse fato como ele é, de modo absoluto. Por exemplo, o que convém hoje a uma pessoa fazer aqui nos Estados Unidos no que tange à escravidão, além de se atrever, ou ser motivada, a elaborar uma resposta desesperada como a seguinte, enquanto professa falar de modo absoluto, como uma pessoa privada? E a partir dessa resposta, qual novo e singular código de deveres sociais pode ser deduzido? "A maneira", afirma ele, "pela qual os governos daqueles Estados onde a escravidão existe vão regulamentá-la é motivo de consideração desses próprios governos, sob a responsabilidade de seus constituintes, subordinados às leis gerais do decoro, da humanidade, da justiça, e às leis divinas. Associações formadas em outros lugares, brotando de um sentimento de humanidade, ou qualquer outra causa, nada têm a ver com isso. De minha parte elas nunca receberam, nem receberão, quaisquer incentivos".

Gente que não conhece fontes mais puras da verdade, que não rastreia a verdadeira origem do córrego, apoia, e apoia sabiamente, a Bíblia e a Constituição, e delas bebem com reverência e humanidade; mas quem contempla de onde vêm os riachos que deságuam neste lago ou naquele reservatório,[38] arregaça nova-

---

[38] Esta analogia de Thoreau sobre lagos se torna ainda mais significativa ao levarmos em conta o grande conhecimento e familiaridade do autor sobre a matéria. Em 1857, Thoreau foi de canoa pelo rio Allegash até o lago Heron, expedição contada no terceiro capítulo de The Maine Woods (1864) e traduzida por E. C. Caldas no livro Walden e outros escritos, vol. II, ed. Revista Branca, com o título "Os Lagos Allegash". E talvez a segunda obra mais importante de Thoreau, junto com A desobediência civil, traz o nome de um lago: Walden, ou a vida nos bosques (1854). O livro traz um mapa do Lago Walden, com base nos levantamentos feitos por Thoreau em 1846. As minuciosas medições de Thoreau foram recentemente revisadas com equipamentos

mente as mangas e continua sua peregrinação até as nascentes.

Nos Estados Unidos da América ainda não surgiram legisladores de genialidade. Essa categoria é rara na história universal. Oradores e políticos eloquentes existem aos milhares, mas nenhum desses tribunos já abriu a boca para falar das questões controversas que hoje nos afligem. Amamos a eloquência pela própria eloquência, e não por qualquer verdade que ela enuncie, ou qualquer heroísmo que ela possa inspirar. Os nossos legisladores ainda não aprenderam o valor comparativo do livre-comércio e da liberdade, da união e da retitude, para uma nação. Não têm genialidade ou talento para questões comparativamente humildes de tributação e finanças, comércio, manufatura e agricultura. Se para nos guiar

---

modernos e foi constatada a sua incrível precisão. Uma imagem do mapa está disponível em http://people.virginia.edu/~sfr/enam315/waldenmap.html. Acesso em: 2 jan. 2021.

confiássemos apenas na verborrágica sabedoria dos legisladores do Congresso, sem a correção da experiência oportuna e das queixas efetivas do povo, os Estados Unidos da América não manteriam seu *status* entre as nações. Quiçá eu não tenha o direito de mencionar, mas por mil e oitocentos anos o Novo Testamento tem sido escrito; contudo, onde está o legislador com sabedoria e talento prático suficientes para aproveitar-se da luz que dele emana sobre a ciência da legislação?

A autoridade do governo, pelo menos até onde estou disposto a me submeter a ela – pois vou alegremente obedecer àqueles que sabem e podem fazer melhor do que eu, e em muitas coisas até mesmo àqueles que não sabem nem podem fazer tão bem –, ainda é uma autoridade impura: para ser estritamente justa, ela deve ter a chancela e o consentimento dos governados. Não pode exercer quaisquer direitos puros sobre a minha pessoa ou propriedade além dos que eu conceder a ela. A evolução de uma monarquia absoluta a uma limitada, de uma monarquia limitada a uma democracia, é uma evolução rumo ao autêntico respeito pelo indivíduo. Até mesmo o filósofo chinês foi sábio o suficiente para considerar o indivíduo como a base do império.[39] Será que a democracia é, tal como a conhecemos, a derradeira melhoria possível de um governo? Não será possível dar um passo

---

39 Muitos estudos têm surgido ultimamente sobre a influência dos filósofos chineses na obra de Thoreau. Um artigo disponível na web é *As raízes chinesas de Henry David Thoreau*, de Linda Brown Holt, que cita Confúcio e seu seguidor, Mêncio, entre os filósofos que influenciaram Thoreau (http://www.religiousscholar.com/the-chinese-roots-of-hd-thorea/). Por sua vez, Mathew A. Foust dedicou o segundo capítulo de sua obra *Confucionismo e filosofia americana* para esmiuçar o confucionismo na obra de Thoreau, especificamente em *A desobediência civil*. A referência da obra, ainda sem tradução ao português, é: FOUST, M. A. *Confucianism and American philosophy*. Albany, NY: State University of New York, 2017.

adiante rumo a reconhecer e a organizar os direitos humanos? Nunca haverá um Estado realmente livre e iluminado até que o Estado venha a reconhecer o indivíduo como um poder superior e independente, a partir do qual seu próprio poder e autoridade são derivados, e tratá-lo de acordo. Agrada-me imaginar um Estado que enfim possa dar-se ao luxo de ser justo com todas as pessoas, e de tratar o indivíduo com respeito, como se ele fosse um vizinho; que nem mesmo considere incoerente com sua própria paz o fato de uns poucos resolverem viver distante dele, sem se imiscuir com ele, nem serem abraçados por ele, mas que cumprissem todos os seus deveres de vizinhos e concidadãos. Um Estado que produzisse esse tipo de fruto, e o permitisse cair tão logo amadurecesse, estaria pavimentando o caminho para um Estado ainda mais perfeito e glorioso, que eu também já imaginei, mas até hoje nunca vi em lugar algum.

infanto-juvenis constitui-se na vontade
do direito humano. "Locke fazia um
bordão também, entre o liberalismo pre-
gado pelo Estado Leigo e propiciava a independência até para respeitar e independente, - partia do qual seu próprio poder
e autoridade são derivados, e trata-lo-ia
sempre". Senão nos imagine que man-
do que, então, pois a dar-se entram-lo ser
Justo com todos, na pessoa, e dar tanto a
individuo com respeito, como se obriga-
se em virtude que num mesmo considere importante com sua própria paz e tan-
do uns poucos resolverem viver distante
dele, sem se infiltrarem em ela, numa se un
(Irequente parten, mas que cumpriessem
tego), os aqui deveres de tarinhos e concidadãos. Um estado que pretendesse,
apontar fruto e o pertinente com esta tão
inadutrocesse, estaria portanto matando o
caminho para um estado autoritaria, por-
feito a fim, isso, que os cristãos, já insegi-
vel massa até hoje, não vierem liga alguna.

92

Sobre o autor
por Henrique Guerra

A palavra polímata cai como uma luva para Thoreau. Agrimensor, fabricante de lápis, filósofo, ornitólogo, entomologista, botânico, engenheiro, ensaísta... Contestador, defendia suas ideias ferrenhamente, e viveu a experiência transformadora de morar numa cabana singela, que ele mesmo construiu, em meio aos bosques do Lago Walden, na pequena Concord, a comunidade de Massachusetts onde nasceu, em 1817, cresceu, fez inovações na indústria de lápis da família, foi estudar em Harvard, voltou, fez amizades com outros escritores, passou uma noite na prisão por se recusar a pagar impostos a um governo de ideias corruptas, produziu clássicos da literatura

(*Desobediência civil* e *Walden*) e morreu antes de completar 45 anos. Em 2017, para comemorar os duzentos anos do nascimento de Thoreau, foi publicada uma nova e elogiada biografia do autor, escrita por Laura Dassow Walls, *Henry David Thoreau: The Life*, que assina o prefácio da edição de *Walden* da Novo Século.

Compartilhando propósitos e conectando pessoas
Visite nosso site e fique por dentro dos nossos lançamentos:
www.gruponovoseculo.com.br

facebook/novoseculoeditora
@novoseculoeditora
@NovoSeculo
novo século editora

Edição: 1ª
Fonte: IBM Plex Serif

gruponovoseculo.com.br

DESPERTAR COM A AURORA, RESISTIR E DESOBEDECER:

UM RETRATO DE THOREAU

Começando pelo começo: por que você está lendo este livro?

Se você colocou os olhos neste box de forma não acidental, ou, para usar um advérbio que é caro a Thoreau, deliberadamente, então deixo de antemão meus votos para uma excelente jornada. Talvez você esteja procurando referências para compreender o roteiro do filme e o livro *Into the Wild* (*Na natureza selvagem*). Quem sabe deseja descobrir um pouco mais sobre o barbudo estampado junto ao chamado "Disobey" na camiseta com a qual seu avô hippie ou sua tia punk lhe presenteou. Caso seja amante da boa música norte-americana, talvez queira entender a presença de sons de uma flauta no belíssimo quarto movimento da *Concord Sonata*, de Charles Ives.

Discutir os motivos é fundamental, ainda mais na presença de um autor que se importava imensamente com projetos de autoaperfeiçoamento. Mas deixemos essa pauta para outra hora. O importante é que você está aqui e agora, com olhos atentos nestas páginas. Agarraremos este momento com energia e curiosidade, *deliberadamente*.

As palavras, sentenças e parágrafos que você vai encontrar em *Walden* e *A Desobediência Civil* já inspiraram nomes como Tolstói, Mahatma Gandhi e Martin Luther King Jr. A régua está nas alturas. Mantenha "a mente quieta, a espinha ereta e o coração tranquilo" quando ingressar nesses livros, mas cultive ambições desmedidas, por exemplo, para entender o quão revolucionária é a distinção entre justiça e legalidade que é explorada em *A Desobediência Civil*, ou para repensar seus hábitos de consumo a partir da seguinte definição, apresentada no capítulo "Economia", em *Walden*: "[...] o custo de uma coisa é a quantia do que eu chamarei de vida que precisa ser trocada por ela, de imediato ou no longo prazo". Quão extenso é o naco de vida que você está disposto a dar em troca do mais recente lançamento de celular, roupa ou carro? Mais-valia temperada com pitadas ético-existenciais?

Bem-vindos e bem-vindas a Thoreau!

Transcendentalismo da Nova Inglaterra e Renascença Americana

Antes de você se deliciar com a leitura de Thoreau, vejamos um pouco do cenário intelectual da Nova Inglaterra na primeira metade do século XIX. Prepare-se para avançarmos em direção ao contexto histórico das obras inspiradoras que você vai encontrar neste box.

Henry David Thoreau nasceu em 12 de julho de 1817, na cidadezinha de Concord, a quase 30 km de Boston, que, à época, era um dos dínamos – ombreando com Nova York –, da economia e da cultura, dentre as cidades do norte dos Estados Unidos.

A partir de 1836, Boston e a vizinha Concord assistiram o surgimento do Transcendentalismo da Nova Inglaterra, um movimento simultâneo à Renascença Americana, se olharmos para um mapa ligeiramente ampliado.

Entre os transcendentalistas estavam Ralph Waldo Emerson, Margaret Fuller, Lydia Maria Child, Amos Bronson Alcott, Frederic Henry Hedge, Elizabeth Palmer Peabody, Theodore Parker, George Ripley,

Orestes Brownson e Henry David Thoreau. No time dos novíssimos renascentistas do nosso lado do Atlântico, podemos acrescentar Nathaniel Hawthorne, Herman Melville, Edgar Allan Poe, Harriet Beecher Stowe, Emily Dickinson, Frederick Douglass e Walt Whitman. Em uma cornucópia tão diversa de autores e autoras, com produções e estilos igualmente distintos, é uma missão complicada encontrar pontos em comum que os façam convergir no mesmo ponto de fuga da paisagem intelectual. Se pedirmos ajuda para os universitários, consultando títulos como *Transcendentalism in New England: A history* (1876) de Octavius Brooks Frothingham, *American Renaissance: Art and Expression in the Age of Emerson and Whitman* (1941), de Francis Otto Matthiessen, bem como as obras de Perry Miller, Lawrence Buell, Joel Myerson, ou mesmo o mais recente *Transcendentalism: A History* (2007), de Philip F. Gura, teremos o mesmo diagnóstico: tanto a genealogia quanto as implicações e os desdobramentos do Transcendentalismo da Nova Inglaterra e da Renascença Americana são vastos e múltiplos.

Não obstante este aviso, quero propor o desafio de que me acompanhe em uma expedição para encontrar uma límpida corrente de pensamento, que faz o elogio da independência e das múltiplas possibilidades da formação da consciência individual. Esta concepção muito particular sobre o valor do indivíduo, por oposição às pressões que lhe são externas, perpassa os diversos vales imaginativos do Transcendentalismo da Nova Inglaterra e da Renascença Americana e, por fim, deságua com força na escrita de Thoreau.

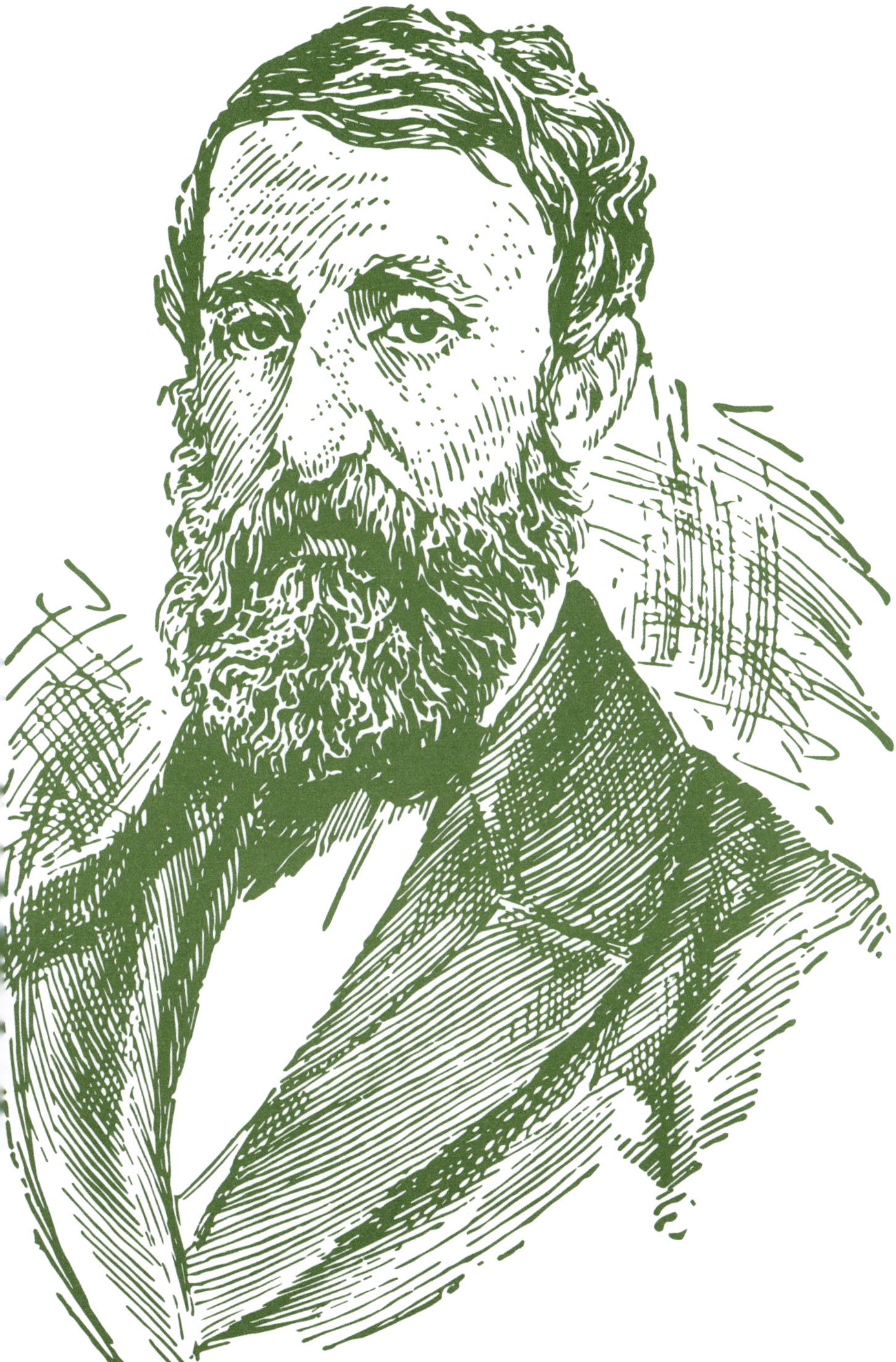

As possibilidades da consciência individual: Calvinismo, Unitarismo, Channing e Emerson

Você provavelmente conhece a expressão *self-made man*, aplicada ao contexto norte-americano. Ela é parte integral da mitologia do Novo Éden na América, de um recomeço para as conexões do indivíduo na teia da sociabilidade, sem o peso das tradições e hierarquias do Velho Mundo. América, terra da liberdade, da igualdade e da oportunidade... onde o esforço individual é recompensado com sucesso, fortuna e bonança.

De certo modo, variantes destas concepções sobre as capacidades e potencialidades do indivíduo que começa de menos do que zero, sem heranças e conexões familiares que o suportem, são onipresentes na ideologia das ondas migratórias que seguiram as rotas transatlânticas de Colombo, Américo Vespúcio e, igualmente, do nosso velho conhecido Pedro Álvares Cabral.

Para que o mecanismo do *self-made man* possa funcionar, precisamos supor a capacidade básica da perfectibilidade, isto é, a possibilidade efetiva de aprimorar-se, modificar-se positivamente, aperfeiçoar-se. O primeiro camarada que observou esse traço disposicional na população americana do lado de cima da Linha do Equador foi Alexis de Tocqueville. Em *De la démocratie en Amérique*, ele registra que o espírito da democracia incipiente da América, embalada pela frase de abertura de sua Declaração de Independência[1], ampliava com temerosa demasia as possibilidades da perfectibilidade humana, ao contrário das nações aristocráticas do Velho Mundo, que as limitavam em excesso.

A meta otimista de uma perfectibilidade humana indefinida tem um obstáculo teológico de peso no dogma, defendido pelo Calvinismo, da completa e inescapável depravação humana. A bordo do *Mayflower*, junto aos puritanos peregrinos que primeiro pisaram em solo norte-americano, desembarcou uma versão robusta do mito da Queda do Gênesis.

Não por acaso, o nascedouro da corrente de pensamento que estamos perseguindo está no Unitarismo, uma vertente liberal do pensamento cristão que foi decisiva para o surgimento do Transcendentalismo da Nova Inglaterra, e que liberou a imaginação teológica e literária de toda uma geração da *bad trip* calvinista, reforçando a vocação otimista do *self-made man*, na contramão da psicologia moral de Calvino.

---

1. "Consideramos estas verdades como autoevidentes, que todos os homens são criados iguais, que são dotados pelo Criador de certos direitos inalienáveis, que entre estes são vida, liberdade e busca da felicidade."

Para compreender esse processo, nada melhor do que ler William Ellery Channing, pastor da Federal Street Church de Boston, principal arauto do Unitarismo, irmão de Edward Tyrell Channing – que foi professor de Thoreau em Harvard –, e tio do seu primeiro biógrafo. Em *Likeness to God* (1828), Channing escreve:

> **Afirmo, e gostaria de frisar, que a verdadeira religião consiste em propor, como nosso grande fim, uma semelhança crescente com o Ser Supremo. A sua influência mais nobre consiste em tornar-nos cada vez mais partícipes da Divindade. Para isso, ela deve ser pregada. A instrução religiosa deve ter como principal objetivo transformar as aspirações e esforços dos homens nessa perfeição da alma, que a constitui como uma imagem brilhante de Deus.[2]**

O método de Channing para perseguir a "semelhança crescente com o Ser Supremo" é a *self-culture*, isto é, o esforço individual autoconsciente para o constante e perpétuo aperfeiçoamento na direção deste ideal de "perfeição da alma". A *self-culture*, ou educação de si, é orientada para Deus como modelo de perfeição infinita.

---

2. Tradução própria. Alguns dos principais sermões de Channing podem ser acessados na página *http://www.americanunitarian.org/channing.htm*

Em outro famoso sermão, este do ano de 1838, intitulado exatamente *Self-Culture*, Channing distingue e conecta as dimensões morais, religiosas e intelectuais da educação de si. É um processo moral, visto que nos habilita a reconhecer duas ordens de princípios, acessíveis introspectivamente: por um lado, nossos desejos, apetites e paixões; por outro, a consideração universal, imparcial e desinteressada pelos direitos e pela felicidade de outros seres, que é a voz interior do dever.

A educação de si é, simultaneamente, também um caminho religioso. Para além da educação dos sentidos, que nos conecta com o mundo exterior, que nos faz sentir aromas, cores e cheiros, temos, de acordo com Channing, a aspiração para buscar o Infinito, a Causa Primeira. Reconhecer e adorar os atributos divinos da Justiça Imparcial e do Amor Universal é a expressão mais elevada do nosso senso de dever.

A educação de si é, igualmente, um exercício intelectual, pois convoca a razão e o entendimento da busca pela verdade de forma desinteressada, custe o que custar, doa a quem doer.

Quando você estiver imerso nas páginas de *Walden* ou de *A Desobediência Civil*, provavelmente vai reconhecer semelhanças com algumas dessas formulações de Channing, que foram convocadas neste ensaio introdutório como primeiro ponto de parada em nossa busca do elogio sistemático que o Transcendentalismo da Nova Inglaterra e a Renascença Americana fazem da independência e das possibilidades irrestritas da estruturação da consciência individual.

A esta altura da jornada, um cético bem informado pode objetar que a sensibilidade moral e religiosa de Thoreau não pode ser limitada à esfera de influência doutrinal do Unitarismo. Concedo o ponto com uma reserva.

Ralph Waldo Emerson, por diversas razões, é um personagem inescapável na história que estou tentando contar. Ele abandonou suas funções como pastor unitarista da Second Church de Boston, em 1832, para tornar-se o primeiro pensador norte-americano reconhecido como tal, dentro e fora dos Estados

Estátua de Thoreau às margens do Lago Walden.

Unidos. Isso lhe rendeu, retrospectivamente e na dicção de ninguém menos que Harold Bloom, a encantadora alcunha de Mr. America.

Emerson apresentou uma versão cativante da *self-culture* de Channing em um dos seus mais contundentes e populares ensaios: *Self-Reliance* (1841), ou *Autoconfiança*. Parafrasear Emerson, que foi influência decisiva para Nietzsche, Thoreau, Wallace Stevens, Walt Whitman e William James, é um risco que não pretendo correr. Então, vamos às citações.

A perfectibilidade, que é pressuposta no mecanismo do *self-made man* e na *self-culture* de Channing, implica, por sua vez, no caráter transitório das consciências individuais. Vejamos como isso aparece em *Self-Reliance*:

> A vida é o que vale, não o ter vivido. O poder cessa no instante do repouso; ele reside no momento da transição de um passado para um novo estado [...]. Este é o fato que o mundo odeia, que a alma torna-se.

Para Channing, o aspecto intelectual da *self-culture* exige uma busca desinteressada pela verdade. E, para Emerson, vale a mesma regra, não importando que implique desconexão, não conformidade e até mesmo incompreensão:

> Há um tempo na educação de cada homem quando ele chega à convicção de que a inveja é ignorância; que a imitação é suicídio;
>
> Afasto-me do pai, da mãe, da mulher e do irmão, quando o meu gênio me chama. Eu escreveria no lintel da porta da casa, "Capricho". Espero que seja algo melhor do que um capricho por fim, mas não podemos passar o dia dando explicações.
>
> Ser grande é ser mal compreendido.[3]

Eu poderia continuar com a seleção de citações de *Self-Reliance* que retomam ou ecoam formulações de Channing, mas creio que já temos o suficiente para firmar o ponto que pretendemos: Emerson exponencia o elogio à independência e à elasticidade da consciência dos indivíduos, de suas identidades, seus compromissos, suas visões sobre a vida examinada, sobre a vida que merece ser vivida. O universo vibrante e estimulante das possibilidades da educação de si, da invenção de si, não estaria disponível sem o completo abandono das limitações impostas pela psicologia moral do Calvinismo, sem a revisão categórica do mito da Queda.

---

3. Tradução própria. A coletânea *Essays - First Series*, onde foi publicado *Self-Reliance*, pode ser acessada no site: *https://www.rwe.org/category/rwe-org-complete-works-of-rwe/ii-essays-i/*

Para fechar com chave de ouro nossa breve expedição, chegamos em Thoreau. Em 09 de fevereiro de 1951, ele escreve em seu diário:

> Creio que Adão no paraíso não estava tão favoravelmente situado no todo como está o homem das matas isoladas na América. Todos sabem quão miseravelmente o primeiro acabou, ou foi feito acabar, mas há algum consolo, pelo menos no fato de ainda estar por se conhecer como o Adão ocidental no estado selvagem irá revelar-se.
>
> Na queda de Adão
> Pecamos todos.[4]
>
> Na ascensão do novo Adão
> Todos alcançaremos os céus.[5]

---

[4] "In Adam's Fall / We sinned all" é uma passagem do catecismo puritano *New England Primer*, popular no século XVIII da América Colonial.
[5] Tradução própria. Uma versão online dos *Diários* pode ser acessada em https://www.walden.org/collection/journals/

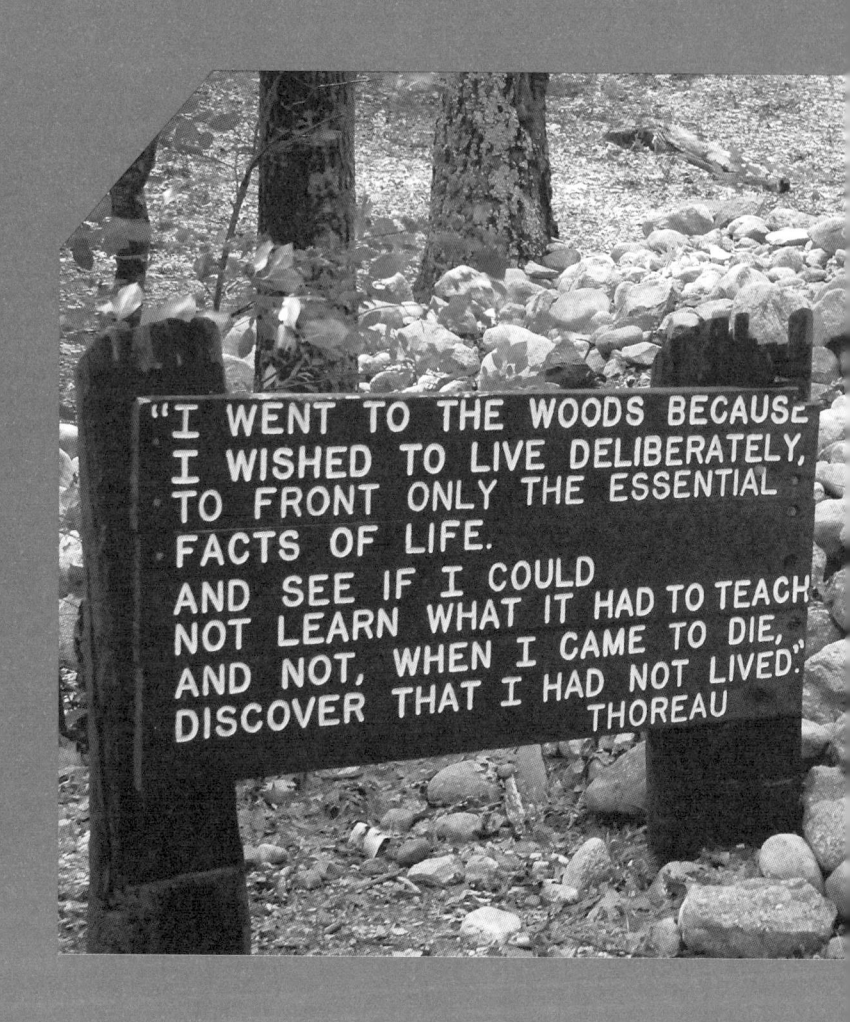

"I WENT TO THE WOODS BECAUSE I WISHED TO LIVE DELIBERATELY, TO FRONT ONLY THE ESSENTIAL FACTS OF LIFE. AND SEE IF I COULD NOT LEARN WHAT IT HAD TO TEACH AND NOT, WHEN I CAME TO DIE, DISCOVER THAT I HAD NOT LIVED."

— THOREAU

Fui para os bosques porque queria viver livre.
Eu queria viver profundamente, e sorver a própria essência da vida
Queria ver se eu poderia aprender o que ela tinha a ensinar,
Para que, quando eu morresse, não viesse a perceber que não havia vivido.

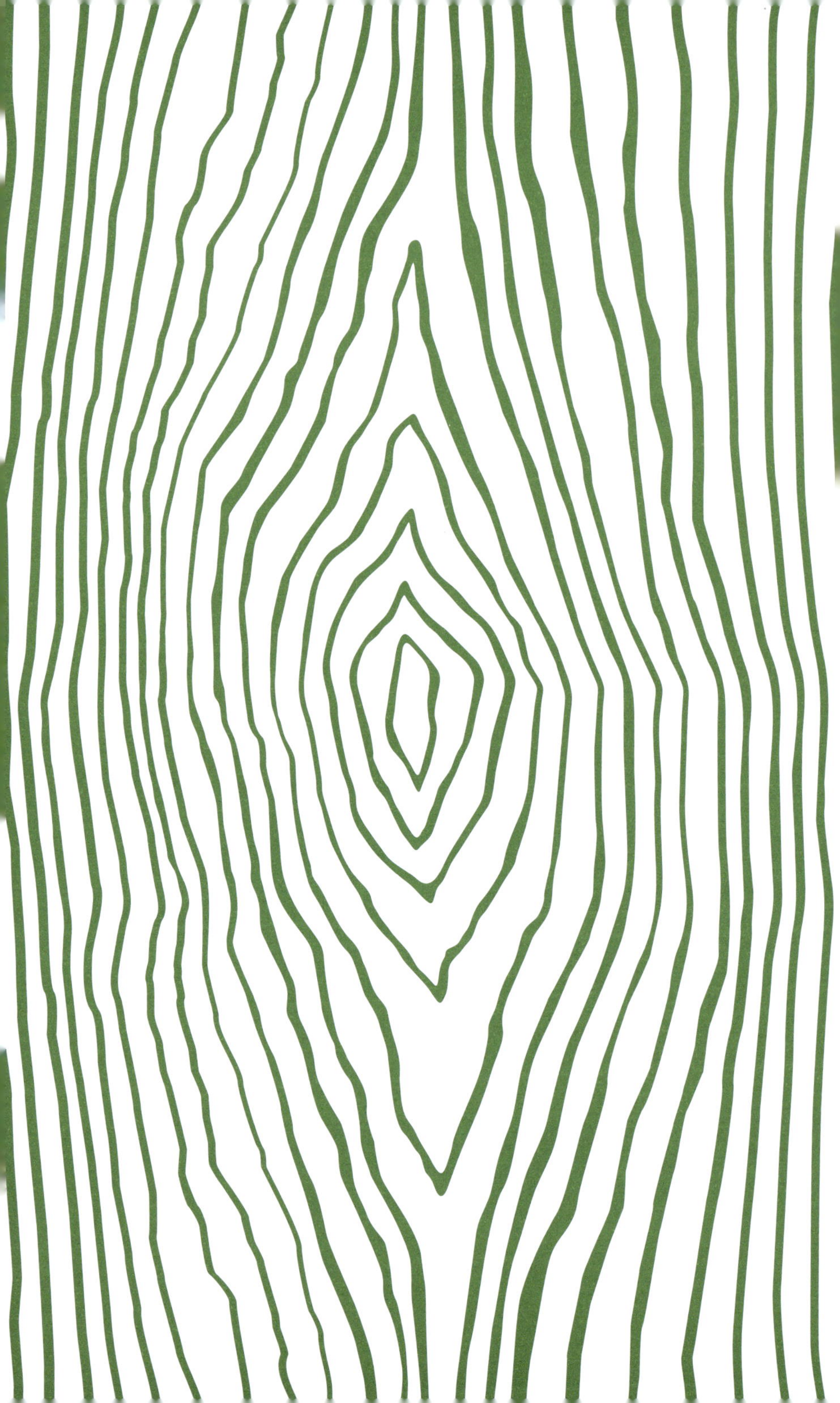

Walden

Como ensina o clássico *The American Adam: Innocence, Tragedy, and Tradition in the Nineteenth Century* (1955), de Richard W. B. Lewis, a imagem mitológica do Novo Adão pré-lapsário, habitante autossuficiente das matas isoladas da América, é um tema recorrente na literatura produzida na Nova Inglaterra entre 1820 e 1860. Whitman, Melville, Hawthorne, Emerson e Thoreau a utilizaram de forma sistemática.

Um dos aspectos centrais da inocência adâmica é a possibilidade de começar do zero, sem ancestrais, fora da História, longe do peso da âncora de tradições e costumes transmitidos de geração a geração. Esta inocência da desconexão permite voltar a atenção para o que é básico, para os fundamentos. E fazer perguntas que são, ao mesmo tempo, simples, inescapáveis e desconcertantes. Por exemplo: Quais são as coisas mais necessárias à vida? E como obtê-las? Qual é o custo real daquilo que consumimos? O que significa habitar um lugar? O que constitui uma vida autêntica? Quais são os limites da nossa identidade moral? Como estar atento e desperto para as recorrências da Natureza? E o que elas podem nos ensinar sobre a vida boa? Se você tem interesse genuíno em dar essas respostas e reavaliá-las no andar da carruagem, Walden será seu livro de cabeceira para a vida inteira.

Imagino que você já teve o prazer de presenciar o nascer do sol. A leitura de Walden é um exercício para aprender a despertar e a redespertar, para compreender a aurora como um convite para novos começos.

Walden é uma descrição ficcional do experimento radical de habitar durante dois anos, dois meses e dois dias em uma cabana minimalista, à beira do Lago Walden, construída pelo próprio personagem da narrativa. E, paralelamente, é uma prestação de contas que o cidadão Henry David Thoreau faz aos seus concidadãos sobre as suas escolhas e forma de vida, bem como sobre suas respostas para as perguntas que enumeramos logo acima. Esta ambivalência entre narrativa ficcional e relato autobiográfico é, para o meu paladar, um dos ingredientes mais saborosos desse livro. Onde começa o cidadão e termina o personagem? Afinal de contas, nossa identidade moral é ou não constituída pelas histórias e estórias que contamos sobre nós mesmos?

Não quero cometer a grosseria de impor a minha leitura idiossincrática de Walden para você, futuro e, assim espero, ávido leitor. Esta é a razão pela qual estou abusando do clássico recurso retórico de formular minhas interpretações no modo interrogativo.

Exercitem a autoconfiança, ouçam o gênio individual e busquem suas respostas no contato franco com o texto de *Walden*. Quem sabe um dia, em uma caminhada matutina, nos encontremos para comparar nossas visões em uma conversa desabrida, no bom estilo da prosa thoreauviana.

Desobediência Civil ou Resistência ao Governo Civil

Enquanto a narrativa de *Walden* mescla autobiografia e ficção literária, o ensaio A *Desobediência Civil* promove o explosivo amálgama entre autobiografia e ativismo político. Stanley Cavell, um dos intérpretes filosóficos mais argutos de Thoreau, lembra-nos que o autor de *Walden* não elogia nada que não tenha experimentado, muito menos afirma ser impossível algo que não tenha tentado realizar.[6] A visão política de Thoreau está intrinsecamente conectada com sua concepção sobre a dinâmica das nossas escolhas morais. Antes do *slogan* "o pessoal é político" entrar em circulação com força, pelas mãos e vozes dos feminismos contemporâneos, Thoreau já o antevia. Você vai encontrar esta frase emblemática em *Walden*: "Ser filósofo não se resume em ter pensamentos sutis, nem mesmo em fundar uma escola, mas em amar a sabedoria a ponto de viver de acordo com seus ditames, uma vida de simplicidade, independência, magnanimidade e confiança. É ir além da teoria e resolver, na prática, alguns dos problemas da vida".

---

6. Em *The Senses of Walden*, p. 4.

Como nos vestimos, de que forma nos alimentamos, onde moramos, com quem e como nos relacionamos são questões urgentes. "Toda a nossa vida é de um fundo assustadoramente moral", afirma Thoreau em *Walden*. Assustadoramente moral e política.

Não por acaso, o episódio mais emblemático de sua biografia, e que propiciou o enredo para A *Desobediência Civil*, foi a noite que passou na cadeia de Concord, detido em razão do sistemático e deliberado não pagamento da *Poll Tax*, um imposto exigido pela Constituição de Massachusetts de 1780, e cujo adimplemento era condição para exercer o direito ao voto.

Seja qual for a nossa avaliação dos caminhos e descaminhos da democracia no Grande Irmão do Norte, é inequívoco que sua cultura política produziu registros literários de alta voltagem. Começando pela lavra esperançosa dos *Founding Fathers* na *Declaração de Independência* (1776), passando pela bravíssima Sojourner Truth em *Ain't I a Woman?* (1851), bem como pelo chamado à consciência humanitária frente à barbárie da escravidão de Frederick Douglass em *The Hypocrisy Of American Slavery* (1852) e Martin Luther King Jr, em seu icônico *I Have a Dream* (1963), no Memorial de Lincoln, em Washington. Não é exagero colocar A *Desobediência Civil* ombro a ombro na companhia destes clássicos.

Quando publicado originalmente, em 1849, na revista *Aesthetic Papers*, editada por Elizabeth Peabody, o título escolhido por Thoreau foi *Resistência ao Governo Civil – uma palestra proferida em 1847*. O título que passou para a posteridade como A *Desobediência Civil* foi escolhido postumamente, quando da sua republicação em 1866 na compilação A *Yankee in Canada with Anti-Slavery and Reform Papers*, editada pela irmã de Thoreau, Sophia, além de seu primeiro biógrafo, o poeta William Channing e Ralph Waldo Emerson.

A *Desobediência Civil* é, aos moldes do capítulo "Economia" de *Walden*, a prestação de contas que Thoreau fez aos seus concidadãos e, por tabela, para o mundo, dos motivos que o levaram a não pagar a *Poll Tax* e assumir, de cabeça erguida, os riscos associados, inclusive o encarceramento. E os dois principais motivos estavam na sua oposição ao expansionismo territorial predatório da Guerra Mexicano-Americana e à prática vexaminosa da escravidão, que funcionava como base laboral da economia dos Estados Unidos, com ênfase redobrada, no final da primeira metade do século XIX, nos estados sulistas.

Por último, vale insistir um pouco no uso que Thoreau faz da prática contábil de prestar contas, ou seja, de apresentar os registros, com entradas e saídas, do cômputo moral de nossas escolhas e de suas consequências. A julgar pelas melhores evidências que dispomos, o passivo de Thoreau relativo a *Poll Tax*, quando de sua prisão, era algo entre U$6,00 e U$9,00.[7] Gosto de comparar esta cifra com outros custos de materiais de construção empregados na cabana às margens do lago e registrados no capítulo Economia de Walden: U$4,00 para mil tijolos usados e U$3,90 para os pregos, por exemplo. Ou seja, uma ninharia pecuniária. A rigor, não seria despropósito pensar que, nunca antes na história da filosofia política, uma mixaria fez tanta diferença.

---

7. Para esta estimativa de valores sigo a lição de BRODERICK, J. C. "Thoreau, Alcott, and the Poll Tax". Studies in Philology, 53(4), p. 612-626, 1956.

Referências Bibliográficas

BRODERICK, J. C. "Thoreau, Alcott, and the Poll Tax". *Studies in Philology*, 53(4), p. 612-626, 1956.

CAVELL, S. *The Senses of Walden - An Expanded Edition*. The University of Chicago Press, 1981.

CHANNING, W. E. *Likeness to God*, 1828. Disponível em: <http://www.americanunitarian.org/likeness.htm>. Acesso em: 03 jan. de 2022.

CHANNING, W. E. *Self Culture*, 1838. Disponível em: <http://www.americanunitarian.org/selfculture.htm>. Acesso em: 03 jan. de 2022.

EMERSON, R. W. *Essays - First Series*, 1841. Disponível em: <http://www.rwe.org/>. Acesso em: 08 jan. de 2022.

FROTHINGHAM, O. B. *Transcendentalism in New England*: A history, 1876. Disponível em: <https://www.walden.org/work/transcendentalism-in-new-england-2/>. Acesso em: 10 jan. de 2022.

GURA, P. F. *American Transcendentalism – A History*. Hill and Wang, 2007.

LEWIS, R. W. B. *The American Adam: Innocence, Tragedy, and Tradition in the Nineteenth Century*, Chicago: The University of Chicago Press, 1955.

MATTHIESSEN, F. O. *American Renaissance: Art and Expression in the Age of Emerson and Whitman*. Oxford University Press, 1941.

RICHARDSON, R. D. Jr. *Henry Thoreau: A Life of the Mind*. Berkeley, Los Angeles, London: University of California Press, 1986.

TOCQUEVILLE, A. *Democracy in America*, 4 volumes, editado por Eduardo Nolla. Indianapolis: Liberty Fund, 2010.

Para saber mais

Para que a leitura deste ensaio introdutório ficasse mais leve, evitei, na medida da inteligibilidade, as citações extensas, notas de rodapé e referências.

Para uma imersão investigativa detalhada, deixo algumas recomendações bibliográficas, separadas por tópicos.

Procurando informações biográficas sobre Thoreau?

The Days of Henry Thoreau – a biography (1962), de Walter Harding, é um excelente começo, que pode ser complementado com dois títulos atualizados: Henry Thoreau: A Life of the Mind (1986), de Robert D. Richardson Jr. e, com ênfase redobrada, Henry David Thoreau – a life (2017), de Laura Dassow Walls.

Por que Thoreau era um caminhante inveterado?

O filósofo Flávio Williges tem algumas hipóteses interessantes no ensaio O que caminhar ensina sobre o bem-viver? Thoreau e o apelo da natureza (2018) que pode ser baixado em: <https://www.ihuonline.unisinos.br/artigo/7313-o-que-caminhar-ensina-sobre-o-bem-viver-thoreau-e-o-apelo-da-natureza>.

Quer uma análise detida das implicações morais do Unitarismo?

The Unitarian Conscience. Harvard Moral Philosophy, 1805-1861 (1988), de Daniel Walker Howe.

Ficou curioso sobre o Transcendentalismo da Nova Inglaterra?

American Transcendentalism: A History (2007) de Philip F. Gura é um porto seguro. Para uma análise de repercussões filosóficas do movimento, consulte o verbete da Stanford Encyclopedia of Philosophy: <https://plato.stanford.edu/entries/transcendentalism/>.

Que tal uma avaliação do lugar de Thoreau no panorama do pensamento político?

A Political Companion to Henry David Thoreau (2009), excelente coletânea editada por Jack Turner.

Thoreau foi um filósofo?

Thoreau 's Importance for Philosophy (2012), editado por Rick Furtak, Jonathan Ellsworth e James Reid, oferece respostas convincentes.

Quais as dimensões espirituais e/ou religiosas da escrita de Thoreau?

The Spiritual Journal of Henry David Thoreau (2009), de Malcolm Clemens Young, é surpreendente. E não esqueça de conferir o artigo *A sensibilidade religiosa de Thoreau* (2017), de Edward F. Mooney, que pode ser acessado no seguinte link: <https://www.ihuonline.unisinos.br/artigo/7017-a-sensibilidade-religiosa-de-thoreau>.

Como entender a relação entre Emerson e Thoreau?

A coletânea *Emerson & Thoreau: Figures of friendship* (2010), editada por John Lysaker e William Rossi, oferece respostas iluminadoras.

O que um filósofo de primeira grandeza consegue extrair de *Walden*?

Você certamente vai se surpreender com *The Senses of Walden. An expanded edition* (1981), de Stanley Cavell.

Linha do tempo

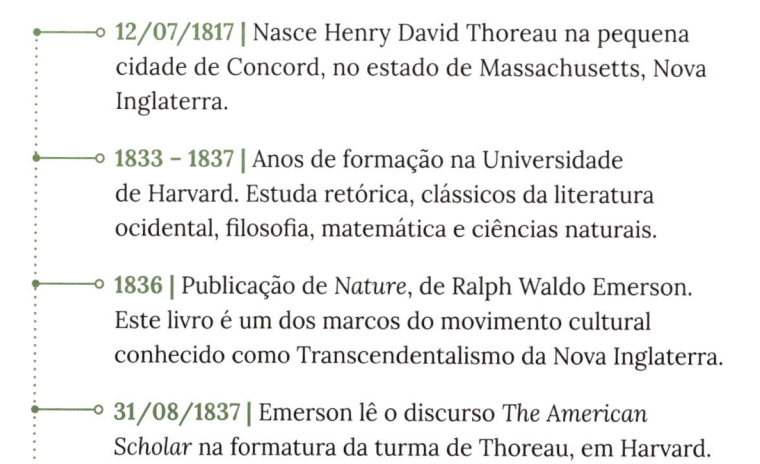

- **12/07/1817** | Nasce Henry David Thoreau na pequena cidade de Concord, no estado de Massachusetts, Nova Inglaterra.

- **1833 – 1837** | Anos de formação na Universidade de Harvard. Estuda retórica, clássicos da literatura ocidental, filosofia, matemática e ciências naturais.

- **1836** | Publicação de *Nature*, de Ralph Waldo Emerson. Este livro é um dos marcos do movimento cultural conhecido como Transcendentalismo da Nova Inglaterra.

- **31/08/1837** | Emerson lê o discurso *The American Scholar* na formatura da turma de Thoreau, em Harvard. O autor de Walden não foi à cerimônia.

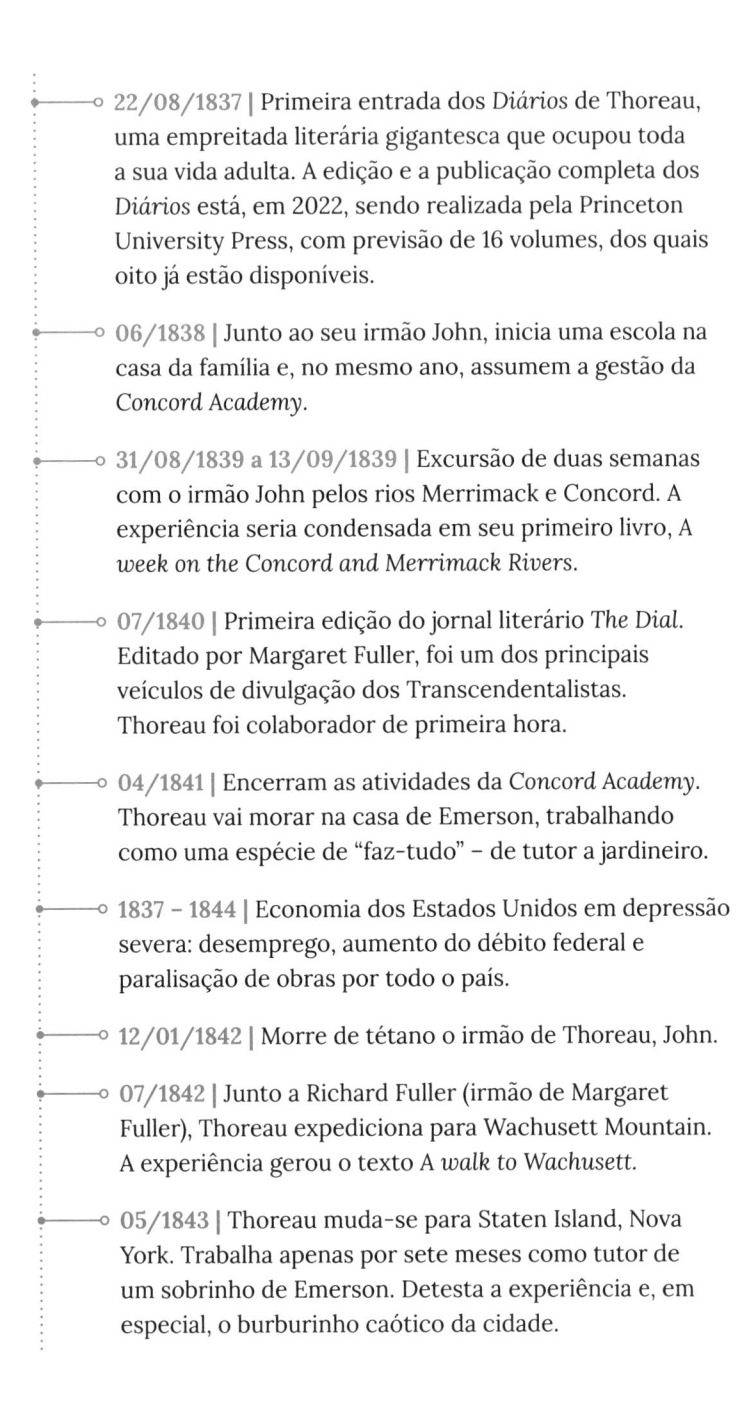

- **22/08/1837** | Primeira entrada dos *Diários* de Thoreau, uma empreitada literária gigantesca que ocupou toda a sua vida adulta. A edição e a publicação completa dos *Diários* está, em 2022, sendo realizada pela Princeton University Press, com previsão de 16 volumes, dos quais oito já estão disponíveis.

- **06/1838** | Junto ao seu irmão John, inicia uma escola na casa da família e, no mesmo ano, assumem a gestão da *Concord Academy*.

- **31/08/1839 a 13/09/1839** | Excursão de duas semanas com o irmão John pelos rios Merrimack e Concord. A experiência seria condensada em seu primeiro livro, *A week on the Concord and Merrimack Rivers*.

- **07/1840** | Primeira edição do jornal literário *The Dial*. Editado por Margaret Fuller, foi um dos principais veículos de divulgação dos Transcendentalistas. Thoreau foi colaborador de primeira hora.

- **04/1841** | Encerram as atividades da *Concord Academy*. Thoreau vai morar na casa de Emerson, trabalhando como uma espécie de "faz-tudo" – de tutor a jardineiro.

- **1837 – 1844** | Economia dos Estados Unidos em depressão severa: desemprego, aumento do débito federal e paralisação de obras por todo o país.

- **12/01/1842** | Morre de tétano o irmão de Thoreau, John.

- **07/1842** | Junto a Richard Fuller (irmão de Margaret Fuller), Thoreau expediciona para Wachusett Mountain. A experiência gerou o texto *A walk to Wachusett*.

- **05/1843** | Thoreau muda-se para Staten Island, Nova York. Trabalha apenas por sete meses como tutor de um sobrinho de Emerson. Detesta a experiência e, em especial, o burburinho caótico da cidade.

- **04/1844** | Incêndio de 300 acres perto do Rio Sudbury, causado, acidentalmente, por Thoreau e um amigo. O episódio passou a ser motivo de chacota na cidade.
- **04/1844** | Última edição do jornal literário *The Dial*.
- **07/1845** | O autor vai morar na famosa cabana no Lago Walden. Permanece lá por 2 anos, 2 meses e 2 dias.
- **25/04/1846** | Inicia-se a Guerra Mexicano-Americana, um dos principais eventos geopolíticos do período.
- **23 ou 24/07/1846** | Passa uma noite na cadeia de Concord, detido em razão do não pagamento da *Poll Tax*. Este episódio dá origem a um dos textos mais famosos de Thoreau, *Resistência ao Governo Civil*, ou, como ficou mundialmente conhecido, A *Desobediência Civil*.
- **09/1847** | Decide encerrar o experimento na cabana às margens do Lago Walden e volta, pela segunda vez, a morar na casa de Emerson.
- **1849** | Publicação de A *Week on the Concord and Merrimack Rivers* e do famoso artigo *Resistência ao Governo Civil* na revista *Aesthetic Papers*, editada por Elizabeth Peabody. Faz a primeira visita à Cape Cod. Morre de tuberculose sua irmã Helen.
- **1850** | Viagem ao Canadá.
- **1854** | Publicação de *Walden*.
- **1857** | Conhece pessoalmente John Brown, um de seus heróis abolicionistas. A *Plea for Captain John Brown*, publicado postumamente em 1859, é um de seus textos políticos mais contundentes.
- **06/05/1862** | Henry David Thoreau morre de tuberculose na sua cidade natal.

Eduardo Vicentini de Medeiros

Pai orgulhoso do Enzo e do Bernardo. Tutor da Zoe e da Brenda. Bacharel, Mestre e Doutor em Filosofia pela UFRGS. Professor do Departamento de Filosofia da UFSM. Entusiasta do Sci-Hub, do Library Genesis e do Partido Pirata. Começou a ler a obra de Thoreau na adolescência e nunca mais parou. Publicou sua tese de Doutorado *Thoreau: Moralidade em Primeira Pessoa* na série Dissertatio Filosofia, da editora da UFPel.

Coordenação editorial e edição de arte: Amanda Moura
Revisão: Fernanda Felix
Imagens: Shutterstock

grupo
novo
século

Compartilhando propósitos e conectando pessoas
Visite nosso site e fique por dentro dos nossos lançamentos:
www.gruponovoseculo.com.br

ns

(f) facebook/novoseculoeditora
(⌾) @novoseculoeditora
(y) @NovoSeculo
(▶) novo século editora

gruponovoseculo
.com.br

Fonte: Lora